Sturm über dem Nil

Der Mahdi-Aufstand

Aus den Anfängen des islamischen Fundamentalismus

Wilfried Westphal

Sturm über dem Nil

Der Mahdi-Aufstand

Aus den Anfängen des
islamischen Fundamentalismus

Jan Thorbecke Verlag Sigmaringen

Die Deutsche Bibliothek – CIP-Einheitsaufnahme

Westphal, Wilfried: Sturm über dem Nil: der Mahdi-Aufstand; aus den Anfängen des islamischen Fundamentalismus / Wilfried Westphal. – Sigmaringen: Thorbecke, 1998

ISBN 3-7995-0092-8

Dieses Buch ist aus säurefreiem Papier hergestellt und entspricht den Frankfurter Forderungen zur Verwendung alterungsbeständiger Papiere für die Buchherstellung.

Herstellung und Layout: Norbert Brey, Sigmaringen
Satz: Jan Thorbecke Verlag, Sigmaringen
Druck: Konkordia Druck GmbH, 77815 Bühl
Buchbinderei: Spinner, Ottersweier
Printed in Germany · ISBN 3-7995-0092-8

Inhalt

EINFÜHRUNG 7

DAS LAND DER SCHWARZEN 17
Von Gott gesandt 18
Heiliger Krieg 28
König der Wildnis 46
Heidnische Gräber 62
Sklaven und Sufis 74
al-Turkiya 84
Tochter des Sultans 100
Kleine Hochzeit 115
Dieudonné 134

KHARTUM 147
Ein neuer Sieg 148
Strenges Regiment 157
Osman Digna 166
Kampf gegen Windmühlen 178
Auf verlorenem Posten 194

IM REICH DES KALIFEN 225
Unverhoffter Segen 226
Abu Felega 239
Thronwirren 253
Anstelle des Propheten 266
Vorstoß nach Gondar 282
Weiber und Kinder 296

OMDURMAN 307
An den Ufern des Albert-Sees 308
Mehemet Emin 321

Feinde an den Grenzen 334
Attacke! 344
Last Stand 364
Faschoda 377

EPILOG 391

ANHANG 399
Nachweis der Zitate und Anmerkungen 400
Ergänzende Literatur 403
Vergleichende Zeittafel 406
Glossar 410
Bildnachweis 412
Personen- und Sachregister 413

Karten
Zur Geographie des Sudan 49
Der Sudan zur Zeit der Mahdiya 285
Der Sudan heute 387

Einführung

Im Jahre 1888 erging folgender Aufruf an das deutsche Volk:

Der Aufstand des Mahdi im Sudan hat die ersten Ansätze europäischer Gesittung am oberen Nil vernichtet; die Kulturwelt sieht mit Schrecken die Greuel einer zügellosen Sklavenwirtschaft sich immer weiter ausbreiten. Die Kunde, daß unser deutscher Landsmann Dr. Eduard Schnitzer, Emin Pascha, die ihm von der ägyptischen Regierung anvertrauten äquatorialen Provinzen im Süden des Sudans gegen den mahdistischen Ansturm zu behaupten vermochte und mit seinen Truppen dort ein letztes Bollwerk europäischer Kultur festhält, hat in Europa die Hoffnung wachgerufen, daß Emin Paschas Provinzen den Ausgangspunkt für die Zivilisierung Mittelafrikas abzugeben vermögen. Mit reichen Mitteln zog Stanley im englischen Auftrage aus, um die Verbindung mit Emin Pascha herzustellen, seine Expedition muß leider als fehlgeschlagen gelten.

Emin Pascha aber bedarf dringend der Hilfe; seine Briefe melden, daß seine Munition, seine Vorräte zu Ende gehen. Soll unser heldenmütiger Landsmann ohne Unterstützung gelassen, dem Untergang überliefert, soll seine mit deutscher Tatkraft der Kultur gewonnene Provinz der Barbarei anheimfallen? Die Versuche, vom Kongo aus Emin zu erreichen, sind gescheitert, von Ostafrika aber führt der beste und sicherste Weg zum oberen Nil, und hier ist deutsches Gebiet, das die sichersten Ausgangs- und Stützpunkte für eine Emin-Pascha-Expedition abgibt. Das deutsche Volk ist berufen, dem Deutschen Dr. Schnitzer Hilfe zu bringen. Diese Hilfe aber muß, wenn sie nicht zu spät kommen soll, ungesäumt erfolgen. Das deutsche Emin-Pascha-Komitee wendet sich deshalb an die Nation um werktätige Unterstützung. Möge jeder zu seinem Teil zur Ausführung eines Unternehmens beitragen, welches nicht nur unsere überseeische Machtstellung fördern und dem deutschen Handel neue Bahnen öffnen soll, sondern vor allem bestimmt ist, einer Ehrenpflicht zu genügen, die dem kühnen deutschen Pionier gegenüber obliegt. Namhafte Summen sind dem unterzeichneten Komitee bereits zugeflossen; um aber ungesäumt zur Durchführung der Expedition schreiten zu können, bedarf es der schleunigsten allgemeinen opferfreudigen Beteiligung weiter Kreise …

Initiator dieses Aufrufes und des Komitees, das ihn verabschiedete, war Dr. Carl Peters, die damals treibende Kraft des deutschen Kolonialismus. Ihm verdankte das Deutsche Reich, das – nebenbei bemerkt – erst seit kurzem bestand, den Erwerb seiner größten Kolonie, »Ostafrika«. Zumindest legte Peters den Grundstein dazu, denn die Expansion der Deutschen in Ostafrika zog sich über einen Zeitraum von fünfzehn Jahren hin, und Peters, der es den Engländern nachtun wollte, denn Großbritannien war bereits das, was Deutschland erst noch werden sollte: eine Kolonial- und Weltmacht, gab dazu den Anstoß. Er sah auch die Chance, die jenes Gebiet bot, das man die »Äquatorialprovinz« nannte; denn diese bildete sozusagen die Fortsetzung dessen, was man als deutsches »Schutzgebiet« bezeichnete. Wobei anzumerken ist, daß ein solches »Schutzgebiet« von den Deutschen nicht nur im Osten, sondern auch im Westen (und Süden) Afrikas erworben worden war, so daß man schließlich auf den Gedanken kommen konnte, den deutschen Machtbereich durch eine Kette von Besitzungen quer durch Afrika auszudehnen. Sozusagen ein deutsches Pendant zum englischen Traum vom Kap bis Kairo.

Peters jedenfalls, der sich in seinen kolonial-imperialistischen Ambitionen von den Engländern inspirieren ließ, hegte die größten Erwartungen, und »Emin Pascha« alias Eduard Schnitzer, der – obwohl er in ägyptischen Diensten stand – immerhin Deutscher war, bot ihm eine willkommene Gelegenheit, seine hochfliegenden Pläne in die Tat umzusetzen. Denn es ging nicht so sehr darum, den bedrohten Deutschen, der auf seinem »Vorposten der Zivilisation« inmitten angeblich barbarischer Wildnis ausharrte, aus seiner Bedrängnis zu erretten, sondern diesen Vorposten zu sichern und auszuweiten und ihn dem deutschen »Schutzgebiet« in Ostafrika einzuverleiben. Dabei würde man zwar auch zur Verbreitung »gesitteter Kultur« beitragen; doch der eigentliche Anreiz lag darin, die »überseeische Machtstellung« der Deutschen zu fördern und »dem deutschen Handel neue Bahnen« zu öffnen. Insofern war der Aufstand, von dem in dem besagten Aufruf die Rede ist und der auch die Äquator-Provinz erfaßt hatte, eine glückliche Fügung, die den nötigen Vorwand lieferte, es den Engländern, die ähnliche Ziele wie die Deutschen verfolgten, gleichzutun und auch von deutscher Seite eine »Expedition« auf den Weg zu bringen, die von größerem Erfolg gekrönt war, als es offenbar den Engländern vergönnt gewesen war.

Doch was verbarg sich hinter diesem Aufstand, der soviel Aufsehen erregte und offenbar so bedeutend war, daß er die Herrschaft der »Zivilisation« in Afrika ins Wanken brachte? Wer war der »Mahdi«, und was war der »Sudan«?

Wir verbinden heute mit dem Begriff »Sudan« ein Land, das von Hungersnot und Bürgerkrieg gepeinigt wird. Davon wird zuweilen im Fernsehen und auch in den Zeitungen berichtet. Doch große Aufmerksamkeit schenken wir dem nicht; Bosnien und Algerien haben sich in die vorderste Reihe der Krisenherde gedrängt. Dabei dauert der Krieg im Sudan schon fast 40 Jahre, und die Zahl seiner Opfer hat bereits die erschreckende Schwelle von einer Million überschritten. Das stellt selbst die blutigen Kämpfe im ehemaligen Jugoslawien und das Chaos in Algerien in den Schatten. Aber der Sudan ist ein Land, das anscheinend keine strategische Bedeutung hat, und von Europa ist es auch hinreichend weit entfernt, daß man meint, sich seinen Problemen verschließen zu können.

Nur den wenigsten ist bekannt, daß der Sudan heute zu den Ländern gehört, die von einem Regime beherrscht werden, das in seinem religiösen Fanatismus dem im Iran kaum nachsteht. Mehr noch: nach dem Iran ist der Sudan heute das berüchtigste Zentrum des internationalen Terrorismus. Wie das amerikanische Nachrichtenmagazin *Time* vor einiger Zeit schrieb: »Der Sudan nimmt heute nach dem Iran den zweiten Platz ein bei der Finanzierung und Ausbildung muslimischer terroristischer Gruppen, und er gewährt Terroristen der PLO aus dem Libanon und Tunesien ebenso Unterschlupf wie ägyptischen Fundamentalisten, die vor der Verfolgung durch Mubarak fliehen.« Die Geheimdienste sind inzwischen aufmerksam geworden, doch die breite Öffentlichkeit ist sich der Komplexität der Situation im Sudan – ebenso wie der Bedrohung, die von diesem Land ausgeht – nicht bewußt. Damit wiederholt sich, wie es scheint, auf kuriose Weise eine Entwicklung, die auch schon vor hundert Jahren für ein unsanftes Erwachen sorgte. Doch so kurios, wie es klingt, ist diese vermeintliche Wiederholung der Ereignisse nicht: es besteht ein bemerkenswerter Zusammenhang zwischen dem, was Ende des vorigen Jahrhunderts im Sudan geschah, und dem, was sich gegenwärtig dort zuträgt. Das Verbindende ist der Islam!

Denn der »Mahdi«, das ist nach der islamischen Überlieferung ein religiöser Erneuerer, in bezug auf den Sudan aber eine ganz konkrete, historische Persönlichkeit, die mehr als alle anderen, die sich im Laufe der Zeit als »Mahdi« bezeichneten, Berühmtheit erlangte und sozusagen zum Vorläufer dessen wurde, was man heute »Fundamentalismus« nennt. Er predigte die Rückkehr zum ursprünglichen islamischen Glauben und kämpfte für die Freiheit seines Landes, das von den Ägyptern, die ihrerseits unter der Hoheit des Sultans in Istanbul standen, unterworfen worden war. Der »Mahdi« verband also ein religiöses Programm mit politischen Zielen, ebenso, wie das heute beim Fundamentalismus, namentlich dem islamischen Fundamentalismus, der Fall ist.

Daraus erklärt sich aber noch nicht eigentlich der Zusammenhang, der zwischen dem »Mahdi« des vorigen Jahrhunderts und der Situation heute im Sudan besteht. Dieser ergibt sich vielmehr aus der Tatsache, daß der »Mahdi«, der ein Sudanese war (wenigstens war er kein Ägypter oder gar Türke), eine Tradition begründete, die bis in die Gegenwart fortwirkt. Das betrifft zwar auch den Fundamentalismus, wiewohl er heute in anderer Form in Erscheinung tritt; vor allem aber ist damit der Nationalismus gemeint, als dessen Begründer im Sudan der Mahdi gilt. Denn er legte den Grundstein für ein eigenstaatliches Bewußtsein, das allerdings nie frei von jenem Kolonialismus war, den der Mahdi und die, die ihm folgten, nur den fremden Eroberern vorwarfen. Und hier zeigt sich die Verbindung mit der Gegenwart ganz deutlich: Der Süden des Sudan, der immer nur als ein Reservoir von Rohstoffen und Sklaven gedient hatte und nie in dem Maße arabisiert und islamisiert worden war wie der Norden, wurde gewaltsam in einen Staat integriert, dessen Grenzen zwar die Ägypter (unter türkischer Herrschaft) gezogen hatten, der dennoch aber die Freiheit, deren sich der arabisch-islamische Norden bemächtigte, dem Süden, der sowohl bevölkerungsmäßig als auch religiös gänzlich anders geartet ist, vorenthielt. Der Süden lehnte sich schließlich, seit der Entlassung des Sudan in die Unabhängigkeit, gegen die Vormachtstellung des Nordens auf, und dies ist der Krieg, der auch heute noch den Sudan heimsucht.

Der Person des Mahdi, die heute im Sudan von den einen als Freiheitsheld verklärt und von den andern als Unterdrücker verurteilt wird, kommt also eine Schlüsselstellung zu: Er begründete nicht nur die besondere Form des religiösen Fanatismus, wie sie auch heute wieder im Sudan zu beobachten ist, er dient auch als Sinnbild für die Eigenständigkeit und Wehrhaftigkeit eines Landes, das – obwohl es selbst durch Gegensätze zerrissen ist – den Anspruch erhebt, an vorderster Front für den Sieg des Islam zu kämpfen. Genau dies tat auch der Mahdi, der sich keineswegs damit zufriedengab, nur sein angeblich eigenes Land von der Herrschaft Ungläubiger oder doch zumindest Abtrünniger zu befreien. Nichts Geringeres forderte er, als auch den Rest der Welt dem Gebot Allahs zu unterwerfen. Wie der »Kalif«, sein Nachfolger, unter Bezug auf die Niederlagen, die der Mahdi den Engländern beigebracht hatte, an Königin Viktoria, die nichtsdestotrotz Herrscherin eines tatsächlichen Weltreiches war, schrieb: »So hast Du in vielerlei Weise Irrtümer begangen und große Verluste erlitten, was Du nur dadurch wiedergutmachen kannst, daß Du Dich Gott dem König [Allah] zuwendest und Dich denen anschließt, die sich dem Islam unterwerfen und dem Mahdi folgen, Gnade sei mit ihm.«

Die Engländer waren nicht von ungefähr ein bevorzugtes Ziel für die Propaganda, die der Mahdi und seine Anhänger entfalteten. Denn sie waren es – und nicht eigentlich die Türken, die nur nominell die Oberhoheit über Ägypten ausübten –, die den Ägyptern bei ihren Unternehmungen im Sudan als Rückhalt dienten. Zunächst in der Person eines Mannes, der sich bereits in China im Umgang mit Aufständischen einen Namen gemacht hatte, doch erst im Sudan zu seinem eigentlichen Ruhm gelangen sollte. Gemeint ist General Gordon, der in den Dienst des Khediven, des Vizekönigs von Ägypten, trat und im Sudan zunächst mit Verwaltungsaufgaben betraut wurde, ehe er – als der Mahdi zum Kampf gegen die Fremdherrschaft aufrief – im Auftrag der britischen Regierung, die sich inzwischen auch in Ägypten etabliert hatte, eine Befriedung des Sudan erwirken sollte. Dieser Auftrag erwies sich jedoch als verhängnisvoll, da es Gordon nicht nur nicht gelang, dem Aufstand Einhalt zu gebieten, sondern er auch selbst ein Opfer des Aufstandes wurde und damit, indem man ihn zum Märtyrer verklärte, die eigentliche Legende begründete, die fortan den Mahdi und die Bewegung, die er entfacht hatte, umgab. Das heißt, man sah nun das, was als »Mahdi-Aufstand« bekannt wurde, nur noch im Licht einer negativen Propaganda, derzufolge die Bewegung des Mahdi zum Inbegriff des Bösen und Barbarischen abgestempelt wurde, gegen das vorzugehen die ganze »zivilisierte« Welt aufgerufen war. Diesem Ruf zu folgen, fühlten sich nicht nur die Engländer bemüßigt, die schließlich einen regelrechten Feldzug gegen die Mahdisten in Szene setzten, sondern auch die übrigen Europäer; womit – neben Deutschland, das die angebliche Bedrohung Emin Paschas als willkommenen Vorwand für ein Eingreifen nutzte – auch die Belgier und Franzosen gemeint sind, die gleichfalls nach einer Beute Ausschau hielten, die zu erlangen man als zivilisatorische Wohltat hinstellen konnte.

So steht am Ende des Aufruhrs, den der Mahdi entfachte, ein wahrer Wettlauf um das Herz Afrikas, der auch in Europa zu Spannungen führte, die bereits das zu entfesseln drohten, was dann erst den Beginn dieses Jahrhunderts als Apokalypse einläuten sollte. Der Mahdi beziehungsweise der Aufstand, den er auslöste, erlangte also auch schon seinerzeit eine Bedeutung, die weit über die Grenzen des Sudan, ja, selbst Afrikas, hinausreichte. Die Welt fühte sich in ähnlicher Weise, wenn auch nicht eigentlich bedroht, so doch herausgefordert von einem Gegner, den man nicht verstand, wie das heute im Falle des Fundamentalismus geschieht, über dessen eigentliches Wesen man sich gleichfalls nicht im klaren ist. Die Geschichte wiederholt sich; nur daß die Dimensionen – und damit auch die Gefahren – größer geworden sind, obwohl das Phänomen, das den Ausgangspunkt bildet, das gleiche geblieben ist. Dabei handelt es sich, wie gesagt, um den Fundamentalismus, und zwar den Fundamentalismus islamischer Prägung, der ja keineswegs die einzige extreme Form religiöser Observanz ist, obwohl diese Vorstellung geheimhin vorherrscht, der dennoch aber heute alle anderen Formen fundamentalistischer Strömungen in den Schatten stellt. Es ist also nicht müßig, sich mit dieser Erscheinung, die in Zukunft eher noch an Bedeutung gewinnen wird, etwas näher auseinanderzusetzen; zumal dies zwar, soweit es den Mahdi betrifft, aus historischer Perspektive geschehen muß, dies aber auch wertvolle Aufschlüsse darüber erwarten läßt, welches die eigentlichen Mechanismen sind, die einer religiös-fundamentalistischen Bewegung, namentlich islamischer Prägung, zugrunde liegen. Daß darüber hinaus, wie bereits angedeutet wurde, eine Verbindung zwischen der fundamentalistischen Bewegung des Mahdi und dem heutigen politisch-religiösen Kurs im Sudan, der seinerseits über die Grenzen des Landes hinauswirkt, besteht, verleiht einer Untersuchung dessen, was man als »Mahdi-Aufstand« bezeichnet, eine zusätzliche Bedeutung. Das Ergeignis, das uns hier beschäftigen soll, trug sich zwar in der Vergangenheit zu, doch es hat nicht nur Auswirkungen bis in die Gegenwart; es ist auch, auf Grund seiner spezifischen Eigenart, für die heutige Zeit von besonderer Relevanz.

Dennoch soll die Arbeit, die wir uns hier vorgenommen haben, nicht allein eine historische Studie oder gar ein politisches Traktat werden. Der Mahdi-Aufstand war vor allem auch ein großes Abenteuer, und der Autor verhehlt nicht, daß das, was ihn ursprünglich mit dem Thema in Berührung brachte, ein Spielfilm war, den er als Kind sah und der eine Episode aus dem Mahdi-Aufstand behandelte. Er entsinnt sich noch genau der Bilder, die er damals sah: Rotröcke mit weißem Tropenhelm, verschanzt hinter einem Verhau aus Sträuchern und Disteln; unter grüner Fahne und mit wehenden Burnussen die Anhänger des Mahdi; Welle um Welle brandet sein Heer gegen den Wall der Soldaten, die erst schießen dürfen, wenn der Feind bis auf wenige Meter herangekommen ist … die Flucht eines Überlebenden; alle anderen wurden von den Aufständischen niedergemacht; sengende Sonne, brennender Durst, endlos die Wüste; in der Ferne der Nil, eine Stadt mit weißen Mauern und den Kuppeln von Moscheen; der Ruf des Muezzin, das Klirren von Ketten: Sklaven, die zum Verkauf angeboten werden; verkleidet als Pilger und mit letzter Kraft der Versuch, ein Schiff zu erreichen … in der Ferne, in der Heimat, fast schon vergessen, ein Mädchen, das sich verzehrt und dennoch den Tapferen, aus mißverstandener Ehre, in den Krieg getrieben hat …

Eine rührende Geschichte, die den kindlichen Betrachter nächtelang nicht schlafen ließ und sicher einer der prägenden Eindrücke war, die ihn später immer wieder in ferne Länder, besonders aber in den Orient, lockten, der – obwohl er, aus der Nähe betrachtet, häufig ernüchternd wirkte – dennoch nie seinen besonderen Zauber, in dem sich Exotik und Abenteuer verbinden, einbüßte. Inzwischen hat der Autor das Buch, das dem Film zugrunde lag, gelesen; es erschien ursprünglich 1902, also nur drei Jahre, nachdem die dramatischen Ereignisse, die ihm als Grundlage dienten, ihr Ende gefunden hatten. Das Buch, ein Roman unter dem Titel »The Four Feathers« – »Die vier Federn«, von A. E. W. Mason, wurde ein

Klassiker und ist inzwischen siebenmal verfilmt worden. Es begeisterte ganz offensichtlich auch andere, namentlich in England, wo die Geschichte letztlich angesiedelt ist und das ja in besonderer Weise an jenem Ereignis beteiligt war, das als »Mahdi-Aufstand« in die Geschichte einging. So verwundert es nicht, daß sich besonders die Engländer dieses Themas – und dies nicht nur literarisch, sondern vor allem auch in zeitgenössischen wie historischen Untersuchungen – angenommen haben. Doch dies geschah – vor allem in älteren Arbeiten – in recht unkritischer Weise, denn der Blickwinkel war natürlich vornehmlich der der Sieger, die sich zudem auch noch als Herren der Welt betrachteten, die also den Maßstab setzten, an dem alles andere gemessen wurde. Diese einseitige Sicht, die trotz neuerer Arbeiten, die um größere Objektivität bemüht sind, bis heute, vor allem in der breiten Öffentlichkeit, fortwirkt, ist natürlich nicht dazu angetan, ein größeres Verständnis für das zu wecken, was sich heute im Zeichen des Islam abspielt; wozu ja der Mahdi beziehungsweise die Bewegung, die er begründete, sozusagen ein Lehrstück *en miniature* darstellt. Das ist auch bei uns nicht anders, wobei anzumerken ist, daß – trotz der Anstrengungen von Carl Peters, der zur vorgeblichen Rettung Emin Paschas alias Eduard Schnitzers so unermüdlich die Werbetrommel rührte – der Mahdi wohl überhaupt nur noch bei denen eine Assoziation hervorruft, die Karl May gelesen haben. Dies ist um so bemerkenswerter, als andererseits in einer repräsentativen Umfrage, die die Gefahren betraf, die die Deutschen am meisten fürchten, fast die Hälfte der Befragten, genau: 47 Prozent, den islamischen Fundamentalismus als besondere Gefahr einstuften. Da hilft es wenig, wenn man sich auf Karl May und ansonsten höchstens auf die Weisheit sogenannter Experten verläßt, die zwar medienwirksam sind, doch deren mangelnder Sachverstand und fehlende Objektivität inzwischen aufgedeckt wurden. Es kann also zumindest nichts schaden, wenn man den Versuch unternimmt, den getrübten Blick, der die Welt aus verzerrter Optik erscheinen läßt, etwas aufzuhellen. Wobei wir uns nicht anmaßen, der Weisheit letzter Schluß gepachtet zu haben. Aber der Autor kennt sozusagen beide Seiten, aus langjähriger Beobachtung und Erfahrung: die, die bisher immer als die »Guten« galten, und die, die das »Böse« verkörperten. Daß man nun nicht einfach daherkommen kann und den Spieß umdreht, wie es Übereifrige, die meinen, man müsse aus schwarz weiß machen und umgekehrt, tun, ist dem Autor nur zu deutlich bewußt. So banal es klingt: Wo Sonne ist, da ist auch Schatten! Das trifft sowohl für das zu, was man zu Recht als den Dünkel und den Hochmut des weißen Mannes bezeichnet, als auch für die Verblendung und den Fanatismus, die einen Großteil der Anhänger einer Religion wie den Islam prägen. Hier ergreifen wir keine Partei, sondern scheuen uns nicht, Mißstände da aufzudecken, wo sie nach objektivem Ermessen als solche ausgemacht werden.

Es wird also kaum Helden geben in der Geschichte, die wir in dieser Arbeit nachzeichnen wollen. Doch ebenso wenig begnügen wir uns mit den »nackten Tatsachen«. Die Geschichte, um die es geht – die Entstehung, der Verlauf und das Ende des Mahdi-Aufstandes sowie seine Hintergründe und Auswirkungen –, war zu sehr von der Dramatik des Geschehens und der Exotik des Schauplatzes geprägt, als daß man sie nur in Form einer nüchternen Studie abhandeln könnte. Wenigstens ist das nicht die Absicht des Autors; nicht zuletzt deshalb, weil die Arbeit dann – wenn überhaupt – nur eine Handvoll Leser finden würde. Und wem wäre damit gedient?

Was die folgende Arbeit also bezweckt, ist nicht mehr und nicht weniger, als eine Episode aus der langen Geschichte der Auseinandersetzungen zwischen Europa und der sogenannten Dritten Welt herauszugreifen und an ihrem Beispiel, plastisch und anschaulich, aber auch kritisch und fair, die Abfolge von Ereignissen und die Kräfte, die sie bewirkten, herauszuarbeiten, um so ein möglichst genaues wie auch objektives Bild zu entwerfen, das geeignet ist – über die bloße Beschwörung eines dramatischen Augenblicks der Weltgeschichte hinaus – auch zu einem besseren Verständnis ihrer Gesetzmäßigkeiten beizutragen. Die Forderung, man solle aus der Geschichte lernen, ist zwar eine Binsenweisheit, doch wenn man sie tatsächlich beherzigen würde, dann wäre es nicht nur um die Gegenwart, sondern auch um die Zukunft der Menschheit besser bestellt! Insofern kann uns der Mahdi, zumal damit mehr als nur seine Person gemeint ist, eine sicher nicht unnütze Lektion erteilen.

Das Land der Schwarzen

Von Gott gesandt

»Wir Araber stehen hierzulande in schlechtem Rufe«, so berichtete Abdullah ibn el-Sayyid Mohammed, den man später den »Kalifen« nannte, »weil die Kaufleute, die zu Ziber nach Bahr el Ghazal zogen, häufig von den Arabern ausgeplündert wurden. Wenn ich dann nach dem Aufenthaltsorte des Mahdi, den man damals noch Mohamed Achmed nannte, fragte, schaute man mich ungläubig und mistrauisch an und antwortete, was ich denn bei ihm zu suchen hätte. Leute meiner Rasse werde er gewiß nicht unter seine Jünger aufnehmen; dann aber erbarmten sich wieder einige Mitleidige und zeigten mir den Weg. Einmal wollte man mir in einem Dorfe sogar den Esel wegnehmen und behauptete, daß er im vorigen Jahre von hier gestohlen worden sei, bis sich ein alter Mann, der noch etwas Gottesfurcht hatte, ins Mittel legte und mich weiterziehen ließ. So gelangte ich nach vielen Kreuz- und Querzügen, von den Leuten verspottet und verhöhnt, nur selten mildthätige Menschen antreffend, die mir um Gotteslohn etwas Nahrung gaben, bis in die Nähe von Musselemie, wo ich den Mahdi traf, der eben daran ging, dem verstorbenen Scheich el Gureschi eine Kubba zu bauen. Als ich sein Angesicht erblickte, vergaß ich alle überstandenen Mühsale; ich sah nur ihn, hörte nur seine Worte und mußte meinen ganzen Muth aufbieten, um ihn nach langem, ängstlichen Zaudern anzusprechen.«

Abdullah, der spätere Kalif, berichtet hier über ein Schlüsselereignis; denn es war das Zusammentreffen Abdullahs und Mohammed Ahmeds, des späteren »Mahdi«, das den eigentlichen Ausschlag gab für die Bewegung, die als »Mahdi-Aufstand« bald in aller Munde sein sollte. Abdullah, wie der spätere Kalif kurz genannt wurde, stammte aus Darfur, einer westlichen Provinz des Landes, das man seit der Eroberung durch die Ägypter »Sudan« nannte. Dieser Begriff, eigentlich *Bilad es-Sudan*, »Land der Schwarzen«, womit die Araber ursprünglich den gesamten Streifen Landes südlich der Sahara vom Atlantik bis zum Blauen Nil meinten, der im Gegensatz zu den nördlich davon gelegenen Gebieten von der eigentlichen, negriden Bevölkerung Afrikas bewohnt wird, wurde seit der ägyptischen Eroberung des östlichen Teils des ursprünglichen Sudan zunehmend nur noch für dieses Gebiet verwendet. Und wie wir noch sehen werden, war damit eigentlich nicht mehr eine geographische Größe gemeint, sondern ein spezifisches, mehr oder weniger fest umrissenes Territorium, das im wesentlichen bereits dem entsprach, was wir heute den »Sudan«, also ein spezifisches Land, nennen. Denn auch die ursprüngliche Bedeutung des Begriffes »Sudan« ist auch heute noch, im geographischen und völkerkundlichen Sinne, in Gebrauch. Ein etwas komplizierter Sachverhalt, dessen genaue Erörterung jedoch gleich zu Beginn erforderlich ist, um Verwechslungen zu vermeiden. In dieser Arbeit bezieht sich der Begriff »Sudan« stets nur auf den östlichen Teil der gleichnamigen größeren Region; er ist also praktisch immer identisch mit dem Territorium des heutigen Staates. Ist der ursprüngliche, geographische Begriff gemeint, so wird dies jeweils gesondert angemerkt.

Abdullah nun, der eine so entscheidende Rolle während des Mahdi-Aufstandes spielen sollte, stammte aus dem Westen des Sudan. Allerdings waren seine Vorfahren noch weiter aus dem Westen, also dem Herzen Afrikas, gekommen. Was sie bewog, nach Osten zu ziehen, war der Wunsch, Mekka zu besuchen, wenn nicht gar sich dort niederzulassen, denn Abdullahs Familie war dem Religiösen und Übersinnlichen in besonderer Weise zugetan. Jedenfalls hatte sich Abdullahs Vater als Wahrsager betätigt und hatte bei dem Stamm viehzuchttreibender Araber, dem er angehörte, als frommer Mann in hohem Ansehen gestanden. Doch bevor er, in der Tradition der Familie, den Weg nach Osten forstsetzen konnte, war er, noch ehe man den Nil erreicht hatte, gestorben. Bevor er jedoch aus dem Leben schied, riet er seinem Sohn, sich einem Scheich, also einem der religiösen Führer, wie sie für den Islam typisch sind, anzuschließen und im übrigen das eigentliche Ziel, Mekka wenigstens einen Besuch abzustatten, was eines der grundlegenden Gebote des Islam ist, nicht aus den Augen zu verlieren.

Obwohl Abdullah den Rat seines Vaters befolgte und in der religiösen Tradition seiner Familie stand, war er doch nicht eigentlich dem Geistlichen zugeneigt. Er war vielmehr ein Mann der Tat, inzwischen Mitte Dreißig – Abdullah war im Jahre 1846 geboren worden –, und er hatte sich zwischenzeitlich als Bauer niedergelassen und war auch in Streitigkeiten und Kämpfe verwickelt gewesen, wie sie den Sudan allenthalben heimsuchten. Dabei trug sich allerdings eine bemerkenswerte Begebenheit zu, denn es wird von Abdullah ein Brief überliefert, in dem es heißt: »Es erschien mir in einem Traum, daß Du der erwartete Mahdi bist und ich einer Deiner Jünger bin. Sage mir also, ob Du der Mahdi dieses Zeitalters bist, so daß ich mich Dir anschließen kann!«

Wen Abdullah in dieser Weise ehrte, das war Zobeir Rahman, ein berüchtigter Sklavenhändler, der in Darfur zu Macht gelangte und schließlich selbst von den Briten hofiert wurde, als es galt, eine Gegenbewegung zu der des tatsächlichen Mahdi aufzubauen. Insofern lag Abdullah mit seinem Traum gar nicht einmal so falsch; wiewohl Zobeir, der sich Abdullah gegenüber als großzügig erwiesen hatte, denn er war es gewesen, der ihm ein Stück Land zugeteilt hatte, die Würde, die Abdullah ihm quasi antrug, ablehnte. So geschah es, daß Abdullah, bei dem sich religiöse Tradition und Tatkraft paarten, den Gedanken an einen Mahdi hegte, noch ehe ein solcher tatsächlich in Erscheinung getreten war. Was allerdings nicht unwesentlich dazu beitrug, daß der, der schließlich als Mahdi anerkannt werden sollte, diese Rolle auch wirklich übernahm und damit einen bemerkenswerten Erfolg erzielte. Denn Abdullah war es, der Mohammed Ahmed zu dem drängte, zu dem er offenbar berufen war. Und er blieb auch weiterhin die treibende Kraft hinter der Bewegung, die alsbald den Sudan erfassen sollte. Jedenfalls war es Abdullah zu verdanken, daß das, was zunächst nur eine religiöse Bewegung war, schon bald auch erste militärische Erfolge verbuchen konnte.

Innere Stimme

Doch kehren wir zurück zu dem Augenblick, wo die beiden Männer, die dem Sudan schon bald ihren Stempel aufdrücken sollten, sich das erste Mal gegenübertraten. Es geschah dies in der Nähe jenes Ortes, der in der Erzählung Abdullahs, die wir hier wiedergeben, als »Musselemie« überliefert wird. Es war dies ein Ort, wo Mohammed Ahmed, der spätere Mahdi, in der Gemeinschaft eines religiösen Führers, des genannten Scheichs el-Koreschi, gelebt hatte. Der Scheich war, wie erwähnt, kürzlich gestorben, und der zukünftige Mahdi war gerade babei, eine »Kubba«, ein kuppelförmiges Grabmal, für den Verstorbenen zu errichten, um ihn auf angemessene Weise zu ehren, als Abdullah, der von dem Aufenthaltsort Mohammed Ahmeds erfahren hatte, in Musselemie beziehungsweise Masallamiya auftauchte. Der künftige Mahdi, obwohl er sich der Gemeinschaft eines anderen angeschlossen hatte, stand bereits selbst im Ruf eines heiligen Mannes, der den seines ehemaligen Meisters sogar noch übertraf, und so hatte Abdullah, dem Rat seines Vaters folgend, nach dem großen Heiligen Ausschau gehalten.

»Ich erzählte ihm kurz die Geschichte meiner Familie«, so fährt Abdullah in dem Bericht, der von ihm überliefert wird, fort, »schilderte unsere Verhältnisse und bat ihn, mich für Gott und seinen Propheten unter seine Jünger aufzunehmen. Er that es und reichte mir die Hand, ich küßte sie mit Inbrunst und legte das Gelübde ewiger Treue und Unterthänigkeit ab.«

So wurde Abdullah in die Gemeinschaft, die sich nun um Mohammed Ahmed scharte, aufgenommen. »Nachdem ich mein Gelübde abgelegt«, berichtet Abdullah weiter, »rief der Mahdi einen seiner Jünger, Namens Ali: ›Ihr seid von heute an Brüder, unterstützt euch gegenseitig und vertraut auf Gott. Du Abdullahi folge den Befehlen deines Bruders.‹ Ali war gut, aber ebenso arm wie ich. Erhielt er Nahrung vom Mahdi oder andern geschenkt, so theilte er mit mir brüderlich; tagsüber trugen wir gemeinsam die Ziegel zum Bau der Kubba, abends schliefen wir zusammen. Nach etwa einem Monat war der Bau vollendet; der Mahdi, der täglich von Hunderten in Anspruch genommen wurde, hatte sich mit mir nicht weiter beschäftigt, doch sagte mir eine innere Stimme, daß ich in seinem Herzen Raum gefunden. Man gab das Zeichen zum Aufbruch; unter Vorantragung der Fahnen durchzogen wir die Insel, und überall liefen die Leute zusammen, um sich an dem Anblicke des Mahdi, den die Leute damals noch Scheich Mohamed Achmed nannten, zu weiden, seine Lehren zu hören und sich seinen Segen zu erbitten; meine Sandalen waren zerrissen und meinen Esel hatte mir ein Mogaddam (Vorgesetzter der Jünger) abverlangt, um einen Kranken darauf weiterzuschaffen. Doch auch dieser Marsch hatte ein Ende, und wir langten auf der Insel Abba, dem Wohnsitze des Mahdi, an. Ich war an Dysenterie erkrankt, mein Bruder Ali wies mir seine kleine Strohhütte, die kaum für uns beide Raum genug hatte, zur Lagerstätte an und sorgte für meine Nahrung. Während ich krank lag, holte er das für unsere religiösen Waschungen und zum Trinken nöthige Wasser vom Flusse. Eines Abends ging er wieder aus, um solches zu holen, und kehrte nicht wieder. Anderntags erfuhr ich, daß ihn eins der dort zahlreichen Krokodile überfallen und getötet habe; die herbeigeeilten Brüder konnten dem Krokodile nur noch den Leichnam entreißen. *Allah arhamo, allah ofr lehu,* Gott erbarme sich seiner, Gott verzeihe ihm seine Sünden.«

Mohammed Ahmed

Aba, die Insel, wohin der künftige Mahdi seine Gefolgschaft führte, war bereits ein Aufenthaltsort Mohammed Ahmeds gewesen, ehe er nach Massalamiya gegangen war, um sich dem Scheich, Koreschi, anzuschließen. Auf der Insel, im Weißen Nil, etwa 250 Kilometer südlich von dessen Zusammenfluß mit dem Blauen Nil gelegen, hatte Mohammed Ahmed zunächst ein Eremitendasein geführt, was seinen anfänglichen Ruhm begründet hatte. Er stammte ursprünglich aus der Gegend von Dongola, einem Ort am Nil im nördlichen Sudan, wo er im Jahre 1844 – also zwei Jahre vor Abdullah, dem späteren Kalifen – geboren worden war. Seine Familie hatte zum Stamm der Danagla gehört, einem Teilvolk der Nubier, die zu der ursprünglichen Bevölkerung des Sudan zählen, im Zuge der Ausweitung des Islam aber arabisiert worden waren. Das heißt, Mohammed Ahmed, der spätere Mahdi, war ein Mischling, sowohl seiner rassischen Herkunft nach als auch – und dies besonders – hinsichtlich der Kultur, der er angehörte. Sie wurde vor allem durch den Islam geprägt, der im Leben Mohammed Ahmeds schon früh eine überragende Bedeutung erlangte. Einer Familientradition zufolge gab es eine Verbindungsline, die zurück bis auf den Propheten führte, und einer der Vorfahren Mohammed Ahmeds wurde besonders wegen seiner Frömmigkeit gerühmt. Der Vater Mohammeds jedoch war ein einfacher Schiffsbauer gewesen, der – als Mohammed noch ein Kind war – die Gegend von Dongola verlassen und sich in der Nähe des Zusammenflusses der beiden Nilarme niedergelassen hatte, da hier die Holzbestände, die er für sein Gewerbe benötigte, größer waren. Dies gab dem jungen Mohammed, der im Gegensatz zu seinen Brüdern für das Geschäft seines Vaters kein Interesse zeigte, sondern sich immer mehr zur

Religion hingezogen fühlte, die Möglichkeit, eine Reihe von Schulen, sogenannten *khalwas*, die auf dem Studium des Koran basierten, zu besuchen. Am Zusammenfluß der beiden Nilarme war seit der Eroberung des Sudan durch die Ägypter die größte Stadt des Landes, Khartum, entstanden, was natürlich auch zu einer Entfaltung und Konzentrierung des kulturellen Lebens in dieser Stadt beigetragen hatte.

Doch Mohammed Ahmed gab sich mit dieser mehr formalen Unterweisung nicht zufrieden, sondern wollte seine religiösen Studien vertiefen, weshalb er sich schließlich der geistlichen Führung sogenannter Scheichs anvertraute, die als Führer religiöser Gemeinschaften großes Ansehen genossen und durch deren Unterweisung er sich ein innigeres Verhältnis zur Religion erhoffte. Darin wurde er denn in der Tat auch nicht enttäuscht, obwohl er sich mit seinem zweiten Lehrer, dem Scheich Mohammed Scharif Nur el-Deim, dem Führer einer bedeutenden Sekte, der auch sein dritter Lehrer, der bereits genannte Scheich Koreschi, angehörte, überwarf. Schon bald zeigte es sich nämlich, daß Mohammed Ahmed seine religiösen Studien sehr ernst nahm und früh erkannte, daß der Islam, wie er tatsächlich im Sudan praktiziert wurde, nicht den ursprünglichen Gesetzen entsprach. Er scheute sich auch nicht, selbst seine Lehrer zu kritisieren, wenn er den Eindruck gewann, daß sie sich zu sehr von der Lehre, wie sie der Prophet niedergelegt hatte, entfernten. Dies traf zumindest für den Scheich Mohammed Scharif zu, der in ungebührlicher Weise – wie der zukünftige Mahdi ihm vorwarf – die Beschneidung seiner Söhne feierte, indem er zu Musik und Tanz einlud.

Mohammed Ahmed entwickelte früh einen Hang zu Askese und Mystizismus; durch Meditation und Selbstverleugnung wollte er sich dem wahren Kern des Glaubens nähern. Dies war auch der Grund, weshalb er sich schießlich in die Einsamkeit der abgelegenen Insel Aba zurückzog, wo er – auf der Suche nach Gott, Allah – das Leben eines Einsiedlers führte. Doch hielt er den Kontakt zu seinem Lehrer, der zu der Zeit noch Scheich Mohammed war, aufrecht, und wandte sich, als es zum Zerwürfnis mit diesem gekommen war, auch noch einem weiteren zu, Scheich Koreschi. Erst als dieser starb und Mohammed Ahmed auf dem Wege über die »Gezira«, die Halbinsel zwischen den beiden Nilarmen, zur Insel Aba zurückkehrte, um dort sein altes Leben wiederaufzunehmen, wurde ihm selbst der Ruf eines Scheichs zuteil, der fortan seinen eigenen Weg ging.

El Montasir

Noch aber war er nicht der »Mahdi«. Er fühlte sich selbst nicht als solcher und wurde auch von anderen noch nicht in dieser Weise verehrt. Allein Abdullah, der Pilger aus dem fernen Darfur, der sich Mohammed Ahmed in Masallamiya angeschlossen hatte, zweifelte nicht daran, daß er in dem Heiligen, der die Nachfolge des Scheichs Koreschi angetreten hatte, den Mahdi, den er eigentlich suchte, gefunden hatte. So verdankte er es ihm, der heilenden Kraft dessen, den er als »Mahdi« erkannt hatte, daß er von der Krankheit, die ihn nach der Rückkehr der Gemeinschaft auf die Insel Aba ereilt hatte, geheilt wurde. Wie Abdullah, auf die Frage, ob sich denn Mohammed Ahmed gar nicht um ihn gekümmert habe, als er von der Krankheit befallen worden sei, weiter berichtet: »Erst nach dem Tode Ali's, als ich hilflos in der Hütte lag, benachrichtigte man … [den Mahdi] von meiner Krankheit. Es war abends, als plötzlich er selbst in meine Hütte trat; ich war zu schwach, um mich zu erheben, er setzte sich neben mich und reichte mir warmen Medida (Mehlbrei, dem man manchmal etwas ausgelassene Butter beimischt) in einer Kürbisschale: ›Trink‹, sagte er zu mir, ›es wird dich kräftigen, vertraue auf Gott.‹ Dann verließ er mich wieder, doch bald kamen einige der Brüder in seinem Auftrage und brachten mich in eine seiner Wohnung nahegelegene Strohhütte. Er selbst hatte ja nur eine Strohhütte zur Wohnung. Seit ich die Medida aus seiner Hand genommen und getrunken hatte, fühlte ich mich besser; er sagte ja: ›Es wird dich kräftigen.‹ Und es war der Mahdi, der so gesagt hatte, er, der nur die Wahrheit spricht und nie lügt.«

So genas also Abdullah und wurde in seinem Glauben bestärkt, tatsächlich den Mahdi gefunden zu haben. Was wiederum dazu führte, daß schließlich auch dieser selbst zu der Überzeugung gelangte, der Erwählte zu sein. Wie es in dem Bericht Abdullahs, den er übrigens einem Europäer, der sein späterer Gefangener war, erstattete, weiter heißt: »Er [Mohammed Ahmed] unterhielt sich oft mit mir allein und vertraute mir das Geheimniß seiner heiligen Sendung an; er war von Gott zum Mahdi bestimmt und vom Propheten in Gegenwart der Apostel und aller Heiligen in sein Amt eingesetzt worden. Ich wußte es schon lange, bevor er mich für würdig erachtet hatte, mir sein Vertrauen zu schenken, bei seinem Anblicke wußte ich, daß er der Gottgesandte, der Mahdi el Monteser (der erwartete Meister) war.«

Es ist offensichtlich, daß hier zwei Umstände zusammentrafen, die zur »Bestimmung« Mohammed Ahmeds zum »Mahdi« führten: die Erwartungshaltung Abdullahs, der das Phänomen des »Mahdi« konkret ins Spiel brachte, und das Bewußtsein Mohammed Ahmeds, zumindest eine besondere Mission zu erfüllen. In Form einer Vision, so wenigstens deutet es Abdullah in seinem Bericht an, werden sich die Argumente, die Abdullah bei seinen Gesprächen mit Mohammed Ahmed ins Feld geführt haben wird, schließlich durchgesetzt haben: er gab den Anstoß, Mohammed Ahmed brachte lediglich die nötigen Voraussetzungen mit. Womit nicht die Bedeutung dessen, der fortan als der »Mahdi« bekannt werden sollte, gemindert werden soll. Doch er selbst wäre vermutlich nur ein letztlich unbekannter und mittelmäßiger Scheich geblieben, dessen Ruhm zumindest über die Grenzen des Sudan nicht hinausgereicht hätte. Erst Abdullah, der Pilger aus Darfur, machte Mohammed Ahmed, den Scheich von Aba, zu dem, was ihn in die Geschichte eingehen ließ: zum Vorkämpfer des Islam, der schon bald in aller Munde sein sollte.

Verheißung

Freilich bedurfte es dazu der besonderen Bedeutung, die das Wort »Mahdi« beinhaltete. Denn mit diesem Begriff, der auf die Frühzeit des Islam zurückging, hatte es eine besondere Bewandtnis. Man verband damit die Erwartung eines Messias, was durchaus christlich-jüdischer Tradition entsprach. Der Islam reicht ja mit seinen Wurzeln in diese Tradition zurück, auch wenn er, als er sich im siebten Jahrhundert n. Chr. als eigenständige Religion verselbständigte, zu einem erbitterten Gegner sowohl des Christentums als auch des Judentums wurde. Dies hinderte ihn dennoch nicht, dem Substrat, dem er entwachsen war, treu zu bleiben; was nicht zuletzt auch für eschatologische Vorstellungen, also jene, die das Ende der Welt betreffen, zutrifft. So findet sich auch im Islam die Vorstellung von Jüngstem Gericht, Paradies, Weltuntergang und Heilsbringer. In der Gestalt des Mahdi vereinen sich diese Vorstellungen, weshalb sie gerade immer dann beschworen wird, wenn sich die Gesellschaft, die an eine solche Gestalt glaubt, in einer Krise befindet. Das war in der langen Geschichte des Islam verschiedentlich der Fall; namentlich zu Anfang, als die Frage der rechtmäßigen Nachfolge des Propheten aufkam, was zu einem Schisma des Glaubens – ähnlich wie im Christentum – führte. Von den sogenannten Orthodoxen, die die Vormacht erlangten, spalteten sich die Schiiten ab, die fortan eine Minderheit bildeten, obwohl sie sich auf eine nähere Verwandtschaft zum Propheten berufen. Sie erkennen als obersten Führer einen *Imam* an, der in einem solchen Verwandtschaftsverhältnis steht, doch seit dem zwölften Imam, dem kein weiterer mehr gefolgt ist, im Verborgenen lebt, von wo er dereinst als *imam muntasar*, als der »Erwartete«, wiederkehren wird, um die Welt zu erretten.

In dieser Vorstellung, die auch in die orthodoxe Richtung des Islam, wenn auch nicht in das Dogma, so doch in den Volksglauben, Eingang gefunden hat, ist das Phänomen des »Mahdi« begründet. »El-Mahdi el-Muntasar« – »der erwartete Rechtgeleitete«, wie es in dem Bericht von Abdullah heißt, ist kein anderer als jener Messias, den ursprünglich nur die Schiiten erwarteten. Doch ihre Prophezeiung, die das Heil der Welt in Aussicht stellte, fand auch außerhalb ihrer Gemeinschaft Anklang, und so geschah es, daß im Laufe der Geschichte immer wieder ein solcher *Imam* oder »Mahdi« auftauchte. Dies trifft besonders für Nordafrika zu, von wo sich diese Tradition – über die Karawanenwege durch die Sahara und entlang der Pilgerstraße nach Osten – bis in den Sudan ausbreitete, um dort mit einer anderen Tradition, die die Wahhabiten, eine reformerische, militante Sekte in Arabien, begründet hatten, zusammenzutreffen. Aus dem Zusammenspiel, das sich aus der Lage des Sudan am Schnittpunkt dieser beiden Traditionen ergab, entstand die latente Bereitschaft des Volkes, sich für einen neuen Mahdi zu begeistern. Man mußte ihn nur ausfindig machen, was Abdullah, dem Pilger aus Darfur, gelungen war. Und dann mußte man daraus eine religiöse Kraft entwickeln, die auch politisches Gewicht erlangte. Denn das Heil der Welt lag nicht nur im Jenseits, und was das Diesseits anbelangte, so war seine Beschaffenheit ja der eigentliche Ausgangspunkt für die ersehnte Heilsbewegung. Abdullah riet denn auch, nachdem sich der Mahdi zunächst nur einem engen Kreis Vertrauter zu erkennen gegeben hatte, das Land im Westen, wo die eigentliche Not herrschte, in Augenschein zu nehmen. Was Mohammed Ahmed denn auch als nächsten Schritt unternahm, wobei er sich auf die Provinz Kordofan beschränkte, deren Hauptstadt, El Obeid, er besuchte, um dort erstmals öffentlich seine neue Mission zu verkünden.

Doch bedurfte es erst eines weiteren öffentlichen Bekenntnisses, das der Mahdi nach seiner Rückkehr zur Insel Aba in Aufforderungsschreiben, die an die religiösen Führer des Landes versandt wurden, zum Ausdruck brachte, daß auch eine Instanz aufmerksam wurde, die bisher nicht eingegriffen hatte: die ägyptische Regierung, der der Sudan ja offiziell unterstand. Für sie bedeutete erst der 29. Juni 1881, der Tag, an dem der Mahdi schriftlich seine Mission zu erkennen gab, den Auftakt zur Rebellion. Doch einstweilen sah man noch keine Gefahr; was sich jedoch schon bald ändern sollte.

Heiliger Krieg

Der Sitz der ägyptischen Kolonialverwaltung für den Sudan war Khartum, am nördlichen Ende der Gezira zwischen den beiden Armen des Nil gelegen. Hier residierte Mohammed Rauf Pascha, seines Zeichens Generalgouverneur für den Sudan. Er war erst vor kurzem, 1880, auf diesen Posten berufen worden; doch hatte er zuvor bereits im südlichen und östlichen Teil des Landes als Gouverneur gedient. Er war also mit den Verhältnissen des Sudan vertraut, zumal sein Vater angeblich aus Berber, einem Ort nördlich von Khartum, stammte und seine Mutter, der Mohammed Rauf besonders verbunden war, Abessinierin war, was gleichfalls auf die Länder südlich Ägyptens verweist. Dennoch hatte sich Mohammed Rauf auf die Seite der Kolonialherren geschlagen, was natürlich entsprechende Vorteile mit sich brachte. Nicht zuletzt die Möglichkeit, einer besonderen Leidenschaft zu frönen: dem Kartenspiel Bakkarat, bei dem er allerdings besonderes Geschick bewies.

Weniger glücklich war Rauf Pascha, trotz seiner Landeskenntnis, als er mit der Herausforderung, die die Rebellion Mohammed Ahmeds darstellte, konfrontiert wurde. Zunächst tat er die Nachrichten, die ihm diesbezüglich überbracht wurden, als belanglos ab; denn er sagte sich, nicht ganz zu Unrecht, daß ihr Überbringer, nämlich jener Scheich Mohammed Scharif, mit dem sich der zukünftige Mahdi überworfen hatte, lediglich Vergeltung üben wollte, indem er seinen Widersacher anschwärzte. Doch als dann der Vorwurf des Scheichs, sein ehemaliger Schüler sei ein Betrüger und Scharlatan, der die Lehre des Propheten verunglimpfe, durch Berichte von anderer Seite, die sich auf die offiziellen Verlautbarungen des Mahdi bezogen, bestätigt wurde, sah sich Rauf Pascha gezwungen einzuschreiten. Er berief eine Versammlung von *ulema* ein, muslimischen Schriftgelehrten, die über die Einhaltung des Glaubens wachten, forderte sie auf, zu dem Vorwurf, den der Scheich erhoben hatte, Stellung zu nehmen, und bat sie dann, als sie den Vorwurf der Gotteslästerung bestätigten, sich in Begleitung eines offiziellen Abgesandten der Regierung zur Insel Aba zu begeben, um den Abtrünnigen, der sich »el–Mahdi« nannte, zur Rechenschaft zu ziehen. Mehr noch, Abu Saud, der als Vertreter der Regierung mit der Leitung der Delegation betraut wurde, sollte Mohammed Ahmed dazu bewegen, ihn zurück nach Khartum zu begleiten, um sich vor dem Generalgouverneur selbst zu verantworten.

Die Abordnung machte sich also auf den Weg, und derjenige, dem der Besuch galt, war auch bereit, die Delegation zu empfangen. Doch wenn man dies als ein gutes Zeichen ansah, so hatte man sich getäuscht. Wie Slatin Pascha alias Rudolph Slatin, der zwar kein Augenzeuge dieses Ereignisses war, doch sich bereits seit längerem in ägyptischen Diensten im Sudan befand, ehe er dann in die Gefangenschaft des Mahdi geriet und insbesondere mit Abdullah, dem späteren Kalifen, in nähere Berührung kam, in seinen Aufzeichnungen, aus denen wir bereits zitiert haben und die sich auf Gespräche mit dem Kalifen stützten, weiter berichtet: »Als Mohamed Bey Abu Saud bei Mohamed Achmed erschien, empfing ihn dieser in Gesellschaft seines Bruders und Abdullahi ebn Mohamed's äußerst freundlich. Nach geschehener Begrüßung benachrichtigte Abu Saud Bey den Scheich von den über ihn ›wol fälschlich‹ verbreiteten Gerüchten und forderte ihn nach langer Rede schließlich auf, ihn auf den Dampfer zu begleiten, um die wider ihn ergangenen Anklagen vor dem Herrn des Landes persönlich zu widerlegen. Bei den letzten Worten sprang Mohamed Achmed wild empor, schlug sich mit geballter Faust auf die Brust und rief mit lauter Stimme: ›Durch Gott und des Propheten Gnade bin ich der Herr des Landes! Nie werde ich Chartum betreten, um mich zu verantworten!‹«

Erster Sieg

Obwohl dies eine offene Herausforderung war, die bereits weit über das hinausging, was der Mahdi bisher gefordert hatte – die Rückkehr zum rechten Glauben –, versuchte Abu Saud, der Vertreter der Regierung, den aufgebrachten Scheich, für den er ihn bislang nur hielt, zu beschwichtigen. Doch vergebens: der Mahdi wies ihm sozusagen die Tür, und Abu Saud und seinen Begleitern blieb einstweilen nichts anderes übrig, als sich zu ihrem Dampfer, der sie zur Insel gebracht hatte, zu begeben und die Rückfahrt nach Khartum anzutreten.

Dies geschah am 7. August 1881. Fünf Tage später, am 12. August oder dem 16. Ramadan, wie man das Datum nach dem muslimischen Kalender schrieb, wurde Abu Saud erneut in Aba vorstellig. Doch diesmal begleitete ihn nicht eine Abordnung der *ulema*, sondern eine militärische Eskorte, die immerhin aus zwei Kompanien bestand. Außerdem hatte man den Dampfer, »Ismailia«, mit einer Kanone bestückt: Rauf Pascha hatte keine Zeit verschwendet; diesmal würde er den Aufmüpfigen eine Lehre erteilen und ihren Rädelsführer mit Gewalt nach Khartum holen!

Der Mahdi jedoch, der von diesem Unternehmen rechtzeitig unterrichtet worden war, traf entsprechende Vorkehrungen. Sie bestanden im wesentlichen in dem Aufruf, für die gerechte Sache, die er vertrat, zu den Waffen zu greifen, und im übrigen in dem Versprechen, daß denen, die sich durch besondere Tapferkeit auszeichneten, große Ehren zuteil würden. Denn zur Verteidigung des Glaubens in den Krieg zu ziehen, war nicht nur ein löbliches Unterfangen, sondern sozusagen eine heilige Pflicht. Praktischere Vorbereitungen hielten sich notwendigerweise in Grenzen, denn noch verfügte der Mahdi nicht über die nötigen Waffen. Das, was man auftrieb, war nicht dazu angetan, große Erwartungen zu hegen. Doch es war eben ein gottgefälliges Werk, zu dem man sich zusammenrottete; so stellte es der Mahdi dar, und so gefiel es auch Allah, indem er für die nötige Unterstützung sorgte.

Diese offenbarte sich darin, daß die beiden Kompaniechefs es so eilig hatten, die Lorbeeren zu verdienen, die dem winkten, der zuerst des Mahdis habhaft werden würde, daß sie noch am gleichen Abend, da der Dampfer die Insel Aba erreichte, die Truppen an Land setzten und sich an die Fersen des Mahdi hefteten. Abu Saud hingegen, der das Unternehmen befehligte, zog es vor, einstweilen an Bord der »Ismailia« zu bleiben, womit er einer weisen Voraussicht nachkam. Denn Allah, der sich nun unwiderruflich auf die Seite seines unerschrockenen Vorkämpfers stellte, richtete es so ein, daß es bereits Nacht war, als sich die beiden Offiziere mit ihren Soldaten auf die Suche nach dem Mahdi machten; was wiederum dieser dazu nutzte, sich in einen Hinterhalt zu legen und so seine militärische Unterlegenheit in einen taktischen Vorteil zu verwandeln. Wie Slatin Pascha, der sich, wie bereits erwähnt, auf die Erinnerung Abdullahs stützt, der an diesem wie an allen weiteren

Kämpfen teilnahm, schreibt. »In finsterer Nacht drangen … [die beiden Abteilungen] auf verschiedenen sumpfigen Wegen gegen die Niederlassung Mohamed Achmed's vor und griffen die Hütten, in denen sie den Rebellen und seine Anhänger zu überraschen hofften, mit lebhaftem Salvenfeuer an, wobei sie sich im Dunkel der Nacht gegenseitig beschossen. Achmed hatte mit den Seinen, welche nur mit Schwertern, Spießen und Knüppeln bewaffnet waren, die Hütten längst verlassen und sich in der Nähe im hohen Gras verborgen gehalten; aus demselben hervorstürzend, war es ihnen ein Leichtes, die ohnehin bereits in größter Verwirrung befindlichen und nun ganz kopflos gewordenen Feinde zu besiegen. Die meisten wurden erschlagen, und nur wenigen gelang es, schwimmend den Dampfer zu erreichen. Abu Saud Bey, von dem unglücklichen Ausgange des Unternehmens in noch größern Schrecken versetzt, befahl, sogleich die Anker zu lichten, um nach Chartum zurückzukehren. Nur den Vorstellungen des Kapitäns gelang es, ihn zu bewegen, wenigstens den Morgen abzuwarten; doch in lebhafter Besorgniß für sich und seine Kanone entfernte er sich noch weiter vom Ufer und ging in der Mitte des Flusses vor Anker.«

Jihad

Am Morgen, als das ganze Ausmaß der Niederlage deutlich wurde, ließ man auf der »Ismailia« die Anker lichten und nahm Kurs auf Khartum: das Unternehmen war gescheitert, und der Mahdi hatte seinen ersten Sieg errungen. Dies war jedoch nicht nur ein Triumph, der vor allem psychologische Auswirkungen hatte, da er das Ansehen des Mahdi stärkte und seiner Bewegung Auftrieb gab; der Kampf, der siegreich gefochten worden war, gab der Bewegung des Mahdi auch eine entscheidende Wende: sie nahm einen kriegerischen Charakter an; was bedeutete, daß die Bewegung in die Nähe eines Kreuzzuges rückte, wofür es im Islam eine lange Tradition gab. Als *Jihad,* »Heiliger Krieg«, waren militärische Eroberungen die eigentliche Voraussetzung für die ursprüngliche Ausbreitung des Islam gewesen. Im Gegensatz zu allen anderen großen Religionen war das kriegerische Element von Anfang an ein integraler Bestandteil des Islam. Der »Heilige Krieg«, der einer Verpflichtung zur Durchsetzung des Islam als einziger rechtmäßiger

Religion gleichkam, wurde sogar zu einer der sogenannten »fünf Säulen«, also den Grundforderungen, des Islam. Als solcher kommt *Jihad* eine religiöse Bedeutung zu, die zur Folge hat, daß sich der gläubige Muslim der Aufforderung zu einem solchen Krieg bereitwillig unterwirft; ja, mit Freude sein Leben in einem solchen Krieg opfert. Denn er ist sich nicht nur bewußt, ein angeblich gottgefälliges Werk zu tun, wenn er für Allah in den Krieg zieht; ihm winken auch überirdische Freuden, wenn er als Held und Märtyrer in das Paradies, das der Islam seinen Verfechtern in Aussicht stellt, eingeht. In dieser Verbindung von religiösem Auftrag und hochgespannter Erwartung liegt der besondere Fanatismus begründet, der einen Verfechter des Jihad kennzeichnet. Der Mahdi war sich dieser Bedeutung der Tradition des Krieges im Islam wohlbewußt, und er machte sich diese Tradition ganz und gar zunutze.

Dennoch war er einstweilen nicht in der Lage, einen offenen Krieg vom Zaume zu brechen. Dazu war seine Gefolgschaft noch zu gering; von der unzureichenden Bewaffnung, die sie den Truppen der Ägypter, wenn diese erst einmal richtig zum Einsatz kamen, hoffnungslos unterlegen machte, ganz abgesehen. Der Mahdi zog es deshalb vor, indem er den Rat vor allem Abdullahs befolgte, der allmählich zu seinem engsten Vertrauten wurde, sich nach Süden, in die unzugänglichen Nuba-Berge, zurückzuziehen. Hier würde er, in aller Ruhe und vor Verfolgung sicher, seine Bewegung ausbauen können, Anhänger um sich scharen und eine schlagkräftige Streitmacht aufbauen: ganz so, wie es einst Mohammed, der Prophet, getan hatte, der es gleichfalls vorgezogen hatte, aus Mekka, wo er seine neue Religion begründet hatte, zu fliehen und sich nach Medina zu begeben, wo er eine bereitwillige Aufnahme fand und zum Gegenschlag rüstete. Der Mahdi war sich der Ähnlichkeit seiner Situation mit der, wie sie sich ursprünglich für den Propheten ergeben hatte, wohlbewußt, und er zögerte nicht, in einem weiteren klugen Schachzug, seinen Rückzug von der Insel Aba mit der berühmten Hedschra, der Flucht Mohammeds von Mekka nach Medina, gleichzusetzen. Wobei er nicht versäumte, seine Wanderung als Befolgung des expliziten Willens Allahs auszugeben, der ihn, in einer Erscheinung, zu diesem Schritt aufgefordert habe.

Jebel Gedir

Ähnlich wie der Auszug Mohammeds aus Mekka, so war auch der Rückzug des Mahdi ein mühseliges Unterfangen, das durchaus noch nicht erkennen ließ, daß es eigentlich der Anfang eines Triumphzuges war. Das Ziel der Wanderung war der Jebel Gedir, ein Markstein in den Nuba-Bergen, den der Mahdi wiederum als symbolträchtig ausgab: Denn er ließ verkünden, daß es sich bei diesem Berg eigentlich um den heiligen »Masa« handelte, einen Berg im Atlas-Gebirge im fernen Marokko, von dem – einer Legende nach – der »Erwartete Mahdi« herabsteigen würde. Dies übrigens ein Beweis, daß die Überlieferung, die vom Erscheinen eines Mahdi spricht, wie er ja im westlichen Nordafrika wiederholt auftrat, tatsächlich bis in den Sudan gelangt war.

Was nun die Mühen betrifft, die der Mahdi mit seinem Gefolge auf der Wanderung zum Jebel Gedir auf sich nehmen mußte, so berichtete wiederum Abdullah seinem späteren Gefangenen, Slatin Pascha, sehr ausführlich: »Wir waren in Gedir angekommen, erschöpft und ermattet von der langen, beschwerlichen Reise. Der Mahdi hatte nur ein Pferd von der schlechten abessinischen Rasse, während ich den größten Theil des Weges zu Fuß gehen mußte. Doch Gott stärkt den Gläubigen, der bereit ist, für den Glauben sein Blut zu vergießen. Meine Brüder Jakub, Jusuf und Samani hatten sich uns mit ihren Familien angeschlossen, auch die Frau meines Vaters, die noch ihr jüngstes Kind, meinen Bruder Harun, säugte, wollte nicht zurückbleiben und ging mit uns. Sie und meine Frau, die mir bereits einen Sohn, Etman, geboren hatte, den ihr jetzt Scheich e Din nennt und den du täglich vor dir siehst, machten mir die meiste Sorge. Für uns Männer war es leicht, wir konnten und mußten die Mühen und Plagen, die uns Gott als Prüfung auferlegte, ertragen und dankten dem Schöpfer dafür, daß er uns auserkoren hatte, seine Gebote zu lehren und den in den Staub versunkenen Glauben wieder aufzurichten. Doch bei Weibern und Kindern«, so fügte Abdullah lächelnd hinzu, »ersetzen die besten Lehren nicht Speise und Trank. Wol strömten uns Leute in Massen zu, doch sie waren selber arm und suchten bei uns noch Unterstützung. Die reichen und wohlhabenden Leute zogen sich von uns zurück; sie waren für ihr Vermögen besorgt, für diesen Schmutz der Welt, der sie daran hindert, die wahren Freuden des Paradieses zu erkennen und zu genießen. Die Bevölkerung, deren Gebiete wir durchzogen, gab uns nur wenig zu unserem Unterhalte, und das Wenige vertheilte der Mahdi in seiner Barmherzigkeit an die neu zuströmenden Pilger, die er als seine Gäste betrachtete. Oft bekümmerte das Geschrei der hungernden Kinder, das Klagen der darbenden Frauen mein Herz; doch beim Anblick des Mahdi war ich immer wieder von der besten Hoffnung und von Vertrauen auf Gott erfüllt. Geduld ist die schönste Tugend. O, Abd el Kadr, übe sie und du wirst Gottes Lohn dafür ernten!«

»Abd el Kadr«, so nannte der Kalif Abdullah, der übrigens schon jetzt, nach dem ersten Sieg, den Titel *Kalif* trug, was soviel wie »Stellvertreter« beziehungsweise »Nachfolger« heißt, seinen Gefangenen Slatin Pascha, dem er ausführlich aus seinem Leben berichtete; vielleicht in der Erwartung, daß auf diese Weise einmal die übrige Welt von dem erfahren würde, was sich gerade am Anfang dessen, was dann als »Aufstand des Mahdi« bekannt wurde, zutrug. Und in dieser Erwartung wurde er denn auch nicht enttäuscht, obwohl der »Kalif«, wie der Mahdi Abdullah noch auf der Insel Aba getauft hatte, davon wohl kaum noch Kenntnis erlangt haben dürfte. Denn als sich Abd el Kadr alias Slatin Pascha endlich aus der Gefangenschaft befreien konnte, war Abdullah, der inzwischen tatsächlich die Nachfolge des Mahdi angetreten hatte, nicht mehr viel Zeit beschieden: ein Gewitter braute sich am Horizont zusammen, das dem Spuk im Sudan, wie man es in der übrigen Welt nannte, schon bald ein Ende machen sollte. Doch einstweilen, im Herbst des Jahres 1881, da der Mahdi mit seinen Anhängern den angeblich heiligen Berg Masa beziehungsweise Jebel Gedir erreichte, zeigten sich noch keine düsteren Schatten. Im Gegenteil: wie dem Propheten, der ihm als Vorbild diente, so war auch dem Mahdi von nun an ein kometenhafter Aufstieg beschieden.

Schallali Pascha

Es begann damit, daß der Mahdi am 9. Dezember 1881 einen zweiten Sieg erringen konnte: diesmal handelte es sich um einen Versuch der Ägypter, den neuen Stützpunkt des Mahdi, den er in den Nuba-Bergen errichtet hatte, von Süden her anzugreifen. Raschid Bey, der Gouverneur von Faschoda, einer südlichen Provinz des

Abb. 1 Ein Anhänger des Mahdi predigt den »Heiligen Krieg«

Sudan, die sich um einen gleichnamigen Ort am Weißen Nil konzentrierte und unmittelbar an die Nuba-Berge angrenzte, sah sich durch die Nähe seines Amtsbereiches veranlaßt, gegen den Schlupfwinkel der Rebellen vorzugehen. Doch wie schon auf der Insel Aba, gerieten die Äypter auch diesmal in einen Hinterhalt, denn der Mahdi war wiederum rechtzeitig gewarnt worden, und sie wurden erbarmungslos niedergemetzelt. Auch der Gouverneur war unter den Gefallenen, was nicht unwesentlich zum Ruhm des Mahdi beitrug. Auch der Umstand, daß diesmal eine große Menge an Waffen und Ausrüstung in die Hände der Aufständischen fiel, erhöhte das Ansehen des Mahdi. Von nun an riß der Zustrom Begeisterter, die sich der Bewegung des Mahdi anschließen wollten, nicht ab. Sie wurden fortan als *Ansar* bezeichnet, womit der Mahdi erneut auf das Vorbild des Propheten zurückgriff, denn der Begriff *Ansar*, was eigentlich »Helfer« bedeutet, ging auf jene zurück, die Mohammed, nach seiner Flucht aus Mekka, ihre Unterstützung anboten, als er in Medina eintraf; die ursprünglichen Ansar waren also die ersten getreuen Anhänger des Propheten gewesen. Auch daran zu erinnern und seine Gefolgschaft auf das historische Vorbild zu verpflichten, war ein kluger Schachzug des Mahdi.

Während also der Mahdi, verschanzt in den Nuba-Bergen, seine Stellung weiter ausbaute, wurde Rauf Pascha, dem Generalgouverneur in Khartum, die Rechnung präsentiert: Man warf ihm vor, die Gefahr, die von der Bewegung des Mahdi ausging, unterschätzt zu haben und im übrigen nicht in der Lage gewesen zu sein, wenigstens militärisch die Oberhand zu gewinnen. Er hatte sich also in den Augen der Regierung in Kairo als unfähig erwiesen und wurde kurzerhand abgesetzt. Seine Nachfolge, als Interimsgouverneur, trat ein Deutscher namens Giegler Pascha an. »Pascha« wie auch »Bey« waren Titel für höhere Beamte, die im Osmanischen Reich, zu dem ja auch Ägypten und damit auch der Sudan gehörten, gebräuchlich waren. Dabei stellte »Pascha« die höchste Stufe unter dem Sultan dar, während »Bey« unmittelbar unter »Pascha« rangierte. In beiden Fällen verbanden sich mit dem Titel sowohl militärische als auch zivile Funktionen.

Giegler hatte sich ähnlich wie Slatin Pascha in der Kolonialverwaltung hochgearbeitet: Von Beruf eigentlich Fernmeldetechniker, war er zunächst für das Post- und Telegraphenwesen zuständig gewesen – Neuerungen, die die ägyptische Regierung im Sudan eingeführt hatte –, ehe er im März 1882 Rauf Pascha ablöste. Doch wie zu erwarten, war auch Giegler, der keinerlei militärische Erfahrung hatte, nicht in der Lage, die Situation im Sudan, die aus dem Ruder zu laufen drohte, in den Griff zu bekommen. Zwar gelang es ihm, einige Erfolge gegen die Aufständischen im Gebiet der Gezira, dem Landstreifen zwischen den beiden Armen des Nil, wo sich inzwischen die Bewegung des Mahdi gleichfalls entfaltet hatte, zu erringen. Aber ein größeres Unternehmen, das Giegler Pascha in Angriff nahm und das gegen die eigentliche Hochburg der Aufständischen in den Nuba-Bergen gerichtet war, endete mit einer weiteren Niederlage.

Diesmal stand der Vorstoß gegen den Mahdi unter dem Kommando eines Mannes, Jusuf el-Schallali Pascha, der sich immerhin bereits in früheren Kämpfen gegen lokale Aufrührer verdient gemacht hatte. Auch bestand diesmal die Streitmacht, die man gegen den Mahdi ausschickte, aus 4000 Soldaten, sowohl Infanterie als auch Kavallerie, wozu noch 2000 Mann Verstärkung kam, die sich unterwegs der Streitmacht anschlossen. Nachdem man den Fluß, den Weißen Nil, als Aufmarschroute gewählt hatte, stießen die Ägypter erneut von Süden gegen den Sützpunkt des Mahdi vor. Doch Schallali Pascha machte den gleichen Fehler wie sein Vorgänger: er wähnte sich zu siegesgewiß. Anstatt das Lager, das er am Abend des 6. Juni bezog, mit einem Wall von Dornhecken zu befestigen, wie es eigentlich bei militärischen Unternehmungen im Sudan üblich war, also eine *seriba*, eine »Einfriedung«, wie man es im Arabischen nannte, zu errichten, begnügte sich Schallali mit einfachem Buschwerk, hinter dem er sich mit seinen Soldaten verschanzte. Was natürlich kein Hindernis für die Krieger des Mahdi war, die, obwohl sie im Vergleich zu den Regierungstruppen noch immer schlecht versorgt und ausgerüstet waren, dafür um so begeisterter in den Kampf zogen. Wie Slatin, der sich auf die Erzählungen Abullahs, der damaligen rechten Hand des Mahdi und zweifellos einer der eigentlichen Anführer der Aufständischen, stützte, berichtet: »Die halbnackten, hungerigen, von Krankheit geschwächten Anhänger des Mahdi aber, durch ihren Fanatismus bis zur Raserei aufgestachelt, überfielen vor dem ersten Morgengrauen das Heer Jusuf el Schellali's. Der Verhau wurde ohne Mühe überschritten oder auseinandergeworfen und die aus dem Schlafe emportaumelnden, vor Schreck starren, bis zur Sinnlosigkeit verwirrten Soldaten in Massen erschlagen. Jusuf Pascha und Daha Abu Sidr [der die Reiterei anführte] wurden am Eingange ihrer Zelte noch im Nachtgewande gemordet, das ganze demoralisirte Heer zersprengt und die zerstreuten Haufen hingeschlachtet. Ein Nebenweib ... des Daha stürzte sich mit einem Revolver in der Hand auf die Mörder ihres Herrn und tödtete zwei derselben, bis auch sie, von Lanzenstichen durchbohrt, neben dem Leichnam ihres Gebieters niedersank. Nur Abdullahi Dafallah, [der die Verstärkung herbeigeführt und] ... das Unglück geahnt hatte, kämpfte mit den wenigen seiner Leute, welche standgehalten und sich um ihn geschart hatten. Doch er war der Uebermacht der siegestrunkenen Fanatiker nicht mehr gewachsen und theilte das jammervolle Schicksal seiner Genossen.«

Dies war der dritte Sieg des Mahdi; und nun schwanden auch dem Zaudernden die letzten Zweifel, daß der, der sich »el-Mahdi« nannte, tatsächlich der erwartete Messias sei. Wie Slatin, der mit dem Sudan und seinen Bewohnern wohlvertraut war, denn bevor er in die Gefangenschaft des Mahdi geriet, war er ja seit längerem im Sudan gewesen, schreibt: »Es ist bekannt, daß alle uncivilisirten Völker außerordentliche Erscheinungen oder Erfolge übernatürlichen Ursachen zuzuschreiben pflegen. Seit mehr denn sechzig

Jahren war der Sudan im Besitze der Türken und Aegypter. Wol hatten in dieser langen Reihe von Jahren manchmal einige Araberstämme den Tribut verweigert und waren dafür gezüchtigt worden, nie aber hatte es bisher jemand gewagt, sich in dieser Weise gegen die Herren des Landes aufzulehnen und ihnen in aller Form den Krieg zu erklären! Und nun trat ein bettelarmer, frommer, bisher gänzlich unbekannter Fakir auf, Mohamed Achmed, und erfocht mit einer Hand voll halbverhungerter, fast unbewaffneter Anhänger Sieg auf Sieg! Ja, es konnte nicht anders sein! Er hatte wahr gesprochen! Er mußte der erwartete, der von Gott gesandte Meister, el Mahdi el Monteser sein!«

Doch obwohl der Mahdi den fremden Herren getrotzt und ihnen Widerstand geleistet hatte, war er doch noch nicht so weit gegangen, daß er seinerseits zum Angriff übergegangen war. Diesen Schritt, der seiner Erhebung erst den eigentlichen Stempel eines kriegerischen Aufstandes aufdrückte, der in einen regelrechten Befreiungskrieg mündete, tat der Mahdi erst, als er sich aufmachte und gegen El Obeid zu Felde zog.

Eine Stadt in Kordofan

El Obeid war der Sitz der Provinzregierung von Kordofan, mit dem der Mahdi auf Grund wiederholter Besuche vertraut war. Neben seiner Funktion als Verwaltungssitz, war El Obeid ein wichtiges Verkehrs- und Handelszentrum. Nach Khartum war es die bedeutendste Ansiedlung des Sudan. Sich in ihren Besitz zu bringen, verhieß demnach nicht nur einen entsprechenden strategischen Erfolg, sondern auch die Aussicht auf reiche Beute, ein Faktor, der, wie Slatin betont, nicht zu unterschätzen war. Er schreibt: »Der Mahdi selbst schickte Flugschriften nach allen Richtungen aus, in denen er seine Siege als Wunder des Himmels und als neue Beweise seiner göttlichen Sendung darstellte. Er forderte alle Gläubigen zum Heiligen Kriege auf, nannte seine Anhänger Ansar ... und versprach allen denjenigen, die im heiligen Kampfe für Gott und die Religion fallen sollten, die ewigen himmlischen Freuden, den Ueberlebenden aber, da der Sieg nach dem Rathschlusse Gottes nicht ausbleiben könne, vier Fünftel der gemachten Beute. Das letzte Fünftel behielt er sich zur freien persönlichen Verfügung vor. Hierdurch erregte er die Hauptleidenschaften der Bevölkerung des Sudan: Fanatismus und Habsucht.«

Der Gegner, sowohl in Khartum als auch in El Obeid, unterschätzte inzwischen die Gefahr, die von den Aufständischen ausging, nicht mehr. Giegler Pascha, der letztlich gleichfalls erfolglos geblieben war und ohnehin nur als Interimsgouverneur fungiert hatte, wurde schließlich durch einen Ägypter, Abd el-Kader Pascha, der sich bereits bei früheren militärischen Unternehmungen im Sudan ausgezeichnet hatte, ersetzt. Er war, sozusagen als Vorbereitung für seine neue Tätigkeit, Minister für den Sudan gewesen, hatte also einen Posten bekleidet, den die Regierung des Khediven in Kairo ausdrücklich neu geschaffen hatte, um dem Anspruch ihrer Herrschaft über den Sudan, die der Mahdi herausgefordert hatte, ein größeres Gewicht zu verleihen. Es war dies ein Eingeständnis, seitens der ägyptischen Regierung, daß sie die Gefahr, die von der Bewegung des Mahdi ausging, ernst nahm.

El-Kader Pascha, der neue Generalgouverneur, der im Mai 1882 sein Amt antrat, zögerte denn auch nicht, energische Maßnahmen zu ergreifen, um die Herrschaft der Ägypter, die durch den Verlust der Truppen, die Schallali in den Untergang geführt hatte, eine empfindliche Einbuße erlitten hatte, wieder auf eine solide Basis zu stellen. So hob er neue Rekruten aus, zog Truppen, die in den östlichen und südlichen Grenzregionen stationiert waren, ab und stellte so eine Armee auf, die schließlich 12000 Mann umfaßte. Tausend davon entsandte er nach El Obeid, um die Garnison dort zu verstärken; den Rest hielt er in Bereitschaft, nicht zuletzt, um im Ernstfall Khartum selbst angemessen verteidigen zu können. Diesbezüglich tat er im übrigen noch ein weiteres, indem er Befestigungsanlagen in Khartum errichten ließ. Abd el-Kader ging kein Risiko ein; der Mahdi war durchaus nicht mehr nur ein »halbnackter Fakir«, wie – im Vorgriff auf eine spätere, bekanntere Bemerkung – allzu sorglose Stimmen den Mahdi bislang abfällig genannt hatten.

Zu diesem Urteil war auch Mohammed Said Pascha gelangt, der Gouverneur von El Obeid. Er war ein Tscherkesse, gehörte also jener Volksgruppe an, die die Türken bevorzugt versklavt und – soweit es sich um das männliche Geschlecht handelte (dem weiblichen winkte gewöhnlich der Harem) – in den Militärdienst gepreßt hatten. Said Pascha entstammte also einer kriegerischen Tradition und war folglich nicht gewillt, obwohl er den Mahdi bei seiner Flucht in die Nuba-Berge vergeblich aufzuhalten versucht hatte, vor den Aufständischen zu weichen. Obeid war, wie gesagt, eine größere Ansiedlung, und wie Khartum, so wurde auch dieser Ort durch großangelegte Schanzwerke befestigt.

Obwohl wir auf die Gegebenheiten des Landes, die den Rahmen für die Ereignisse, die wir in dieser Arbeit behandeln, setzten, im einzelnen erst in den folgenden Kapiteln eingehen werden, so erscheint es doch angezeigt, schon an dieser Stelle etwas näher auf das Umfeld einzugehen, in dem sich der Aufstand des Mahdi abspielte. Soweit es El Obeid betrifft, so gibt es dazu eine recht anschauliche Beschreibung, die aus der Feder von Alfred Brehm stammt, dem nachmals berühmten Zoologen, der in den Jahren 1847 bis 1852 eine Reise nach Nordafrika unternahm, im Verlauf derer er auch wiederholt den Sudan besuchte. Über El Obeid, das er aus eigener Anschauung kannte, schreibt er unter anderm: »Der Hauptheil der Stadt ist *el Urdi*. Hier befindet sich der Palast des Gouverneurs: ein einstöckiges Lehmgebäude mit plattem Dache; der *Diwahn*: eine weite luftige Halle mit ungeweißten Wänden; die Wohnungen der Beamten: Tokhal [kegelförmige Hütten] mit soliden Erdmauern; die Kaserne, das Hospital und der Markt. Die Kaserne ist ein von einer zehn Fuß hohen und fünf Fuß dicken, undurchdringlichen Serieba umschlossener, freier Platz, welcher ungefähr vierzig in zwei langen Reihen neben einander gebaute Tokhal enthält; das Hospital ist ähnlich eingerichtet, steht aber dem von Charthum in jeder Hinsicht nach: unwissende Aerzte und unkundige Apotheker wirthschaften in ihm in einer so furchtbaren Weise, daß der dort eingesperrte Kranke die in ihm verbrachten oder zu verbringenden Martertage für eine grausame Strafe hält.«

»El Urdi« war also der eigentliche Stützpunkt, auf den sich die Ägypter konzentrierten. In den anderen Vierteln der Stadt wohnten die Einheimischen, aber auch Zugewanderte aus den Atlasländern. Diese eigentliche Bevölkerung der Stadt ging dem Handel und Gewerbe nach. Neben den öffentlichen Basaren gab es sozusagen auch private Märkte, wozu Brehm bemerkt: »Der Haupthandel Obeid's wird nicht auf dem Markte, sondern in den Wohnungen der Kaufleute abgemacht. Dort kann man jede beliebige Menge von Sklaven, Elfenbein, arabischem Gummi, Tamarindenkuchen und anderen Erzeugnissen des Innern zu kaufen bekommen. Obenan steht der Sklavenhandel, dann folgt der des arabischen Gummi's und dann der des Elfenbeins. Das Gummi wird im Lande Kordofahn in großer Quantität eingesammelt, das Elfenbein, von welchem man hier jährlich viele hundert Centner umsetzt, gelangt zumeist von Dahr-Fuhr nach Obeid.«

Auch Gold war ein begehrter Handelsartikel, für den Obeid berühmt war. Die Menschen, die hier lebten, teilten sich – abgesehen von den Ägyptern, die die eigentliche Elite bildeten – in zwei Klassen: Herren und Diener. Was die ersteren betrifft, so schreibt Brehm: »Die Einwohner leben unter ganz ähnlichen Verhältnissen, als die Charthum's, sind aber, falls dies möglich, noch mehr sinnlichen Genüssen ergeben, grenzenlos ausschweifend und deshalb häufig zu Verbrechen geneigt. Erst nach Sonnenuntergang geht das eigentliche Leben an; während der Hitze des Tages bleibt man schlafend im Tokhul und verläßt diesen nur gezwungen; z.B. um auf den Markt zu gehen oder wirklich einmal eine Arbeit zu verrichten.«

Letzteres war eigentlich Aufgabe derer, die man sich dazu hielt. Über diese berichtet Brehm: »Zu allen Arbeiten, welche die Faulheit der Einwohner scheut, gebraucht man hier die Packesel aller Stände, die Sklaven. Sie müssen Gärten und Felder bewässern, das Vieh hüten, Häuser bauen, Dornengehege errichten, das Feld bebauen etc., während ihr Herr unthätig im Tokhul liegt oder sich mit der edlen Meriesa [bierähnliches Getränk] beschäftigt. Bei allen ihren schweren Arbeiten sind sie dennoch mit gewichtigen Ketten gefesselt. Wegen geringer Vergehen werden sie unmenschlich bestraft.«

Nicht unbedingt ein schmeichelhaftes Bild, das Brehm von El Obeid entwirft. Wobei schon hier anzumerken ist, daß sich – ebenso, wie seit der Zeit, da Brehm die Stadt besucht hatte, kein entscheidender Wandel eingetreten war – auch in Zukunft wenig ändern sollte: denn Obeid fiel zwar in die Hände des Mahdi (wie der Rest des Sudan), doch der alte Schlendrian ging weiter. Daran änderte die bewußte Hinwendung zum Glauben, der auch schon vorher geherrscht und die Mißstände toleriert hatte, nichts. Was natürlich niemanden davon abhielt, den Mahdi und seine Bewegung als das Heil der Welt auszugeben; weshalb denn auch El Obeid zunächst mit fanatischem Eifer berannt wurde, ehe man einsah, daß mit blinder Entschlossenheit diesmal kein Sieg zu erringen war.

Mörderisches Feuer

Der Angriff auf El Obeid begann am 8. September 1882. Zu diesem Zeitpunkt hatte der Mahdi eine Streitmacht zusammengezogen, die auf 30 000 Ansar geschätzt wurde; wobei in dieser Zahl allerdings auch die Angehörigen der eigentlichen Krieger mit einbezogen sind, denn die Männer – die größtenteils ohnehin an ein nomadisches Leben gewöhnt waren – reisten mit ihren Familien. Dennoch sah sich Said Pascha, der Gouverneur, der die Stadt verteidigte, einem stattlichen Gegner gegenüber, und er machte denn auch gar nicht erst den Versuch, den äußeren Verteidigungsring, den er an der Peripherie der Stadt angelegt hatte, zu halten. Nicht nur, daß ihm die nötigen Soldaten fehlten, um überall gleichzeitig die Befestigungsanlagen verteidigen zu können; ein Großteil der Bewohner der Stadt war auch, angesichts der Übermacht des Mahdi, auf die Seite der Aufständischen übergewechselt, so daß Said Pascha Feinde in den eigenen Reihen zu befürchten hatte. Er entschloß sich deshalb, noch ehe der eigentliche Angriff begann, sich hinter einen zweiten, inneren Verteidigungsring zurückzuziehen, den er um den Kern der Stadt, der – wie Brehm bereits andeutete – den Gouverneurspalast und die Kaserne umfaßte, gelegt hatte. So drangen die Aufständischen ohne großen Widerstand in die Stadt ein, liefen dann aber, als sie den eigentlichen Stützpunkt der Ägypter angreifen wollten, in ein konzentriertes Feuer, das sie zurückwarf. Wie Slatin, der sich übrigens zu dieser Zeit, gleichfalls als Gouverneur der ägyptischen Regierung, in der Nachbarprovinz Darfur aufhielt, schreibt: »Obwohl die Remingtongewehre in den Händen der Soldaten eine verheerende Wirkung auf die Angreifer übten und Tausende von ihnen niederstreckten, erstürmten die nach Blut und Beute lechzenden Fanatiker über die aufgehäuften Leichen ihrer Vordermänner hinweg endlich doch die nicht sehr hohen Verschanzungen und drangen in die Stadt. In diesem verzweifelten Momente gab der erste Major Nesim Effdi, ein wegen seiner Kaltblütigkeit berühmter Tscherkessen-Offizier, seinen Trompetern den Befehl, das Signal ›Hinaufklettern‹ zu geben. Dasselbe wurde von allen Trompetern abgenommen, und im nächsten Moment hatten die Soldaten die meist ebenerdigen Gebäude und das Dach der Kaserne erstiegen und eröffneten von dort ein mörderisches Feuer auf die eindringenden Mahdisten. Diese konnten mit ihren Lanzen und Schwertern den auf den Dächern Stehenden wenig anhaben, wehrlos standen sie den todbringenden Gewehrläufen gegenüber und wurden zu Tausenden niedergeschossen. Verzweifelt flohen sie aus der Befestigung und konnten erst zum Stehen gebracht werden, als sie weit außer Schußbereich waren.«

In der Tat waren die Verluste, die dieser Angriff den Mahdi kostete, hoch: 10 000 Ansar waren gefallen; darunter auch zwei Brüder des Mahdi. Das bedeutete, daß seine Streitmacht praktisch vernichtet war. Doch inzwischen waren auch in anderen Teilen der Provinz Kordofan, gleich einem Steppenbrand, der sich in breiter Front ausweitet, lokale Aufstände ausgebrochen, so daß der Mahdi genügend Rückhalt besaß, um die Schlappe, die er beim Angriff auf Obeid hatte hinnehmen müssen, wieder wettzumachen. Dabei bediente er sich nun aber einer Taktik, die mehr Erfolg versprach und die er auch in Zukunft immer wieder anwenden sollte: Er verlegte sich auf die Belagerung. Indem er Obeid von jeglicher Verstärkung und Nahrungszufuhr abschnitt, brauchte der Mahdi sich nur in Geduld zu üben. Die Stadt würde ihm am Ende wie eine reife Frucht in den Schoß fallen.

Wehrlose Beute

Obeid hielt vier Monate der Belagerung stand. Die Not wurde schließlich so groß, daß die Stadt am Ende ein Bild des Grauens bot. Wie Slatin berichtet: »Daß bei diesem schrecklichen Mangel der Gesundheitszustand täglich schlechter wurde, ist begreiflich. Wie Gespenster schlichen die Hungrigen herum, um vielleicht noch irgendwo einen Bissen zu finden. Die Knochen der vor Jahren crepirten Thiere wurden zerstampft, in heißem Wasser aufgekocht und dann hinuntergewürgt, und auch diese ekelhafte Speise ging aus. Altes Schuhwerk, das Ledergeflecht der Angarebs [Bettgestelle], alles wurde gekocht und gegessen. Von Tag zu Tag nahm das

Elend zu. Dysenterie, Skorbut und Fieber kamen häufig vor, in den Straßen stieß man auf die Leichen Verhungerter, die niemand begraben wollte. Sie wurden eine willkommene Beute für die durch den Verwesungsgeruch angelockten Aasgeier, welche jetzt selbst zum kostbaren Wilde geworden, von den Einwohnern und Soldaten eifrigst gejagt wurden und den Halbverhungerten hie und da eine Mahlzeit abwarfen.«

Said Pascha blieb am Ende nichts anderes übrig, als die Ausweglosigkeit seiner Lage einzugestehen: er kapitulierte, und so besetzte der Mahdi am 19. Januar 1883 El Obeid, ohne daß noch einmal ein Schuß gefallen war. Mit den Besiegten verfuhr er zunächst großmütig: Nachdem sie sich ihm unterworfen und seine Herrschaft anerkannt hatten, schenkte er ihnen das Leben. Auch Said Pascha gehörte zu den auf diese Weise Begnadigten. Selbst, als er sich weigerte, einen Schatz herauszugeben, den man in seinem Besitz vermutete und der schließlich auch gefunden wurde (es handelte sich um Gelder, die der Gouverneur heimlich beiseite geschafft hatte), sah ihm der Mahdi dies nach. Er wurde erst ungehalten, als ihm zugetragen wurde, daß Said versuchte, heimlich mit der Regierung in Khartum Kontakt aufzunehmen. Diesmal verzieh der Mahdi seinem Widersacher nicht, sondern schickte alle, die an der Verschwörung beteiligt waren, in die Verbannung. Doch ließ er es dabei nicht bewenden; er entschloß sich schließlich, die Abtrünnigen hinrichten zu lassen. Was Slatin, der die umwälzenden Ereignisse, die in seiner Nachbarschaft stattfanden, genau verfolgt haben muß, folgendermaßen kommentiert: »Kurze Zeit nachher wurde Mohamed Pascha Seid auf Befehl des Mahdi mit dem Beile erschlagen und Ali Bey Scherif enthauptet. Der Chalifa Abdullahi aber, der gleich nach dem Tage der Verbannung Achmed Bey Dafallah's [des Kommandeurs eines Kontingents von Hilfstruppen] dessen Frau als Concubine zu sich genommen hatte, sandte seinen Verwandten Junis woled el Dikem nach Schakka [dem Verbannungsort Dafallahs] und ließ Dafallah mit Mohamed Jasin zusammen … hinrichten. So endeten vier der tapferen Vertheidiger von el Obeid, die für ihre Treue und Charakterstärke wahrlich ein besseres Los verdient hätten.«

Die Perspektive, aus der Slatin berichtet, ist natürlich nicht frei von Vorurteilen. Nicht nur hatte er, wie Said Pascha, auf Seiten der

Ägypter gedient; er geriet – wie erwähnt – auch selbst in die Gefangenschaft der Mahdisten und wurde von ihnen über zehn Jahre lang festgehalten. Obwohl er also keine Veranlassung hatte, auf die Aufständischen gut zu sprechen zu sein, ist sein Bericht, den er sogleich nach seiner Flucht aufzeichnete, dennoch ein bemerkenswert ausgewogenes Dokument, das einen umfassenden Einblick in die Ereignisse, die der Mahdi auslöste, aber auch diesen zum Handeln bewogen, gewährt. Es darf deshalb, hier und dort, ruhig auch einmal die Kritik wiedergegeben werden, die Slatin an den Mahdisten übt. Im vorliegenden Fall bezieht sich seine Kritik nicht nur auf die offensichtlich grausame Art der Hinrichtung, die man an den Verbannten vollzog, sondern auch auf die eher schäbige Weise, wie der Kalif Abdullah, die rechte Hand des Mahdi und sein späterer Nachfolger, sich in den Besitz der Frau eines der Verbannten bringt. Aber das entsprach muslimischer Praxis: Frauen zumindest zählten (und zählen) nicht im Islam. Man behandelt sie wie Vieh. Der Mahdi, der zwar für ein gesitteteres Leben eintrat, schaffte dennoch in der Praxis kaum Abhilfe.

Das war offensichtlich auch schon in der Frühphase seiner Bewegung so. Sonst hätte er den Kalifen gehörig zurechtgewiesen, denn Ehebruch war eines der Vergehen, das der Mahdi explizit verurteilte. Doch im Augenblick war für ihn natürlich der Erfolg, den er mit der Besetzung Obeids errungen hatte, wichtiger. Damit hatte er nicht nur die zweitgrößte Stadt des Landes, sondern praktisch auch die ganze Provinz, deren Zentrum El Obeid darstellte, in seine Gewalt gebracht. Darfur, das im Westen an Kordofan angrenzte und nun von jeglichem Kontakt mit Khartum abgeschnitten war, würde folgen. Und dann blieb nur noch die Hauptstadt selbst: sie würde keine Chance haben, ohne Hinterland, auf das sie zurückgreifen konnte! Der Mahdi hatte in der Tat einen großen Triumph errungen: in nur anderthalb Jahren war er zu einem mächtigen Rivalen der Ägypter geworden! Wer konnte da noch zweifeln, daß er wirklich der *Mahdi el-Muntasar*, der »ersehnte Erlöser«, war?

König der Wildnis

Selbst wenn man die charismatische Ausstrahlung des Mahdi, die ihm von Beobachtern, die mit ihm zusammentrafen, nachgesagt wird, und darüber hinaus die besondere Anziehungskraft einer Religion berücksichtigt, die immer wieder von einem fanatischen Glaubenseifer gekennzeichnet war, so erklärt dies doch noch nicht hinreichend genug den triumphalen Erfolg, den der Mahdi mit der Bewegung, die er ins Leben rief, erringen konnte. Wobei anzumerken ist, daß die Erfolge des Mahdi, die wir bislang vorgestellt haben, nur der Anfang eines Höhenfluges waren, der ihn bis auf den Gipfel absoluter Macht führen sollte. Doch allein seine außergewöhnliche Führerpersönlichkeit und die Tradition des Glaubens, der seine Bewegung entstammte, reichen noch nicht aus, um eine realistische Einschätzung von dem zu gewinnen, was den Triumph dessen ermöglichte, was man vereinfachend »Mahdi-Aufstand« nennt. Der Mahdi und die Bewegung, die er auslöste, waren nur ein Symptom; die Ursachen des »Aufstandes« waren sehr viel komplexer als nur das Zusammentreffen einer charismatischen Persönlichkeit und einer ruhelosen Glaubenstradition. Sie betrafen den eigentlichen Nährboden der Revolte: das Land und die Menschen, denen der Mahdi nur seinen Stempel aufdrückte. Um dieses gesellschaftliche (und natürliche) Umfeld, das nicht zuletzt auch historische Faktoren mit einschließt, wirklich verstehen zu können, müssen wir etwas weiter ausholen. Nur so werden wir eine angemessene Perspektive gewinnen, die es uns erlaubt, die Bewegung des Mahdi in der richtigen Dimension zu sehen.

Beginnen wir, indem wir kurz einen Blick auf die geographischen Gegebenheiten werfen, die das Leben der Menschen im Sudan bestimmen. Wir wiesen bereits darauf hin, daß mit dem Begriff »Sudan« eigentlich zweierlei gemeint ist: eine im eigentlichen Sinne geographische Einheit – das subsahare Afrika – und, soweit es den »Sudan« im engeren Sinne betrifft, den östlichen Teil des subsaharen Gürtels, der mit dem heutigen Staat »Sudan« identisch ist. Ursprünglich nicht nur geographisch, sondern auch kulturell eine Einheit mit dem eigentlichen Sudan bildend, nahm der östliche Teil im

Laufe des 19. Jahrhunderts eine zunehmende Eigenständigkeit an, die schließlich in der Herausbildung eines einheitlichen Staatsgebildes gipfelte. Der auslösende Faktor war politischer Art; gesellschaftlich und kulturell blieb die ursprüngliche Heterogenität bis auf den heutigen Tag bestehen.

Diese wiederum resultiert aus der Tatsache, daß der Sudan im engeren Sinne zwar einen Bestandteil des geographischen Großraums Sudan darstellt, doch im Norden über diesen Großraum weit hinausgreift, so daß der Staat »Sudan« auch einen Teil der Sahara mit einschließt, während er im Süden bis an den Regenwald heranreicht, der das Kernstück des Schwarzen Kontinents bildet. Der Staat Sudan ist also auch geographisch – infolge seiner großen Nordsüdausdehnung: sie beträgt 2650 Kilometer – durch eine größere Vielfältigkeit gekennzeichnet als der übrige Sudan. Er nimmt folglich unter den Ländern, die zu dieser Region gerechnet werden, sowohl geographisch als auch kulturell eine Sonderstellung ein. Der Sudan stellt nicht nur ein Bindeglied zwischen Nord- und Zentralafrika dar, er reicht auch selbst weit in diese Gebiete hinein, was ihm sein besonderes Gepräge verleiht.

In den heutigen Grenzen, wie sie endgültig nach der Niederwerfung des Mahdi-Aufstandes festgelegt wurden, umfaßt der Staat Sudan ein Territorium von rund 2,5 Millionen Quadratkilometern; das entspricht der siebenfachen Fläche der Bundesrepublik Deutschland in den neuen Grenzen. Bevölkerungsmäßig, das sei hier angemerkt, ist das Verhältnis eher umgekehrt: die Bevölkerung des Sudan beläuft sich auf nicht einmal ein Drittel der Einwohner der Bundesrepublik. Der Sudan ist also ein vergleichsweise dünnbesiedeltes Land, was jedoch im Kontext der eben nicht gerade sehr günstigen Umweltbedingungen zu sehen ist.

Doch bevor wir auf diese näher eingehen, muß nachgetragen werden, daß der Staat Sudan, wie er heute auf den Landkarten verzeichnet ist, nicht unbedingt identisch mit dem ist, was im 19. Jahrhundert, zumal während des Mahdi-Aufstandes, darunter verstanden wurde. Ein Blick auf die damaligen Karten zeigt jedoch, daß gerade, was die Ausdehnung des endgültigen Machtbereiches des Mahdi (und seines Nachfolgers) betrifft, praktisch kaum ein Unterschied besteht: flächenmäßig ist eine weitgehende Übereinstimmung zu konstatieren, auch wenn die Grenzen zum Teil geringfügig abwichen. So wiesen die Grenzen im Norden und Südosten eine geringere Ausdehnung als heute auf, während im Osten noch ein größerer Teil Äthiopiens, das man damals Abessinien nannte, zum Sudan gehörte. Im wesentlichen gingen die Grenzen des Mahdi-Reiches aber auf jene zurück, die die Ägypter, womit jene des 19. Jahrhunderts gemeint sind, denn es hatte auch schon in pharaonischer Zeit Einfälle der Ägypter in das Gebiet des heutigen Sudan gegeben, abgesteckt hatten. Es besteht also eine weitgehende Kongruenz, soweit es die territoriale Ausdehnung des Sudan betrifft, zwischen der ägyptischen Kolonie, dem Mahdi-Reich und dem heutigen Staatsgebiet.

Spiegelbild des Göttlichen

Ähnlich wie Ägypten, das man nach einem Ausspruch Herodots, des antiken Reisenden, als ein »Geschenk des Nil« bezeichnet, ist auch der Sudan im wesentlichen durch den Nil gekennzeichnet. Er bildet sozusagen die Achse des Landes, auch wenn er sich im Norden s-förmig krümmt, in der Mitte zweiteilt und im Süden in ein Gewirr von Nebenflüssen verästelt. Insgesamt ist der Nil das einzige wirkliche Bindeglied des Sudan; er stellt die Klammer dar, die Wüste und Sumpf, Steppe und Urwald miteinander verbindet. Und natürlich ist er auch heute noch ein wichtiges Verkehrsmittel, das die Menschen, die an seinen Ufern siedeln, wenn auch nicht eint, denn dazu sind die Gegensätze zu groß, so doch einander näherbringt.

Dies ist um so bedeutsamer, als die Obeflächengestaltung, die deutlich dreigeteilt ist, die Menschen, die heute im Sudan zusammengeschlossen sind, in sehr unterschiedlicher Weise geprägt hat. Erst in zweiter Linie ist dies auch eine Folge religiöser Faktoren, die heute allerdings im Vordergrund stehen. Doch darauf werden wir noch zu sprechen kommen.

Die topographische Dreiteilung des Sudan, die mit entsprechenden Formen des Klimas, der Flora und der Fauna einhergeht, verläuft von Nord nach Süd. Der nördliche Teil des Sudan bildet eine Fortsetzung der Sahara, wobei im Sudan – ähnlich wie in Ägypten –

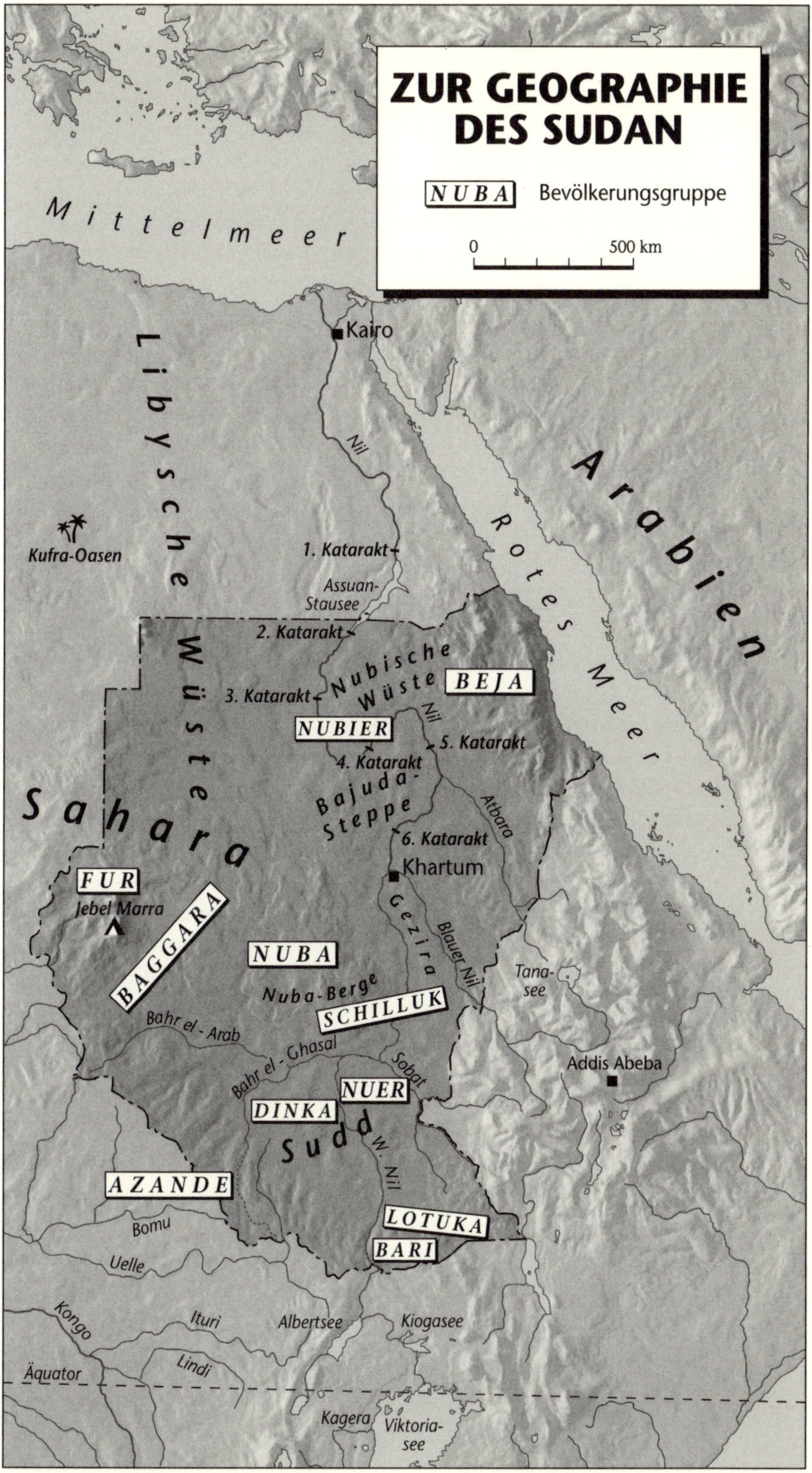
ZUR GEOGRAPHIE DES SUDAN
NUBA Bevölkerungsgruppe
0
500 km
Mittelmeer
Kairo
Libysche Wüste
Nil
Arabien
Rotes Meer
Kufra-Oasen
1. Katarakt
Assuan-Stausee
2. Katarakt
Nubische Wüste
BEJA
3. Katarakt
NUBIER
5. Katarakt
4. Katarakt
Bajuda-Steppe
Atbara
Sahara
6. Katarakt
Khartum
FUR
Jebel Marra
BAGGARA
Gezira
Blauer Nil
NUBA
Tana-see
Nuba-Berge
SCHILLUK
Bahr el-Arab
Bahr el-Ghasal
Sobat
Addis Abeba
NUER
DINKA
Sudd
W. Nil
AZANDE
LOTUKA
Bomu
BARI
Uelle
Kongo
Ituri
Albertsee
Kiogasee
Lindi
Äquator
Kagera
Viktoria-see

zwischen einer östlichen, der sogenannten »Nubischen Wüste« und einer westlichen, die ein Teil der Libyschen Wüste darstellt, unterschieden wird. Das Trennende ist der Lauf des Nil, an dessen Ufern sich in Nubien, wie man das sudanesische Wüstengebiet insgesamt nennt, jeweils nur ein schmaler Streifen fruchtbaren Landes hinzieht, der landwirtschaftlich genutzt wird. Ansonsten ist die Wüste leblos, bar jeder Vegetation und auch nur von vereinzelten Nomadenstämmen bewohnt.

Seit alters her war die Wüste ein Feind des Menschen: eine öde Wildnis aus Stein und Sand, in der es weder Schatten noch Regen gab. Sie wirkte deshalb als Barriere, die nur dem Mutigsten Durchlaß gewährte. Dennoch wagten es immer wieder einzelne, kleinere Völker, Handelskarawanen und Reisende, der Unwirtlichkeit der Wüste zu trotzen. Unter den letzteren, die mit der Wüstenregion des Sudan Bekanntschaft machten, ist auch der spätere Zoologe Alfred Brehm zu nennen, den wir bereits erwähnt haben und der – wie wir uns erinnern werden – Mitte des vorigen Jahrhunderts den Sudan bereiste. Die Wüstenstriche des Sudan hinterließen bei ihm einen nachhaltigen Eindruck. Er schreibt dazu: »Blutigroth steigt am Morgen die Sonne an dem noch unbewölkten Horizonte herauf, glühend blitzt sie nach einer kleinen Spanne Zeit auf den Wanderer herab. Da schweift das Auge ruhelos umher, um einen kühlenden Schatten zu finden, – überall endet der suchende Blick im Sande. Der brennende Sand wirf die Gluthstrahlen der sengenden Sonne zurück; – kein Felsen, kein wirthliches Dach, um dem ausgedörrten Körper nur ein Plätzchen Ruhe, nur einen Augenblick der Kühlung zu gewähren. Längst ist der Gesang der Kameltreiber verstummt. Die Luft zittert vor übergroßer Hitze und spiegelt dem umflorten Auge wogende Seen, trügerische, höllische Bilder vor; fahlgrau umzieht sich der Himmel, ein glühender Wind, dessen unheilkündenden Namen die erschreckte Karawane zu nennen sich scheut, wirbelt den Staub empor und droht die Schläuche zu verderben, die Schläuche, welche den Lebenstropfen, der die letzende Zunge noch tagelang bethauen soll, in sich bergen; – der Muth entsinkt dem Manne, nur sein Glaube schützt ihn vor Verzweiflung.«

Dieser Glaube aber drängt sich gerade in der Wüste dem Menschen auf. Nicht nur als Halt, wenn es gilt, einen überirdischen

Retter anzurufen; nein, es ist vielmehr die Stille und Erhabenheit der Wüste, die besonders nachts dem, der in sie eindringt, bewußt werden, was den Menschen an Unendliches und Göttliches gemahnt. Wie Brehm, aus eigener Anschauung, schreibt: »Wohl ist es eine eigene Pracht, die der Städter nie geschaut, wenn Nachts das Heer der Sterne herniederschwebt zu dem klaren Auge des in der Wüste Ruhenden. Es ist eine Pracht, welche wir, die in eine kalte Zone Gebannten, nicht ahnen können, wenn uns nur der Raum, nicht der trübe undurchsichtige Dunst von jenen Welten trennt, die in der Wüste nur in ewiger Reinheit und Herrlichkeit zu uns herniederschimmern. Dann streift der Geist der Staubgeborenen seine irdische Hülle von sich ab, mit dem Auge schweift er empor zu seinen lichten Höhen und tritt ein in die geahnten Räume. Das Gefühl der Unendlichkeit Gottes erfaßt das Gemüth, die Seele schwingt sich auf dem Fittich der Andacht zu Dem empor, der alle diese Welten erschuf und leuchten läßt. Die Wüste ist das Bild der Unendlichkeit Gottes, der Tempel, aus dem der irrende Fuß keinen Ausweg findet. Kein Ort reißt stärker zur Andacht hin als sie, keine Zeit ist zum Gottesdienste geeigneter als die Nacht der Oede. Wer in der Wüste nicht die Stimme Gottes zum Herzen tönen fühlt, der kennt Gott nicht, der steht tief unter dem von uns stolzen Christen so mißgeachteten Araber, welcher nach des heißen Tages Last, nach dem beschwerlichen Wege, nach seiner ermüdenden Arbeit sein glühendes Antlitz betend im Sand der Wüste birgt. Auf die Knie sinkt er, gläubig ruft er die Worte: ›*Allah hu akbar!*‹ Gott ist größer, – größer als alles Irdische, welches nur seiner Größe Zeugniß giebt.«

Es ist sicher nicht von ungefähr, daß die drei großen westlichen (im Gegensatz zu den östlichen, asiatischen) Religionen, das Judentum, das Christentum und der Islam, die im übrigen ja auf die gleiche Wurzel zurückgehen, in jenen Gegenden entstanden, die durch die Herbheit, Einsamkeit und majestätische Größe der Wüste gekennzeichnet sind. Und es überrascht auch eigentlich nicht, daß sie in Gott das Absolute sahen, das die ganze Welt umspannte. Neben Jahwe, Gott oder Allah gab es keinen anderen Gott; Gott war unendlich, allumfassend. In der Schlichtheit, die die Wüste kennzeichnet und die doch zugleich auch Erhabenheit ist, hat der Monotheismus seinen Ursprung. Daher rührt aber auch der besondere Hang zu Unduldsamkeit, Fanatismus und Militanz, der die

Anhänger der westlichen – anders als die der östlichen – Religionen kennzeichnet. Ganz besonders trifft dies für den Islam zu, der seit seinem Entstehen praktisch auf jene Gebiete beschränkt blieb, die durch Wüstenlandschaften geprägt sind. Gerade der Sudan hat daran nicht geringen Anteil.

Ein undurchdringliches Labyrinth

Der mittlere Teil des Sudan wird durch einen breiten Streifen gebildet, der von der Senke des Nil im Osten, dessen Lauf durch Nebenflüsse verzweigt ist, allmählich nach Westen ansteigt, bis er im Grenzgebiet in einem Vulkanmassiv gipfelt, dessen höchste Erhebung der Jebel Marra ist. Er erreicht eine Höhe von über 3000 Metern.

Während im Osten des mittleren Sudan die eigentliche Kornkammer des Landes liegt, was insbesondere für die »Gezira« genannte Region zwischen den beiden Armen des Nil zutrifft, ist der Westen des zentralen Sudan durch sogenannte *Qoz* gekennzeichnet, feste, dünenartige Ablagerungen von Flugsand, der durch Abtragung vormaliger Felsformationen entstanden ist. Reste dieser Massive ragen vereinzelt noch als zerstreute Tafelberge empor. Auch die Nuba-Berge, die die südliche Grenze des zentralen Sudan bilden, gehören dazu. Ihnen schließt sich, als letztes Drittel, ein Gebietsstreifen an, der im wesentlichen aus einer Fluß- und Sumpflandschaft besteht, die man »Sudd« nennt. Nur an den Rändern dieser Flußlandschaft, die durch ein Netz von Nebenflüssen, die dem Weißen Nil zuströmen, gebildet wird, steigt das Terrain wieder an: im Osten zum Hochland von Äthiopien, das im übrigen bis zum Roten Meer eine natürliche Grenze des Sudan bildet; im Süden zum sogenannten Afrikanischen Seenhochland, dem die eigentliche Quelle des Nil entspringt, und im Westen zur Wasserscheide, die den Einzugsbereich des Nil vom Kongo-Becken und der Senke des Tschad-Sees trennt.

Der Sudd ist ebenso wie die Wüste in Nubien und die Steppe und Savanne, die den mittleren Teil des Sudan einnehmen, eine charakteristische Landschaftsformation des Sudan. Sie bildete noch um die Mitte des vorigen Jahrhunderts eine ähnlich feindliche Wildnis wie die Wüste im Norden. So berichtet Georg Schweinfurth, ein deutscher Forschungsreisender, der in den Jahren 1868 bis 1871 den Sudan besuchte und dabei insbesondere den südlichen Teil bereiste: »Die Hindernisse, welche sich der Schiffahrt durch die Wasservegetation entgegenstellten, wurden jetzt erst [da man sich dem Sudd näherte] in hohem Grade Besorgniss erregend, und wir befanden uns tagelang in einem Gewirr von Kanälen und schwimmenden Grasmassen, Papyrus- und Ambatschdickichten, welche die ganze Breite des Hauptstromes gleich einem Teppich bedeckten und nur zum Schein denselben in Arme theilten. Es ist zu vermuthen, dass die vorherrschende östliche Richtung des Stromlaufs, zu welchem der Nil in dieser Gegend auf 60 Meilen gezwungen ist, durch die verzögerte Strömung die Hauptursache zu dieser Massenanhäufung von schwimmenden Wassergewächsen bildet. Weder der in einzelnen Jahren ausnahmsweise stärker wechselnde Wasserstand, noch das ungleiche Mass der höchsten Nilschwelle überhaupt vermag irgendwelchen Einfluss auf das Wuchern dieser Vegetation auszuüben. Nicht einer Eisdecke vergleichbar, welche bricht und durch die Gewalt des Stromes in Stücke gerissen wird, ist diese Pflanzendecke, sondern einem wirklichen Gewebe von zähem Filz, welche sich wie ein Teppich über die ganze Wasserfläche ausbreitet. Hin und wieder bricht sich in engen Rissen die Gewalt des Wassers Bahn, aber diese Kanäle entsprechen nicht immer den Tiefenlinien des Strombettes und sind daher nur selten für Barken passirbar. Ein beständiges Ziehen und Drängen der Massen verändert sie alljährlich in so hohem Grade, dass selbst der erfahrenste Schiffer sich in ihnen nicht zu orientieren weiss und daher jede Winterfahrt sich aufs neue durch ein labyrinthisches Fahrwasser zu winden hat. Im Juli dagegen, wenn der Fluss seinen höchsten Stand erreicht hat, sind für die Thalfahrt alle jene Kanäle wohl zu benutzen, da ja alsdann auch die local so gewaltige Strömung nicht erst überwunden zu werden braucht, sondern die Barken unaufhaltsam ihrem Ziel entgegengeführt werden.«

Es ist nicht nur die Vielzahl der Wasserläufe, die sich in der Senke des Sudd verästeln, sondern vor allem die besondere Art der Vegetation, die in dieser sumpfigen Gegend gedeiht, die ein Hindernis für den Verkehr bildet beziehungsweise bildete. Denn der Nil ist ja auch im Sudan schiffbar und stellt einen natürlichen Verbindungsweg zum äquatorialen Afrika dar. Im vorigen Jahrhundert jedoch, als das Gebiet am Oberlauf des Weißen Nil (der durch den Sudd führt) erst erschlossen wurde, war die Fahrrinne, die man noch nicht großflächig räumen konnte, die meiste Zeit von einem dichten Pflanzenteppich bedeckt. Vor allem flußaufwärts gab es dann kein Durchkommen, und so manchem Reisenden ist der Sudd, mit seinem dichten Gewirr von Pflanzen, dem Labyrinth der verzweigten Wasserwege und einem fieberverseuchten Klima, zum Verhängnis geworden.

Blau und weiß

Die Vegetation des Sudd besteht im wesentlichen aus Schilf, Papyrus und Wasserhyazinthe, wobei insbesondere letztere, aber auch die erwähnte, »Ambatsch« genannte Pflanze, eine Strauchart, die im Nilgebiet beheimatet ist, das eigentliche Hindernis bilden, während Schilfdickicht und Papyrusstauden die Pflanzendecke nur als Inseln überragen. In jedem Fall war der Sudd im 19. Jahrhundert ein Gebiet, das man lieber mied, und es hatte denn auch nur geringen Anteil an den politischen Ereignissen, die den Sudan zu dieser Zeit bewegten. Das eigentliche Zentrum der Entwicklung lag im mittleren Abschnitt des Sudan; und das ist bis auf den heutigen Tag so geblieben.

Die Bildung des Sudd hängt tatsächlich mit einem Rückstau des Nil zusammen, der bei Malakal, einem Ort am nördlichen Rande des Sudd, eine Schwelle zu überwinden hat, die einen Großteil des Wassers zurückhält, so daß der Weiße Nil bis zu 60 Prozent seines Wassers an die Nebenflüsse und Sümpfe des Sudd verliert. Dieser wird jedoch auch durch einen anderen Zufluß gespeist, den Bahr el-Ghasal, den »Gazellenfluß«, der im Gebiet der Wasserscheide zwischen Nilsenke und Kongo-Becken entspringt und einen westlichen Zufluß des Weißen Nil bildet. Zusammen mit dem Sobat, einem östlichen Zufluß des Weißen Nil, trägt er dazu bei, daß dieser Arm des Nil, der als eigentlicher Quellfluß gilt, die Schwelle bei Malakal überhaupt überwinden kann, ehe er sich dann in nörlicher Richtung bis zu jenem Punkt seinen Weg bahnt, wo er mit seinem Pendant, dem Blauen Nil, zusammentrifft.

Der Blaue Nil ist zwar kürzer als sein Rivale, der Weiße Nil, der letztlich bis südlich des Äquators reicht, wo er im Kagera seine eigentliche Quelle hat; doch ist der Blaue Nil, der im Hochland von Äthiopien im Tana-See entspringt, der eigentliche Wasserspender: 68 Prozent der Wasserführung des eigentlichen Nil während der Periode, da der Fluß Hochwasser führt, stammen aus dem Blauen Nil, während der Weiße Nil dem Hauptstrom während dieser Zeit nur 10 Prozent zuführt; die verbleibenden 22 Prozent trägt der Atbara bei, ein weiterer Zufluß des Nil, der gleichfalls im Hochland von Äthiopien seinen Ursprung hat. Nur zur Zeit des Niedrigwassers, wenn sich der Nil um 8 bis 10 Meter senkt, kehrt sich das Verhältnis um: dann liefert der Weiße Nil 83 Prozent, der Blaue Nil die restlichen 17 Prozent, während der Atbara dem Nil überhaupt kein Wasser zuführt. Die Unrelgemäßigkeit der Wasserführung ist allerdings auch heute im Sudan – wie in Ägypten – durch die Anlage von Staudämmen aufgefangen worden.

Natürliche Barrieren, die der Nil zu überwinden hat, sind vor allem die sogenannten Katarakte im Norden, die seit alters her den Schiffsverkehr auf dem Nil zwischen Oberägypten und dem Sudan erschwert haben. Man unterscheidet sechs dieser Katarakte, also Stromschnellen, die durch Felsbarrieren gebildet werden. Fünf davon befinden sich auf sudanesischem Territorium; sie reichen von Wadi Halfa, an der Grenze zu Ägypten, bis Khartum, das heißt bis kurz vor den Zusammenfluß der beiden Nilarme. Diese werden übrigens in ihrem Namen deshalb nach Farben unterschieden, weil sie sich tatsächlich in der Färbung ihres Wassers unterscheiden: der eine wirkt eher milchig weiß, während der andere, der Blaue Nil, dunklen Schlamm mitführt, was ihm eine merklich dunklere Tönung verleiht. Man findet ein ähnliches Phänomen am Amazonas.

Heile Welt

Das Klima des Sudan ist vor allem durch die Tatsache gekennzeichnet, daß das Land zur Gänze in tropischen Breiten liegt. Das heißt, die Temperaturen sind relativ hoch: sie betragen im Mittel im Januar 16° C im Norden und 29° C im Süden, während im Juli die entsprechenden Werte bei 35° C beziehungsweise 25° C liegen. Im Norden, also in der Wüstenregion, werden im Sommer Maxima bis zu 43° C gemessen.

Wie überall in den Tropen sind auch im Sudan die jahreszeitlichen Schwankungen nicht so sehr durch extreme Unterschiede in den Temperaturen gekennzeichnet als vielmehr durch einen deutlich markierten Wechsel zwischen Regenzeit und Trockenperiode. Was allerdings für den Sudan nur bezüglich des mittleren und des südlichen Abschnitts zutrifft, denn der Norden erhält praktisch das ganze Jahr über keinen Niederschlag. Generell fällt die Regenzeit in die Sommermonate, wobei sie im Süden von April bis Oktober reicht, während in der Gegend von Khartum die Regenzeit auf die Monate Juli und August zusammenschrumpft. Insgesamt verzeichnet der Süden, mit 1000 mm im Jahr, eine um das Sechsfache höhere Niederschlagsmenge als die Gegend um Khartum. Sie zählt damit zu jener Zone, die den mittleren Teil des Sudan insgesamt kennzeichnet und die man »Sahel« nennt. Es handelt sich dabei um eine Übergangszone zwischen Wüste und Savanne, die von periodischer Trockenheit heimgesucht wird, was überall in der Sudanregion zu wiederholten Hungersnöten geführt hat. Die Vegetation ist in dieser Region entsprechend spärlich; sie hat Steppencharakter und eignet sich mehr für die Viehzucht als für die Landwirtschaft.

Die Tierwelt im Sudan ist, besonders im südlichen Teil, wo Savanne, Sumpf und Regenwald ausreichend Nahrung, aber auch Schutz vor dem Menschen bieten, sehr artenreich. Hier finden wir die Fauna, die man gemeinhin mit der Tierwelt Afrikas verbindet. Dies trifft insbesondere für den Regenwald zu, der – zumal im vorigen Jahrhundert – noch ganz das Bild einer unberührten Wildnis bot. Wie Alfred Brehm, der als Zoologe ja sein besonderes Augenmerk auf die Tierwelt richtete, über seine Beobachtungen in den Waldregionen des Sudan schreibt: »In vielen von ihnen ist noch kein Axtschlag gehört worden, viele hat noch kein Pulsschlag der Civilisation durchzittert; sie gehören noch ganz sich selbst und der Wildniß. Neben der Hütte des Negers baut sich noch heute der Aar seinen Horst, neben dem Elephanten durchwandert sie das wüste Rhinozeros, mit dem König der Wildniß durchschleicht sie der ›rosenfellige‹ Panther.«

Generell gilt, was auch bezüglich der Flora gesagt wurde: die Trockenheit, in Wüste und Steppe, ist nicht nur ein Feind der Vegetation, sondern auch der Tiere, denen diese direkt oder indirekt als Nahrung dient. Denn wie Pflanzenfresser auf Gras, Blätter oder

Zweige als Ernährungsgrundlage angewiesen sind, können Fleischfresser nur dort überleben, wo sie Tiere finden, die sich von Pflanzen ernähren. Hier besteht also eine Nahrungskette, und diese ist im Sudan eigentlich nur in den Savannen, den Sümpfen und den Wäldern gegeben. Um noch einmal auf letztere, die einen besonderen Eindruck hinterlassen, zu sprechen zu kommen, sei nochmals Brehm zitiert, der sich eines ganz konkreten Erlebnisses erinnert. Er schreibt: »Die großartige Welt, welche uns die tropischen Wälder aufgeschlossen, hatte bisher alle Sehnsucht nach civilisirten Ländern und geselligen Freuden in uns verstummen lassen. Heut Abend war es anders. Wir kochten nach dem Abendessen Punsch und versuchten beim Klang der Becher die nach der Heimath schweifenden Gedanken zu vertreiben, so gut es eben gehen wollte. Es konnte uns nicht vollständig gelingen. Feierte man daheim im Vaterlande doch heute' das hehre Fest der Christnacht! Wie natürlich, daß wir im Geiste in unserer Lieben Kreise verweilten! Uns hatte Niemand einen Christbaum angezündet, aber der Urwald selbst wollte uns Weihnachtsfreuden bescheeren. Am anderen Ufer ging eine Elephantenheerde zum Flusse und rief uns ihre schmetternd zu uns herüberschallenden Grüße zu. Und als sollten die schrillen Trompetentöne der Waldriesen das Zeichen sein, des Urwalds Stimmen zu einem allgemeinen Wettruf aufzufordern, so lebendig und laut wurde es jetzt im Walde. Das donnernde Gebrüll eines von uns noch weit entfernten Löwen durchhallte, momentan alles Lebende zum Schweigen bringend, die vorher so stille Nacht, dann hob ein Nilpferd seinen Kopf aus den Fluthen und brummte, als wollte es versuchen, mit der Löwenstimme zu ringen, drüben auf der Sandbank klagten einige Scherenschnäbel, im Walde die Eulen, die Hyänen heulten im Chorus, und Silberglöckchen gleich erklang das Gezirp der tropischen Grillen oder Cikaden harmonisch durch das allgemeine Chaos der Stimmen und Töne. Das war die Musik der Urwälder in der heiligen Weihnacht; die Freude, gerade heute zuerst die Elephanten zu hören, war unser Weihnachtsgeschenk.«

Abu Fathme

Es war in der Tat noch eine heile Welt, die die Reisenden im vorigen Jahrhundert, wenn sie sich bis in die Wildnis der Sümpfe und

Wälder vorwagten, antrafen. Doch so majestätisch und erhebend ihnen die Natur auch erschienen sein mag, was im übrigen natürlich eher für Naturforscher als für andere Reisende und Entdecker zutraf, so sollte dies doch nicht über die Gefahren hinwegtäuschen, die die ungezähmte Fauna nicht nur für die fremden Besucher, sondern oft auch für die Einheimischen bedeutete, die zwar mit der Umwelt vertraut waren, doch nur über in ihrer Wirkung begrenzte Waffen verfügten. Besonders gefürchtet war natürlich der Löwe, der König der Wildnis. Über ihn berichtet Brehm: »Unter den Katzen stelle ich, wie billig, den edlen Löwen oben an. Die in unserem Gebiete vorkommende Art ist wahrscheinlich der *Leo senegalensis* der Autoren, welcher, obgleich er eine ungeheure Größe erreicht, doch niemals eine schwarze, sondern immer nur eine dunkelbrandgelbe Mähne erhält. Südlich vom vierzehnten Grade [also im mittleren und südlichen Sudan] ist der Löwe überall anzutreffen und stets ein Gegenstand der größten Furcht für die Eingebornen. Er wird so stark, daß er ein Kamel mit einem Schlage seiner gewaltigen Pranken tödten kann; ein Rind schleppt er mit Leichtigkeit im Rachen fort. Ein recht starker, vollkommen ausgewachsener, männlicher Löwe kann die Größe, wenn auch nicht ganz die Höhe eines Ochsen erreichen. Von den vielen arabischen Namen, welche der Löwe führt, hört man im Sudahn am Oeftersten *Sabaá* [›Würger der Herden‹] und *Essed* [›Der Aufruhr Erregende‹], scherzhafter Weise wird er wohl auch *Abu-Fathme*, Vater der Fathme [Tochter des Propheten], genannt. Den Sudahnesen fehlt zur Bekämpfung dieses ihnen weit überlegenen Thieres die nothwendige Waffe, das Feuergewehr; jedoch wollte es mir scheinen, als ob sie vor übergroßer Furcht gar nicht daran dächten, ihn ernstlich zu bekriegen.«

Man tat also gut daran, um »Abu-Fathme«, den man letztlich in einer Majestätsbezeichnung mit dem Propheten gleichsetzte, einen großen Bogen zu machen. Er war ganz offensichtlich der natürliche Herr des Landes; was sich erst änderte, als mit dem Vordringen der Kolonialherren, orientalischer und dann europäischer Couleur, die Feuerwaffe Einzug hielt. Ihr war der Löwe – wie auch alles andere Wild, das bislang in natürlichem Einklang mit dem Menschen gelebt hatte – nicht gewachsen. Die Folge war ein allmählicher Rückgang der wilden Fauna, eine Entwicklung, die überall in Afrika – und nicht nur dort – bis auf den heutigen Tag zu beobachten ist.

Pesthauch der Sümpfe

War der Löwe in den Savannen und Steppen der gefürchtete Gegner, so drohte und droht dem Menschen entlang des Nil eine andere, kaum minder große Gefahr: das Krokodil. Dieser Panzerechse, die im Sudan eine Länge von bis zu sieben Meter erreichen kann und generell weit über hundert Jahre alt wird, widmet Brehm, in seiner Naturbeschreibung des Sudan, ein ganzes Kapitel. Darin heißt es, wobei sich Brehm auf zahlreiche Anekdoten der Einheimischen bezieht, in denen ihre große Furcht und ihr Respekt vor den Panzerechsen zum Ausdruck kommt: »Die zahlreichen Unglücksfälle, welche oft genug am blauen und weißen Flusse durch Krokodile herbeigeführt werden, berechtigen die nicht einmal mit Feuergewehr bewaffneten Menschen leider zu derlei Ansichten über ein auch nach unserer Meinung wirklich gefährliches Ungethüm. Es ist keine Kunst, ein Krokodil mit der Büchse zu erlegen, aber es ist unmöglich, mit ihm zu kämpfen, weil es den Kampf nur annimmt, wenn man wehrlos, d.h. im Wasser ist. Im ganzen Sudahn gibt es nicht ein einziges an einem der beiden Ströme gelegenes Dorf, aus welchem durch die Krokodile nicht schon Menschen geraubt worden wären; es geschehen alljährlich unzählige Unglücks-

Abb. 2: In der Nähe von Dabod, Nubien: Eine tödliche Gefahr

fälle, sie kommen aber nur dann zur Kenntnis des Reisenden, wenn sich dieser speciell darnach erkundigt. Dann wissen alle alten Leute zu erzählen, daß der ›Timsach‹ Den und Den, Sohn Des und Des, Nachkommen von Dem und Dem, außer ihm auch noch diverse Pferde, Kamele, Maulthiere, Esel, Hunde, Schafe, Ziegen in die trüben Fluthen hinabgezogen und gefressen oder ihnen wenigtens die eine oder die andere der Extremitäten, den Kopf u.s.w. amputirt habe. Der Angriff der Bestie geschieht so schnell, daß an eine Flucht kaum zu denken ist; ich bin durch die mit Kranichfedern bestreuten Spuren eines Krokodils im Sande einer Insel belehrt worden, daß es selbst Vögel erjagen kann. Mit Ausnahme des Nilpferdes, Nashorns und Elephanten ist kein Thier vor ihm sicher, es verzehrt seine eigenen Jungen.«

Diese Aussage deckt sich mit der Bemerkung in dem Bericht Abdullahs, des späteren Kalifen, wonach er den Freund und Begleiter, den der Mahdi ihm zuwies, um ihn in dessen Gemeinschaft einzuweihen, dadurch verlor, daß dieser eines Abends nicht mehr vom Ufer des Nil zurückkehrte, wo er hatte Wasser holen wollen. Ein Krokodil war ihm zum Verhängnis geworden.

Zumindest im vorigen Jahrhundert war das Verhältnis in Afrika noch umgekehrt: der Mensch paßte sich an; den Tieren ging er weitgehend aus dem Wege. Sie waren stärker und gefährlicher, als er ihnen werden konnte. Nicht zuletzt traf dies auch für all die Plagegeister zu, die man gewöhnlich, weil sie so unscheinbar sind, daß sie einer Erwähnung kaum für wert befunden wurden, einfach übersieht. Was nicht heißen soll, daß man sie nicht zu spüren bekam. Wir werden darauf noch zu sprechen kommen.

Wahre Geißeln des Menschen waren und sind, vor allem im Süden, in den feuchtwarmen Sumpfgebieten, jene Stechmücken und -fliegen, die Malaria und Schlafkankheit hervorriefen. Die Auswirkungen dieser endemischen Krankheiten waren um so verheerender, als man noch nicht ihre eigentliche Entstehung kannte. Man sprach vom »Pesthauch« der Sümpfe, und wenn die Reisenden auch schon Chinin verwendeten, das ein wirksames Mittel gegen die Malaria war, so hatte die einheimische Bevölkerung nur die Möglichkeit, ein natürliches Imunsystem aufzubauen, das jedoch keinen absoluten Schutz bot. Den für sie unsichtbaren beziehungsweise ihnen (und allen anderen) unbekannten Peinigern fielen, wenn auch unter weniger dramatischen Umständen, weit mehr zum Opfer als allen anderen Tieren, die man eigentlich fürchtete, zusammen. Das ist auch heute noch so, und zwar nicht, weil die einstigen »Raubtiere« inzwischen vom Aussterben bedroht sind, sondern weil man mittlerweile zwar die Erreger der tropischen Krankheiten erkannt, einen endgültigen Sieg über sie aber noch nicht errungen hat. Die unscheinbare Fauna der Tropen ist widerstandsfähiger als die eigentlichen Triumphe, die sie hervorgebracht haben.

Heidnische Gräber

»Aber die Äthiopier, ermutigt durch den Umstand, daß ein Teil der römischen Streitkräfte in Ägypten mit Aelius Gallus abgezogen worden war, als er gegen die Araber Krieg führte, griffen die Thebais und die Garnison dreier Kohorten in Syene an, und in einem Überraschungsvorstoß nahmen sie Syene und Elephantine und Philae ein, führten ihre Einwohner in die Gefangenschaft und stürzten außerdem die Statuen Cäsars um. Doch Petronius, der mit weniger als zehntausend Fußsoldaten und achthundert Reitern gegen ihrer dreißigtausend Mann antrat, drängte sie zunächst nach Pselchis, eine Stadt in Äthiopien, zurück und schickte Boten aus, die zurückverlangen, was sie mitgenommen hatten, und nach dem Grund fragen sollten, warum sie mit dem Krieg begonnen hätten; und als sie erklärten, daß sie von den Nomarchen [Provinzgouverneuren] schlecht behandelt worden seien, antwortete er, daß nicht diese, sondern Cäsar der Herrscher des Landes sei; und als sie um drei Tage Bedenkzeit gebeten hatten, doch nichts unternahmen, was von ihnen verlangt wurde, griff er sie an und zwang sie, sich ihm im Kampf zu stellen; und es dauerte nicht lange, da schlug er sie in die Flucht, denn sie waren schlecht vorbereitet und ungenügend bewaffnet; verfügten sie doch nur über große, längliche Schilde, die noch dazu aus roher Ochsenhaut gefertigt waren, während als Waffen einige nur Äxte besaßen, andere aber auch mit Piken und Schwertern ausgerüstet waren. Einige wurden in die Stadt zurückgeschlagen, andere flohen in die Wüste, und wieder andere fanden auf einer benachbarten Insel Zuflucht, nachdem sie die Flußrinne durchwatet hatten, denn infolge der Strömung gab es dort nicht viele Krokodile. Unter diesen Flüchtlingen befanden sich die Generäle der Königin Kandake, die zu meiner Zeit Herrscherin über die Äthiopier war – eine mannhafte Frau, die auf einem Auge blind war. Diese nahm er alle gefangen, nachdem er ihnen sowohl auf Flößen als auch auf Schiffen nachgefahren war, und schickte sie sogleich nach Alexandria hinunter; und er griff auch Pselchis an und nahm es ein; und wenn man die große Anzahl derer, die im Kampf fielen, zu denen hinzurechnet, die in Gefangenschaft gerieten, können es nur wenige gewesen sein, denen die Flucht gelungen war.

Von Pselchis marschierte er weiter nach Premnis, eine befestigte Stadt, wobei er durch die Sanddünen zog, wo das Heer des Kambyses zugrunde gegangen war, als ein Sandsturm aufkam; und nachdem er die Stadt angegriffen hatte, nahm er sie gleich beim ersten Anlauf ein. Sodann brach er nach Napata auf. Dies war der Sitz der Königin Kandake, und auch ihr Sohn hielt sich dort auf; sie selbst aber weilte an einem anderen Ort in der Nähe. Doch obgleich sie Abgesandte schickte, um um Freundschaft nachzusuchen, und obwohl sie sich bereit erklärte, die Gefangenen und die Statuen, die man aus Syene entführt hatte, zurückzugeben, griff Petronius an und nahm auch Napata ein, aus dem jedoch ihr Sohn geflohen war, und machte es dem Erdboden gleich; und nachdem er die Einwohner versklavt hatte, trat er mit der Beute den Rückmarsch an, denn er erkannte, daß es schwierig sein würde, weiter in das Land vorzudringen. Doch er baute die Befestigungen in Premnis aus, richtete dort eine Garnison ein und ließ ausreichend Nahrung, die vierhundert Mann zwei Jahre lang versorgen konnte, zurück und machte sich auf den Weg nach Alexandria. Was die Gefangenen anbelangt, so verkaufte er einige und übersandte tausend an Cäsar, der kürzlich von Kantabrien zurückgekehrt war; und der Rest ging an Krankheiten zugrunde. In der Zwischenzeit zog Kandake gegen die Festung mit mehreren tausend Mann, doch Petronius eilte der Garnison zu Hilfe und erreichte die Festung als erster; und als er den Ort auf vielerlei Weise gänzlich befestigt hatte, trafen neuerlich Abgesandte ein, doch er hieß sie, Cäsar aufzusuchen; und als sie erklärten, sie wüßten nicht, wer Cäsar sei und wohin sie sich wenden müßten, um ihn zu finden, gab er ihnen eine Eskorte mit auf den Weg; und so zogen sie bis Samos, denn Cäsar hielt sich dort auf, in der Absicht, sich von dort aus weiter nach Syrien zu begeben, nachdem er Tiberius nach Armenien gesandt hatte. Und als die Abgesandten ihre Entschuldigungen vorgebracht hatten und er ihnen vergeben hatte, erließ er ihnen sogar die Tribute, die er ihnen auferlegt hatte.«

Dieser Bericht, der aus der Feder des griechischen Historikers und Geographen Strabo stammt, ist in vielerlei Hinsicht bemerkenswert. Zum einen läßt er erkennen, daß es offensichtlich zur Zeit »Cäsars« (gemeint ist Augustus) in Nubien (das damals »Äthiopien« hieß) bereits eine höhere Kultur gab, die sich in befestigten Städten und einem Königtum äußerte. Zum andern war diese Kultur offenbar soweit fortgeschritten, daß man es wagen konnte, selbst gegen die Römer aufzutreten, die seit geraumer Zeit über das Nachbarland Nubiens, Ägypten, herrschten; auch wenn am Ende eher das Eingeständnis der Nubier steht, daß sie sich doch der größeren Macht der Römer fügen mußten. Sodann war es durchaus keine Selbstverständlichkeit, daß eine Frau als Königin über ein Volk, das noch dazu einen hohen Grad der Kultur erreicht hatte, herrschte. Das war schon in der Antike eher eine Ausnahme. Und schließlich sollte nicht übersehen werden, daß mit den Römern die Europäer schon vor zweitausend Jahren im Sudan vorstellig wurden. Und sie führten sich auch damals schon dort als Herren auf, denn der Vorstoß der Nubier beziehungsweise »Äthiopier« nach Oberägypten war weniger ein Raubzug als vielmehr – wie eingangs im zitierten Text erläutert wird – eine Folge überhöhter Steuern, die an die Römer zu entrichten waren. Auch wehrte man sich dagegen, daß die neuen Herren Ägyptens sich der reichen Goldquellen im Norden Nubiens bemächtigt hatten. Diese waren allerdings stets ein Verhängnis der Nubier gewesen, denn darauf hatten es auch schon die Ägypter der pharaonischen Zeit abgesehen.

Die große Erleuchtung

Nubien ist die eigentliche Wiege der Kultur des Sudan. Das wird, zumindest im Sudan, heute gern übersehen. Dort empfindet man häufig nur Verachtung für das, was man abschätzig *turab al kuffar*, die »Gräber der Ungläubigen«, nennt. Gemeint sind die Ruinen jener Städte, darunter vor allem auch Pyramiden, die in dem Bericht von Strabo erwähnt werden, der sich übrigens auf einer seiner Reisen bis an die Grenze Nubiens vorwagte, wo er sich, bevor die Feindseligkeiten, über die er berichtet, ausbrachen, kurz aufhielt. Sein Bericht basiert also auch auf eigenen Beobachtungen.

Was nun die »Gräber der Ungläubigen« anbelangt, die inzwischen auch in Ägypten in Mißkredit geraten sind, wo islamische Fundamentalisten bereits gewaltsam gegen die Hinterlassenschaften des alten Ägypten vorgehen, die sie als »heidnisches Teufelswerk« verdammen, so werden wir uns dieser Sicht sehr entschieden nicht anschließen. Denn das würde bedeuten, daß man einen

Abb. 3: Verleugnetes Erbe: Der Tempel von Wadi el-Sebua, Nubien (13. Jh. v. Chr.)

großen Teil der geschichtlichen Erfahrung der Sudanesen, der zudem einen Höhepunkt ihrer Geschichte darstellt, negieren würde. Wer den Anspruch alleiniger Rechtgläubigkeit erhebt, beweist allein schon dadurch, daß er sich sozusagen noch in den Anfängen der Kultur befindet. Ein Vorwurf, den man natürlich nicht nur gegen den Islam, sondern auch gegen das Christentum erheben muß.

Die alte, klassische Kultur Nubiens zu übergehen, hieße, die Nubier, die immerhin bis heute überlebt haben, auch wenn durch den Einfall der Araber und die daraus resultierende Islamisierung vielerlei Veränderungen eingetreten sind, ihres eigentlichen Erbes zu berauben. Wie Rudolf Fischer, der den Zeugnissen des großen Erbes der Nubier sowie ihrem Leben heute nachgegangen ist, schreibt: »Immer, wenn ich im nördlichen Sudan weile, erinnere ich mich an … [die Überlieferungen aus der Antike]. Denn seit Strabons Zeiten hat sich die Lebensweise in dieser Gegend nur wenig geändert. Immer noch wandern die Hirten mit ihren riesigen Herden von Weideplatz zu Weideplatz. Kleine kläffende Hunde treiben das Vieh gelegentlich zur Eile an. Plantagen mit Dattelpalmen säumen den Nil. Die wichtigsten landwirtschaftlichen Produkte sind Hirse und Gerste; doch Hirsebier (arabisch ›Merisa‹ genannt) wird in großen Mengen nur noch von der nichtislamischen Bevölkerung des Südens gebraut und getrunken.« Allah verbietet den Genuß von Alkohol; obwohl das, wie wir gesehen haben, die Bewohner von El Obeid beispielsweise, die sich durchaus zur Lehre des Propheten bekannten, nicht davon abhielt, sich dem berauschenden Getränk mit besonderer Hingabe zu widmen.

Die Kultur des alten Nubien erreichte nicht die Höhe des pharaonischen Ägypten, obwohl sie mit der altägyptischen Zivilisation in enger Verbindung stand. Doch es war beileibe kein kulturelles Vakuum, in das der Islam (und die Araber) in späterer Zeit eindrang. Die »Erleuchtung«, von der die großen Religionen so gern reden, hatte auch im Sudan schon längst stattgefunden, ehe im Namen der angeblichen Erlösung die eigentliche Barbarei erst begann. Das war im Sudan ebenso der Fall wie in Ägypten, für das wir diesen Tatbestand an anderer Stelle belegt haben.

Allerdings kann man den Niedergang der klassischen Tradition im Sudan – ebenso wie in Ägypten – nicht dem Islam anlasten, denn als er den Sudan erreichte, war die Kultur in Nubien auf das Niveau einer bäuerlichen Bevölkerung zurückgefallen. Darin unterscheiden sich Ägypten und Nubien von Altamerika, wo zumindest die Kulturen der Inka und Azteken (wenn auch nicht die der Maya) auf dem Höhepunkt ihrer Entfaltung standen, als das Christentum, das die treibende Kraft der Eroberung der Neuen Welt war, in die Länder der amerikanischen Hochkulturen einfiel. Doch die Mißwirtschaft und Ausbeutung, die in Ägypten wie in Nubien beziehungsweise dem Sudan der Unterwerfung durch die Araber und den Islam folgten, waren durchaus der zerstörerischen Wirkung der spanischen (und portugiesischen wie übrigens auch englischen beziehungsweise amerikanischen) Herrschaft in der Neuen Welt vergleichbar. Nur letzteres ist allgemein bekannt; der Kolonialismus, der im Zeichen Allahs betrieben wurde, wird gemeinhin übersehen. Das trifft nicht zuletzt auch für den Sudan zu und kann natürlich in einer Arbeit, in der es sehr wesentlich um die Wirkung und Bedeutung des Islam geht, nicht einfach hingenommen werden. Doch wir werden darauf zurückkommen.

4000 Jahre

Wenden wir uns einstweilen noch einmal der großen, klassischen Tradition Nubiens zu, die sozusagen die Wiege der Kultur des Sudan ausmacht. Ihre frühesten Spuren reichen bis in die Zeit um 6000 v. Chr. zurück, als in dem Gebiet zwischen den beiden Zusammenflüssen von Blauem und Weißem Nil und Atbara und Nil erste Keramikerzeugnisse auftauchten, was ein Indiz für eine höhere Kultur ist. Wenig später erfolgte in der gleichen Gegend die Domestizierung von Tieren und Pflanzen, womit ein weiterer entscheidender Schritt hin zu einem kulturellen Aufschwung getan wurde. Im vierten Jahrtausend v. Chr. setzte eine Verknüpfung mit der Kultur Ägyptens ein, die zu dieser Zeit bereits an der Schwelle zu einer Hochkultur stand, und dieser Kontakt sollte für die nächsten dreitausend Jahre ein bestimmender Faktor für die kulturelle Entwicklung Nubiens bleiben. Dabei nahm der Einfluß, den das pharaonische Ägypten auf das benachbarte Nubien ausübte, mit der Zeit immer mehr zu, so daß am Ende, in der zweiten Hälfte des zweiten Jahrtausends v. Chr., Nubien dem ägyptischen Imperium voll einverleibt wurde. Das heißt, während der Zeit des sogenannten Neuen Reiches in Ägypten war Nubien eine Kolonie der Ägypter, die unter der Oberaufsicht eines Vizekönigs stand, der dem Pharao direkt unterstellt war.

Nach dem Fall des Neuen Reiches, der zugleich auch den endgültigen Niedergang des pharaonischen Ägypten signalisierte, erlangte Nubien seine Selbständigkeit zurück und setzte nun seinerseits – nachdem es bereits in der ersten Hälfte des zweiten Jahrtausends v. Chr. eine erste, eigenständige Blüte erlangt hatte – zu einem Höhenflug an, der schließlich dazu führte, daß sich die *Nubier* als die eigentlichen, rechtmäßigen Erben des pharaonischen Ägypten betrachteten und dies auch durch die Eroberung Ägyptens, über das sie ein Jahrhundert herrschten, bekundeten. Als Herren Ägyptens, die im Namen Amuns, des traditionellen ägyptischen Reichsgottes, regierten, glänzten die Nubier zwischen jeweils der Mitte des achten und siebten Jahrhunderts v. Chr. Dann wurden sie von den Assyrern aus Ägypten verdrängt.

Doch das »Reich von Kusch«, wie man – nach einer altägyptischen Bezeichnung für Nubien – die eigentliche Blüte der nubischen Kultur nennt, bestand noch tausend Jahre fort und wurde erst im vierten Jahrhundert n.Chr. das Opfer nomadischer Stämme, die von Westen her in die fruchtbaren Uferregionen des mittleren Nil einfielen, sowie eines Vorstoßes des Herrschers von Aksum, im äthiopischen Hochland, der das Christentum angenommen hatte und sich bemüßigt fühlte, dem neuen Glauben weitere Völker zuzuführen. Damit lief die große nubische Tradition, soweit es sich um eine tatsächliche Hochkultur gehandelt hatte, aus. Sie hatte, in dieser Form, immerhin fast viertausend Jahre, länger als die ägyptische, pharaonische Kultur, bestanden.

Meroe

Zentrum der Macht war zunächst jenes Napata gewesen, das in dem Bericht von Strabo erwähnt wird und das in der Nähe eines Berges, heute Jebel Barkal genannt, lag, wo die Ägypter während des Neuen Reiches einen Tempel zu Ehren des Amun errichteten. Jebel Barkal blieb auch in der Folgezeit das zentrale Heiligtum in Nubien; auch wenn Napata schließlich aufgegeben wurde und der Sitz der Kuschiten-Herrscher nach Meroe und damit vom Zentrum an den südlichen Rand Nubiens verlegt wurde. Mit dieser Verlagerung des Machtzentrums nach Süden, die eine Folge des Entstehens neuer Handelswege gewesen zu sein scheint, ging eine kulturelle Veränderung einher; derart, daß der einst dominante ägyptische Einfluß immer mehr zurückging, während das eigentlich afrikanische Element, also Kulturformen, die im sogenannten Schwarzafrika entwickelt worden waren, an Bedeutung zunahm. Hierzu gehörte vor allem auch die besondere Stellung der Frau, die – wie wir gehört haben – selbst den Rang einer Königin erlangen konnte. Dazu schreibt John H. Taylor, ein Mitarbeiter des Britischen Museums, dessen Augenmerk besonders der Geschichte des alten Nubien gilt: »Für den Außenseiter war die außergewöhnlich hohe Stellung der Frauen eines der auffalllendsten Merkmale der Kultur von Meroe. Die weiblichen Mitglieder der königlichen Familie nahmen schon im siebten Jahrhundert v. Chr. eine bedeutende Rolle ein, auch wenn sie bislang noch nicht gänzlich gedeutet werden konnte, und zu der Zeit, da das Reich von Meroe seinen Höhepunkt erreichte, scheint eine matrilineale Erbfolge bestanden zu haben, bei der der Thron vom König auf die Nachkommenschaft seiner Schwester überging. Seit dem zweiten Jahrhundert v. Chr. waren mehrere Königinnen selbst Herrscherinnen des Reiches, ein Umstand, der wahrscheinlich den römischen Historiker Plinius zu der irrigen Annahme verleitete, daß bei den Meroitern grundsätzlich Frauen herrschten, die Kandake hießen.«

Wie wir gesehen haben, war offenbar auch schon Strabo diesem Irrtum verfallen, denn auch er erwähnt ja eine Königin, die angeblich »Kandake« hieß. Doch wie gerade der Hinweis bei Plinius beweist, handelt es sich hierbei nicht eigentlich um einen Eigennamen, sondern vielmehr um einen Titel, hinter dem sich wohl die Würde einer Königin verbarg.

Halten wir fest, daß es zumindest in der Spätzeit der klassischen nubischen Kultur eine bevorzugte Stellung der Frau in Nubien gab und daß das sehr wesentlich im Gegensatz zu dem steht, was dann der Islam in Nubien (wie im übrigen Sudan) einführte. In dieser Hinsicht – aber auch in anderer – war ein deutlicher Rückschritt zu verzeichnen, dessen Auswirkungen – gerade im Sudan – noch heute spürbar sind.

Noba und Nobaden

Der Zug Ezanas, des Herrschers von Aksum, setzte den Schlußstrich unter das Reich von Meroe. Doch obwohl sich in der Folgezeit auch in Nubien, als nächste Phase der Entwicklung, das Christentum durchsetzen sollte, erfolgte diese neuerliche kulturelle Überlagerung, die das Erbe des pharaonischen Ägypten ersetzte, nicht von Süden her, sondern aus dem Norden. Allerdings vergingen, bis es zu diesem neuen kulturellen Aufschwung kam, zwei Jahrhunderte, eine Zeit, die eine Übergangsperiode darstellt, während der die alte Tradition allmählich ausläuft und sich die ersten Anzeichen einer neuen ankündigen.

Greifbar werden in dieser Zeit des Übergangs die eigentlichen Vorfahren der heutigen Nubier, denn erst jetzt setzte sich die nubische Sprache durch, auch wenn die übrige Kultur ihrer Vorläufer, auf niedrigerem Niveau, noch einige Zeit weiterbestand, ja, im Grunde – zumindest, soweit es sich um Aspekte der materiellen Kultur handelt – bis auf den heutigen Tag fortwirkt. Worauf wir bereits hingewiesen haben.

Unter den Neuankömmlingen, die als Nomaden aus dem Westen beziehungsweise Südwesten kamen, sind vor allem die Nobaden zu erwähnen. Sie sind womöglich mit den Noba verwandt, die ihrerseits die eigentlichen Totengräber der Kultur von Meroe waren, denn die Äthiopier versetzten einem geschwächten Kusch nur noch den Todesstoß. Während die Noba sich im südlichen Teil Nubiens festsetzten, drangen die Nobaden, die als solche in den antiken Quellen hervorgehoben werden, in den Norden Nubiens ein und hielten hier noch eine Zeitlang – im Gegensatz zu den Noba im Süden – die Tradition von Meroe aufrecht, auch wenn es sich dabei nur noch um einen schwachen Abglanz handelte. Die Nobaden traten, wie es zuvor auch schon die Kuschiten getan hatten, mit dem römischen Ägypten in Kontakt, trieben regen Handel mit ihrem nördlichen Nachbarn und unternahmen regelmäßige Pilgerzüge zur Insel Philae, wo die altägyptische Göttin Isis noch immer verehrt wurde, bis dieser Schrein, der übrigens der letzte der pharaonischen Religion war, im Jahre 537 n.Chr. geschlossen wurde.

Ein neuer Glaube

Zu dieser Zeit hatten sich in Nubien, auf den Trümmern des einstigen kuschitischen Reiches, drei Königtümer herausgebildet: das der eigentlichen Nobaden im Norden, mit Faras, einem Ort, der in der Folgezeit Bedeutung erlangen sollte, als Zentrum; das Reich von Makuria, das sich um einen Ort konzentrierte, der heute als

Alt-Dongola bezeichnet wird, daran anschließend; und Alwa, mit dem Ort Soba, in der Nähe des heutigen Khartum, als Mittelpunkt, im Süden. Diese drei Reiche nun, die sich nach dem endgültigen Auslaufen der altägyptischen Tradition in einem religiösen Vakuum befanden,wurden ein fruchtbarer Nährboden für das Christentum, das bereits 543, nur wenige Jahre nach der Schließung des Tempels von Philae, im Reich der Nobaden Fuß faßte und bis zum Ende des Jahrhunderts auch die beiden anderen Königreiche für sich gewinnen konnte. Bemerkenswert dabei ist, daß diese Bekehrung friedlich erfolgte, was wiederum sehr entschieden im Gegensatz zu dem steht, was wenig später der Islam zur Norm erheben sollte. Denn die Lehre Mohammeds breitete sich, zumindest in der ersten Phase ihrer Expansion, mit Feuer und Schwert aus. »Heiliger Krieg« hieß die Devise. Das ist im Islam schon seit dem Beginn dieser Religion angelegt, während das Christentum erst im Zeitalter der Entdeckungen zu einer eroberungssüchtigen Religion wurde.

Die Herrscher der drei nubischen Reiche ließen sich willig zum neuen Glauben bekehren, der von Ägypten aus, wo das Christentum bereits im ersten Jahrhundert n. Chr. Eingang gefunden hatte, nach Nubien hereingetragen wurde. Dabei war nicht das Schwert, sondern das Wort das Mittel, mit dem man für die Lehre Jesu neue Anhänger gewann. Alexandria wurde zum neuen geistigen Mittelpunkt, denn hier war der Sitz des Patriarchen, der für Ägypten zuständig war und dem sich auch die Nubier, indem sie ihre Bischöfe durch den Patriarchen ernennen ließen, unterodneten.

Ein schändlicher Vertrag

Im sechsten Jahrhundert gegründet, währte die christliche Kirche in Nubien tausend Jahre. Das war wiederum deutlich länger als die Zeit, die sich das Christentum in Ägypten behauptete. Zumindest, soweit es die offizielle Religion anbelangt. Denn die Religion, die Mohammed gründete, wurde bereits im Jahre 641, als arabische Heere Ägypten eroberten (das bis dahin – in der Nachfolge Roms – unter byzantinischer Herrschaft gestanden hatte), in das einstige Reich der Pharaonen eingeführt. Auch Nubien sollte für Allah gewonnen werden, doch die Nubier leisteten erbitterten Widerstand, und so kam es im Jahre 652 zu einem bemerkenswerten Vertrag, in dem die Araber den Nubiern ihre Unabhängigkeit zugestanden, dafür aber einen jährlichen Tribut von 360 Sklaven verlangten. Daß ein solcher Vertrag nicht gerade zum Ruhme des Islam beziehungsweise derer gereicht, die den Namen Allahs auf den Lippen führten, bedarf keines besonderen Kommentars. Sklaven blieben ein Schandfleck dieser Religion; bis auf den heutigen Tag.

Für Nubien bedeutete der Vertrag, daß es sechshundert Jahre in Frieden leben konnte. Die ursprünglich drei Königreiche schmolzen im achten Jahrhundert, als das nördliche Reich in Makuria aufging, zu zwei Staaten zusammen, von denen der eine, Makuria, bis zum 14. Jahrhundert und der andere, Alwa, bis zum 16. Jahrhundert Bestand hatten. Die byzantinisch-christliche Tradition war während dieser Zeit das vorherrschende Merkmal der Kultur in Nubien; sie manifestierte sich in Kirchen und Klöstern und in einer tiefen Frömmigkeit des Volkes, die unter anderm auch dadurch zum Ausdruck kam, daß man nun völlig davon absah, den Toten irgendwelche Grabbeigaben mit auf den Weg in das Jenseits zu geben, und allein darauf vertraute, ein gottgefälliges Leben geführt zu haben, um nach dem Tode dafür belohnt zu werden. Künstlerisch zeichnete sich der neue Glaube vor allem daduch aus, daß die Kirchen zu wahren Denkmälern ausgeschmückt wurden. Dies trifft besonders für Faras zu, das einstige Zentrum der Nobaden, wo eine Kathedrale entstand, die mit über hundert farbigen Malereien verziert wurde, deren Inspiration der neue Glaube war.

Die richtige Perspektive

Doch er währte, wie gesagt, nicht ewig. Im 13. Jahrhundert kamen in Ägypten die Mamelucken an die Macht, Söldner, die den muslimischen Herrschern gedient hatten, sich schließlich selbst zu Herren aufschwangen und auch im Sudan, gegenüber Nubien, eine aggressive Politik verfolgten. Diese war, zumindest, was das nördliche Reich in Nubien anbelangt, um so verhängnisvoller, als zur gleichen Zeit auch arabische Stämme, die aus den östlichen Wüsten kamen, in Makuria einfielen, so daß dieses Reich schließlich auseinanderfiel. Der Süden, das Reich von Alwa, hielt sich noch einige Zeit; doch dann erlag auch dieser christliche Außenposten im Sudan dem Anstrum der Muslime. Diesmal einem Volk, das unter dem Namen »Fung« bekannt wurde. Mit ihm setzt die eigentliche Geschichte des Islam im Sudan ein. Doch – es sollte eben nicht übersehen werden, daß es schon vor dem Aufkommen dieser neuen religiösen Tradition eine lange Abfolge von Kulturen im Sudan gegeben hatte und daß es eine Verkennung der Tatsachen ist, wenn man dies, wie es gemeinhin im Sudan geschieht, negiert. Licht in angebliches Dunkel brachte nicht erst der Islam. Die Wahrheit ist, daß für viele im Sudan die Nacht erst eigentlich begann, als sich die neue Religion etablierte. Denn erst in ihrem Zeichen vollzog sich der Wandel, der den Sudan zum größten Sklavenmarkt der Welt machen sollte. Da ist es gut, weil es zu einer objektiven Einschätzung eines Phänomens wie der Bewegung des Mahdi beiträgt, wenn man die gesamte Geschichte des Sudan im Auge behält. Und nicht nur einen Teil von ihr; allzu leicht könnte der Eindruck entstehen, daß die Barbarei sozusagen ein Naturzustand im Sudan gewesen sei und daß es erst eines Mahdi bedurfte, um dem Abhilfe zu schaffen. Wobei wir die Frage einstweilen offenlassen, inwieweit ihm beziehungsweise seinem Nachfolger das gelang, sofern sie daran überhaupt wirklich interessiert waren.

Sklaven und Sufis

Mit dem Niedergang der nubischen Reiche setzte eine Verlagerung des kulturellen und politischen Schwerpunktes vom nördlichen in den zentralen Sudan ein. Die Gründe für diese Entwicklung waren vielfältiger Art. Da war zum einen die Einwanderung arabischer Stämme, deren Auslöser ursprünglich die Übernahme der Macht in Ägypten durch die türkische Dynastie der Tuluniden gewesen war, die die unsteten (und aufrüherischen) arabischen Stämme nach Süden abgedrängt hatte. Die Wanderung der Araber nach dem Süden setzte sich über Jahrhunderte hin fort und nahm noch an Ausmaßen zu, als Makuria, das nördliche der beiden nubischen Reiche, das bislang als eigentliche Barriere gegen den Einfall der Araber (und das Eindringen des Islam) fungiert hatte, durch die wiederholten Vorstöße der Mamelucken nach Nubien derart geschwächt wurde, daß es dem permanenten Druck der nomadischen arabischen Stämme nicht mehr gewachsen war. Mit dem Fall dieses Reiches waren den Arabern Tür und Tor geöffnet, und es setzte eine Überfremdung des ganzen nördlichen und mittleren Sudan ein – ein Prozeß, der sich wiederum über einen längeren Zeitraum erstreckte und neben Nubien vor allem den westlichen Teil des Sudan, also die Gebiete von Kordofan und Darfur erfaßte, wo die arabischen Einwanderer die ältere, eingesessene Bevölkerung, die aus Schwarzafrikanern bestanden hatte, überlagerten. Dies wirkte sich nicht nur biologisch, in einer Mischung unterschiedlicher Rassen, aus, sondern bewirkte vor allem auch einen kulturellen Wandel, der die angestammte Kultur erfaßte und bei dem die durch den Islam geprägte Lebensweise die Oberhand gewann. Was schließlich soweit führte, daß die derart arabisierte und islamisierte Bevölkerung ihre Abstammung auf illustre Vorkämpfer des Islam zurückführt. Was nicht zuletzt für die Familie des Mahdi zutrifft, dessen Vater den Anspruch erhob, von der Familie des Propheten abzustammen. Und dies, obwohl die andere Hälfte des Erbes des Mahdi, denn die Familie stammte ja aus der Gegend von Dongola, auf die stolze Tradition des autochthonen Nubien zurückging, dessen letzter Sproß – neben Alwa – das Reich von Makuria war. Doch der Islam hatte sich gerade in Nubien, das religiösen Neuerungen immer zugetan gewesen war, in einer sehr strengen, traditionellen Form durchgesetzt; was nicht der geringste Grund ist, weshalb gerade hier die Bewegung des Mahdi letztlich ihren Ursprung hat.

Tarik Sudan

Ein zweiter Faktor, der zu einer Schwerpunktverlagerung im Sudan entscheidend beitrug, war eine Verlegung der subsaharen Handelsstraße nach Süden. Diese von den Arabern schließlich *tarik sudan* genannte Karawanenstraße, die am Südrand der Sahara quer durch den afrikanischen Kontinent vom Atlantik bis zum Roten Meer führte, bildete die Verkehrsachse des sudanesischen Ländergürtels. Transportiert wurden auf diesem Wege jedoch nicht nur Waren, sondern – seit dem Aufkommen und der Ausbreitung des Islam auch im Ländergürtel des Sudan – auch Pilger, die auf Kamelen – oder auch zu Fuß – in regelmäßigen Pilgerzügen nach Osten, in Richtung Mekka, zogen. Diese transsudanesische Karawanenstraße nun, die von alters her bestand, auch wenn sie ursprünglich nur wirtschaftliche Bedeutung gehabt hatte, hatte sich im Laufe der Zeit, im Bereich ihres östlichen Teilstückes, nach Süden verlagert; das heißt, sie hatte ursprünglich Meroe berührt, was den einstigen Aufschwung dieser Stadt erklärt, war dann nach Süden umgeleitet worden, so daß sie Aksum, das zu einem neuen Zentrum der Macht geworden war, begünstigte, und war schließlich, seit dem zwölften Jahrhundert, als sich eine Kette muslimischer Staaten vom Roten Meer aus in das Innere Afrikas ausweitete, zur Lebensader dieser Staaten geworden. Doch auch das bedingte noch nicht die endgültige Route der Karawanenstraße. Denn dem christlichen äthiopischen Reich gelang es, den ersten Vorstoß der Muslime, der entlang seiner südlichen Grenze erfolgte, abzuwehren, worauf sich der Schwerpunkt des Handels erneut nach Norden verlagerte, doch in das Gebiet jenseits der Grenze Äthiopiens, wo sich in der Nachfolge des Reiches von Alwa ein neues Zentrum der Macht herausbildete: das Reich der Fung. Ihre Hauptstadt Sennar, die am Mittellauf des Blauen Nil lag, wurde nun, seit dem 16. Jahrhundert, zum eigentlichen Knotenpunkt des Handels im Sudan.

Das Reich der Fung

Die Fung geben der Wissenschaft einige Rätsel auf. Man kennt nicht genau ihre Herkunft, vermutet aber, daß sie ursprünglich aus dem Grenzland zwischen Äthiopien und dem Sudan am Oberlauf des Blauen Nil stammten. Wahrscheinlich wurden sie durch das Vordringen der Christen in Äthiopien abgedrängt und zogen den Lauf des Flusses entlang nach Norden, bis sie auf die Grenzen des Reiches von Alwa stießen, das bereits durch arabische Eindringliche geschwächt war, ehe die Fung ihm schließlich den Todesstoß versetzten.

Die Fung waren zwar ursprünglich keine Muslime, doch dem Vordringen der islamischen Kultur, die überall im Sudan an Bedeutung gewann, konnten sie sich auf die Dauer nicht widersetzen. Am Ende war ihr Reich das eigentliche Bollwerk islamischer Kultur im Sudan, denn das Reich der Fung erlangte, dank seiner strategischen Lage am Nil und als wichtige Station auf dem transsudanesischen Karawanenwege, die politische Vormacht im Sudan. Denn obgleich es neben dem Reich von Fung noch andere Fürstentümer im Sudan gab, namentlich in Darfur, die alle aus dem Zusammenspiel autochthoner Völker und arabisch-islamischer Einwanderer, die sich zur Elite aufschwangen, hervorgegangen waren, nahm das Reich der Fung, zumal es angrenzende Fürstentümer unter seine Kontrolle bringen konnte, doch eine Schlüsselstellung ein. Eine Position, die es dreihundert Jahre zu wahren wußte, obwohl der Niedergang bereits eingesetzt hatte, noch ehe die Ägypter – diesmal im Gefolge einer neuzeitlichen, imperialistischen Eroberungspolitik – das Fung-Reich endgültig zu Fall brachten.

Es gibt recht detaillierte Berichte über die Zeit der Blüte des Fung-Reiches, die freilich für alle die, die in seinem Schatten standen, eine Periode ungeschminkter Despotie war. Die Berichte beruhen auf dem Versuch des Papstes in Rom, engere Bande zwischen dem christlichen Reich in Äthiopien und der katholischen Kirche herzustellen, weshalb wiederholt päpstliche Gesandtschaften ausgeschickt wurden, die – auf dem Wege nach Äthiopien – durch das Reich der Fung kamen. Einer dieser Reisenden in päpstlichem Auftrag, der eine bemerkenswerte Schilderung dessen hinterließ, was er auf seiner Reise gesehen hatte, war der aus Süddeutschland stammende Franziskaner Theodor Krump. In seinen Aufzeichnungen, die 1710 unter dem Titel »Hoher und fruchtbarer Palmbaum« in Augsburg erschienen, schrieb er: »Zu wissen ist, daß die Stadt Sennar in gantz Africa, so vil die Mohren-Länder anlanget, bey nahend die vornehmste Handel-Stadt seye, in welcher continuierlich Caravanen, so wohl von Gran-Cayr [Kairo], Dungula, Nubia, übers rothe Meer auß Indien, Aethiopien, Fur [Darfur], Borno, Fesan, als andern Königreichen allda ankommen ...«

Der Herrscher, Badi III. al-Ahmar ibn Unsa II., gewährte den Reisenden bereitwillig Audienz, was natürlich mit entsprechenden Aufmerksamkeiten, die man ihm erweisen würde, verbunden war. Wie Krump, nicht ohne unfreiwilligen Humor, berichtet: »Er [der König, d.h. Sultan] kame mir nicht anderst vor, als ein angekleydter Aff; er fragte uns auf Arabisch, woher wir kommen und wohin wir reisen wollen, was wir handeln und tractiren?« Nachdem die Patres den Zweck ihrer Reise erläutert hatten, beeilten sie sich, die Geschenke zu übereichen, denn das konnte sehr wohl über ihr weiteres Schicksal entscheiden: »Nach solchem [ihren Erklärungen] aber haben wir ihme einen schönen grossen Spiegel verehrt, in welchem er unverzüglich sein kohl-schwartzes Angesicht mit Gusto besichtiget hat; wir gaben ihme auch sechs übergolte Schachteln mit schmäckender Saiffen da Bologna; etliche Zucker-Hut ... Confect ... Venetianische Gläser, sambt andern Europaeischen Galanterien ..., an welchen er ein grosses Wohlgefallen bewise ...«

Dem konnte der Sultan, der – obwohl er bereits in der arabisch-islamischen Tradition stand – offensichtlich einheimischer, autochthoner Abstammung war, nicht widerstehen, und so stellte er denn seinen Besuchern in der Tat frei, in seinem Land zu bleiben oder weiterzuziehen. Krump, der über medizinische Fertigkeiten verfügte, an denen dem Sultan gelegen war, blieb denn auch in Sennar, während der Rest der Gesandtschaft weiter nach Äthiopien zog. Bei der Rückkehr würde er sich ihnen wieder anschließen. Auf diese Weise gewann Krump nähere Einblicke in das Reich der Fung, und es verdienen in diesem Zusammenhang besonders zwei Aspekte weitere Erwähnung, denn sie zeigen sehr deutlich, welche Veränderungen inzwischen im Sudan, als Folge der arabisch-islamischen Überfremdung, eingetreten waren. Der eineAspekt betrifft die Stellung der Frau, die entsprechend den diskriminierenden Gesetzen der neuen Religion einen grundlegenden Wandel erfahren hatte. Das wird nicht zuletzt auch deutlich in der Art, wie man die Konkubinen im Harem des Sultans behandelte. Krump, der sich natürlich auch insbesondere für die landesübliche Behandlung von Kranken interessierte, schreibt dazu: »In disem Pallast [des Sultans] wohnen so wohl deß Königs seine vier rechte als auch seine Kebs-Weiber, deren an der Zahl bey 600 seynd, mit allen Königlichen Kindern; solche ins gesambt seynd enger dann in der Christenheit die Closter-Frauen versperrt; also zwar, daß ihren eignen Befreunden, ja leiblichen Geschwüsterigen niemals mit ihnen zu reden oder selbige zu sehen erlaubt ist; also eyffersüchtig ist man mit ihnen, daß, wann eine deren erkrancken solte, man solche, ausser es wäre eine von denen vier Königinin, ohne Darreichung einiger Medicin wie das unvernünftige Vich dahin sterben und crepieren lasset.«

Eifersucht, ein letztlich übersteigertes Minderwertigkeitsgefühl des Mannes gegenüber der Frau, weshalb er sie zu entmündigen und abzusondern sucht, ist durchaus eine zutreffende Diagnose, die auch heute noch für die durch den Islam geprägten Gesellschaften ihre Gültigkeit hat. Wir werden diesem Phänomen, das gerade im Sudan zu extremen Auswüchsen geführt hat, noch häufiger begegnen.

Großer Wucher

Der zweite Aspekt, der charakteristisch für den Islam ist und den Krump erwähnt, betrifft die Sklaverei, die die Grundlage der Gesellschaft und Wirtschaft im Fung-Reich – wie auch in allen übrigen Fürstentümern beziehungsweise Sultanaten, die im Sudan entstanden waren – bildete. Was den Sklavenhandel betrifft, der einen vorrangigen Platz in der Wirtschaft des Fung-Reiches einnahm, so schreibt Krump, wobei er sich auf den Sklavenmarkt in Sennar bezieht: »Nächst … [den übrigen Waren] werden auch täglich auf offentlichen Marckt die Menschen Mann- und weiblichen Geschlechts von jedem Alter, welche Sclaven seynd, wie das Vich verkaufft und welchen man täglich bis 200 oder noch mehr auf den Platz führet, deren sich die Türckische Kaufleuth nach ihrem Gesatz Erlaubnuß zu allem Muthwillen bedienen und folgends in andern Ländern als Aegypten und Indien widerumb verkauffen und damit grossen Wucher treiben.«

Auch dieses erbärmliche Bild eines Sklavenmarktes wird uns noch öfter begegnen, weshalb wir es einstweilen bei dieser kurzen Beschreibung bewenden lassen wollen. Sklavenhandel war jedoch nur eine Seite des elenden Geschäfts, das man in den sudanesischen Sultanaten mit Sklaven betrieb. Sklaven wurden nicht nur für den »Export« verhökert, sie bildeten auch in den Sultanaten selbst einen beachtlichen Bevölkerungsanteil, so daß man in diesem Zusammenhang (und ähnlich gelagerten Fällen) von sogenannten »Sklavenstaaten« spricht. Dabei wurden Sklaven nicht nur zum Arbeitsdienst verpflichtet, sie fanden auch Verwendung beim Kriegswesen und in der Verwaltung, was ein besonderes Charakteristikum in der Geschichte der islamischen Staaten darstellt. Im Reich der Fung führte dies letztlich zum Zerfall des Sultanats; denn nachdem im 17. Jahrhundert durch Vorstöße bis in die Nuba-Berge die Versklavung ganzer Bevölkerungsgruppen initiiert worden war, verfügte man bald über ein so großes Reservoir an Sklaven, daß die Herrscher der Fung daraus ein gesondertes Heer aufstellten, das sozusagen als ihre Hausmacht diente. Dies hatte zur Folge, daß die Sultane sich zwar auf eine loyale Gefolgschaft stützen konnten, denn nicht wenige aus dem Sklavenheer stiegen in den Verwaltungsdienst auf, doch fühlte sich dadurch die traditionelle Elite, die an Einfluß verlor, zurückgesetzt. Daraus resultierten Spannungen, die sich schließlich in einer Revolte entluden, in deren Verlauf Sultan Badi IV. entmachtet und verbannt wurde, während an seine Stelle eine Art Regent trat, der die eigentliche Regierungsgewalt ausübte und dieses Amt an seine Nachkommen weitervererbte. Zwar wurde die traditionelle Herrscherlinie weiter anerkannt, doch sie stand nur noch im Schatten der Regenten, die ihrerseits, da sie nicht eigentlich legitimiert waren, ständigen Intrigen und Rivalitäten ausgesetzt waren. Die Folge war, daß das Reich der Fung, das sich einst von der Grenze zu Äthiopien bis in das Gebiet jenseits des Zusammenflusses der beiden Nilarme erstreckt hatte, immer mehr zerfiel und schließlich eine leichte Beute der Ägypter wurde.

Grenzland

Als dies geschah, zu Beginn des 19. Jahrhunderts, war der Sudan ein islamisches Land. Es war nicht geeint, doch der Islam bildete ein Band, das als Grundstein einer politischen Einheit angesehen werden kann. Wurde diese auch – wie wir noch sehen werden – zunächst von fremden Mächten dem Land auferlegt; so hatte die Überlagerung durch den Islam (und die arabischen Zuwanderer) doch eine besondere, spezifische Eigenart des Landes bewirkt, die noch heute spürbar ist. Sie äußert sich im sogenannten »Sufismus«, einer Glaubensrichtung des Islam, die ursprünglich auf das Asketentum des frühen Christentums zurückgeht und – ähnlich wie dieses – besonders in Grenzregionen der islamischen Ökumene, wohin der Arm der orthodoxen Institutionen nicht reichte, auftrat. Der Sudan war ja eine solche Grenzregion, denn die eigentlichen Zentren des Islam, sowohl politisch als auch religiös, wobei beide Aspekte im Islam eng verflochten sind, lagen ja jenseits seiner Grenzen, in Ägypten und in Vorderasien. So geschah es, daß gerade im Sudan, der andererseits – wie wir gesehen haben – ein wichtiges Durchgangsland war, der Sufismus einen fruchtbaren Nährboden fand und über Jahrhunderte hinweg die beherrschende Form des Islam blieb.

Gelehrte Männer

So kann man die Geschichte des Islam im Sudan in drei Perioden unterteilen. Zunächst war er, entsprechend dem frühen islamischen Dogma, eines jener Länder, die man *dar al-harb*, »Land des Krieges«, nannte. Das war ein durchaus anerkannter, durch das islamische Gesetz sanktionierter Begriff, der sich auf alle jene Länder bezog, die noch nicht in die Ökumene des Islam mit einbezogen worden waren. Gegen sie Krieg zu führen, war göttliches Gebot. Ein Dogma, das sehr viel über den wahren Charakter des Islam verrät. Jedenfalls handelt es sich bei dieser Religion – im Gegensatz zu allen anderen großen Religionen – um ein Glaubenssystem, bei dem die Anwendung von Gewalt schon in seinen Anfängen zu den Grundprinzipien des Glaubens gehörte. Dies war, soweit es den Sudan betrifft, auch der Grund, weshalb die muslimischen Sklavenhalter in Ägypten die Forderung erhoben, wenigstens Tribute aus den südlichen Grenzländern zu beziehen, wenn man sie schon mit Krieg verschone. Was ja dann, wie wir gesehen haben, vertraglich festgelegt wurde.

Der Sudan entging auf diese Weise dem Schicksal Ägyptens (und der meisten anderen Länder, die unter den Einfluß des Islam gerieten): er wurde nicht militärisch im Namen Allahs unterworfen, sondern allmählich für den neuen Glauben gewonnen. Zunächst waren es jene arabischen Stämme, die nach Nubien einwanderten, die die neue Lehre mitbrachten. Ihr Glaube an die Lehre des Propheten war nicht besonders stark ausgeprägt, was bei ihrer traditionellen, unsteten Lebensweise nicht verwunderlich ist.

So überrascht es nicht, wenn sich Männer missionarischer Gesinnung in den eigentlichen Kernländern des Islam schließlich aufmachten, um den Völkern des Sudan, die – wie es in einer sudanesischen Überlieferung heißt – »in völliger Verwirrung und Unkenntnis« lebten, »weil es ihnen an gelehrten Männern fehlte«, die erlösende Botschaft zu bringen. Seit dem ausgehenden 14. Jahrhundert geschah dies in zunehmendem Maße, so daß die eigentliche Bekehrung zum Islam im Sudan durch das Wirken regelrechter muslimischer Missionare erfolgte. Einen besonderen Anteil hatten daran Anhänger des Sufismus, die entweder schon als Mitglieder eines sufistischen Ordens in den Sudan kamen oder aber sich aus sufistischen Bruderschaften rekrutierten, die im Sudan entstanden. Einer solchen Bruderschaft hatte der Mahdi angehört, ehe er sozusagen einen eigenen Orden, der in einen politischen Aufstand mündete, gründete.

Eine rührselige Geschichte

Hintergrund dieser Revolte war nicht zuletzt eine entscheidende Wende, die im Zuge der Unterwerfung des Sudan durch die Ägypter erfolgte. Da die Eroberer aus einem der Kernländer des Islam kamen, führten sie die dort geübte Praxis der engen Verflechtung von Politik und Religion, wobei die Geistlichen letztlich dem Staat verpflichtet sind, auch im Sudan ein. Das führte zu Konflikten mit der traditionellen, bislang ungebundenen Geistlichkeit, die sich deshalb auf die Seite all derer stellte, die – wenn auch aus anderen Gründen – eine feindliche Haltung gegenüber den fremden Herren einnahmen. Hier liegt eine der entscheidenden Wurzeln für das Aufbegehren eines Mannes wie Mohammed Ahmed, genannt »el-Mahdi« – »der Erlöser«. Er entstammte der Tradition der Sufis und lehnte sich gegen die Bevormundung durch die Kolonialherren auf.

Obwohl der Sufismus ursprünglich aus asketischen Praktiken erwuchs, während sein eigentliches Anliegen in einer mystischen Versenkung, auf der Suche nach Gott, beruht, sollte und darf nicht übersehen werden, um diese für den Sudan so charakteristische Form des Islam richtig einzuschätzen, daß die Exponenten dieser Glaubensrichtung alles andere als weltabgewandte Heilige sind. Sie genießen zwar das Ansehen eines *faki*, was man in etwa mit »Heiliger« übersetzen könnte, doch lassen sie sich nicht mit einem indischen *sadhu* vergleichen, der nackt durch die Lande zieht und von Almosen lebt. Im Sudan erlangten die Fakis oft beträchtlichen Wohlstand, der mit entsprechendem, letztlich auch politischem Einfluß einherging. Ein bekanntes Beispiel ist Hassan ibn Hassuna, der im 17. Jahrhundert lebte und – als Vasall der Fung – wie ein Feudalherrscher über Ländereien gebot, die man ihm quasi als Lehen übertragen hatte. Über diesen berühmten Faki, nach dem heute noch ein Dorf im Sudan benannt ist, heißt es in einer sudanesischen Chronik: »Er erwarb viele Sklaven und machte sie zu Reitern und sagte: ›Sie werden meine Herden bewachen!‹; der Überlieferung nach [besaß er] 500 Sklaven, von denen jeder mit einem Schwert, das in einer silberverzierten Scheide steckte, bewaffnet war …«

Nicht ganz das, was man von einem integren Heiligen erwarten würde. Dennoch sagte man ihm Wunder nach; wie es in der Chronik weiter heißt: »Ein Mädchen starb, und seine Mutter kam zu ihm und sagte: ›Herr, meine Tochter ist gestorben, und der Besitz ihres Vaters ist unrechtmäßig erworben; ich bitte Euch, hüllt sie in das Leichentuch.‹ Und Scheich Hassan ging mit ihr und schaute auf das Mädchen herab und sagte: ›Deiner Tochter geht es gut: sie ist nicht tot. Stehe auf!‹ Und siehe, sie atmete wieder und erhob sich und lebte …«

Man sah in dem Umstand, daß der Scheich zugleich Sklavenhalter war und Wunder vollbrachte, keinen Widerspruch. Aber vielleicht hatte Allah schließlich doch Bedenken, denn was das Ende des Scheichs anbelangt, so wird berichtet: »Er [Hassan] zog ein Krokodil … auf; doch es stellte viel Unheil an, und so wollte er es mit dem Gewehr erlegen; doch die Ladung ging nach hinten los und tötete ihn. Er starb im Jahre 1075 nach der Hedschra [1664]; und bei seinem Tod verwandelte er sich in einen Stern der Religion.«

Eine rührselige Geschichte, der freilich nur ein gläubiger Muslim etwas abgewinnen kann. Und die darüber hinaus deutlich macht, welcher Tradition der Mahdi entstammte und daß es doch eine große Kluft zwischen dieser Tradition und einer Weltsicht gibt, die absolute Maßstäbe setzt. Wenigstens ist das die Basis dieser Arbeit, die wohl erklären möchte, aber keine Partei ergreift. Es sei denn für jene, deren Menschenwürde verletzt wurde und wird. Ganz gleich, ob im Zeichen einer Religion (wie dem Islam) oder einer Ideologie (wie dem Imperialismus).

Was nun die Geschichte des Islam im Sudan betrifft, so sei der Vollständigkeit halber hier noch angemerkt, daß schließlich – nach der sogenannten »Mahdiya«, also der Bewegung des Mahdi, die einen Höhepunkt der traditionellen Form des Islam im Sudan darstellt – ein Ausgleich zwischen der überlieferten Form und der orthodoxen Praxis des Islam erzielt wurde. Zur Zeit allerdings, wo der Fundamentalismus im Sudan die Oberhand gewonnen hat, ist dieser Ausgleich empfindlich gestört. Wir werden darauf noch zu sprechen kommen.

Al-Turkiya

Im Frühjahr 1814 besuchte ein Mann, der sich Scheich Ibrahim ibn Abdullah nannte, die Stadt Schendi im Sudan. Er war auf der Durchreise nach Suakin, einem Hafen am Roten Meer, von wo er nach Dschidda, auf der Arabischen Halbinsel, übersetzen wollte, um die heilige Stadt Mekka aufzusuchen. Doch bevor er sein Ziel erreicht hatte, wurde er aufgefordert, Mohammed Ali, dem Vizekönig von Ägypten, der in Arabien einen Feldzug gegen die Wahhabiten unternahm, seine Aufwartung zu machen. Nach der Unterredung, die in Taif, unweit von Medina, stattfand, soll der Vizekönig bemerkt haben: »Es ist nicht der Bart allein, der einen Mann zu einem wahren Muslim macht.« Doch er hatte seinen Besucher, der sich Scheich Ibrahim nannte, seinen Weg nach Mekka fortsetzen lassen, obwohl dies in Anbetracht der gegebenen Umstände eigentlich gegen die Tradition verstieß. Denn »Scheich Ibrahim« war weder ein Scheich, noch hieß er wirklich »Ibrahim«. Aber er war zum islamischen Glauben übergetreten und hatte sich, wie es sich für einen gläubigen Muslim, zumal für einen Scheich, geziemte, einen Bart wachsen lassen. Auch beherrschte er das Arabische, die Sprache des Propheten, und war im Koran versiert. Es war also doch nicht eigentlich ein Frevel, daß der »Scheich« die heilige Stadt betreten würde. Trotzdem wird Mohammed Ali, der Vizekönig, andere Gründe gehabt haben, seinen Besucher ziehen zu lassen. Hatte er ihn doch nach Taif zitiert, weil er die Erwartung hegte, daß »Scheich Ibrahim«, der ihm bereits von Kairo, wo sich der Sitz des Vizekönigs befand, bekannt war, unter Umständen wertvolle Informationen liefern konnte. Denn der Pascha, wie der Titel des Vizekönigs offiziell lautete, trug sich seit geraumer Zeit mit dem Gedanken, seine Macht jenseits der südlichen Grenze Ägyptens auszudehnen. So kamen ihm die Nachrichten, die der »Scheich« ihm aus erster Hand brachte, gerade recht.

»Scheich Ibrahim« hieß eigentlich Johann Ludwig Burckhardt und war gebürtiger Schweizer, der jedoch im Dienste einer englischen Gesellschaft reiste, die sich offiziell »British Association for Promoting the Discovery of the Interior Parts of Africa« nannte. Dahinter verbarg sich allerdings sehr viel mehr als lediglich ein Interesse an der wissenschaftlichen Erforschung Afrikas, wie wir noch sehen werden. Doch Burckhardt alias Scheich Ibrahim war nicht etwa ein Spion oder gar Agent; er hatte seine Identität der orientalischen Lebensweise nur deshalb angepaßt, weil das ihm das Reisen wesentlich erleichterte, und Reisen war seine eigentliche Tätigkeit: er sollte eine Verbindung zwischen Nil und Niger erkunden. Doch da eine entsprechende Karawane, der er sich anzuschließen gedachte, nur in großen Zeitabständen den langen und beschwerlichen Marsch durch die Wüste antrat, nutzte Burckhardt, der sich in seiner islamischen Umgebung inzwischen heimisch fühlte, die Gelegenheit, einen Abstecher nach Oberägypten zu machen und von dort weiter nach Nubien zu reisen. Und nachdem er bereits 1813 einen ersten Vorstoß unternommen hatte, bei dem er bis in die Gegend von Dongola gelangt war, während er auf dem Rückweg Abu Simbel, die berühmten Felsentempel Ramses II., entdeckt hatte, trat er 1814 seine eigentliche, große Reise nach Nubien an, in deren Verlauf er auch Schendi besuchte, das zu den bedeutendsten Fürstensitzen und Handelszentren des Sudan gehörte.

Hoch im Kurs

Burckhardt hielt sich in Schendi einen Monat lang auf, und so ist es nicht verwunderlich, wenn er gerade dieser Stadt in dem Bericht, den er über seine Reise nach Nubien verfaßte, besondere Aufmerksamkeit widmet. Dabei gilt sein Augenmerk nicht zuletzt auch dem Sklavenhandel, dem auch Schendi letztlich all seinen Reichtum verdankte. Es war dies ein Aspekt, an dem Mohammed Ali besonders interessiert war, wie eine Aufforderung, die am 23. September 1825 an seinen Repräsentanten im Sudan erging, deutlich macht. Es heißt darin: »Es ist Euch bewußt, daß das Ziel all unserer Anstrengungen und Aufwendung die Beschaffung von Negern ist. Ich bitte Euch, geht mit Eifer daran, meinen Wünschen in dieser dringlichen Angelegenheit nachzukommen.«

Die Beschaffung von Sklaven, mit denen Mohammed Ali – im Stil muslimischer Herrscher – ein ihm persönlich ergebenes Heer aufstellen wollte, denn er war offiziell nur ein Statthalter des Sultans in Istanbul, war nicht der einzige Grund, weshalb ihm an einer Eroberung des Sudan gelegen war. Er verfolgte damit auch das Ziel, eine Mameluckenenklave, die sich nach seiner Machtergreifung in Ägypten in Nubien gebildet hatte und durch die er sich bedroht fühlte, auszumerzen. Schließlich gab es als dritten Grund die seit alters her berühmten Goldquellen im Sudan, die der Pascha in seinen Besitz zu bringen gedachte. Doch unter all diesen Beweggründen war die Aussicht auf ein unbegrenztes Sklavenreservoir das wichtigste Motiv, das Mohammed Ali zur Eroberung des Sudan verleitete. Und obwohl die Unterwerfung des Sudan ohne großen Widerstand seitens der lokalen Fürsten erfolgte (lediglich Darfur konnte zunächst seine Unabhängigkeit bewahren), war der Sklavenhandel der eigentliche Grund, weshalb es kurz nach der Eroberung des Sudan zu einem ersten blutigen Aufstand gegen die Ägypter kam. Denn diese drohten, die gesamte Wirtschaft im Sudan lahmzulegen, weil sie so hohe Steuern – auch und gerade auf den Besitz von Sklaven, die die Grundlage der Wirtschaft bildeten – erhoben, daß den Sudanesen nichts anderes übrigblieb, als ihre Steuern sozusagen in Naturalien, das heißt in Form von Sklaven, zu entrichten, was – soweit es die Ägypter anbelangt – der eigentliche Zweck der Übung war. Doch da die Sudanesen nun selbst die Hand hätten anlegen müssen, denn wer es sich nur irgend leisten konnte, hatte alle Arbeiten – im Haus, im Garten, auf dem Feld – von Sklaven verrichten lassen, setzte man zunächst einmal auf einen Aufstand. Und als dieser fehlschlug, versuchte man es ein halbes Jahrhundert später noch einmal. Denn auch der Aufstand, den der Mahdi entfachte, hatte seinen Ursprung beileibe nicht nur in religiösem Fanatismus. Auch hinter dieser verklärten Bewegung standen handfeste wirtschaftliche Interessen, die auch noch zu Zeiten des Mahdi eng mit dem Sklavenhandel verknüpft waren.

Es ist also angezeigt, an dieser Stelle, wo wir uns einer entscheidenden Phase der Geschichte des Sudan nähern, etwas näher auf die Institution des Sklavenhandels, die eine Schlüsselstellung in der Entwicklung des Landes einnahm, einzugehen. Dabei wollen wir uns auf das Zeugnis »Scheich Ibrahims« stützen, der zwar, wenn auch eher unfreiwillig, den Pascha in seinen Plänen bestärkt haben mag, der vor allem aber ein sorgfältiger Beobachter war, dem wir eine zuverlässige Beschreibung der Zustände im Sudan am Vorabend der ägyptischen Eroberung verdanken. Was nun den Sklavenhandel in Schendi betrifft, dessen Zeuge er wurde, so schreibt Burckhardt: »Ich rechne die Anzahl der Sclaven, welche jährlich auf dem Markte zu Shendy verkauft werden, auf etwa fünftausend, wovon ungefähr zweitausend fünfhundert von Kaufleuten aus Souakin und funfzehnhundert von den Handelsleuten aus Aegypten gekauft und fortgeschafft werden. Die Uebrigen gehen nach Dongola und zu den Beduinen, welche östlich von Shendy nach dem Atbara und dem rothen Meere hin leben.«

Bezogen wurden die Sklaven, die in Schendi zum Kauf angeboten wurden, aus dem Süden, über Sennar, und aus dem Westen, wo Darfur beziehungsweise Kordofan bedeutende Umschlagplätze waren. Was die Herkunft der Sklaven aus dem Süden betrifft, die bevorzugt gehandelt wurden, so berichtet Burckhardt: »Sclaven werden auch von den Kaufleuten aus Sennaar nach Shendy gebracht. Seit dem die gerade Carawanenstraße aus Sennaar nach Cordofan, besonders durch Räubereien und die Habsucht der Araber von Shilluk bei der Ueberfahrt über den Bahr el Abyadh [Weißer Nil] unterbrochen worden, ist dieß die einzige für sie offene Straße. Die Sclaven sind vorzüglich entweder Abyssinier oder von dem Schlage, welcher Nouba ... heißt. Die Ersten bestehen hauptsächlich aus Frauenzimmern von den Gala-Nationen und aus einigen Amaaras [Amharen]. Im Ganzen ist die Anzahl der Abyssinier, welche über Shendy gegen Norden geschickt werden, klein. Die besten Abyssinischen Frauenzimmer werden von den Häuptlingen für ihre eigenen Harems gekauft, und in Arabien und in Aegypten kann man die Abyssinischen Sclaven durch die Djebert-Händler von Massouah wohlfeiler erhalten, welche sie zu Djidda verkaufen. Ich glaube nicht, daß über hundert Abyssinische Sclavinnen jährlich von Sennaar entweder nach Souakin und Aegypten ausgeführt werden. Neuerlich haben die Mamelucken Viele gekauft, weil sich die Abyssinierinnen vor allen andern schwarzen Frauenzimmern durch ihre Schönheit und durch ihre Stärke und Beständigkeit ihrer Liebe zu dem Herrn auszeichnen, der ihnen einmal Liebe zu sich eingeflößt hat.«

Übereinstimmend wird in den Quellen davon berichtet, daß die Abessinierinnen die begehrtesten Sklavinnen waren. Das hatte zwei Gründe, wie Burckhardt anführt: sie entsprachen dem Schönheitsideal ihrer Käufer, die in der Mehrzahl Araber und Türken waren,

Abb. 4: Eine Idylle, die täuscht: Abessinische Sklavinnen auf dem Weg nach Kairo (Station in Korti, Nubien)

also dem europiden Rassenkreis angehörten, dem auch die Abessinier verwandt sind, und sie waren häufig Christinnen. Was die besondere Attraktivität der Abessinierin angeht, so sei an die Top-Models erinnert, die heute von sich reden machen und die nicht selten zu der gleichen Rasse, den Äthiopiden, gehören, denen auch ein Großteil der Sklavinnen entstammte, die aus Abessinien bezogen wurden. Kein Wunder also, daß sie auch schon damals in hohem Kurs standen; übrigens auch bei so manchem Europäer, der sich im Zuge der ägyptischen Besetzung des Sudan in dieser Gegend festsetzte. Darauf werden wir noch zu sprechen kommen.

Seltsame Sitten

Was das Christentum betrifft, so macht Burckhardt eine interessante Bemerkung, die die Beziehung der Sklaven zur Religion generell betrifft. Er schreibt, wobei er sich zunächst auf die Sitte der Beschneidung, wie sie für die Muslime charakteristisch ist, bezieht:

»Höchst selten kommt ein unbeschnittener Knabe aus dem Westen [woher man die eigentlichen Schwarzafrikaner bezog], und ich kenne kein Beispiel, daß ein Negerknabe, welcher der heidnischen Religion seines Vater folgt, sich geweigert habe, ein Mohammedaner zu werden, ob[gleich] ich dieß schon von vielen Abyssinischen Sclaven gehört habe, die, wenn sie von den Abyssinischen Copten vom Heidenthume zum Christenthume bekehrt worden waren, von diesen an die Mohammedanischen Sclavenhändler verkauft wurden. Von mehrern solchen Sclaven, besonders Frauenzimmern, habe ich gehört, daß sie sich, wenn sie in den Harem eines Mohammedaners kamen, so standhaft weigerten, ihre Religion abzuschwören, daß ihre Herrn endlich genöthigt waren, sie zu verkaufen, aus Furcht, Kinder von einer christlichen Mutter zu bekommen, was für den Vater und seine Nachkommen eine ewige Schande gewesen seyn würde. Obgleich die Sclaven in Soudan durch den Akt der Beschneidung zu Mohammedanern gemacht werden, so lehrt man ihnen doch nie lesen oder beten; selbst in Aegypten und Arabien giebt man solchen Unterricht niemanden anderes als denen, zu welchen ihre Herrn eine besondere Vorliebe haben.«

Eine seltsame Religion, die den Sklavenhandel zuließ, eine christliche Mutter als Schande betrachtete und dennoch den Sklaven den eigentlichen Zugang zur eigenen Religion verwehrte: Da kann die »Liebe« zum Herrn, der ein Sklavenhalter war, nicht sehr groß gewesen sein; es wird sich wohl eher, bei den christlichen Abessinierinnen, um das Gebot ihrer eigenen Religion (die übrigens, wie angedeutet, dem Sklavenhandel auch nicht abhold war) gehandelt haben, dem Mann, dem sie einmal ausgeliefert waren, auch dann treu zu bleiben, wenn er sich selbst an dieses Gebot nicht hielt.

Ohne Scham und Ehre

Burckhardt, der selbst einen Sklaven erwarb, den er später wieder verkaufte, war dem Sklavenhandel gegenüber eher milde gestimmt. Doch selbst er, der sich – wie gesagt – sehr stark mit dem Leben der Muslime identifizierte, verschweigt nicht die Exzesse, die mit dem Sklavenhandel verbunden waren. Das betraf sowohl weibliche als auch männliche Sklaven, wobei anzumerken ist, daß man beim Kauf von Sklaven Jungen und Mädchen im Alter zwischen elf und fünfzehn Jahren den Vorzug gab. Was die Jungen betrifft, so wurden nicht wenige, die für den Haremsdienst bestimmt waren, einer ähnlichen Operation unterzogen, wie man sie – zu ähnlichem Zwecke – auch an vielen Mädchen vollzog: In beiden Fällen war die geradezu pathologische Eifersucht des Muslimen der Grund, weshalb sowohl Sklaven als auch Sklavinnen verstümmelt wurden. Wenngleich inzwischen auch die geheiligte Tradition des Harems abgeschafft worden ist und man deshalb auch keiner Eunuchen mehr bedarf, die vornehmlich im westlichen Sudan ihren Ursprung hatten, so ist die infame Praxis der Beschneidung, die man an Mädchen verübt, gerade im Sudan auch heute noch weit verbreitet. Wir werden darauf zurückkommen.

Was sonstige Ausschreitungen gegenüber den Sklaven betrifft, so begannen sie – sieht man von ihrem Erwerb einmal ab – eigentlich schon auf dem Transport. Burckhardt berichtet dazu: »Den Sclavenknaben gewährt man innerhalb des Hofraumes des Hauses stets alle Freiheit; allein erwachsene Mannspersonen, auf deren Gemüthsart man sich nicht verlassen kann … [und] deren Eigenschaften man nicht kennt, werden eng eingeschlossen gehalten, genau bewacht und oft gefesselt. Auf der Reise werden sie an eine lange Stange gebunden, von der das eine Ende an dem Sattel eines Kamels befestigt ist, während das Andere, welches gabelförmig ist, auf jeder Seite des Halses des Sclaven durchgeht und hinten mit einem starken Stricke zusammengebunden ist, damit er den Kopf nicht herausziehen kann. Außerdem hat man ihm auch noch die rechte Hand an die Stange nicht weit vom Kopfe gebunden: auf diese Art läßt man ihm bloß die Beine und den linken Arm frei. So geht er den ganzen Tag hinter dem Kamele her; des Nachts macht man ihn von der Stange los und legt ihn in Ketten. Auf meiner Reise nach Souakin sah ich mehrere Sclaven auf diese Art fortschaffen. Ihre Eigenthümer fürchteten, sie möchten entwischen, oder sie möchten selbst ein Gegenstand ihrer Rache werden. Auf diese Weise bleiben sie beständig gefesselt, bis sie an einen Herrn verkauft werden, der sie behalten will und sich deshalb angelegen seyn läßt, ihre Zuneigung zu gewinnen. Ueberhaupt scheinen sich die Sclavenhändler sehr vor den Ausbrüchen des plötzlichen Zorns ihrer Sclaven zu fürchten, und wenn man einen erwachsenen Sclaven bloß peitschen will, so legt ihn sein Herr erst in Ketten.«

Bedauerlicherweise hat es nie ernsthafte Versuche seitens der Sklaven gegeben, ihren Peinigern an die Kehle zu gehen. Die meisten ergaben sich, entmutigt und gebrochen, in ihr Schicksal, und wenn sich die Beherzteren unter ihnen auch weigern mochten, sich einem offensichtlich so schändlichen Glauben anzuvertrauen wie dem Islam, der all die Greuel stillschweigend duldete, so bedeutete das doch nicht, daß man vor anderen Drangsalierungen, wie sie insbesondere die Sklavinnen erdulden mußten, sicher war. Wie sich Burckhardt erinnert: »Sclavenmädchen sind allenthalben dreißig Procent theurer als Knaben von demselben Alter. In diesen Ländern heißen sie Khademe und nicht wie in Aegypten Djarye. Die schönsten davon behalten die Sclavenhändler selbst, und sie heißen Serrye; ihre Herrn erlauben diesen Mädchen große Freiheiten, die sie oft mißbrauchen. Ganz ohne Grund behaupten die Carawanenhändler in Aegypten, es sey bei ihnen Sitte, die Keuschheit der schönste Sklavinnen zu achten; aber die Sclavenhändler beobachten vielmehr bei ihrem Umgange mit den Sclavenmädchen nicht den geringsten Anstand. Auf meiner Reise nach Souakin, wo sich die Carawane aus Besorgniß vor Gefahren oft in einem großen Zirkel lagerte, war ich häufig Augenzeuge von Auftritten von der schamlosten Unanständigkeit, worüber die Kaufleute, welche die Hauptrolle dabei spielten, bloß lachten. Ich wage die Behauptung, daß, welche Meinung man auch zu Kahira [Kairo] haben mag, sehr wenige Sclavinnen, die über zehn Jahre alt sind, Aegypten oder Arabien in jungfräulichem Zustande erreichen. Die Großen und Reichen in diesen Ländern nehmen sich gar sehr in acht, von Sclavenhändlern erwachsene Frauenzimmer, ausgenommen als Dienstmädchen, zu kaufen; oft aber kaufen sie sehr junge Mädchen, die sie unter ihren Weibern aufziehen.«

Auch ein Rückgaberecht war üblich: »Junge Sclaven werden auf Probe gekauft; zu Shendy gestattet man einen Probetag; in Aegypten aber gewöhnlich drei. Auf diese Art werden oft Mädchen auf *Tadjrebat leilat*, wie man es nennt, überliefert und der Käufer kann ein Mädchen zurückgeben, ohne weiter einen andern Grund anzuführen, als daß es ihm nicht gefällt; so wenig bekümmern sich diese Wilden darum, bei ihren Sclavinnen ein Gefühl von Scham oder Ehre zu nähren, welche folglich die abscheulichsten Sitten annehmen, wenn sie eine zeitlang in den Händen eines Sclavenhändlers gewesen sind.«

Von Hand zu Hand

Dabei war ein Sklavenhändler eher die Ausnahme; gewöhnlich wurden die Sklaven, entsprechend der oft großen Entfernung, über die man sie transportierte (Endziele waren nicht selten Izmir und Istanbul), von Händler zu Händler verkauft, so daß die Chance wahrlich gering war, daß – soweit es sich um Sklavinnen handelte – diese auch wirklich »unbeschadet« ihren Endabnehmer erreichten. Wie Burckhardt schreibt: »Zu Shendy und Esne [in Oberägypten] habe ich Sclaven gesehen, die zwei bis dreimal gekauft und verkauft wurden, ehe man sie zuletzt vom Markte fortschaffte, und findet ihr Herr nach einem Versuche von einigen Tagen, daß sie seinen Erwartungen nicht entsprechen, so stellt er sie vielleicht noch einmal zum Verkaufe aus oder tauscht sie gegen andere um. Man betrachtet wirklich die Sclaven eben so wie jede andere Art von Waare, und so gehen sie beständig aus der Hand des einen Kaufmanns in die des Andern. Man braucht das Wort *Ras* (Stück) von ihnen wie vom Vieh, und man sagt von Jemanden, er besitzt zehn *Ras Raghig* oder zehn Stück Sclaven auf dieselbe Art, wie man von Jemanden sagen würde, er besitze funfzig *Ras Ghanam* oder Stück Schaafe. Wenn man wünscht, daß der Käufer seinen Sclaven fortschaffen möge, so sagt man gewöhnlich: Soughe, treibe ihn fort; dieses Wort braucht man bloß vom Vieh, z.B. *Soug el Ghanam go Damek.*«

Mohammed Ali

Das war also die »Ware«, mit der man vorzugsweise im Sudan handelte und um derentwillen nicht nur Mohammed Ali, der Vizekönig von Ägypten, die Eroberung des Sudan in Angriff nahm, sondern auch jene Erhebungen stattfanden, die gegen die Eroberer gerichtet waren. Die erste dieser Erhebungen ereignete sich, wie gesagt, kaum, daß die Ägypter im Sudan Fuß gefaßt hatten. Wobei der Begriff »Ägypter« genauer erläutert werden muß, denn es waren nicht eigentlich Ägypter, also die autochthone Bevölkerung Ägyptens, die den Sudan unterwarfen. Sie, die wirklichen Ägypter, die als »Fellachen«, das heißt Bauern, auf dem Lande lebten, wurden genauso ausgebeutet und drangsaliert wie die Sudanesen. Ihre Herren waren Fremde, die seit dem Einfall der Araber im siebten Jahrhundert Muslime waren, obwohl sie in ihrer ethnischen Zugehörigkeit im Laufe der Zeit wechselten. Auf die Araber waren die Mamelucken gefolgt, und diese waren schließlich von den Türken abgelöst worden. Allerdings war Mohammed Ali, der die Eroberung des Sudan vorantrieb, kein Türke, sondern Albaner; er war jedoch in die Dienste des Sultans, in Istanbul, getreten, hatte sich bei der Vertreibung der Franzosen, die unter Napoleon Ägypten besetzt hatten, ausgezeichnet und war schließlich auch gegen die Mamelucken vorgegangen, die allmählich wieder ihre alte Vormacht erlangt hatten. Mit einer List, indem er – während einer Feier – ihre Anführer ermorden ließ, hatte sich Mohammed Ali der Mamelucken entledigt; nur ein kleiner Rest war nach Nubien entkommen, wo sie aber den Truppen des Vizekönigs keinen Widerstand leisteten, sondern es vorzogen, sich weiter in den Sudan zurückzuziehen.

Mohammed Ali, dessen Erfolge in Ägypten den Sultan in Istanbul, der der eigentliche Herrscher Ägyptens war, vor vollendete Tatsachen stellten, wurde schließlich zum Vizekönig ernannt, womit zwar zum Ausdruck kam, daß der Sultan nach wie vor Anspruch auf Ägypten erhob, de facto aber Mohammed Ali sein eigener Herr

Abb. 5: Mohammed Ali bei einer Audienz in Alexandria, 1839

war. Er scherte sich denn auch wenig um die offizielle Rangfolge; in Ägypten war er unumschränkter Herrscher, was sich nicht zuletzt auch darin äußerte, daß er – mit Zustimmung des Sultans – eine eigene Dynastie gründete, die immerhin bis Mitte dieses Jahrhunderts Bestand hatte.

Im Namen des Sultans

Nicht nur der Herrscher, auch die Verwaltungsbeamten und Soldaten wie Offiziere waren Nicht-Ägypter. Das war in Ägypten ebenso, wie es im Sudan werden sollte. Wobei allerdings die Soldaten, die im Sudan stationiert waren, allmählich durch Sklaven ersetzt wurden; das heißt, Sklaven, die man zunehmend durch regelrechte, großangelegte Fangexpeditionen erbeutete, wurden in den Militärdienst gepreßt, so daß schließlich die paradoxe Situation entstand, daß der Sudan mit Truppen in Schach gehalten wurde, die sich aus dem Sudan rekrutierten. Doch muß hier angemerkt werden, daß es vorerst ja noch gar nicht eine territoriale Einheit gab, sondern diese vielmehr erst durch die ägyptische Okkupation geschaffen wurde. Folglich gab es auch noch kein Zusammengehörigkeitsgefühl; auch vor der Okkupation hatte es ja Feindschaften zwischen den einzelnen Bevölkerungsgruppen beziehungsweise Völkern gegeben, die erst durch die Fremdherrschaft auf einem gemeinsamen Territorium zusammengefaßt wurden.

Für die Sudanesen, wie man nun die Völker des Sudan berechtigterweise nennen kann, waren ihre neuen Herren, auch wenn sie ihrer tatsächlichen Herkunft nach sehr unterschiedlich waren, einfach »Türken«. So daß sich der Begriff *al-Turkiya* durchsetzte, mit dem man die Fremdherrschaft umschrieb. Dem eigentlichen Sachverhalt nach war dieser Begriff auch durchaus berechtigt, was nicht zuletzt auch dadurch zum Ausdruck kommt, daß der Sultan, in diesem Falle Abd al-Majid, seinem Stellvertreter in Ägypten am 13. Februar 1841, also zwanzig Jahre nach der eigentlichen Eroberung, einen sogenannten *Firman* ausstellte, in dem es heißt: »Ich habe Dir ... die Regierung über die Provinzen Nubien, Darfur, Kordofan und Sennar übertragen, mit allen Gebieten, die ihnen unterstehen – das heißt mit allen Ländern außerhalb Ägyptens, die an sie angrenzen.« Damit war der Sudan (auch wenn ein Teil, darunter auch Darfur, noch gar nicht erobert worden war) offiziell ein Bestandteil des Osmanischen Reiches geworden. Wogegen denn auch niemand Einspruch erhob; das Zeitalter des Imperialismus dämmerte gerade herauf, und wie die Türken, so hielten es auch die Europäer. An Afrika waren letztere einstweilen nocht nicht interessiert.

Monopol des Staates

In dem Firman des Sultans heißt es weiter: »Geleitet durch die Erfahrung und Weisheit, die Dich auszeichnen, wirst Du es Dir angelegen sein lassen, diese Provinzen nach meinen aufrichtigen Anschauungen zu verwalten und zu leiten und für das Wohlergehen ihrer Einwohner zu sorgen.«

Ein frommer Wunsch, an den der Sultan vielleicht glaubte, aber nicht Mohammed Ali. Denn wenngleich er sich auch – nachdem er sich bereits Ägyptens bemächtigt hatte – sozusagen auch mit dem Sudan belehnen ließ, so schaltete und waltete er doch auch hier – wie in Ägypten – nach eigenem Gutdünken. Was bedeutete, daß er den Sudan als eine Art persönlicher Pründe betrachtete, weshalb denn auch jeglicher Handel in der neuerworbenen Kolonie zum Staatsmonopol erklärt wurde. Lediglich der Sklavenhandel war davon ausgenommen; schließlich bildete er die Grundlage der Besteuerung. Auch wäre die Wirtschaft gänzlich zusammengebrochen, wenn der Pascha auch noch den Sklavenhandel monopolisiert hätte.

Bei lebendigem Leibe

Wie sehr der Sklavenhandel im Mittelpunkt des Interesses stand, bei allen, die davon profitierten, zeigt ein Vorfall, der der Auslöser für die Erhebung war, die kurz nach seiner Eroberung den Sudan erschütterte. Ismail, ein Sohn Mohammed Alis, der den Eroberungszug im Sudan geleitet hatte, überwarf sich mit dem Lokalfürsten von Schendi, der die Vormacht der neuen Herren zwar anerkannt hatte, nicht aber bereit war, der Forderung Ismails, ihm tausend Sklaven zu überlassen, nachzukommen. Da Nimr Mohammed Nimr, so hieß der Fürst von Schendi, sich im übrigen nur widerwillig der Herrschaft der Ägypter gebeugt hatte, nutzte er die Gelegenheit, reinen Tisch zu machen: Er lud Ismail und seinen Stab zu einem Festmahl in seinem Haus ein, das er mit Strohballen umgeben hatte, und während die Ägypter es sich wohlschmecken ließen, zündete Nimr das Stroh an, so daß alle, die in der Hütte waren, verbrannten.

Das war der Auftakt für eine Erhebung, die sich schnell über das Niltal ausweitete und der Herrschaft Mohammed Alis im Sudan, kaum, daß sie begonnen hatte, beinahe ein plötzliches Ende bereitet hätte. Doch Mohammed Bey, ein Schwiegersohn Mohammed Alis, der einen zweiten militärischen Vorstoß in den Sudan – und zwar in die Gegend von Kordofan, das er unterwarf – unternommen hatte, trat an die Stelle Ismails und stellte in einem blutigen Feldzug, der eigentlich die tatsächliche Unterwerfung des Sudan bedeutete, die Oberhoheit der Ägypter wieder her. Nimr konnte sich zwar durch die Flucht nach Abessinien retten; doch Schendi wurde dem Erdboden gleichgemacht, und die meisten seiner Einwohner erlitten das gleiche Schicksal, das Ismail ereilt hatte: sie wurden bei lebendigem Leibe verbrannt. So endete der Ruhm Schendis, der alten Handelsmetropole, auch wenn ihr Ruf, wie wir gesehen haben, nicht gerade eine Empfehlung gewesen war.

Markstein der Geschichte

Wenngleich die Ägypter, um bei diesem Ausdruck zu bleiben, obwohl er sich eigentlich auf eine fremde Elite bezieht, den Aufstand im Sudan mit brutaler Härte niederschlugen, so erkannten sie doch, daß ein Mindestmaß an geordneter Verwaltung und wirtschaftlichen Zugeständnissen erforderlich war, wenn die neuerworbene Kolonie nicht gänzlich im Chaos versinken sollte. Sie lockerten deshalb die stringente Politik, die Ismail eingeführt hatte, und für zwei Jahrzehnte war die Herrschaft der Ägypter im Sudan durch den Versuch gekennzeichnet, die Steuern in Grenzen zu halten, die traditionelle Führungsschicht zu kooptieren und Korruption und Mißwirtschaft in den eigenen Reihen zu beseitigen. Es zeichnete sich ein merklicher wirtschaftlicher Aufschwung im Sudan ab; politische Spannungen waren beigelegt, und die Verwaltung lief in geordneten Bahnen. Doch, so paradox es klingt, war dies nicht ganz nach dem Geschmack Mohammed Alis: er fürchtete, daß der Sudan, einmal saniert, seine eigenen Wege gehen würde. So bereitete er denn einer Phase relativen Fortschritts ein jähes Ende, indem er – anstatt, wie bisher, fähige und weitsichtige Gouverneure zu entsenden – sich mit Statthaltern begnügte, die vor allem die Gewähr boten, daß sie ihm treu ergeben waren. Wozu der Pascha noch ein übriges tat, indem er ihre jeweilige Amtszeit so sehr verkürzte, daß es praktisch unmögich war, Sympathie und Verständnis für das Land zu gewinnen, über das die Vertreter des Paschas herrschten.

Die daraus resultierende neuerliche Mißwirtschaft setzte sich auch unter den beiden Nachfolgern Mohammed Alis fort, die im Gegensatz zu ihm schwache Herrscher waren und keine Eigeninitiative ergriffen, so daß im Sudan der Schlendrian, der sich in den letzten Jahren der Regierung Mohammed Alis breitgemacht hatte, ungehindert seinen Fortgang nahm. Reisende, die im Zuge der Erschließung, die die Eroberung des Sudan bewirkte, in steigender Zahl das einst verschlossene Land am mittleren und oberen Nil besuchten, legen von dem desolaten Zustand, in dem sich der Sudan in der Mitte des vorigen Jahrhunderts befand, ein beredtes Zeugnis ab.

Das änderte sich erst, als mit Ismail, diesmal einem Enkel Mohammed Alis, im Jahre 1863 ein Mann in Ägypten an die Macht gelangte, der seinem Großvater an Ehrgeiz und Ambitionen nicht nachstand. Nach Studien in Wien und Paris, war Ismail mit den Neuerungen, die im Gefolge der Industriellen, aber auch der Französischen Revolution Europa erfaßt hatten, vertraut, und wie schon der selige Pascha, sein Großvater, gedachte auch Ismail, die Modernisierung Ägyptens und damit auch des Sudan voranzutreiben. Und ebenso wie Mohammed Ali verfolgte auch Ismail ehrgeizige territoriale Ziele: nichts Geringeres schwebte ihm vor, als seine Herrschaft im Süden bis zu den großen Seen im Äquatorgebiet voranzutreiben und von dort aus eine Verbindung zum Indischen Ozean herzustellen. Schoben ihm hinsichtlich letzterem auch die Engländer einen Riegel vor, da sie begannen, selbst Interesse an Ostafrika zu entwickeln, so fanden sich andererseits namhafte Europäer – und hier insbesondere Engländer – bereit, dem »Khediven«, wie Ismail (und seine beiden Nachfolger) in Aufwertung seines Amtes schließlich genannt wurde, bei der Ausweitung seiner Herrschaft im Sudan behilflich zu sein. Allerdings war dies mit einer bemerkenswerten Auflage verbunden: der Sklavenhandel sei zu unterbinden; ein solcher Schandfleck auf der Weste eigne sich nicht für einen aufgeklärten Herrscher. Ismail – wie alle orientalischen Potentaten – scherte sich um einen solchen Fleck, trotz aller Ausbildung in Europa, im Grunde herzlich wenig, doch ihm waren die Hände gebunden: Ägypten, das unter seinem Vorgänger den Bau des Suez-Kanals hatte verkraften müssen, den ihm der Franzose Ferdinand de Lesseps aufgeschwatzt hatte, stand bei seinen Gläubigern in Europa in der Kreide, und Ismail selbst war gleichfalls nicht gewillt, finanziell kürzer zu treten. Also fand er sich bereit, dem Drängen der Europäer nachzugeben und mit seinen Eroberungsplänen zugleich die Unterdrückung des Sklavenhandels zu verbinden. Es sollte schon hier darauf hingewiesen werden, daß die Europäer – was immer sie sonst in Afrika anstellten – in einem zweifellos Löbliches bewirkten: Ihnen ist es zu verdanken, auch wenn es ein langwieriger Prozeß war, daß der Sklavenhandel in Afrika (an dem sie zugegebenermaßen selbst beteiligt gewesen waren, soweit es die Ausfuhr von Sklaven in die Neue Welt betraf) abgeschafft wurde. Ein entscheidender Markstein auf diesem Wege war ein Vertrag, den England dem Khediven 1877 abrang und der vorsah, daß der Handel mit Sklaven im Sudan bis zum Jahre 1880 abzuschaffen sei. *Dieser Vertrag und die Folgen, die sich daraus ergaben, waren einer der ausschlaggebenden Gründe für den Ausbruch jenes Aufstandes, den wenig später der Mahdi entfachen sollte!* Wurde er selbst anfangs auch durch religiöse Motive geleitet, so erhielt er vor allem deshalb Zulauf, weil den Sudanesen, denen, die sich ihrer Freiheit hatten erfreuen können, in zunehmendem Maße ihre wirtschaftliche Basis, die nun einmal der Sklavenhandel gewesen war, entzogen worden war! Dieser Umstand muß ganz klar gesehen werden, wenn man den Mahdi-Aufstand in seiner tatsächlichen Bedeutung richtig einschätzen will. Es ging dabei nicht nur um Allah, sondern auch und gerade um die ungestörte Fortführung der altehrwürdigen Tradition des Sklavenhandels!

Skurriles Amt

Entsprechend der halbherzigen Einstellung des Khediven zur Sklavenfrage war auch seiner diesbezüglichen Politik im Sudan nur ein halber Erfolg beschieden. Während er mit der Ausweitung seiner

Macht in Richtung auf die Äquatorregion nacheinander zwei Engländer betraute, den Forschungsreisenden Samuel Baker und den diesen bereits an Ruhm übertreffenden nachmaligen General Charles Gordon, die beide zugleich auch gegen den Sklavenhandel vorgingen, sah sich der Khedive aus taktischen Gründen genötigt, zum Zwecke der Sicherung und Ausweitung seiner Herrschaft im westlichen Sudan mit einem Mann zu paktieren, der sich sozusagen zum König der Sklavenhändler hochgearbeitet hatte. Sein Name war Zobeir Rahman. Eingangs haben wir ihn bereits erwähnt; er hatte als kleiner Händler im Grenzland an den Ufern des Bahr el-Ghasal angefangen und brachte es schließlich, indem er seine Rivalen verdrängte oder ihre Geschäfte aufkaufte, zum unumschränkten Herrscher einer ganzen Provinz, die fortan nach dem Gazellenfluß benannt wurde. Um Zobeir an sich zu binden und Bahr el-Ghasal seinem Herrschaftsgebiet einzuverleiben, ernannte der Khedive den Sklavenhändler zum Gouverneur der Grenzprovinz und beauftragte ihn gleich auch noch mit der Eroberung von Darfur, das bislang dem Vordringen der Ägypter widerstanden hatte. Zobeir bewerkstelligte dies 1874, überwarf sich dann aber mit dem Khediven, weshalb er sein skurriles Amt, bei dem sich offizieller Regierungsauftrag mit illegalem Sklavenhandel gepaart hatte, nicht fortführen konnte. Doch einer seiner Söhne sprang für ihn in die Bresche, und es bedurfte erst eines beherzten Vorstoßes, den der Italiener Romolo Gessi, ein Vertrauter Gordons, der inzwischen zum Generalgouverneur für den gesamten Sudan ernannt worden war, unternahm, um dem Spuk des Sklavenhandels auch in den westlichen Grenzregionen des Sudan ein Ende zu bereiten. Doch als dies geschah, 1879, warf eine neue Bedrohung ihre Schatten voraus: der Mahdi kündigte sich an!

Tochter des Sultans

»Wir gelangten zu unermeßlich großen Sümpfen, deren Ausgang flußaufwärts weder die Bewohner kannten noch jemand zu erfahren hoffen kann; so sehr wachsen dort ineinander verschlungen im Wasser die Gräser, und weder ein Fußsoldat noch ein Schiff kann sich durch den Sumpf hindurcharbeiten.«

So berichteten römische Zenturionen von einer Expedition, die sie im Auftrage des Kaisers, Nero, um das Jahr 62 zum Oberlauf des Nil unternahmen. Es war dies ein bemerkenswertes Unternehmen, denn es ging darum, ein Geheimnis zu lösen, das schon die Griechen beschäftigt hatte. So hatte Herodot, der erste große Reisende der Antike, der um die Mitte des fünften Jahrhunderts v. Chr. auch Ägypten besucht hatte, geschrieben: »Über die Natur des Nils habe ich weder von den Priestern noch sonst irgend etwas erfahren können. Ich hätte gern gewußt, welche Gründe die Anschwellung des Nils hat, die von der Sommersonnenwende ab fast hundert Tage andauert, nach deren Ablauf er sich wieder in sein Bett zurückzieht und den ganzen Winter hindurch seinen niedrigen Wasserstand bewahrt, bis wieder die Zeit der Sommersonnenwende kommt. Kein Ägypter konnte mir irgend welche Auskunft darüber geben, keiner konnte meine Fragen beantworten, woher es kommt, daß es beim Nil umgekehrt ist wie bei allen anderen Flüssen. Danach also forschte ich …«

Geschenk des Nil

Herodot hatte erkannt, daß Ägypten, das schon die Griechen als ein großes Kulturland verehrten, ein »Geschenk des Nil« war, wie Herodot es nannte. Es war folglich nicht verwunderlich, daß den wissensbegierigen Griechen die Frage interessierte, was die Ursache für die jährliche Überschwemmung war, der Ägypten all seine Fruchtbarkeit verdankte und die ja tatsächlich während der heißesten Jahreszeit, im Sommer, auftritt, wo Flüsse gewöhnlich nur Niedrigwasser führen, wenn sie nicht gar gänzlich versiegen. Die Frage beschäftigte den griechischen Reisenden derart, daß er sich nicht nur damit begnügte, bis an die südliche Grenze Ägyptens zu reisen, sondern darüber hinaus auch Erkundungen einholte über die Länder, die sich nach Süden hin anschlossen. Wie er schreibt: »Doch habe ich meine Forschungen so weit als möglich nach Süden ausgedehnt, bin selber bis zur Stadt Elephantine [heute Assuan] gekommen und habe über das Weitere Berichte eingezogen. Dringt man von Elephantine weiter nach Süden vor, so geht es steil bergauf. Man muß das Schiff von beiden Seiten durch ein Tau ziehen lassen und wie zu Wagen reisen. Reißt das Tau, so wird das Schiff durch die Strömung abwärts davongeführt. So geht es vier Tagereisen weit, und der Nil ist dort voller Krümmungen ... Eine Strecke von zwölf Schoinoi [5,3 km] ist es, die man auf diese Weise durchfahren muß. Darauf kommt man in ein Tal; dort liegt in dem Nil eine Insel, namens Tachompso. Oberhalb von Elephantine ist die Bevölkerung schon aithiopisch, auch die Insel ist halb von Aithiopern, halb von Ägyptern bewohnt. Mit der Insel steht ein großer See in Verbindung, um den herum aithiopische Nomadenstämme wohnen. Hat man den See durchfahren, so kommt man wieder in den Nil, der sich in diesen See ergießt. Nun muß man aussteigen und vierzig Tagereisen weit längs des Nils zu Lande zurücklegen; denn im Nil gibt es dort viele spitze Klippen und Felsen, so daß man ihn nicht befahren kann. Hat man in diesen vierzig Tagen die Strecke durchwandert, so steigt man in ein anderes Schiff, fährt zwölf Tage lang und kommt dann zu einer großen Stadt, die heißt Meroe. Diese Stadt soll die Mutterstadt sämtlicher Aithioper sein. Nur zwei Götter betet man dort an, Zeus [gemeint ist Amun] und Dionysos [Osiris], die aber hoch in Ehren gehalten werden. Auch ein Orakel des Zeus befindet sich dort. Wenn der Gott ihnen durch einen Orakelspruch befiehlt, in den Krieg zu ziehen, so tun sie es, lassen sich auch vom Gotte den Ort und Feind angeben.«

Zu Zeiten Herodots, als sich Ägypten bereits im Niedergang befand, stand das Reich von Kusch in voller Blüte, und – wie wir gesehen haben – wurden Kriegszüge sogar noch, nachdem die Römer Ägypten besetzt hatten, in die nördlichen Nachbarregionen unternommen. Herodot, auch wenn er den Sudan selbst nie betrat, ist dennoch unsere älteste diesbezügliche Quelle, die bemerkenswert verläßlich ist, sieht man von den viel älteren Berichten der Ägypter pharaonischer Zeit einmal ab. Doch das Rätsel, dessentwegen er all die Erkundungen über die Länder jenseits der ägyptischen Grenze einholte, löste er nicht. Abschließend schreibt er dazu, wobei wir eine Fortsetzung seiner Beschreibung, die weniger genau ist, übergehen: »So ist denn der Nil südwärts von Ägypten noch über hundert Tagereisen weit zu Wasser und zu Lande bekannt ... Von dem weiteren Lauf aber weiß niemand etwas Bestimmtes. Das Land ist dort wüst infolge der großen Hitze.«

Caput Nili

Der Versuch, das Geheimnis, das sich letztlich auf die Quellen des Nil, *caput Nili,* wie es die Römer nannten, bezog, beschäftigte, wie wir gesehen haben, auch noch diese. Doch dann, vor allem, nachdem die Araber sich zu neuen Herren des Schwarzen Kontinents aufgeschwungen hatten, trat die Frage immer mehr zurück und wurde erst im Zuge der Aufklärung wieder aufgegriffen und beschäftigte dann die Gemüter Europas noch einmal hundert Jahre, bis schließlich der Engländer Speke das Rätsel endgültig löste. Doch schon sein Landsmann, der Schotte James Bruce, der in den Jahren 1768 bis 1773 eine Reise in den Orient unternommen hatte, in deren Verlauf er auch Äthiopien besuchte, war am Tana-See auf die Quelle des *Blauen* Nil gestoßen; ein Umstand, den er denn auch dahingehend nutzte, daß er den Anspruch erhob, nun endlich das Rätsel, das seit der Antike die Geographen bewegt hatte, gelöst zu haben. Obwohl bereits vor ihm ein Portugiese, Pedro Paez, zu Beginn des 17. Jahrhunderts den Tana-See erreicht hatte, so war es doch erst Bruce – der übrigens auf der Rückreise Sennar besuchte, das er bereits in Verfall vorfand –, der die Aufmerksamkeit der gelehrten Welt wieder auf die Frage nach dem Ursprung des Nil richtete. Dennoch, obwohl er sehr genaue Untersuchungen im Quellgebiet des Blauen Nil durchführte und heute als erwiesen gilt, daß es der Blaue Nil ist, der für die sommerliche Nilschwelle verantwortlich ist, gab man sich mit seinen Erkenntnissen nicht zufrieden. Das Interesse richtete sich vielmehr auf den Weißen Nil, über dessen Ursprung bislang nichts bekannt war, denn im Gegensatz zu Abessinien, das als christliches Land europäische Reisende seit dem Zeitalter der Entdeckungen angezogen hatte, war das äquatoriale, zentrale Afrika, auf das die vermeintliche Quelle des Weißen Nil verwies, gänzlich unerforscht. Lediglich arabische Händler, die von den Küsten Ostafrikas in das Innere des Kontinents vorgedrungen waren, berichteten von Bergen und Seen, die man alsbald mit dem Gesuchten in Verbindung brachte. So geschah es, daß die Königliche Geographische Gesellschaft in London, die zu einem Hauptförderer wissenschaftlicher Forschungsreisen geworden war, sich der Herausforderung annahm und in den Jahren 1857 bis 1863 zwei Expeditionen aussandte, die das ostafrikanische Seengebiet erforschen sollten und dabei, indem der Viktoria-See als Quelle des Weißen Nil identifiziert wurde (obwohl heute, wie bereits angemerkt, der Kagera, der größte Zufluß des Viktoria-Sees, als eigentliche Quelle angesehen wird), das Rätsel endgültig lösten.

Dunkler Kontinent

Es ist bemerkenswert, daß auf die Lösung einer geographischen Frage, die keinerlei praktischen Nutzen versprach, sondern tatsächlich nur dem Bestreben, die Wissenschaft voranzutreiben, diente, soviel Eifer verwandt wurde. Es war keineswegs so, daß die Erforschung Afrikas, die eigentlich erst im 19. Jahrhundert einsetzte, die gleichen Ziele verfolgte wie das Zeitalter der Entdeckungen in der Renaissance. Kolumbus und Vasco da Gama wurden getrieben von dem Anreiz, einen Seeweg nach Indien zu finden, das als Inbegriff eines märchenhaft reichen Landes galt, mit dem man in Handelsbeziehungen zu treten gedachte. Afrika versprach derartige Reichtümer nicht; es war vielmehr noch zu Beginn des 19. Jahrhunderts ein im wesentlichen »dunkler«, das heißt unbekannter Kontinent. So war bereits im Jahre 1788 in London jene Gesellschaft gegründet worden, die sich »The Association for Promoting the Discovery of the Interior Parts of Africa« nannte, was bedeutete, daß sie sich die »Förderung der Erforschung des Innern Afrikas« zur Aufgabe gestellt hatte. Dies blieb ihr Hauptanliegen und wurde als solches von der Geographischen Gesellschaft, in die die African Association aufging und die schließlich dann Royal Geographical Society genannt wurde, übernommen. Wobei die Geographische Gesellschaft, die noch heute besteht, ihre Forschungsaktvitäten auch auf andere Kontinente ausweitete.

Die Engländer, die durchaus auch Ausländer bei ihren geographischen Forschungen förderten, waren die eigentlichen Pioniere der wissenschaftlichen Erkundung Afrikas. Allerdings ließ sich auf die Dauer das rein wissenschaftliche Interesse von anderen Erwägungen nicht trennen. In dem Maße, wie die Industrielle Revolution in England an Bedeutung gewann und das Bestreben, Rohstofflieferanten und Absatzmärkte zu gewinnen, wuchs, nahm auch die Verquickung von Forschung und Wirtschaft zu; obwohl das, soweit es die Wissenschaft betraf, eher unfreiwillig geschah, indem die Wirtschaft sich die Erkenntnisse der Wissenschaft zunutze machte: dem Forscher folgte der Händler und diesem schließlich der Soldat.

Hehre Ziele

Auch Missionare traten bald auf den Plan, wiewohl sie nicht selten selbst Pioniere der Forschung waren. Und mit den Missionaren oft entschiedene Gegner nicht nur dessen, was man generell als »Barbarei« und »Heidentum« betrachtete, sondern vor allem auch des Sklavenhandels. Abolitionistische Ziele hatte bereits die African Association im Auge gehabt, was beweist, daß altruistische Beweggründe am Anfang durchaus überwogen. Soweit es den Abolitionismus betrifft, so sollte dieses Engagement der Europäer im 19. Jahrhundert weiter zunehmen. Wobei allerdings andererseits nicht verschwiegen werden soll, daß die Kampagnen gegen die Sklaverei nicht selten einen willkommenen Vorwand lieferten, durchaus auch weniger hehren Zielen, die dem Imperialismus verhaftet waren, zum Durchbruch zu verhelfen. Das trifft nicht zuletzt auch für die Niederwerfung des Mahdi-Aufstandes zu, wie wir noch sehen werden.

Tummelplatz der Wissenschaft

Der Sudan war für die im 19. Jahrhundert verstärkt einsetzende Forschung ein besonders bevorzugtes Ziel. Das hing einmal mit dem anhaltenden beziehungsweise wiedererweckten Interesse an den Nilquellen zusammen, dem man auch, indem der Oberlauf des Weißen Nil erforscht wurde, vom Sudan aus nachging (obwohl die Lösung des Rätsels durch Vorstöße, die von der ostafrikanischen Küste aus unternommen wurden, erfolgte). So drang zur gleichen Zeit, da Speke von Osten her zum Seengebiet vorstieß, der bereits genannte Samuel Baker den Bahr el-Abiad aufwärts und wurde nur deshalb vom Ziel seiner Reise, die Quelle des Nil zu erkunden, abgehalten, weil Speke ihm zuvorgekommen war und sich bereits auf der Rückreise befand, als die beiden Forscher in Gondokoro, einem Handelsposten am Oberlauf des Weißen Nil, zusammentrafen.

Ein zweiter Grund, weshalb der Sudan im vergangenen Jahrhundert zu einem wahren Tummelplatz der Wissenschaft wurde, ergibt sich aus dem Umstand, daß die Eroberung des Sudan durch Ägypten das »Land der Schwarzen«, das bislang für Europäer verschlossen gewesen war, leichter zugänglich machte. Auch richtete sich die Aufmerksamkeit der Öffentlichkeit auf diese neue Erwerbung Ägyptens, das seinerseits ja schon seit der Expedition Napoleons in den Blickwinkel Europas gerückt war. Schließlich darf als dritter Punkt nicht übersehen werden – und das war vielleicht das Entscheidende –, daß der Sudan in seiner geographischen, kulturellen und ethnischen Vielfältigkeit das interessanteste Land Afrikas ist, das der Wissenschaft ein schier unbegrenztes Feld der Betätigung bot.

Aus aller Herren Länder

Ausgangspunkt der Reisen, die die Forscher in das Innere des Sudan unternahmen, war Khartum. Dieser Ort, der ursprünglich ein kleines Fischerdorf gewesen und dann – im Zuge der Eroberung – auf Grund seiner strategischen Lage am Zusammenfluß der beiden Nilarme zu einem Militärstützpunkt ausgebaut worden war, war im Jahre 1830 zum Sitz der Verwaltung der neuen Kolonialregierung erhoben worden; was bedeutete, daß der Sudan, das heißt die Gebiete, die im Laufe der Zeit von den Ägytern annektiert wurden, nun ein gemeinsames politisches und wirtschaftliches Zentrum besaßen, auch wenn dieses im Zeichen einer Fremdherrschaft stand. Ein solcher Brennpunkt des Geschehens, den es ja zuvor in der Geschichte des Sudan niemals gegeben hatte, trug wesentlich dazu bei, daß sich allmählich so etwas wie ein Nationalgefühl herausbildete, wenngleich dies auch nicht die südlichen Provinzen des Sudan umfaßte, deren Bewohner sich sehr wesentlich von der übrigen Bevölkerung des Sudan unterschieden und die auch nie so recht unter eine tatsächliche Kontrolle Khartums gebracht werden konnten.

Auf Grund seiner geographischen Lage und politischen wie wirtschaftlichen Bedeutung war Khartum auch Hauptanziehungspunkt für alle die, die sich durch die Aussicht auf schnellen Gewinn, lockende Abenteuer und neue Erkenntnisse dazu verleiten ließen, in den Sudan zu gehen. Dazu gehörten in erster Linie Europäer, wobei zu unterscheiden ist zwischen denen, die aus Südeuropa (Griechenland und Italien) kamen und sich als Händler und Kaufleute betätigten, und denen, die aus nördlicheren Gefilden kamen, insbesondere Engländer und Deutsche, die sich als Militärs, Verwaltungsbeamte und Forscher einen Namen machten. Für sie alle war Khartum der Mittelpunkt ihres Universums, auch wenn sie zumeist in anderen Teilen des Landes unterwegs waren. Was gleichermaßen auch für Missionare und Diplomaten gilt, die zwar in Khartum ihren eigentlichen Sitz hatten, doch gleichfalls häufig durch das Land reisten, soweit sie nicht ohnehin – wie die Missionare – auf Außenstationen verteilt waren.

Glückliche Väter

Insgesamt standen die Europäer im Sudan in nicht allzu gutem Ruf. Sie waren zumeist Abenteurer, die irgendein Mißgeschick oder Vergehen in diesen Teil der Welt, wo man sich verkriechen konnte, verschlagen hatte. Alfred Brehm, der sich um die Mitte des vorigen Jahrhunderts wiederholt in Khartum aufhielt, schreibt: »Der Europäer Charthum's erscheint dem Neuangekommenen als ein höchst liebenswürdiger Mensch. Er macht ihm die glänzendsten, freundlichsten Anerbietungen, ist gastfrei und zuvorkommend, – aber bald bemerkt man, daß das, was ihn leitete, nur berechnender Egoismus war. Die fröhliche Abendgesellschaft ist bei Tage nicht wieder zu erkennen. Wenn wir einen tieferen Blick in das Innere eines europäischen Hauses werfen, lernen wir den Europäer erst beurtheilen. Wir sehen die innere Zerrissenheit des uns so fest scheinenden Verbandes, wir entdecken die Gesetzlosigkeit, in welcher er lebt, wir bemerken, daß er der Abschaum seiner Nation ist; wir werden mit Entsetzen gewahr, daß die ganze europäische Gesellschaft fast ohne Ausnahme aus Schurken, Betrügern, Gaunern, Mördern zusammengesetzt ist.«

Zwar habe sich das wilde Treiben der Europäer ein wenig gelegt, nachdem ein erster europäischer Konsul seine Arbeit in Khartum aufgenommen habe und für Ordnung zu sorgen bemüht sei, so berichtet Brehm weiter; doch wer hinter die Kulissen schaue, der finde auch jetzt noch allenthalben Grund zu berechtigter Kritik. Schreibt Brehm: »... man muß, um meinen Worten unbedingten Glauben zu schenken, in einer ihrer Abendgesellschaften gewesen sein, wenn der übermäßig genossene Branntwein ihrer Zunge Band gelöst und sie ihrer Klugheit vergessen gemacht hat. Dann hört man, wie sie sich ihre Schandtaten gegenseitig vorwerfen; dann erfährt man, daß der Apotheker Lumello mit Hülfe eines französischen Arztes mehrere Personen vergiftete, daß der Sardinier Rollet einen Sklaven so schlagen ließ, daß der Unglückliche seinen Geist aufgab; daß der erst vor Kurzem vor den Thron eines höheren Richters gerufene Nikola Ulivi neben unzähligen Betrügereien, Diebereien und einer offenkundigen Morthat seine eigene, leibliche Tochter so lange quälte, bis diese verzweifelnd in den türkischen Gerichtssaal ging, um gegen einen Vater, welcher der Tochter Gewalt anthun wollte, Schutz zu suchen; dann erzählen sie, ohne nur daran zu denken, daß sie ihre Verbrechen mittheilen, wie viele Sklavinnen sie schon überdrüssig bekommen, wie oft Einer oder der Andere von ihnen glücklicher Vater in ›seinem Harehm, in welchem sich vier bis fünf bildschöne Abyssinierinnen befinden‹, geworden ist, wie einer diese oder jene Sklavin verkaufte, wenn sie ihm vielleicht auch schon ein Kind gebar u.d.m.«

Zügelloses Treiben

Die Europäer, die in Khartum lebten, hatten sich ganz ihrer orientalischen Umgebung angepaßt; was im Extremfall so weit ging, daß sie selbst Sklavenhandel betrieben. Wie Brehm weiter berichtet: »Der Sklavenhandel ist in ihren Augen ein ganz unschuldiges Gewerbe. Es ist eine Schmach des europäischen Namens, den sie führen, daß sie die von ihren Regierungen lange vergeblich bekämpften türkischen Mißbräuche ohne Bedenken annehmen. Die Vielweiberei und der Sklavenhandel finden in Charthum lebhafte Vertheidiger; das Rechtsgefühl der Europäer des Ost-Sudahn ist so tief gesunken, daß es darin keinen Anstoß nimmt. Was ihren Begierden zusagt, was ihren Wünschen schmeichelt, erscheint ihnen recht und billig. Nikola Ulivi, welcher in der Ausübung aller Laster immer voranging, soll im Sklavenhandel doch noch von einem Franzosen, Vessieur, übertroffen worden sein. Dieser trieb das einträgliche Geschäft im Großen, spedirte unter französischer Flagge ganze Schiffsladungen ›der Waare‹ nach Kairo und – bewarb sich später um die Stelle eines französischen Konsularagenten für Central-Afrika.«

Das zügellose Verhalten der Europäer, das ihr anfängliches Auftreten im Sudan gekennzeichnet hatte, wurde allmählich in zivilisiertere Bahnen gelenkt, denn bereits zehn Jahre, nachdem Brehm den Sudan bereist hatte, war die Zahl der konsularischen Vertretungen in Khartum auf fünf angewachsen. Eine davon hatte Preußen eingerichtet.

Schatzsucher und Vogelkundler

Die Deutschen waren bislang weniger in Erscheinung getreten. Erwähnenswert ist lediglich Richard Lepsius, der – im Rahmen einer großangelegten archäologischen Forschungsreise, die im Auftrage des Königs von Preußen erfolgte – in den Jahren 1843/44 auch Nubien besucht hatte, wo er insbesondere in Meroe erste systematische Untersuchungen durchführte. Allerdings war ihm in Meroe der Italiener Giuseppe Ferlini zuvorgekommen, ein Arzt in ägyptischen Diensten, der sich nebenbei auch als Grabräuber betätigte und dabei – 1834 – in den Pyramiden von Meroe auf reiche Goldschätze gestoßen war, die ihm ein Vermögen einbrachten. Darunter befand sich auch der sogenannte »Schatz der Königin Kandake«, der immerhin seinen Weg nach Deutschland fand: er ist heute in den archäologischen Sammlungen Berlins und Münchens zu besichtigen.

Erst Brehm, der um die Mitte des vorigen Jahrhunderts den Sudan besuchte, stand am Anfang einer Reihe deutscher Wissenschaftler, die nunmehr den Sudan als bevorzugtes Forschungsgebiet aufsuchten. Sie waren vornehmlich Naturwissenschaftler, richteten ihr Augenmerk aber auch auf andere Aspekte, mit denen sie im Sudan konfrontiert wurden; namentlich die gesellschaftlichen Verhältnisse, nicht nur Khartums, sondern auch in den ländlichen Gebieten, die sie bereisten. Davon wird im nächsten Kapitel noch Näheres zu hören sein.

Brehms Interesse galt besonders der Zoologie. Georg Schweinfurth, den wir gleichfalls bereits zitiert haben, war Botaniker; er bereiste in den Jahren 1869 bis 1871 den Sudan, wobei er sich besonders auf das Gebiet um den Bahr el-Ghasal konzentrierte, dessen Bewohner er eingehend studierte. Sein Reisewerk »Im Herzen von Afrika« enthält eine Fülle ethnographischer Daten, und ebenso, wie Lepsius die archäologische Forschung in Nubien begründete, wird man Schweinfurth nicht den Ruhm, die Grundlagen der ethnologischen Forschung im Sudan gelegt zu haben, absprechen können.

Zwei weitere Deutsche, die sich um die Erforschung des Sudan verdient machten, waren eigentlich Mediziner: Eduard Schnitzer und Wilhelm Junker. Schnitzer, der als Emin Pascha bekannt werden sollte (und uns im Rahmen dieser Arbeit noch beschäftigen wird), trat in ägyptische Dienste, wobei er sich in der Verwaltung des Sudan betätigte, was ihm die Möglichkeit eröffnete, sich seinem ornithologischen Hobby zu widmen. Junker, der eigentlich aus Moskau stammte, obwohl seine Eltern Deutsche waren, ergänzte die Forschungen Schweinfurths, geriet dabei in den Mahdi-Aufstand und tat sich mit Emin Pascha zusammen, der in der Äquator-Provinz ein Bollwerk gegen den Mahdi errichtet hatte.

Eine reiche Erbin

Die südlichen Provinzen des Sudan, die erst in den siebziger Jahren unter ägyptische Hoheit gelangten, bildeten ein bevorzugtes Ziel für wissenschaftliche Reisen. Sie waren bislang unerforscht geblieben und boten mit ihrer Vielfalt an Pflanzen, Tieren und Menschen ein besonders fruchtbares Terrain für die Forschung. Dabei gingen die europäischen Forscher ein nicht geringes Risiko ein: weniger, daß sie auf feindliche Völker stießen, obwohl auch das vorkam. Was ihnen eigentlich zu schaffen machte, war vor allem das Klima. So berichtet Theodor von Heuglin, ein anderer Deutscher, der sich auf die Erforschung des Sudan verlegt hatte: »Die Sterblichkeit unter Fremden wie unter Eingeborenen erreicht in manchen Jahren einen wirklich entsetzlichen Grad, vornemlich unmittelbar vor und nach der Regenzeit. Im Herbst 1854 lagen alle damals anwesenden Franken [Europäer] ohne eine einzige Ausnahme am perniciösen Fieber und am eigentlichen Wechselfieber danieder, und es starben damals binnen wenigen Wochen mehr als zwei Drittheile der ganzen Colonie [in Khartum]. Neben den Fiebern tritt auch häufig Dysenterie auf, und schon mehrmals hat die Cholera mit unglaublicher Heftigkeit im Sudan gewüthet.«

Heuglin hatte Glück, denn er hielt sich in den fünfziger und sechziger Jahren des vorigen Jahrhunderts mehrmals im Sudan auf, und obwohl gerade er wiederholt Zeuge des Todes von Reisebegleitern wurde, die dem Fieber erlagen, kam er selbst doch mit heiler Haut davon. Besonders tragisch war der Verlauf der letzten Reiseunternehmung Heuglins. Es handelte sich dabei um ein bemerkenswertes Unternehmen, dessen eigentlicher Initiator eine junge Holländerin war. Ihr Name, der ganz zu Unrecht in Vergessenheit geraten ist, weshalb wir hier ein wenig näher auf ihre Persönlichkeit eingehen wollen, war Alexandrine Petronella Francisca Tinne. Mütterlicherseits adliger Abstammung, war sie durch den frühzeitigen Tod ihres Vaters, der während der Napoleonischen Kriege nach England ausgewandert war und dort als Kaufmann ein Vermögen erworben hatte, zur reichsten Erbin der Niederlande geworden. Sie nutzte dies, um ihrer nicht gerade alltäglichen Neigung, als Frau die Welt zu bereisen, nachzukommen. Bereits mit 21 Jahren unternahm sie ihre erste größere Reise, die sie über Syrien und Palästina nach Kairo führte, wo sie der Faszination des Orients erlag. Zwei Jahre später, 1858, besuchte sie Kairo von neuem und entschloß sich schließlich, anläßlich einer dritten Reise, zu der sie 1861 aufbrach, gänzlich nach Kairo überzusiedeln. Zusammen mit ihrer Mutter und einer Tante, die sie auch schon auf ihren früheren Reisen begleitet hatten, verbrachte sie zunächst einige Monate auf einem Landsitz vor den Toren von Kairo und brach dann – wiederum in Begleitung ihrer Mutter und ihrer Tante – zu einer Reise in den Sudan auf, wo man zunächst in Khartum Station machte, um dann einen ersten Vorstoß zum Oberlauf des Weißen Nil zu wagen.

Bereits auf dieser Reise, die auf einem Dampfer durchgeführt wurde, mit dem Prinz Halim, der Bruder des damaligen Vizekönigs, der vorübergehend Gouverneur in Khartum gewesen war, das Zeitalter der Dampfschiffahrt im Sudan eingeläutet hatte, bewies Alexandrine Tinne, die auch die treibende Kraft dieser Unternehmung war, ein ungewöhnliches Maß an Mut und Ausdauer. Da sie auf dem Dampfer des Prinzen reiste und sich nicht scheute, zu Pferde am Ufer entlangzureiten, wenn das Schiff einmal anlegte, machte bald das Gerücht die Runde, sie sei »die Tochter des Sultans«, die gekommen sei, um den geknechteten Menschen Hilfe zu bringen. Selbst Sklavenhändler empfingen sie ehrerbietig, und die Schilluk, die traditionellen Bewohner im Gebiet des Weißen Nil, erboten sich gar, sie auf den Thron des Landes zu heben, wenn sie den Sklavenhändlern das Handwerk lege.

In großem Stil

Die junge Alexine, wie sie auch genannt wurde, begnügte sich freilich, ihrem eigentlichen Anliegen, eine fremde Welt zu entdecken, nachzukommen. Was sie jedoch nicht davon abhielt, zumal sie es sich leisten konnte, hundert Sklaven zu erwerben, um ihnen die Freiheit zu schenken. Sie war jemand, dem man sich wohl gern anschloß, denn selbst unter den wißbegierigen und wagemutigen Forschern war kaum jemand, der es mit ihrer Begeisterungsfähigkeit und Unbekümmertheit aufnehmen konnte. So verwundert es nicht, daß Theodor von Heuglin, der gerade von einer Expedition nach Abessinien zurückgekehrt war, die all seine Mittel aufgezehrt hatte, obwohl er noch den Plan verfolgte, das Gebiet der Wasserscheide zwischen Nil und Tschad-See zu erforschen, das Angebot der jungen Holländerin annahm, sie auf einer zweiten Expedition, die in das Gebiet des Bahr el-Ghasal führen sollte, zu begleiten. Hier würde er den Fragen, die ihn bewegten, nachgehen können, während für die Holländerin sich dadurch die Möglichkeit ergab, ihrer Unternehmung einen wissenschaftlichen Anstrich zu geben. Sie selbst war ja eigentlich mehr Abenteurerin; das Fremde, Unbekannte lockte sie. Für ernsthafte Studien war sie noch zu jung und besaß im übrigen auch nicht die nötigen Fachkenntnisse. Vielleicht wäre sie dennoch zu einem Pionier weiblicher Feldforschung geworden, denn sie hatte eine gute Beobachtungsgabe. Doch ihr Leben endete allzu plötzlich und verfrüht.

Nachdem sie von ihrer ersten Expedition, bei der sie jenes Hindernis, das einst die Römer aufgehalten hatte, die Sumpfwildnis des Sudd, mühellos bezwungen hatte (wobei es allerdings Vorläufer gegeben hatte), zurückgekehrt war, rüstete Alexine Tinne ihre neuerliche Unternehmung in großem Stil aus. Wie Heuglin in einem Brief an den Herausgeber von Petermanns Mitteilungen, einer renommierten geographischen Zeitschrift, in der erste Berichte über die sogenannte »Tinnesche Expedition« erschienen, schreibt: »Wie ich Ihnen, glaube ich, schon schrieb, besteht die Expedition aus einem Dampfer als Remorqueur [Schlepper], einer Dahabíeh (Luxus-Barke) für die Damen ... 3 Transportschiffen, denen vielleicht nach unserer Abreise noch ein viertes hat zugesellt werden müssen. Die Damen hatten sich 4 Lastkameele, 1 Pferd und einige 20 Esel angeschafft, Steudner und ich 1 Pferd, 2 Maulthiere und 8 Esel, welch' letztere wir alle auf unserem Néqer [Lastkahn] mitführen; von 65 Soldaten (alle mit Musketen bewaffnet) haben wir 10 inbarquirt nebst 6 Privatdienern und einer Sklavin zum Brotbacken. Die Damen haben außer einem Türkischen Offizier mit 10 Mann Infanterie der Regierung und einem Dragoman [Dolmetscher], Herrn Contarini, noch zahlreiche Privatdiener. Alle Provisionen und Munitionen sind in gutem Stand und dürften für 5 bis 6 Monate ausreichen, während der Dampfer von der Maschra el Req [der Anlegestelle im Zielgebiet] aus zurückgesandt wird, um uns mit neuen zu versorgen.«

Heuglin und sein wissenschaftlicher Begleiter, Dr. Steudner, mit dem er die Reise nach Abessinien unternommen hatte und der sich auch der Expedition zum Bahr el-Ghasal anschloß, reisten voraus. Und natürlich ging es auf ihrem Lastkahn nicht so vornehm zu wie auf der Dahabie, auf der die drei holländischen Damen reisten. Schreibt Heuglin weiter: »Dass wir mit 26 Personen, 11 Lasttieren, mehr als 30 Kisten und Ballen und 60 Ardeb [90 Zentner] Durrah [Hirse] an Bord nicht eben sehr bequem eingerichtet sind, können Sie sich denken, doch hoffen wir, unsere Schifffahrt schon in 3 bis 4 Wochen vollendet zu haben, und so lange schränkt man sich gern ein, wenn man Aussichten hat, bald auf Boden zu stehen, den nie ein Europäischer Fuss betreten hat.«

Zu neuen Ufern

Das war natürlich das Verlockende; selbst ein Wissenschaftler war darüber nicht erhaben: die Strapazen (und Gefahren) einer Expedition auf sich zu nehmen mit der Aussicht, als erster Weißer seinen Fuß dorthin zu setzen, wo bislang nur weiße Flecken auf der Landkarte verzeichnet waren! Ein solches Gebiet war auch die Gegend am Bahr el-Ghasal, die bislang – abgesehen von den eingeborenen Völkern, die dort lebten – nur von Sklavenjägern und Kaufleuten durchstreift worden war. Erst 1873, also genau zehn Jahre, nachdem die Expedition der jungen Holländerin zum Bahr el-Ghasal aufbrach, wurde dieses Gebiet dem übrigen Herrschaftsbereich der Ägypter im Sudan angegliedert.

Es war also tatsächlich eine noch weitgehend unberührte Natur, die am Bahr el-Ghasal winkte; was der eigentliche Grund gewesen zu sein scheint, weshalb Alexine Tinne und ihre Mutter (die Tante blieb in Khartum zurück) die Expedition unternahmen. Doch auch schon die Fahrt dahin, die – wie erwähnt – Wochen dauerte, belohnte für die Mühe, die all die Vorbereitungen gekostet hatten. Wie sich Heuglin erinnert: »Es war ein frischer Morgen. Die Sonne erhob sich eben im Osten über den gelben Dünen der Djezíreh [Gezira], grelle, grüngelbe Streiflichter über die flache Landschaft werfend; ein schneidender Nord pfiff durch das Takelwerk und unsere leichte Mattenhütte. In eine Flanelldecke gehüllt sass ich vor meinem Schiffscompass nach Süden blickend und vom fernen Norden träumend, dem ich bald um viele Hunderte von Meilen ferner gerückt sein sollte, sinnend, aber doch frohen Muthes: führte ja doch unser Weg dem lange ersehnten Ziele, der geheimnisvollen Schwelle des unbekannten Innerafrika zu, nach einer für die Wissenschaft noch unerschlossenen, neuen Welt. ›Vorwärts!‹ ist die Losung – mag die Zukunft bringen, was sie will: – Steudner reibt sich noch halb schlaftrunken die Augen und setzt die Brille zurecht, während die Jammergestalt unsers abessinischen Kochs zitternd vor Kälte den schwarzen Kafe servirt und einer unserer Trabanten [Diener] die angezündeten langen Pfeifen reicht.«

Ironie des Schicksals

So beginnt die Fahrt; und Heuglin erinnert sich weiter: »Bald versinkt das trostlose Chartum mit seinen schmutzigen Lehmbaracken hinter uns. Der Strom, heftig bewegt vom Nord, breitet sich seeartig aus; die Ufer werden grüner, baumreicher; kleine, lachende Akazieninseln, überschwemmt von krächzenden Wasservögeln, tauchen auf; drüben im seichten Wasser zieht bedächtig fischend der Pelikan seine Kreise, um ein Treibjagen auf Fische zu veranstalten; steife

Reiher stehen auf Beute lauernd längs der Sandbänke, und Trupps von Löfflern schreiten langsam daneben, den breiten Schnabel halb eingetaucht, ihn emsig hin und her bewegend und die haubigen Köpfe schüttelnd.«

Doch so erhebend und vielversprechend sich die Expedition anließ, sie stand nicht unter einem glücklichen Stern. In einem Schreiben vom 10. April 1863, nur einen Monat, nachdem die Expedition die Meschra, ihre Basis im Bahr el-Ghasal, erreicht hat, teilt Heuglin Dr. Petermann mit: »Ich habe Ihnen heute ein offizielles Schreiben übermachen müssen, in dem ich Ihnen den unerwartet schnellen Tod des armen Steudner mittheilte. Wir haben ihm diesen Abend unter einer Baumgruppe unfern des Flusses seine letzte Ruhestätte gegraben, ein möglichst tiefes Grab, an einem vor Überschwemmung sicheren Orte.«

Steudner war dem Fieber erlegen. Doch das war erst der Anfang. Im Juli ereilte die Mutter von Alexine ein plötzlicher Tod; und auch zwei Kammerzofen, die die Holländerinnen aus Europa mitgebracht hatten, erlagen dem Klima. Heuglin setzte zwar seine Forschungen fort, auch wenn er sie nicht zu Ende führen konnte. Doch als die Überlebenden schließlich nach Khartum zurückkehrten, starb auch die Tante der jungen Tinne. Der Sudan war zum Grab ihrer Hoffnungen geworden. Zwar ließ sie sich dadurch nicht entmutigen, doch sie kehrte dem fieberverseuchten Land den Rücken und wandte sich fortan der Erforschung Nordafrikas und der Sahara zu. Und dort ereilte sie, am 1. August 1869, ein grausames Schicksal: Bei dem Versuch, die Sahara zu durchqueren, wurde sie von räuberischen Tuareg überfallen und ermordet. Die Ironie dabei ist, daß sie gerade die Tuareg, mit ihrer kraftvollen Erscheinung und ihrem wilden Freiheitsdrang, besonders schätzte. Wie es in einem Brief Tinnes heißt: »Im Gegensatz zu den Arabern sind sie [die Tuareg] lebenslustig, haben Interesse an allem, was sie sehen; sie leben sehr hart und haben nichts von der verweichlichten orientalischen Sanftheit. Und obwohl ihre Neugier, uns zu sehen, so ungezügelt war, daß wir darüber mit ihnen Streit bekamen, kam mir doch der Gedanke, daß eine gewisse Wißbegierde eine gute Eigenschaft wäre, hätte man sie in erträglichen Maßen, und sie wäre wohl auch besser für das Menschengeschlecht als eine mehr oder minder stumpfsinnige Teilnahmslosigkeit.«

Kleine Hochzeit

Die Forschungsreisenden, die – angelockt durch die »Erschließung« des Sudan im Zuge der ägyptischen Expansion – das »Land der Schwarzen« bereisten, widmeten sich zwar vorrangig ihren jeweiligen Forschungsinteressen, doch bedeutet dies nicht, daß sie nicht auch – wie es bereits verschiedentlich anklang – ihr Augenmerk auf andere Dinge lenkten. Sie verfaßten fast alle – neben spezielleren, wissenschaftlichen Veröffentlichungen – allgemeininteressierende Reisewerke, die zumeist ein getreuliches Abbild der politischen, gesellschaftlichen und kulturellen Verhältnisse darstellen, deren Zeugen sie wurden. Dabei sind zwei Aspekte besonders erwähnenswert: die Schilderung bislang zumeist unbekannter Völkerschaften und eine oft kritische Stellungnahme zur allgemeinen Situation des Landes, worunter insbesondere die Auswirkungen der ägyptischen Herrschaft auf die autochthone Bevölkerung zu verstehen ist. Daneben aber auch – und das trifft vor allem für die südlichen Grenzgebiete zu, die erst zu einem relativ späten Zeitpunkt unter die Oberhoheit der ägyptischen Herrschaft gelangten – die verheerenden Folgen des zügellosen Treibens skrupelloser Geschäftemacher, die in den Gegenden außerhalb staatlichen Zugriffs (so wenig wirkungsvoll beziehungsweise wohltätig dieser auch war) ihr Unwesen trieben. Zwar hatte darunter in erster Linie die eingeborene Bevölkerung zu leiden, doch wirkten sich die Übergriffe nicht selten auch nachteilig für die Reisenden aus, die nicht gewillt waren, sich so bereitwillig der Willkür selbsternannter Feudalherren zu fügen, wie das die Eingeborenen taten, die zumeist jeglichen Widerstand aufgegeben hatten. Heuglin berichtet von einem solchen Fall, der sich auf der Expedition in das Bahr el-Ghasal-Gebiet ereignete und recht aufschlußreich ist, denn er macht zugleich auch die politischen Hintergründe deutlich. Er schreibt, unter dem Datum August 1863: »Kürzlich schickten wir 5 Soldaten und 20 Neger in das Land der unteren Njamjam [Niam-Niam, ein Volk der Sudanneger], um dort Einkäufe an Provision zu machen. Ein Chartumer Kaufmann und Sklavenhändler, Ali Abu Amuri, beutet jene gewöhnlich aus und erklärt somit Land und Leute dort für sein Eigenthum. Als unsere Expedition eben im besten Handel begriffen war, wurde sie von Elephantenjägern, Soldaten und Sklaven Ali Amuri's aufgehoben, ihre Waffen und Munition weggenommen und sie auf die Seribah [Handelsstation] des Bruders Amuri's nach Dembo geführt. Einige unterwegs desertirte Neger (von unseren Trägern) wurden wieder aufgegriffen und auf der Stelle erschossen, ein anderer soll Hungers gestorben sein; die Soldaten hielt man fünf Tage in Dembo in Eisen, ehe sie in Freiheit gesetzt wurden, fünf Negerjungen dagegen eignete sich der Chêf der Seribah als Sklaven an, und warum alles dieses völkerrechtswidrige Betragen? Weil wir gewagt hatten, unsere Leute in ein von Ali Abu Amuri als sein Eigenthum betrachtetes Land zu schicken, und unsere Durrah nicht von ihm kaufen wollten. Das ist die Handels- und Verkehrsfreiheit, die unsere Europäischen Vertreter in Chartum und Ägypten für den Weissen Nil ausgewirkt zu haben vorgaben und die dieselben mit vollen Backen durch Journale ausposaunen liessen, in Artikeln, die – wie ich aus Erfahrung weiss – auf ihren eigenen Bureaux komponirt wurden. Und welche Folge wird eine Klage unsererseits gegen die Leute Ali Abu Amuri's haben? Es hat – obgleich unseren Generalkonsulaten in Ägypten die Barbarenwirthschaft auf dem Weissen Nil sehr wohl und bis in kleine Details bekannt ist und obgleich seit Jahren sich Morde, Raubzüge und Sklavenhandel beträchtlich mehren und Reisenden und einigen anständigen Kaufleuten der Wandel und ehrlicher Verkehr rein unmöglich gemacht ist – Niemand daran gedacht, ernstlich bei der Lokal-Regierung von Ost-Sudan einzuschreiten, wenn diess nicht jetzt von Seiten Englands geschieht, da Baker und Speke wohl nicht ermangelt haben werden, die Aufmerksamkeit ihrer Regierung und des Englischen Publikums auf diesen Punkt zu lenken.«

Mit blindem Eifer

Die europäischen Mächte waren bislang, soweit es die ägyptische Regierung betraf, eher nachsichtig gewesen, denn ihnen war es vor allem darum zu tun gewesen, die Ägypter bei guter Laune zu halten, damit sie noch mehr Schulden machten, was entsprechende Dividenden verhieß. Erst unter Ismail, der 1863 an die Macht gelangte, begannen die Europäer, die Schraube anzuziehen; teils, weil sich Ägypten ausgereizt hatte, teils, weil sich tatsächlich die

Berichte häuften, die von den Greueln und Mißständen in den Grenzgebieten des Sudan Kunde gaben. Und Baker zumindest, der mit Speke (auf der Suche nach den Quellen des Nil) unlängst zusammengetroffen war, ging denn auch, als ihm 1869 das Gebiet am Oberlauf des Weißen Nil anvertraut wurde, als erster gegen die Mißstände, die hier ebenso wie im Bahr el-Ghasal herrschten, vor. Ähnliche Schritte wurden schließlich auch im Gebiet des Bahr el-Ghasal in Angriff genommen, wie wir bereits gehört haben. Doch der Erfolg war zumeist gering, und als er sich schließlich doch einstellte, war dies – so paradox es klingt – der nicht geringste Anlaß für den Ausbruch jenes Aufstandes, den der Mahdi entfachte. Wir werden darauf noch zu sprechen kommen.

Halten wir einstweilen fest, daß die Reisenden des vorigen Jahrhunderts zumeist mit durchaus kritischem Blick auf das gesellschaftliche und politische Umfeld ihren jeweiligen, speziellen Interessen nachgingen und daß sie sich darin sehr wesentlich von späteren Forschergenerationen, nicht zuletzt auch der Gegenwart, unterschieden, denen es – vor lauter Eifer für ihr Studienobjekt oder aus Überlegungen der Opportunität heraus – herzlich gleichgültig war und ist, was sich sonst noch in den Ländern, in denen sie sich gerade aufhalten beziehungsweise -hielten, abspielt. Ein Versäumnis, das sich nur zum Teil aus der Rigorosität und Spezialisierung moderner Forschung erklärt. Es gehört auch eine gehörige Portion Menschenverachtung und Indifferenz dazu! Denn Mißstände, gerade in den Ländern der Dritten Welt, sind durchaus keine Erscheinung, die auf die Vergangenheit beschränkt ist.

Eine neue Wissenschaft

Doch kritische Stellungnahmen, die – nebenbei bemerkt – tatsächlich auch etwas bewirkten, vor allem hinsichtlich der Kampagne zur Abschaffung der Sklaverei, waren, wie gesagt, nur ein Aspekt, der einen Großteil der Reiseberichte des vorigen Jahrhunderts auszeichnete. Nicht minder bedeutsam war die oft minutiöse Beschreibung in Europa (und Nordamerika) bislang zumeist völlig unbekannter Völker, was dazu führte, daß sich allmählich eine neue Wissenschaft etablierte: die Völkerkunde. Ihre Anfänge reichen zwar in die Zeit der Aufklärung zurück, doch nimmt eine

Wissenschaft, die sich systematisch der Erforschung fremder Kulturen widmet, erst im 19. Jahrhundert konkrete Formen an. Vor allem Afrika, das zumindest vom europäischen Kolonialismus (abgesehen vom Sklavenhandel in Westafrika) bislang weitgehend unberührt geblieben war, trug sehr wesentlich zum Aufschwung der neuen Wissenschaft bei. Nicht zuletzt trifft dies auch für den Sudan zu.

Völker und Kulturen

In den Grenzen des heutigen Sudan wurden fünfzig ethnische Gruppen, die in sechshundert Stämme zerfallen, registriert. Eine solche Vielfalt unterschiedlicher Völker und Kulturen gibt es sonst in kaum einem anderen Land. Doch was sich für die Völkerkunde als unverhoffter Segen erwies, wirkte sich politisch als Verhängnis aus: die Vielzahl der Völker, die *nicht freiwillig* in einem gemeinsamen Staatsgebiet zusammengefaßt wurden, erschwerte die Bildung einer einheitlichen Nation, die denn auch *bis heute* im Sudan utopisch geblieben ist. Der Norden hat nur wenig mit dem Süden gemein, und selbst in den einzelnen Regionen des Landes zerfällt die Bevölkerung in eine Vielzahl unterschiedlicher Ethnien. Außer der staatlichen Autorität, die oft willkürlich waltet, gibt es kein gemeinsames Band, das die verschiedenen Völkerschaften im Sudan zusammenhält. Zu sehr unterscheiden sie sich nach Rasse, Sprache und Kultur.

Die Statistik spricht von vierzig bis fünfzig Prozent der Bevölkerung des Sudan, die als Araber beziehungsweise »Arabisierte« zu bezeichnen sind. Zehn Prozent werden als Nubier genannt und dreißig Prozent als »Niloten«. Das sind die wichtigsten Bevölkerungsblöcke, wobei das rassische Merkmal als Unterscheidungskriterium gilt. Doch deckt sich dies weitgehend mit sprachlichen und kulturellen Gegebenheiten; denn zumindest die Araber (und die »Arabisierten«) zeichnen sich durch eine entsprechende Sprache (das Arabische) und Religion (den Islam) aus, während die Niloten beziehungsweise Westniloten ihrerseits sprachliche und kulturelle Gemeinsamkeiten aufweisen, die zwar nicht so einheitlich sind wie bei den Arabern, sich aber insgesamt deutlich von deren Sprache und Kultur unterscheiden. Die Nubier, bei denen sich

Merkmale der beiden anderen Blöcke verbinden, nehmen eine Mittelstellung ein.

Schwarz und weiß

Nun ist dies eine sehr grobe Charakterisierung des Bevölkerungsmosaiks im Sudan, die für unsere Zwecke einer genaueren Bestimmung bedarf. Zunächst einmal ist festzuhalten, daß der Sudan sozusagen eine Brückenfunktion wahrnimmt; und dies in einer Weise, da der Nil einen natürlichen Verbindungsweg darstellt, wie sonst kein anderes Land in Afrika. Der Sudan verbindet das sogenannte »Weißafrika« mit Schwarzafrika. Ersteres wird deshalb so genannt, weil seine Bewohner dem europiden Rassenkreis zugerechnet werden, der durch Hellhäutigkeit gekennzeichnet ist, während für Schwarzafrika der negride Rassenkreis charakteristisch ist, bei dem eine dunklere Hautfarbe als Kennzeichen gilt. Weißafrika und Schwarzafrika treffen im Sudan zusammen, wobei das arabische Element ersteres repräsentiert und die Bevölkerung im Süden letzteres. Doch gibt es keine klare Grenze, Negride wanderten nach Norden, Europide nach Süden, so daß Mischformen entstanden, die vor allem im mittleren Teil des Sudan zu beobachten sind. Aber auch die Nubier gehören dazu, die ursprünglich dem negriden Rassenkreis angehörten, doch im Laufe der Geschichte, seit ihrer frühen Berührung mit den Ägyptern der Pharaonenzeit bis hin zur Einwanderung der Araber im 14. Jahrhundert, wiederholt dem Kontakt mit Europiden ausgesetzt waren. Ihrer rassischen Zugehörigkeit nach noch weitgehend dem eigentlichen Afrikanischen verbunden, weisen sie in Sprache und Kultur Entlehnungen aus Weißafrika auf, sprechen also – auch wenn sich Reste ihrer eigenen Sprache erhalten haben – Arabisch und hängen dem Islam an.

Die Araber – abgesehen von den wenigen Europäern, die sich im 19. Jahrhundert im Sudan niederließen – stellen die eigentlichen Vertreter der Europiden im Sudan dar. Ihr Verbreitungsgebiet ist im wesentlichen auf die Uferregion des Nil, südlich beziehungsweise östlich des Siedlungsgebietes der Nubier, einschließlich der Gezira, dem Land zwischen den beiden Nilarmen, beschränkt sowie auf die zentralen Gegenden von Kordofan und Darfur. Während die Araber am Nil seßhaft sind und sich als Kaufleute, Regierungsbeamte und in der Landwirtschaft betätigen, sind jene Beduinenstämme, die weiter in den Westen zogen und deren Nachfahren man heute »Baggara« (vom arabischen *baqar*, »Kuh«) nennt, Halbnomaden, die vornehmlich von der Viehzucht leben (daneben aber auch Ackerbau treiben). Sie haben die ursprünglich in diesem Gebiet siedelnde Bevölkerung, die sogenannte »Sudan-Neger« waren, verdrängt; zum Teil auch unterworfen und assimiliert, so daß hier – ähnlich wie bei den Nubiern – eine Mischlingsbevölkerung entstand, bei der jedoch das arabische Element überwiegt. Ihre Lebensweise ist durch periodische Wanderungen gekennzeichnet, eine Eigenart, die man in der Völkerkunde »Transhumanz« nennt und die darin besteht, daß die Baggara entsprechend der Jahreszeit ihre Weideplätze zwischen der nördlichen Grassteppe und den südlichen Flußregionen wechseln. Obwohl – auf Grund ihrer nomadischen Lebensweise – der Islam unter den Baggara nicht sehr ausgeprägt ist, sind sie sich doch ihrer arabischen Abstammung durchaus bewußt, weshalb der Mahdi gerade unter diesen Halbnomaden, indem er an den Ursprung des Islam erinnerte und da sie als Nomaden ohnehin ein unstetes Leben führen, das Gros seiner Anhänger fand. Obgleich er selbst, wie wir gehört haben, aus Nubien stammte, wo man allerdings gleichfalls – um den sozialen Status aufzuwerten – stolz auf angeblich arabische Vorväter war beziehungsweise ist.

Ackerbau und Viehzucht

Die autochthone Bevölkerung des zentralen Sudan, die heute nur noch in Resten vorhanden ist, wird den Sudan-Negern zugerechnet, die einen – und zwar den nördlichen – der beiden Zweige des negriden Rassenkreises darstellen. Zu ihnen gehören die Fur (denen die Provinz Darfur ihren Namen verdankt) und die Nuba in Kordofan. Beide Völker bilden Enklaven im Gebiet der Baggara und sind von den übrigen Sudan-Negern, die – soweit es den Sudan betrifft – einen zusammenhängenden Block im Süden des Landes bilden, getrennt. Insgesamt waren die Sudan-Neger, die sozusagen die Urbevölkerung des Sudan darstellen, nicht nur Opfer der Invasion der Araber, sondern wurden auch das bevorzugte Ziel der von diesen betriebenen Sklavenjagden; wenigstens, soweit es den Sudan betraf. Verständlich, daß das Ressentiment, das daraus resultierte, bei den südlichen Bewohnern des Sudan gegenüber dem arabisierten Norden bis heute anhält.

Der weitaus größte Teil der Sudan-Neger im Süden wird den sogenannten Niloten zugerechnet. Sie bilden einen eigenen rassischen Typus, den man »nilotid« nennt und der sich durch auffallende Körpergröße, schlanken Wuchs und sehr dunkle, fast schwarze Hautfarbe auszeichnet. Auch sprachlich und kulturell bilden sie eine Einheit, auch wenn man – nach vorwiegend linguistischen Kriterien – eine Unterteilung in West-, Ost- und Südniloten vornimmt. Dabei treten allerdings nur die ersten beiden Gruppen im Sudan auf, wobei insbesondere die Westniloten, die als die eigentlichen Niloten gelten, das Erscheinungsbild der Sudan-Neger im südlichen Sudan prägen. Sie zerfallen wiederum in mehrere Untergruppen, von denen drei größere Bedeutung erlangt haben: die Schilluk, die Nuer und die Dinka. Die Schilluk, die am westlichen Ufer des Weißen Nil siedeln – und zwar dort, wo der Sobat in den Nil mündet –, bildeten einst die nördlichste Gruppe der Niloten, deren Siedlungsgebiet bis hinauf auf die Höhe der Insel Aba reichte, wo der Mahdi seine Bewegung gründete. Doch waren sie bereits zuvor, seit dem Beginn des 18. Jahrhunderts, der Ausweitung des Sklavenhandels ausgesetzt gewesen, was zu einem rapiden Rückgang ihrer Bevölkerung und damit auch zu einer Schrumpfung

Abb. 6: Ein Weiler der Azande

Abb. 7: Junge Krieger der Azande

ihres Siedlungsgebietes geführt hatte. Auch die Auswirkungen des Mahdi-Aufstandes, in den die Schilluk mit hineingezogen wurden, führte zu einer weiteren Dezimierung dieser Volksgruppe: lag ihre Zahl um 1870 noch bei einer halben Million, so war sie hundert Jahre später auf kaum mehr als 100000 gesunken.

Als nördlichster Exponent der Niloten behielten die Schilluk die Tradition des sakralen Königtums bei, das wahrscheinlich im pharaonischen Ägypten seinen Ursprung hat und das ja auch in Nubien eine besondere Bedeutung erlangt hatte. Sie waren außerdem Ackerbauern, was eine seßhafte Lebensweise bedingt, die wiederum Voraussetzung für eine staatliche Organisationsform ist. Heute ist ihre Bedeutung, wie gesagt, geschwunden. Sie stellen nur noch den kleinsten Zweig unter den drei Hauptgruppen der Westniloten dar.

Anders verhält es sich mit den Nuer und den Dinka, deren Bevölkerungszahl – und Siedlungsgebiet – weitaus größer ist. Dabei nehmen die Nuer, deren Territorium sich zu beiden Seiten des Nil an das der Schilluk anschließt, eine mittlere Stellung ein, während die Dinka, die die größte Untergruppe der Westniloten bilden, ein weites Areal, das das Siedlungsgebiet der beiden anderen praktisch umschließt und im Westen bis weit in den Bahr el-Ghasal reicht, bewohnen. Sowohl Nuer als Dinka sind Hirtennomaden, betreiben daneben aber auch Ackerbau; doch gilt letzteres als eine weniger angesehene Tätigkeit als die Viehzucht, die mit einem sozialen Prestige verbunden ist. Eine staatliche Organisation gibt es nicht; das Dorf ist gewöhnlich die Obergrenze sozialer Struktur.

Niam-Niam

Die Ostniloten, die durch eine ähnliche Lebensweise wie die der beiden letztgenannten Gruppen gekennzeichnet sind, treten in ihrer Bedeutung gegenüber den Westniloten zurück. Erst weiter im Süden, jenseits der Grenze des Sudan, finden sich mit den Massai wieder Gruppen, die geradezu zu einem Inbegriff der Niloten geworden sind. Im Sudan siedeln kleinere Gruppen der Ostniloten, unter denen insbesondere die Lotuka und Bari erwähnenswert sind, südlich der sogenannten Westniloten – und zwar in jenem Gebiet, das als »Äquatoria« die Grenzregion des Sudan bildet. Hier lieferten sie das gesellschaftliche beziehungsweise ethnische Umfeld, in dem sich der Deutsche Emin Pascha bewegte.

Einem gänzlich anderen Zweig der Sudan-Neger gehören die Azande an, die wir bereits als »Niam-Niam«, was eine ältere Bezeichnung ist, kennengelernt haben. Sie stellen einen gewissen Sonderfall dar; insofern, als sie relativ spät, im 18. Jahrhundert, in ihr heutiges Siedlungsgebiet, im Südwesten des Sudan (und in angrenzenden Regionen), eingewandert sind und sich als Herrenschicht, die ein feudales System begründete, über die alteingesessene Bevölkerung, die sich den Neuzuwanderern jedoch anpaßte, aufschwangen. Es kam zur Bildung von Fürstentümern, die hierarchisch streng gegliedert und durch Klanwesen und Totemismus gekennzeichnet waren. Die Religion beruhte im wesentlichen auf der Verehrung von Naturphänomenen, was auch für die übrigen Sudan-Neger zutrifft, die erst in neuerer Zeit mit dem Islam und dem Christentum in Berührung gekommen sind, wiewohl sie nach wie vor mehrheitlich ihren traditionellen Religionsformen anhängen.

Mit Dolch und Rosenkranz

Nun ist dies noch immer eine nur sehr skizzenhafte Darstellung des bunten Völkergemischs, das den Sudan kennzeichnet. Wir wollen es denn auch damit nicht bewenden lassen, sondern einige Aspekte herausgreifen, die geeignet sind, das Bild etwas zu verdeutlichen und zugleich eine Einschätzung ermöglichen, wie denn nun die gesellschaftlichen (und politischen) Verhältnisse am Vorabend des Ausbruchs des Mahdi-Aufstandes tatsächlich beschaffen waren. Wir wollen uns dabei wieder, um es anschaulicher zu gestalten, aber auch um der Authentizität willen, auf Aussagen von Augenzeugen stützen, die ja eine Fülle von Aufzeichnungen hinterlassen haben. Dabei fällt auf, daß sie übereinstimmend ein sehr düsteres Bild der sozialen und politischen Gegebenheiten im Sudan des 19. Jahrhunderts entwerfen. Obwohl hier sicher auch ein gewisses Überlegenheitsgefühl eine Rolle spielt, das sich auf eine angeblich höhere Zivilisation gründete, wie sie Europa kennzeichnete, so belegen doch Fakten, die allenthalben genannt werden, daß eine skeptische Haltung durchaus angemessen war. Das betraf insbesondere die arabisch beziehungsweise islamisch geprägte Bevölkerung im Norden, die ja – auf unterschiedliche Weise – auch in anderen Teilen des Landes den Ton angab. Alfred Brehm, der zu den vergleichsweise weniger kritischen Stimmen zählt, berichtet über sie: »Die Sudahnesen sind durchgehends wohlgebaute Menschen von mittlerer oder hoher Statur, kräftig und im Stande, bedeutende Körperanstrengungen zu ertragen; die Männer sind mit Ausnahme der Hassanie [eines arabischen Nomadenstammes] gewöhnlich schöner als die Frauen, welche in manchen Städten, wie z. B. in Charthum, geradezu für häßlich gelten. Hierzu trägt hauptsächlich wohl ihre Sitte bei, sich die Lippen blau zu färben, was die Frauen der Nomaden nicht thun. Ihre Kleidung ist mit geringen Veränderungen fast überall dieselbe und sehr einfach. Bei den Männern besteht sie gewöhnlich nur aus kurzen, ursprünglich weißen, ziemlich weiten Unterbeinkleidern, ›Libbahs‹ genannt, welche von der Hüfte an bis zum Knie herabreichen, der ›Ferdah‹, einem oft sechzehn Fuß langen und vier Fuß breiten, baumwollenen Umschlagtuche von grauer Farbe, mit hochrothen oder lebhaft blauen Endstreifen, in welchen sie den Körper einhüllen, einfachen Sandalen und der ›Takhie‹, einem dicht auf dem Kopfe liegenden, weißen Mützchen aus doppeltem, durch viele parallel laufende Nähte vereinigtem Baumwollenzeuge. An dem linken Oberarm tragen sie in der Nähe des Ellbogens ein kurzes Messer, ›Sekihn‹, welches in einer festen Lederscheide steckt und durch eine aus Leder geflochtene Schnur befestigt wird, oft auch mehrere Lederrollen mit Amuletten, ›Hedjahb‹. Beides wird von ihnen nie abgelegt, das Messer zum gewöhnlichen Gebrauch oder als Waffe benutzt und das Amulett in hohen Ehren gehalten, obgleich es nur ein mit Khoransprüchen beschriebenes Papier ist, welches aber die Macht haben soll, verschiedenen Krankheiten vorzubeugen. Einige tragen an lang herabhängenden Riemen lederne Brieftaschen, welche recht zierlich gearbeitet sind, fünf Abtheilungen enthalten und in den Beinkleidern verborgen werden. Hierin bewahren sie sich ihr weniges Geld und wichtige Schriften auf. Mehr zur Spielerei als zum wirklichen Gebrauche sieht man in ihren Händen mahammedanische Rosenkränze, deren Perlen sie, ohne Etwas dabei zu denken, durch die Finger gleiten lassen.«

Zöpfchen und Nackenstütze

Was die Frauen betrifft, so schreibt Brehm: »Ebenso einfach als die Kleidung der Männer ist im Sudahn auch die Tracht der Frauen. Die Mädchen tragen bis zu ihrer Verheirathung den Rahhad, jene aus mehreren Hundert feinen Lederstreifen bestehende Schürze, welche mit Quasten und, zur Bezeichnung der Jungfräulichkeit, mit Muscheln verziert wird. Am Tage ihrer Verheirathung vertauschen sie den zierlichen, sehr wohl kleidenden Rahhad mit einer Baumwollenschürze. Auch sie besitzen Amulette, befestigen diese aber nicht, wie die Männer, am Oberarm, sondern tragen sie an langen Schnüren unter ihrer Schürze auf dem bloßen Körper. Der Aberglaube lehrt sie dieselben als untrügliche Mittel gegen viele Krankheiten, vor Allem gegen Unfruchtbarkeit betrachten. Die Ferdah bekleidet auch bei ihnen als letzter Ueberwurf den Körper, wird aber auf andere Art getragen, als bei den Männern. Sogar der Stoff zu der von den Frauen benutzten Ferdah ist ein anderer, als zu jener. Er ähnelt mehr unserer Gaçe und läßt die braune Hautfarbe der Schönen durchschimmern. Man umhüllt mit der Ferdah den Körper bis zu den mit Sandalen bekleideten Füßen herab und wickelt mit ihr auch den Kopf so ein, daß nur das nie verschleierte Gesicht von ihr frei bleibt. Die Nase wird mit großen und starken messingenen oder silbernen (früher goldenen) Ringen verziert und diese geben nebst den blau gefärbten Lippen dem Gesicht etwas so Widerliches, daß man es aus ästhetischen Rücksichten lieber verhüllt sehen möchte. Wie überall, suchen auch im Sudahn die Frauen einen gewissen Luxus zu entfalten. Dem zu Folge sind ihre Sandalen weit kostbarer gearbeitet, als die der Männer. Während sich diese mit einfachen, nur anderthalb Groschen unseres Geldes kostenden Ledersohlen begnügen, benutzen jene aus mehreren Stücken zusammengeheftete und mit allerhand Schnörkeln verzierte Sandalen, welche bis zu dem Preise von dreißig Piastern oder zwei Thalern preußisch verkauft werden. Das krause Haar wird auf ganz eigenthümliche Art von besonderen Künstlerinnen aufgeputzt. Zuerst werden über hundert dünne Zöpfchen geflochten und diese dann mit arabischem Gummi so gestärkt und vereinigt, daß sie in einzelnen Partien und drei oder mehr Terrassen vom Haupte abstehen. Nachdem die schwierige Arbeit vollendet ist, beginnt die Salbung des künstlichen Haarbaues. Man nimmt hierzu eine Mischung aus Rinderfett und wohlriechenden Substanzen ... Diese Pomade wird so dick aufgetragen, daß sie erst nach und nach durch die Sonnenwärme flüssig gemacht und gehörig verbreitet wird. Dabei tropft das Fett auf Schultern und Nacken herab, wird hier aber sorgsam in die Haut eingerieben. Anfangs ist der Geruch der Pomade erträglich, wenn das Fett nach Verlauf einiger Tage ranzig wird, ist es ganz unleidlich. Ein solcher Kopfputz gilt im Sudahn für sehr schön und kostet viel Geld; er wird aber nur alle Monate einmal neu hergerichtet. Die Eitelkeit der Frauen hat auf wahrhaft heroische Mittel gesonnen, ihn so lange im Stande zu halten und möglichst gegen Zerstörung zu schützen. Wie in früherer Zeit die Europäerinnen eine Nacht im Lehnstuhl zuzubringen pflegten, um sich das für den folgenden Tag vorbereitete frisirte Haargelock nicht zu verderben, berauben sich auch die Sudahnesinnen des süßen Schlafs, um einen ähnlichen Zweck zu erreichen. Sie legen den Nacken beim Schlafen auf kleine, vier Zoll hohe, der Wölbung des Kopfes entsprechend ausgehöhlte Stühlchen von nur anderthalb bis zwei Zoll Breite und quälen sich, auf diesen entsetzlichen Pfühlen die Nacht zu verbringen.«

Purpurrote Lippen

Eine solche Nackenstütze war in der Tat weitverbreitet und findet sich auch heute noch in Ostafrika. Sie war bereits bei den Ägyptern der Pharaonenzeit in Gebrauch und hat wahrscheinlich hier ihren Ursprung. Auch die besondere Form des Nasenschmucks, die erwähnt wird, ist ein Brauch, der bei vielen Völkern anzutreffen ist. Man hat ihn dahingehend gedeutet, daß es sich hier wohl um einen sogenannten »magischen Verschluß« handelt, durch den besonders sensible Körperöffnungen geschützt werden sollen. Doch ist eine solche Bedeutung den Trägern beziehungsweise Trägerinnen kaum noch bewußt; für sie handelt es sich einfach nur noch um Schmuck, so seltsam er einem Betrachter, der daran nicht gewöhnt ist, auch erscheinen mag. Im übrigen lag es auch Brehm fern, den Eindruck zu erwecken, als seien die Sudanesinnen bar allen Charmes und natürlicher Anmut. An anderer Stelle schreibt er, wobei er sich speziell auf eine Nubierin bezieht: »Nachdem wir heute Morgen noch einige Stunden an dem ununterbrochenen Palmenwalde dahin geritten waren, kamen wir zu den Ruinen eines Tempels aus der Pharaonenzeit, dessen Name mir unbekannt ist, und verließen, einen Wüstenstreifen betretend, das Dahr el Sukoht [auf halbem Wege zwischen Wadi Halfa und Dongola]. Der Wüstenweg schnitt einen Bogen des Nil ab, dehnte sich aber mehr und mehr aus, so daß der Mittag längst vorüber war, als wir das Dorf Koe im Dahr el Mahhaß [nördlich von Dongola] erreichten. Ruhend erwarteten wir die Lastkamele, welche erst zwei Stunden später eintrafen. Mein Bruder, der unermüdliche Sammler, war bereits wieder auf die Käferjagd ausgegangen. Ich bot die ganze Dorfschaft auf, um ihm sein Geschäft zu erleichtern. Für eine gewisse Anzahl von Käfern, wovon ich erst ein Exemplar vorzeigte, versprach ich wenige Para [ägyptische Scheidemünze]. In kurzer Zeit verließen die Knaben ihren Sitz am Triebrade der Schöpfmaschine, die Männer ihre Felder und die Weiber ihre Reibemahlsteine, um Käfer zu suchen, wovon auch bald Massen ankamen. Unter den Weibern, welche fast alle recht hübsch waren, befand sich ein bildschönes Mädchen oder junges Weib in der üppigsten Blüthe der Jugend. Immer hatte man mir die Frauen des Dahr el Mahhaß als die schönsten ganz Nubiens geschildert; allein meine Erwartungen wurden durch das vor mir stehende Original noch bei weitem übertroffen. Man hätte es für eine Abyssinierin halten können, so regelmäßig und vollendet schön war der Körperbau des Mädchens. Durch das luftige, durchscheinende Tuch, die Ferdah, welche es in mahlerischen Faltenwürfen um sich geschlagen hatte, wurden seine Reize keineswegs in Schatten, sondern erst recht in's wahre Licht gestellt. Es fehlte ihm in unseren Augen weiter Nichts als eine lichte Hautfarbe. Allein selbst ein durch blendendweiße Georgierinnen verwöhnter Türke oder ein durch das glühende Kolorit der Frauenbeschreibungen aus dem Munde des Meddah [Sängers] idealisirter Araber würde nicht gezögert haben, der Nubierin ebenfalls einen Preis der Schönheit zuzuerkennen, warum sollte ich es da nicht thun, ich, dem alle Mittel zum Vergleiche fehlten? Waren ja doch die deutschen Frauen, welche ich – ich wiederhole es gern – ganz gewiß für die liebenswürdigsten, einnehmendsten der Erde halte, so weit entfernt, daß ich mich jetzt unmöglich im Geiste mit ihnen beschäftigen konnte, wo ein – braunes Mägdlein mit seinen dunklen, von langen, seidenen Wimpern beschatteten Augen, seinen blendendweißen, unübertrefflich schönen Perlzähnen und einem kleinen Mündchen mit purpurrothen Lippen vor mir stand! Und diese Lippen waren so schön, so einladend, daß ich unmöglich etwas Anderes denken und thun konnte, als mir einen Kuß davon auszubitten. Lachend entfloh das liebliche Kind, kehrte aber doch wieder zurück, um Käfer zu bringen. Die schlechtesten, welche das Mädchen brachte, waren doch immer die beßten, wenigstens bezahlte ich es am Reichlichsten und schenkte ihm zuletzt noch obendrein eine Kette von Glasperlen, womit ich ihm gar große Freude bereitete. Leider verstand die Nubierin kein Arabisch, und deshalb gingen viele Artigkeiten, welche ich ihr sagte, ohne Wirkung an ihrem Ohre vorüber. Und als ich endlich meinen nubischen Bedienten aufforderte, mir den Dolmetscher zu machen, sah ich es ihm an den Augen an, daß er mehr oder weniger eifersüchtig auf seine Landsmännin war, weshalb der Schlingel auch gewiß nicht treu übersetzte.«

Rites de passage

Wenn die junge Dame sicher auch einer gewissen Koketterie nicht entbehrte, so wird es andererseits nicht nur der Umstand gewesen sein, daß sie allein die Sprache ihres Volkes, das Nubische, beherrschte, wenn sie sich den Avancen des Fremden, so schmeichelhaft diese auch waren, entzog. Gerade die Nubierin war einem sehr strengen Sittenkodex unterworfen, der seinen sichtbarsten Ausdruck in einem Brauch fand, der auch heute noch im Sudan anzutreffen ist und als »kleine Hochzeit« bezeichnet wird. Doch das ist ein Euphemismus, hinter dem sich ein Ritual verbirgt, das zu Recht immer wieder kritisiert worden ist. Brehm wagt es nur – wie übrigens auch Burckhardt vor ihm –, mit Rücksicht auf das in diesen Dingen noch sensiblere Empfinden seiner Leserschaft, lediglich anzudeuten, worum es bei diesem Ritual geht. Er schreibt: »Obgleich die Sudahnesen Mahammedaner sind, weichen viele ihrer Gebräuche doch von denen anderer Völkerschaften, welche dieselbe Religion bekennen, wesentlich ab. Dies muß uns wunderbar erscheinen, weil gerade bei den Mahammedanern die Religion überall in's Leben eingreift und die meisten Gebräuche ursprünglich durch sie entstanden sind. Die Sudahnesen üben nun zwar auch die mahammedanischen Religionsgebräuche aus, haben aber dabei noch viele andere mit aufgenommen, welche ihnen jetzt ebenso heilig erscheinen, wie die durch die Religion gebotenen. So ist die Beschneidung der Mädchen in der von ihnen gebräuchlichen Weise ihnen ganz eigenthümlich und nicht durch die Gesetze des mahammedanischen Glaubens vorgeschrieben. Gewöhnlich erfolgt diese fürchterliche Operation, wenn das Mädchen fünf bis sieben Jahre alt geworden ist; sie wird von alten Weibern vorgenommen, welche mit stumpfen Rasiermessern die nöthigen Schnitte machen, dabei aber das Kind auf entsetzliche Weise quälen. Oft muß es vier Wochen lang mit zusammengebundenen Füßen auf dem Ankharehb [Bettstelle] liegen bleiben, ehe die Wunde vernarbt.«

Der Brauch der Beschneidung ist uns zwar vertraut; doch nur, soweit er Knaben betrifft, die nach jüdischem wie auch islamischem Glauben beschnitten werden. Dies ist ein vergleichsweise harmloser Eingriff, zu dem es auch eine entsprechende Handlung gibt, die bei Mädchen vorgenommen wird. In beiden Fällen handelt es sich um ein Ritual, das kultischen Zwecken dient; man spricht in diesem Zusammenhang von einem *Rite de passage*, einem sogenannten »Übergangsritus«, womit eine Handlung gemeint ist, die den Eintritt in ein bestimmtes Lebensstadium – wie Geburt, Hochzeit oder Tod – kennzeichnet. Eine solche Form der Beschneidung, die man »Zirkumzision« (oder auch »Inzision«) nennt, findet sich vor allem auch bei naturvölkischen Gesellschaften, und dies insbesondere in Afrika, wo die Beschneidung (in ihrer harmlosen Form) mit dem Fruchtbarkeitskult in Verbindung steht und das Erreichen der Pubertät symbolisiert, also nicht eigentlich an Kindern, sondern an Jugendlichen vollzogen wird. In diesem natürvölkischen Brauch liegt wahrscheinlich der Ursprung der Beschneidung, die jedoch im Laufe der Zeit verschiedene Formen annahm. Als extremste, das heißt radikalste Form gilt jene, die im Sudan am weiblichen Geschlecht vorgenommen wird. Im Gegensatz zu Brehm und Burckhardt, die die Details nur jenen ihrer Leser vorbehalten, die des Lateinischen mächtig sind, erklärt ein Sudanreisender (und Völkerkundler) unserer Tage in allgemeinverständlicher Form, was mit der sogenannten »Infibulation«, wie man die Beschneidung im Sudan im Fachjargon nennt, gemeint ist. Unter Bezug auf Nubien schreibt er: »In der Subkultur der Frauen, die auch über eigene Sprachelemente verfügt, haben sich viele vorislamische, christliche und vorchristliche Gedanken gehalten: z.B. die Marienverehrung, viele Vorstellungen von Heiligen und Geistern und – der für Außenstehende befremdlichste Brauch – die sogenannte pharaonische Beschneidung. Im Unterschied zur ›Sunna-Beschneidung‹ (auch ägyptische genannt) werden in Nubien (wie auch in vielen anderen Teilen des Sudan) dem Mädchen nicht nur Klitoris und kleine Schamlippen entfernt, sondern auch die großen Schamlippen, worauf die gesamte Vaginaöffnung bis auf einen kleinen Austritt vernäht wird. In der Hochzeitsnacht öffnet der Bräutigam feierlich, oft mit Hilfe einer kundigen Matrone, die Naht; nach der Geburt eines Kindes muß sie allerdings wiederhergestellt werden.«

Barbarische Sitten

Wie man sich denken kann, gerät die »Hochzeitsnacht« im Sudan zumeist zur Qual für die Frau, die oft nur dadurch behoben werden kann, daß man durch einen operativen Eingriff das beseitigt, was eigentlich gar nicht vorhanden sein dürfte: jenen Verschluß der Vagina, der allein dem Zweck dient, die Jungfräulichkeit der derart Malträtierten zu bewahren. Da der Eingriff im Kindesalter, zumeist mit primitivsten Mitteln und ohne jede hygienische Vorkehrung erfolgt, trägt die Betroffene nicht nur einen Schock davon, der sich in ein Trauma verwandelt, unter dem sie zeitlebens zu leiden hat; nicht selten stellen sich auch physische Komplikationen ein, die zum Tode des Kindes oder auch noch der Frau – wenn sie gebiert – führen können. Es handelt sich also bei der sogenannten »pharaonischen Beschneidung« um eine Marter, die nur zu oft in ein Todesurteil ausartet, und es ist deshalb verständlich, daß wiederholt der Versuch unternommen wurde, diese Sitte, die eine Unsitte ist, auszumerzen. Sowohl die türkisch-ägyptische Regierung als auch die Kolonialverwaltung unter anglo-ägyptischer Hoheit erließen ein Gesetz, das die Anwendung der »pharaonischen Beschneidung« untersagte. Doch in beiden Fällen bewirkten diese Verordnungen praktisch nichts: noch heute sind neunzig Prozent der Frauen im Sudan beschnitten, zumeist in der radikalen Form, also der Art, die man »Infibulation« nennt. Die junge Nubierin, die Brehm bezauberte, hat mit Sicherheit nicht jene Freuden erlebt, die ihre Anmut und sicher auch ihr Charme hätten erwarten lassen. Sie war verkrüppelt, körperlich und seelisch, und hat darunter ihr ganzes Leben lang leiden müssen. Wie die Sudanesin heute, deren Mißhandlung und Diskriminierung in letzter Zeit, durch die erneute Hinwendung des Staates zum Fundamentalismus, eher noch zugenommen hat.

Von Gott befohlen

Dennoch, dem Islam ist die »pharaonische Beschneidung«, wie schon Brehm zu Recht bemerkte, nicht eigentlich anzulasten. Allerdings muß diese Aussage relativiert werden, denn obwohl die Beschneidung (generell) eine nicht nur weit verbreitete, sondern auch sehr alte Form kultischer Handlung ist, hat die Infibulation, also die extremste Form der Beschneidung, sich praktisch nur in den Ländern, allen voran der Sudan, gehalten, in denen der Islam tonangebend ist. Das heißt, der Islam hat diese Praxis zumindest sanktioniert; ja, sie wird heute geradezu als ein *religiöses Gebot* angesehen! Dagegen ist keineswegs erwiesen, daß das Ägypten der Pharaonen, wo die Frau eine sehr viel angesehenere Stellung einnahm als im Islam, das Ursprungsland der sogenannten »pharaonischen Beschneidung« ist. Selbst wenn diese Praxis dort, in streng kultischem Sinne, bestanden haben mag, so war sie mit Sicherheit keine Erscheinung, die die Gesamtheit der weiblichen Bevölkerung betraf, wie das im Sudan der Fall ist. Wahrscheinlich ist ein »heidnischer«, religiöser Brauch dieser Art zuerst vom Christentum und dann vom Islam übernommen worden, um die patriarchalische Gesellschaftsordnung und puritanische Ethik, wie sie diese beiden Religionen kennzeichnen, festzuschreiben. Jedenfalls hat der Islam (wie auch das Christentum in Äthiopien) nichts unternommen, diese »barbarische« Sitte, hinter der sich vielleicht eine Art Gelübde der Keuschheit, ähnlich wie bei den Nonnen im Christentum, verbirgt, abzuschaffen.

Heiliges Werk

Wie auch immer: der Islam im Sudan hält seine schützende Hand über diese Unsitte und hat dies auch schon im vorigen Jahrhundert getan. Ähnlich, wie er zahlreiche andere Mißstände stillschweigend duldete. Allem voran den Sklavenhandel, auf den wir gleich noch einmal eingehen werden. Doch zuvor sei noch einmal Brehm zitiert, der – unter Hinweis auf die normative Funktion des Islam – schreibt: »Ein eigentliches Gesetzbuch besitzen die Mahammedaner zur Zeit noch nicht: der Khorahn ist ihr Ein und Alles. Er lehrt sie das Gute vom Bösen unterscheiden, bestimmt die Strafe eines Verbrechens und enthält die Gesetze, durch welche der Feldherr Mahammed seine Truppen und Anhänger zügelte. Leider ist dieses ganz vortreffliche Religionsbuch bis jetzt bei den Sudahnesen nur wenig verbreitet, sie besitzen erst eine einzige Moschee in ihrem großen Vaterlande (in Charthum), und nur die Hauptformeln ihrer Religion sind ihnen traditionell bekannt geworden. Sie sind Mahammedaner dem Namen nach, ohne die Gesetze des Islam zu kennen oder zu verstehen.«

Diese Aussage stützt die Kritik, die der Mahdi an den bestehenden religiösen Verhältnissen im Sudan übte. Doch wäre er schwerlich zu dieser Kritik gelangt, wenn er nicht eine Vergleichsmöglichkeit gehabt hätte; und diese ergab sich dadurch, daß mit der Unterwerfung des Sudan unter die ägyptische beziehungsweise türkische Oberhoheit auch die eigentliche, orthodoxe Form des Islam im Sudan Einzug hielt. Der Sudan hatte ja bislang zu den Ländern gehört, die sozusagen am Rande der islamischen Ökumene lagen; das heißt, es hatten sich hier – abseits der großen Zentren des Islam – nur rudimentäre Formen dieser Religion entwickelt. Sie fanden Ausdruck in einem sehr volkstümlichen Glauben, in dem das Erbe Schwarzafrikas mit jener Sonderentwicklung des Islam, dem schon genannten Sufismus, eine sehr eigenwillige Verbindung einging. Sie wird besonders deutlich bei Zeremonien, die an die sogenannten »Tänze der Derwische« erinnern und auch heute noch im Sudan anzutreffen sind. Worum es sich dabei handelt, schildert wiederum Brehm sehr anschaulich: »Die Mahammedaner üben eine religiöse Ceremonie aus, welche sie ›Sikr‹ nennen. Der Sikr wird auch in Egypten abgehalten und gilt für ein höchst gottseliges Werk. Hohe und Niedere nehmen daran Theil, vornehme Mahammedaner veranstalten die Feierlichkeit auf ihre eigenen Kosten. Bei keinem Religionsgebrauche zeigt sich der Fanatismus in einer so abschreckenden Gestalt, als bei dem Sikr. Um einen Geistlichen (Fakhie) oder Mönch (Derwihsch), der mit lauter Stimme Gebete und Khorahnstellen rezidirt, sammelt sich ein Kreis von Männern jedes Standes, welche unter fortwährenden Kopf- und Kniebeugungen den Namen Gottes oder die Formel: ›Allah hu akbar‹ (Gott ist der Größte)! ohne Aufhören ausrufen. Ihre Bewegungen und Worte werden so leidenschaftlich, daß ihnen zuletzt der Schaum vor dem Munde steht und sie wie ›berauscht‹ oder selbst ohnmächtig zusammenbrechen. Der Anblick einer solchen Schaar wahnsinnig scheinender Männer hat etwas Abschreckendes und Schauderhaftes. Im Sudahn wird der Sikr ebenfalls begangen, nur mit dem Unterschiede, daß hier auch Frauen daran Theil nehmen dürfen und mit dem unschuldigen Nachspiele, daß sich nach Beendigung der Feierlichkeit jeder der Betenden eine von den frommen Frauen auswählt, um sich in ihren Armen von den Beschwerden des heiligen Werkes zu erholen.«

Zeremonien dieser Art, bei denen sich religiöses Empfinden bis zur Ekstase steigerte, trugen nicht unwesentlich dazu bei, daß dem Aufstand des Mahdi im Bewußtsein der Öffentlichkeit der »zivilisierten« Welt etwas Unheimliches, Drohendes anhaftete. Und obwohl der Mahdi, durch die Berührung mit dem orthodoxen Islam, letztlich für eine gereinigte, authentische Form der Lehre Mohammeds und ihrer Befolgung eintrat, machte er sich doch andererseits die besondere, emotionsbetonte Tradition des Islam im Sudan zunutze, um jenen Fanatismus zu entfachen, der seiner Bewegung ihre außergewöhnliche Stoßkraft verlieh. Sie brachte nicht nur die Herrschaft der Ägypter im Sudan ins Wanken, sondern rührte auch am Nerv des bislang so selbstgefälligen Europa.

Dieudonné

Eine Reform, die die Rückkehr beziehungsweise Hinwendung zu angeblich ursprünglichen Werten und Praktiken des Islam propagierte, war eines der beiden Ziele, die der Mahdi mit seiner Bewegung verfolgte. Das zweite Ziel, das sich eher zufällig ergab, denn es resultierte letztlich aus einer uneinsichtigen und unnachgiebigen Haltung der ägyptischen Regierung in Khartum, betraf den Sturz eben dieser Regierung und die Vertreibung der Ägypter aus dem Sudan. Doch verband sich mit diesem Ziel nicht nur die Einsicht, daß ohne die Beseitigung der Fremdherrschaft eine Neuordnung der Religion, wie sie dem Mahdi vorschwebte, nicht durchzuführen war; Mohammed Ahmed war auch, auf Grund seiner Reisen durch die ländlichen Gebiete des Sudan, mit den Auswirkungen der Fremdherrschaft in Berührung gekommen. Und diese waren in doppelter Weise den Interessen der Sudanesen entgegengerichetet: Einmal wurden sie als erdrückende Last, die sich in Form hoher Steuern äußerte, empfunden; zum andern sah man in ihnen einen krassen Eingriff in eine geradezu geheiligte Tradition des Landes – den Sklavenhandel. Denn das ist das Paradoxe der ägyptischen Regierung im Sudan: Nachdem sie, unter Mohammed Ali, den Sklavenhandel im Sudan intensiviert hatte, war sie schließlich – unter dem Druck der Europäer – darum bemüht, den Sklavenhandel zu unterbinden. In beiden Fällen verstieß sie gegen die Interessen der Einheimischen, indem sie zunächst deren Monopol im Sklavenhandel brach und dann – nachdem man das Geschäft hatte teilen müssen – für seine Abschaffung eintrat. Letzteres bedeutete den Ruin für einen Wirtschaftszweig, der trotz der Konkurrenz der Ägypter immer noch floriert hatte, und als der Mahdi folglich von sich Reden machte, sah man darin weniger die Möglichkeit, zu einer Form des Glaubens zurückzukehren, die es im Sudan nie gegeben hatte, sondern vielmehr die Chance, verlorenes Terrain wieder wettzumachen und die lukrative Quelle des Sklavenhandels nicht gänzlich versiegen zu lassen. Der Mahdi nützte die vielfachen Formen des Ressentiments in der Bevölkerung, und wenn es ihm selbst auch in erster Linie um seine »göttliche Mission« zu tun gewesen sein mag, die sehr irdischen Belange derer, die sich ihm anschlossen, sollte er keineswegs übersehen. Das wird im einzelnen noch deutlich werden.

Sklaven und Elfenbein

Zunächst aber müssen wir noch einen etwas genaueren Blick auf die wirtschaftlichen und politischen Verhältnisse am Vorabend des Ausbruchs der Mahdi-Revolte werfen. Nur so wird verständlich, wie es zu dieser Revolte kam und was sie wirklich bezweckte. Beginnen wir mit dem Sklavenhandel, der tatsächlich einen Eckpfeiler in der traditionellen Wirtschaft des Sudan bildete.

Wir entsinnen uns, daß die ursprünglichen Herkunftsländer der Sklaven im Sudan (und derer, die weiter ausgeführt wurden) zum einen Abessinien und zum andern die westlichen Grenzgebiete, die von Schwarzen bewohnt wurden, waren. Diese Gegenden blieben auch unter der ägyptischen Herrschaft wichtige Quellen des Sklavenhandels. Doch es kamen zwei weitere hinzu: das Gebiet am Oberlauf des Weißen Nil und die Gegend des Bahr el-Ghasal. Die Gründe hierfür waren vor allem die Erschließung der Grenzregionen des Sudan, die gestiegene Nachfrage nach Handelsgütern – darunter nicht nur Sklaven, sondern auch Elfenbein – und der schließliche Versuch der Regierung in Khartum, den Sklavenhandel zu unterbinden, was zu seiner Verlagerung in entlegenere Gebiete führte.

Den Startschuß zur Ausweitung des Sklavenhandels gab eine Expedition, die – in den Jahren 1839/40 – im Auftrage Mohammed Alis den Oberlauf des Weißen Nil erkundete. Zwei weitere Expeditionen folgten, so daß bereits nach wenigen Jahren nicht nur die Hürde des Sudd genommen war, sondern auch der Lauf des Nil bis in die Gegend der späteren Grenze nach Uganda erkundet wurde. Was folgte, waren Handelsexpeditionen, zunächst unter der Ägide des Staates und dann – als das Handelsmonopol aufgehoben wurde – privater Unternehmer, wobei die Expeditionen zunehmend den Charakter von Raubzügen annahmen. Heuglin, dessen Forschungen im Sudan ja insbesondere dem Weißen Nil und seinen Nebenflüssen galten, gibt ein beredtes Zeugnis von der Entwicklung des »Handels« am Oberlauf des Weißen Nil. Er schreibt dazu: »Der Verkehr mit den Schwarzen beschränkte sich [anfangs] auf die Ufergebiete des eigentlichen Abiad und Kir [Oberlauf des Weißen Nil] südwärts bis gegen den 4. Grad nördlicher Breite, und auf den untern Sobat. Die Brutalität der Händler und ihrer Mannschaften, sowie der überhand nehmende Menschenraub veranlassten da und dort bereits blutige Zusammenstöße mit den im Ganzen wirklich harmlosen Eingebornen. Letztere widersetzten sich endlich an vielen Orten und suchten die Barken mit Gewalt von ihren Niederlassungen abzuhalten. Hatte die Mannschaft eines Bootes irgendwo einen Einfall gemacht, so suchten die Schwarzen am nächsten besten andern Schiff, das in ihren Bereich kam, Rache zu nehmen. Wo sich einzelne Maraudeurs am Lande zeigten, wurden sie niedergemacht. Die Händler sahen sich genöthigt, fortan statt weniger Schiffsleute und Diener auch eine bewaffnete Schutzmannschaft, die man ›Soldaten‹ nannte, an Bord zu nehmen und statt einer einzigen Barke liess ein Kaufherr zwei und drei zusammen auslaufen, wenn er sich nicht mit einem Concurrenten vereinigen konnte. Eine solche Flotille führte ihre 40 bis 100 Mann wohl ausgerüsteter und wehrfähiger Asakar, d.h. Soldaten, die gegenüber den mit Lanze und Pfeilen bewaffneten Schwarzen schon eine imposante Streitmacht bildeten. Bei den hierdurch in ausserordentlichem Maasse anwachsenden Kosten des Unternehmens, dem eintretenden Mangel an Handelsprodukten in der Nähe der Wasserstrasse und bei den gesteigerten Preisen für die Waaren gelang es häufig nicht, die Auslagen des Unternehmens zu decken. Die Neger verlangten für Elfenbein und Sklaven weit werthvollere Tauschgegenstände: kupferne Armringe, Branntwein und namentlich Kühe, die sie als höchsten Reichthum betrachten; zuweilen auch Salz und Getreide. Man suchte nun gemeinsame Sache mit dem einen Stamm, überfiel unter dessen Führung die Nachbern und suchte so viel Gefangene als möglich zu machen, um sie danach als Sklaven wegführen zu können. Zugleich raubte man, was sich an Vieh vorfand, und befriedigte damit theils befreundete Schwarze, theils diente dieses auch wieder zum Eintausch von Waaren. Gelegentlich solcher Raubzüge entdeckte man, dass landeinwärts noch Elephantenzähne in grösserer Menge getroffen würden. Die meisten Unternehmer gründeten in den durch gemeinsamen Viehraub befreundeten Distrikten feste Niederlassungen, sogenannte Zeraib, von denen aus Züge ins Innere unternommen wurden und in welchen eine ständige ›Garnison‹ Platz fand. Ein Geschäftsführer des

Unternehmers oder der Gesellschaft übernahm die Leitung des Ganzen. Dort richtete man sich förmlich häuslich ein, erbaute in einem entsprechenden, mit Verhau und Graben versehenen Raum solide Strohhütten und Getreide-Magazine, vermehrte den Haus- und Wehrstand durch Sklaven und Sklavinnen und tyrannsirte die weite Umgebung. Die Geschäftsführer hatten einen Antheil am Gewinn, vertraten somit die Interessen des Handelsmanns mit allem Eifer. Es entstanden förmliche neue Handelswege weit ins Innere, und auch dort wurden an geeigneten Orten neue Zeriben gegründet. Neben der Schutzmannschaft hatte jeder Weqil [Stellvertreter des Unternehmers] seinen Dragoman und Unterhändler, oft unter den Schwarzen selbst. Die umwohnenden Neger werden als Unterthanen der Zeribeh betrachtet, und man sichert ihnen allen nöthigen Schutz, sowohl gegen andere Handelsleute als gegen ihre Nachbarn zu. Dafür sind sie aber gehalten, bei den Raubzügen als Führer zu dienen und Mannschaft zu stellen, die Station mit Getreide, Brennholz und Milch zu versorgen und gelegentlich Frohndienste zu leisten. Tritt allgemein Getreidemangel ein, so unternimmt man ebenfalls Streifzüge ins Innere. Der Weqil sammelt indess durch Tausch und Gewalt, was er an Elfenbein und Sklaven auftreiben kann. Manche Niederlassungen halten sich selbst eigene Elephantenjäger.«

Der erste Schritt

Das System der Seriben, der befestigten Stützpunkte der Khartumer Kaufleute, wurde zur Grundlage des Handels in den Grenzgebieten des Sudan. Nicht nur am Oberlauf des Weißen Nil, auch im Gebiet des Bahr el-Ghasal und in Darfur bildeten die Seriben ein Netz von Stützpunkten, die zugleich Handelsstation und eine Art Verwaltungssitz waren. Allerdings beschränkte sich die Funktion der *woqelah*, also der Stellvertreter oder Agenten der Handelsunternehmen in Khartum, auf die bloße Ausübung von Regierungsgewalt, die zudem *nicht* staatlich sanktioniert war. Denn das ist als wesentliche Eigenart der Seriben festzuhalten: sie waren Schrittmacher des Kolonialismus. Private Unternehmer erschlossen das Hinterland, die staatliche Autorität zog nur nach. So geschah es, daß der lukrativste Handel längst getätigt war, als die Regierung in Khartum ihre Herrschaft schließlich auch auf die Randgebiete des Sudan ausweitete – 1863 bis Faschoda, am Mittellauf des Weißen Nil; 1871 bis in die Gegend, die fortan »Äquatorialprovinz« hieß; 1873 bis in das Gebiet des Bahr el-Ghasal und seiner Nebenflüsse; und 1874 schließlich bis nach Darfur, womit die Annexion des Sudan durch Ägypten abgeschlossen war. Der Kolonialbesitz der Ägypter im Sudan hatte sich damit um praktisch die Hälfte erweitert, und es waren die Khartumer Kaufleute, die den Grundstein dazu gelegt hatten.

Schändliches Treiben

Das System der Seriben nahm also eine Schlüsselrolle nicht nur im Sklavenhandel, sondern auch bei der Ausweitung der ägyptischen Herrschaft im Sudan ein. Es mag deshalb angezeigt sein, auf diese Erscheinung, die nicht zuletzt auch feudalistische Züge aufwies, noch etwas näher einzugehen. Heuglin, der die Seriben aus eigener Anschauung kannte, entwirft ein erschreckendes Bild: »Die Reinlichkeit ist in diesen Gehöften ... eben nicht zu Hause, an Ungeziefer und Ratten Überfluss und der grösste Theil der Einwohner gewöhnlich mit Syphilis behaftet, die sich natürlich nach und nach auch bei den Eingebornen einnistet. Kolossal ist vollends der Unrath und Gestank ausserhalb der Einzäunung und in der Nähe der Brunnen; dorthin werden auch gefallene Thiere und todte Sklaven geworfen, ohne dass Jemand daran denkt, sie zu verscharren.«

Gewöhnlich entfielen auf eine Seriba zwischen hundert und zweihundert Personen; das heißt, diese Handelsstationen hatten die Größe eines kleinen Dorfes. Die Bewohner setzten sich zusammen aus dem Wekil, einigen Stellvertretern und Dolmetschern, Elephantenjägern, einer größeren Anzahl Söldnern und Sklaven. Letztere bildeten das größte Kontingent, denn nicht nur mußten sie alle Arbeiten verrichten, sie hatten auch allen anderen zu persönlichen Diensten und als Konkubinen zur Verfügung zu stehen. Der Wekil, der als Herr einer Seriba die Interessen seines Auftraggebers in Khartum vertrat, war oft selbst ein ehemaliger Sklave, der – wie es ja ein besonderes Kennzeichen der Sklaverei im Orient war – zu höheren Diensten aufgerückt war und das Vertrauen seines Herrn genoß. Allerdings waren viele der Verwalter auch Repräsentanten des geistigen Standes, was ein bezeichnendes Bild auf die Lehre Mohammeds beziehungsweise die Art, wie sie ausgelegt wurde, wirft. So berichtet Georg Schweinfurth, der gleichfalls in den sechziger Jahren des vorigen Jahrhunderts die Gebiete, die besonders durch den Sklavenhandel heimgesucht wurden, bereiste: »Ausser … kleinen … hausirenden Sklavenhändlern … fehlt es aber auch nicht an zahlreichen grössern Entrepreneurs, die mit vielen Esel- und Ochsenladungen dahergezogen kommen, eigene bewaffnete Sklaven zu ihrer Bedeckung mit sich führen und die alljährlich einen Umsatz von einigen Hundert Sklaven zu machen wissen. Solche haben denn auch in den grössern Seriben ihre Agenten oder ihre Geschäftsfreunde, welche sich daselbst vollständig niedergelassen haben und über eigen Haus und Hof verfügen. Die Agenten sind meist Fakis (Priester …), denn die gewöhnlichen Nebenbeschäftigungen des Priesters schliessen im gesamten Sudan fast selbstverständlich den Sklavenhandel in sich, und mehr oder minder sind sie buchstäblich mit dem Schmuze dieses schändlichen Gewerbes besudelt. In den grössern Städten, am besten in Chartum, findet man leicht Gelegenheit, ihr Thun und Treiben zu beobachten. Da sieht man denn in der Regel Dinge, die allerdings unglaublich erscheinen. Ihr Krämergeist erstreckt sich auf die heterogensten Branchen des Erwerbes. Die ärmern Fakis sind Zwischenhändler, Kleinkrämer, Amuletschreiber, Wunderdoctoren, Schulmeister, Kuppler in einer Person; die reichern, welterfahrenern dagegen haben ihre besoldeten Gehülfen unter sich und betreiben Schul- und Schankwirthschaft im grossen. In der Schule gilt das Wort des Propheten, in der Merissaschenke steht der Cultus der Venus obenan. Solche Leute stehen nichtsdestoweniger beim Volk in hohem Ansehen, und der Ruf ihrer Frömmigkeit überdauert nicht selten die Generation, in welcher sie wirkten. Man begräbt ihren Leichnam auf den öffentlichen Gebetplätzen und befestigt an Stangen weisse Fähnchen dabei, um die geheiligte Stätte zu bezeichnen.«

Natürliche Ordnung

Schweinfurth übertreibt sicher nicht, denn – wie wir gesehen haben – war es ja gerade die allzu weltliche Lebensführung (um es vorsichtig auszudrücken) der Fakis, also der traditionellen geistlichen Führer im Sudan, die den Mahdi ursprünglich zur Kritik und Auflehnung gegen die bestehenden Verhältnisse veranlaßt hatte.

Allerdings spielte dabei der Umstand, daß auch die Geistlichen in den Sklavenhandel verwickelt waren, keine oder doch nur eine untergeordnete Rolle. Denn der Sklavenhandel gehörte nicht zu den Mißständen, gegen die der Mahdi eigentlich zu Felde zog. Ganz im Gegenteil: die Einschränkung des Sklavenhandels durch die ägyptische Regierung war ja eine der angeblichen Drangsalierungen, die der Mahdi sich zunutze machte. Und dies, obwohl er die verheerenden Auswirkungen und grausamen Praktiken des Sklavenhandels durchaus kannte. Denn nicht zuletzt bei seiner Rundreise durch Kordofan war er direkt mit den Exzessen des Sklavenhandels in Berühung gekommen. Und speziell auf dieses Gebiet bezieht sich Schweinfurth in seiner Schilderung der seltsamen Auswüchse des Sklavenhandels. Er schreibt dazu weiter: »Die Suren des Koran in der einen Hand, das Kastrirmesser in der andern, durchziehen sie [die Fakis] das Land, von Seriba zu Seriba wandernd, und führen im wahren Sinne des Wortes das, was unsere Frommen ein Gebetsleben nennen. Ihr zweites Wort ist Allah, ihr drittes Mohammed el rassul [›der Prophet‹]. Allein wie leicht es dem rohen Menschen wird, zu glauben, und wie schwer, ein rechtschaffenes Leben zu führen, sieht man recht deutlich an diesen Fakis. Nie fand ich unbarmherziger die Sklaven behandelt, als von diesen glaubensstarken Männern, die indess ihren geraubten und für Spottpreise, wie Diebeswaare erkauften Seelen stets gottesfürchtige Namen beizulegen pflegen, wie z.B. häufig Allagabo (Dieudonné), Gott hat's gegeben.«

Es mutet in der Tat seltsam an, daß gerade die, die sich als Anwalt Gottes ausgaben, zugleich auch Hauptförderer und Nutznießer des Sklavenhandels waren. Doch allzu überraschend ist dies eigentlich nicht, denn der Islam – auch in seiner orthodoxen Form – ist dem Sklavenhandel beziehungsweise der Sklaverei immer wohlgesonnen gewesen. Schon am Anfang, als der Islam sich anschickte, die Welt zu erobern, verfuhr er nach dem Prinzip, daß alle die, die sich ihm beziehungsweise muslimischer Herrschaft nicht freiwillig unterwarfen, versklavt werden konnten. Die Sklaverei bildete also einen integralen Bestandteil nicht nur der Gesellschaftsstruktur, sondern auch der Wertvorstellung in der islamischen Welt. »Heiden« oder die, die sich der Oberhoheit eines Muslimen widersetzten, zu versklaven, war sozusagen ein Naturgesetz. Dagegen war aus der Sicht des Islam nichts einzuwenden.

Ohne Mitleid

Allerdings bedeutete dies keinen Freibrief. Der gläubige Muslim war eigentlich gehalten, Sklaven menschenwürdig zu behandeln und ihnen unter gewissen Voraussetzungen sogar die Freiheit zu schenken. Es ist in der Vergangenheit von Orientreisenden immer wieder darauf hingewiesen worden, daß das Sklavendasein in der islamischen Welt durchaus erträglich gewesen sei. Vor allem deshalb, weil Sklaven angelblich dort weniger als Arbeitspotential genutzt wurden, als vielmehr als Luxusobjekt dienten. Auch sei es ihnen leicht möglich gewesen, verantwortungsvolle Aufgaben zu übernehmen und nicht selten sogar zu höchsten Posten in Regierung und Verwaltung aufzurücken. Dem ist grundsätzlich nicht zu widersprechen; und diesbezügliche Beispiele wurden ja auch schon genannt. Dennoch bleibt die Tatsache bestehen, daß jeder, der in die Sklaverei gelangte, zunächst seiner Freiheit beraubt wurde, Familie und Heimat (zumeist für immer) verlassen mußte und zumindest bis zu seinem endgültigen Verkauf Strapazen und Erniedrigungen ausgesetzt war, die durchaus dem entsprachen, was man gemeinhin mit Sklaverei verbindet. Um noch einmal Schweinfurth zu zitieren, der – während eines Aufenthaltes in einer Seriba – Augenzeuge eines Vorfalls wurde, der durchaus keine Ausnahme war: »In einem Transporte befanden sich etliche elende, zu Gerippe abgemagerte Mittusklaven [aus der Gegend des Bahr el-Ghasal], die kaum im Stande waren, den ihnen am Halse befestigten Balken, die Scheba, nachzuschleifen. Eines Morgens vernahm ich bei den von ihnen eingenommenen Hütten, welche ich häufig ... passiren musste, viele Stimmen, und wie ich mich seitwärts wendete, eröffnete sich mir eine Scene, die weiterzugeben sich die Feder sträubt. Man hatte einen Sterbenden aus der Hütte geschleift und prüfte mit grausamen Peitschenhieben, die ebenso viel weisse Streifen auf seiner welken Haut zurückliessen, und unter Fluchen und Schmähungen, wie: ›Der Hund will noch nicht sterben, er ist noch nicht todt, der Heide‹, ob er noch ein Lebenszeichen von sich gebe. Dabei spielten die Sklavenknaben (›cet âge est sans pitié‹, hat schon Lafontaine gesagt) aus dem Gefolge der Fakis mit dem noch deutlich keuchenden und röchelnden Körper unter empörenden Scherzen förmlich Fangeball. Sein ... Augenverdrehen hätte jedes menschliche Herz, wenn nicht gerührt, so doch mit Entsetzen erfüllen müssen; statt dessen wurden Stimmen laut, der Unglückliche verstelle sich nur, um unbemerkt entfliehen zu können. Sein bejammernswerthes Aeussere strafte sie Lügen, und so wurde er in den Wald geschleppt, wo ich nach einigen Wochen seinen Schädel aufsuchte, um ihn nebst vielen andern seiner Leidensgefährten dem berliner Museum einzuverleiben.«

Auch wenn die seinerseits nicht gerade pietätvolle Sammlerleidenschaft Schweinfurths uns nicht sonderlich für diesen Forschungsreisenden einnimmt, so ändert das doch nichts an der eigentlichen Aussage, die durch Zeugnisse anderer Reisender ihre Bestätigung findet: ganz gleich, welches Schicksal die Sklaven am Ende ihrer langen Wanderung erwartete, diese war zumindest ein Marsch durch die Hölle! Den so mancher nicht überlebte! Allein dies hätte die Sachverwalter einer Religion, die diese Bezeichnung zu Recht verdient, zur Besinnung und Einsicht bringen müssen. Doch dies ist nicht geschehen; weder von seiten lokaler Glaubensführer noch der orthodoxen Richtung des Islam! Die Sklaverei war ein Schandfleck dieser Religion, und wenn man schließlich doch gegen sie zu Felde zog, so geschah dies allein auf Druck einer anderen Religion, die zwar auch in ihrer Vergangenheit die Sklaverei gutgeheißen, doch inzwischen das Verwerfliche dieser Praxis erkannt hatte und nun entschieden dagegen ankämpfte. Um es ganz deutlich zu sagen: es war nicht der Islam, der die christlichen Länder dazu bewog, den Sklavenhandel einzustellen, sondern das Christentum (beflügelt durch die Aufklärung) die islamische Welt!

Fürstliches Gehalt

Was den Sudan betrifft, so hatte bereits Mohammed Ali, als er einsehen mußte, daß sein Plan, ein Sklavenheer in Ägypten aufzustellen, an den für die Sudanesen ungewohnten klimatischen Bedingungen scheiterte, erste zaghafte Versuche unternommen, den Sklavenhandel einzudämmen. Auch wenn dies keine praktischen Auswirkungen hatte, da es dem Pascha vor allem darum ging, sich das Image eines modernen, aufgeklärten Herrschers zu geben und so insbesondere Europa, das ihm als Vorbild diente, zu beeindrucken, so hatte er doch mit diesem Rückzieher in seiner ursprünglich gänzlich skurpellosen Politik, soweit es den Sklavenhandel betrifft, ein Zeichen gesetzt, das seine Nachfolger immer wieder aufgreifen sollten. Doch wie im Falle Mohammed Alis taten sie dies nicht eigentlich freiwillig oder aus innerer Überzeugung; es handelte sich in ihren Augen vielmehr um ein notwendiges Zugständnis gegenüber den im Grunde als lästig empfundenen humanitären Auflagen der Europäer, deren Gunst man sich – um die ehrgeizigen Pläne zur Erneuerung Ägyptens ausführen zu können – nicht verscherzen durfte. Und so war denn die Politik, die der Abschaffung der Sklaverei dienen sollte, nur ein halbherziges Unterfangen.

Erst unter Ismail, der mehr noch als seine Vorgänger unter dem Einfluß Europas stand, wurden Maßnahmen ergriffen, die einige Aussicht auf Erfolg versprachen. Dazu gehörte vor allem die Ernennung von Europäern zu leitenden Regierungsbeamten im Sudan, womit zum ersten Mal eine Garantie gegeben war, daß die Direktiven zur Abschaffung der Sklaverei – so halbherzig sie auch waren – endlich Anwendung fanden. Der erste, der in dieser Weise von Ismail mit Regierungsgeschäften im Sudan betraut wurde, war der bereits genannte Engländer Samuel Baker. Nachdem er in den Jahren 1862 bis 1865 – auf der Suche nach den Quellen des Nil – das Gebiet am Oberlauf des Weißen Nil bis zu den Seen in Äquatorialafrika erforscht hatte, bot er sich geradezu als der geeignete Mann an, die Ordnung im südlichen Grenzland des Sudan wiederherzustellen. Mit einem fürstlichen Gehalt von 10 000 Pfund im Jahr und einer Streitmacht von 1700 ägyptischen Soldaten trat Baker im April 1869 sein neues Amt an. Freilich ging es nicht allein darum, den leidigen Sklavenhandel am oberen Nil zu unterbinden; Baker sollte zugleich auch das Grenzgebiet, das fortan als »Äquator-Provinz« bekannt wurde, unter ägyptische Hoheit stellen und im übrigen dieses Gebiet für den normalen Handel und Verkehr erschließen.

Baker führte seinen Auftrag gewissenhaft aus, annektierte »Äquatoria«, ging gegen den Sklavenhandel vor und legte den Grundstein für eine geordnete Verwaltung. Nach vier Jahren verließ er seinen Posten, nicht ganz zur Zufriedenheit des Khediven, der höhere Erwartungen gehegt hatte, und kehrte als reicher Mann nach England zurück. Sein Nachfolger wurde gleichfalls ein Engländer: jener Charles Gordon, der auch in Zukunft im Sudan eine entscheidende Rolle spielen sollte. Die Funktion eines Gouverneurs in der Äquator-Provinz erfüllte er drei Jahre, wobei er – mit weniger ungestümen Mitteln, als es bei Baker der Fall gewesen war – die Konsolidierung der ägyptischen Herrschaft fortsetzte. Das Ergebnis war, daß der Oberlauf des Weißen Nil, der bislang ein bevorzugtes Jagdgebiet der Sklavenhändler gewesen war, von dieser Geißel praktisch befreit war. Ein Erfolg, den man der Kolonialregierung immerhin zugestehen muß.

Gravierende Mängel

Doch wie wir gesehen haben, bedeutete dies letztlich nur eine Verlagerung des schändlichen Handels nach Westen, in das Gebiet des Bahr el-Ghasal, nach Kordofan und Darfur. Doch auch dem sollte nun ein Riegel vorgeschoben werden: Ismail ernannte schließlich Gordon zum obersten Regierungsvertreter des gesamten Sudan! Und in dieser Eigenschaft, als Generalgouverneur, ging der Engländer unbeirrt daran, auch die verbliebenen Nester des Sklavenhandels auszuräuchern. Was den Grundstein für die Feindschaft legte, die man ihm fortan im Sudan entgegenbrachte. Daran vermochte auch nicht der Umstand etwas zu ändern, daß Gordon mit der gleichen Entschlossenheit und Unnachgiebigkeit, mit denen er gegen den Sklavenhandel vorging, auch bemüht war, andere Mißstände, die in diesem Falle der Kolonialregierung anzulasten waren, abzustellen. Dazu gehörte in erster Linie die Steuerpolitik, die den Sudanesen seit eh und je ein Dorn im Auge gewesen war.

Um diesen wichtigen Bereich, auf dem letztlich die ganze Regierung im Sudan beruhte, auf eine solidere und gerechtere Grundlage zu stellen, beschloß Gordon, eine systematische Bestandsaufnahme durchzuführen. Er beauftragte damit Rudolf Slatin, jenen Österreicher, der den Sudan bereits von früheren Reisen her kannte, von Gordon in den Verwaltungsdienst übernommen und schließlich zum Augenzeugen der Revolte des Mahdi wurde. Wie sich Slatin an seine erste Mission, die er – 1879 – im Auftrag Gordons übernahm, erinnert: »Zu Anfang Februar ernannte er mich zum Finanzinspector mit dem Auftrage, das Land zu bereisen und die Ursachen zu erforschen, warum die Bewohner des Sudan sich bei den äußerst mäßig bemessenen Steuern fortgesetzt beschwerten, während andererseits die Regierung wieder über die zu der Größe und den Erträgnissen des Landes in gar keinem Verhältniß stehenden geringen Steuereinnahmen Aufklärung zu haben wünsche.

Ich begab mich über Musselemie und Sennar nach Fazogl, besuchte die Berge Kehli, Rigreg und Kaschankero, wobei ich bis in die Nähe von Benischangol [insgesamt im Grenzgebiet zu Abessinien] kam, und schrieb dann meinen Bericht an Gordon Pascha.

Ich erklärte ihm, daß in erster Linie die Vertheilung der Steuern, die immer unter Beeinflussung durch die eingeborenen Notabeln erfolge, eine ganz ungerechte sei. Die Steuerlast ruhe hauptsächlich auf dem armen, kleine Grundstücke besitzenden Mann, während die Großgrundbesitzer immer die geeigneten Wege bei den Beamten einzuschlagen wußten, um ihre Steuerleistungen auf ein unglaubliches Minimum herabzudrücken. Dasselbe gelte in noch höherm Maße auch für die Kaufleute, bei welchen die Belastung des kleinen Geschäftsbetriebes durchweg eine unverhältnißmäßig schwere sei, während die großen kapitalkräftigen Unternehmer eine ganz und gar ungerechtfertigte Schonung erführen. Abgesehen von den Mängeln der Steuerzumessung kämen bei der Steuereintreibung (die durch Soldaten … besorgt wurde) erst recht die größten Ungerechtigkeiten vor. Das Streben jedes dieser Organe ginge vor allem dahin, sich so rasch als möglich und auf welche Weise immer zu bereichern, alles andere wäre für sie von untergeordneter Bedeutung.«

Dramatische Entwicklung

Gordon scheute sich nicht, die Mißstände, die hier aufgezählt werden, zu beseitigen; was natürlich böses Blut bei jenen erzeugte, die dadurch in ihren korrupten Machenschaften beeinträchtigt wurden. Dennoch hätte wohl all dies – das rigorose Vorgehen gegen die Sklavenhändler, der Versuch, die Unregelmäßigkeiten bei der Steuereintreibung zu beseitigen, wie natürlich auch diese selbst – nicht ausgereicht, die Lunte zum Zünden zu bringen, wenn da nicht noch zwei andere Umstände gewesen wären. Das eine war das religiöse Moment, das sich in einer latenten Heilserwartung äußerte, wie sie sich dann in der Person des Mahdi niederschlug, das andere die politische Entwicklung in Ägypten, die sich gegen

Ende der Regierungszeit Ismails zuspitzte, ja, zu seiner Absetzung führte. Anlaß zu diesen Veränderungen in Ägypten, die schließlich in einem direkten Eingreifen Großbritanniens gipfelte, war ein letztendlicher Staatsbankrott Ägyptens, der die europäischen Gläubiger um ihre Investitionen bangen ließ und die Forderung nach einer schärferen Kontrolle der ägyptischen Finanzen laut werden ließ. Diese wurde denn auch, durch die Einsetzung britischer beziehungsweise französischer Kontrolleure in den entsprechenden Ressorts, in Angriff genommen, was wiederum die Reaktion nationalistischer Kräfte auf den Plan rief, die schließlich eine Revolte anzettelten, die vor allem gegen die ausländische Bevormundung Ägyptens gerichtet war. Da Großbritannien durch diese Entwicklung den Seeweg nach Indien, zu dessen Sicherung es mehrheitlich die Aktien des Suez-Kanals erworben hatte, gefährdet sah, intervenierte es schließlich militärisch und leitete damit eine de-facto-Oberhoheit über Ägypten ein, die bis Mitte dieses Jahrhunderts währte.

Für den Sudan bedeutete diese dramatische Entwicklung in Ägypten, die – wenn auch nicht staatsrechtlich, so doch in der Praxis – auf eine Substitution der Herrschaft des Sultans in Isanbul durch die Engländer hinauslief, ein gleichfalls einschneidendes Ereignis. Nicht nur wurde die Reformpolitik, die Gordon energisch vorangetrieben hatte, unterbrochen; denn der Rücktritt Ismails bedeutete auch für Gordon das vorläufige Ende seiner Tätigkeit im Sudan. Auch die Herrschaft der Ägypter war nun insgesamt in Frage gestellt. Zwar wurde auch weiterhin der Regierungsanspruch der Ägypter im Sudan aufrechterhalten, und es wurden – wie wir eingangs gehört haben – auch weiterhin Statthalter der Regierung in Kairo nach Khartum entsandt. Doch sie verfügten nicht mehr über den Nimbus eines unbesiegbaren Herren und erwiesen sich im übrigen als unfähig, die Unruhe, die sich im Sudan ausbreitete, aufzuhalten. Das war die Chance, die der Mahdi nutzte.

Khartum

Ein neuer Sieg

»Als der Mahdi den Aufbruch des General Hicks von Omdurman am 9. September 1883 erfahren hatte, erließ er eine lange Bekanntmachung … und vertheilte Abschriften davon an die Emire [Stammesfürsten], die sie ihren Leuten vorlasen. Wie gewöhnlich nannte er sich darin Mahdi, Gesandten Gottes zur Vernichtung der Türken, der Feinde Gottes und des Propheten, von Gott gesandt, um die ganze Welt zu erobern; im Schreiben feierte er ferner die Vortrefflichkeit des heiligen Krieges und das Glück derjenigen, die in demselben sterben. Zugleich verließ er die Stadt [Obeid] und schlug sein Zelt unter einer Adansonia [Affenbrotbaum] außerhalb derselben auf. Seinem Beispiele folgten die drei Chalifa [Stellvertreter] mit ihrem Gefolge. Auf ein Wort verließ nun die ganze Menge von Menschen die Stadt und das angenehme Leben, sammelte sich um die aufgepflanzten Fahnen und lagerte im Freien, um sich auf die Strapazen des Krieges vorzubereiten. Zugleich durchzogen Ausrufer die Stadt und verkündeten, daß, wer dem Mahdi nicht in das neue Lager folge, enthauptet werde. Alle Männer, alt und jung, fügten sich bereitwilligst, und bald war das neue große Lager der Fogara [Anhänger des Mahdi] mit zahllosen kleinen Hütten aufgeschlagen. Nur des Nachts giengen sie abwechselnd zur Stadt.

Der Mahdi sandte Truppenabtheilungen und Briefe nach allen Richtungen Kordofan's, um die Fogara zusammenzutreiben. Bald strömten die Araber von allen Seiten herbei, wodurch sich die Streiter des Mahdi gewaltig vermehrten. Täglich hielt er Truppenschau, ließ Kanonen auffahren und abfeuern, um den Pomp zu erhöhen und zugleich die Pferde an den Geschützdonner zu gewöhnen. Auf diese Weise brachte der Mahdi in diese aus allen Rassen des Sudan zusammengesetzte Menge so großen Enthusiasmus, daß wir schon für Hicks zu fürchten begannen.

Zu gleicher Zeit schickte der Mahdi die drei Emire: Abd-el-Halim uad el-Haschmi, Hagi-Mohammed Abu Gergia und Omar uad Elias Pascha, genannt Omberer, mit ihren Leuten nach Duem. Diese sollten das Heer des Hicks von Weitem beobachten, es vom weißen Flusse [Abiad] abschneiden, einzelne Abtheilungen desselben, aber nicht das ganze Heer angreifen und beunruhigen und zugleich über alle Bewegungen desselben berichten. Diese Befehle führten sie auch trefflich aus.«

Pater Ohrwalder, dem wir – neben dem Bericht Slatins – einen weiteren direkten Einblick in das Geschehen um den Mahdi und den Aufstand, den er entfachte, verdanken, hatte allen Grund, um die Mission, die General Hicks übernommen hatte, zu bangen. Denn Ohrwalder, wie Slatin ein Österreicher, doch nicht wie dieser in ägyptischen Diensten, sondern katholischer Missionar, befand sich in der Gewalt des Mahdi. Er war im Januar 1880 in den Sudan gekommen und einer Missionsstation zugeteilt worden, die in den Nuba-Bergen lag. Die Station, Dilling mit Namen, war ein größerer Ort, wo nicht nur katholische Priester und Nonnen lebten, sondern die ägyptische Regierung auch eine Garnison eingerichtet hatte. Das Bekehrungswerk der Missionare galt den Nuba, die in der unwegsamen Bergwildnis des südlichen Kordofan ihr Siedlungsgebiet hatten. Doch die Arbeit der katholischen Missionare war jäh unterbrochen worden, als Anhänger des Mahdi – während der Belagerung von Obeid – in Dilling auftauchten und die Garnison zur Aufgabe zwangen. Daraufhin war auch den Missionaren nichts anderes übriggeblieben, als sich zu ergeben. Seitdem befanden sie sich, Priester und Nonnen, in Gefangenschaft.

Hinter den Kulissen

General Hicks befehligte eine militärische Expedition, die einen Vorstoß nach El Obeid unternehmen sollte, um die Stadt, die – wie wir uns erinnern – der Sitz der Provinzregierung von Kordofan gewesen und schließlich in die Hände des Mahdi gefallen war, zurückzugewinnen. Jedoch nicht für die Engländer, wie man vermuten könnte, denn nicht nur war Hicks ein britischer Offizier, der jedoch seinen Dienst bei der englischen Armee in Indien aufgegeben hatte, auch der Umstand, daß nun Großbritannien die eigentliche Macht in Ägypten ausübte, ließe erwarten, daß das Unternehmen, das Hicks anführte, auf Weisung Englands erfolgte. Doch Gladstone, der britische Premier, der zwar die Besetzung Ägyptens zu verantworten hatte, war im Grunde ein Verfechter des Liberalismus, was bedeutete, daß er eigentlich gegen eine Ausweitung britischer Herrschaft war. Damit nahm er eine Position ein, die ganz im Widerspruch zu der vorherrschenden Lehrmeinung seiner Zeit, die durch den Imperialismus geprägt war, stand. Die Besetzung Ägyptens war, aus seiner Sicht, ein notwendiges Übel, das nicht von Dauer sein sollte. Und schon gar nicht gedachte er, sich im Sudan zu engagieren, wo im übrigen die Sudanesen durchaus im Recht seien, wenn sie ihre Freiheit forderten.

Diese Einstellung – vor allem, was den Sudan betrifft – war letztlich entscheidend für alles, was fortan im »Land der Schwarzen« geschah. So paradox es klingt, der Mahdi hatte in Gladstone sozusagen einen Verbündeten. Ohne die Zurückhaltung, die dieser übte, wären ihm – wie auch seinem Nachfolger – die Triumphe, die sie errangen, nicht geglückt.

Es war nicht England, sondern der Khedive Taufik, der die Nachfolge von Ismail als nomineller Herrscher von Ägypten angetreten hatte, der hinter der Expedition Hicks' stand. Denn er sah darin die Möglichkeit, das Prestige seines Amtes, das durch die kürzlichen Unruhen in Ägypten und die nachfolgende Besetzung durch Großbritannien gelitten hatte, wiederherzustellen. England widersetzte sich dem nicht, obwohl durch das geplante Unternehmen im Sudan die ohnehin schon angespannte Haushaltslage in Ägypten weiter beeinträchtigt wurde. Man wollte, wie gesagt, sich so wenig wie möglich in die Angelegenheiten Ägyptens einmischen, das ja durch die Stationierung britischer Truppen und die Entsendung eines Generalbevollmächtigten der britischen Regierung in seiner politischen Handlungsfreiheit zwar eingeschränkt, aber nicht eigentlich zu einer Kolonie degradiert worden war. Ägypten blieb weiterhin ein Teil des Osmanischen Reiches, und der Khedive führte offiziell die Regierungsgeschäfte, auch wenn britische Beamte, die sozusagen ein Schattenkabinett bildeten, hinter den Kulissen agierten.

Obwohl mit dem Fall Obeids die Provinz Kordofan – und damit praktisch der gesamte Westen des Sudan – verlorengegangen war, gab man sich in Kairo doch noch nicht geschlagen. Khartum war fest in ägyptischer Hand, und auch sporadische Erhebungen in der Gezira und entlang der beiden Arme des Nil, die von den Mahdi-

Abb. 8 Der Khedive Taufik Pascha

sten ausgelöst worden waren, hatte man durch energische Gegenmaßnahmen unterdrücken können. Es bestand durchaus eine realistische Chance, das verlorene Terrain auch im Westen wieder wettzumachen.

Doch der militärische Vorstoß, den Hicks unternehmen sollte, war alles andere als ein sorgfältig geplanter Feldzug. Zwar wurden scheinbar ausreichend Soldaten – alles in allem etwa 10 000 Mann – und fast 6000 Kamele für den Transport bereitgestellt; doch die Soldaten waren schlecht ausgebildet und zudem wenig motiviert, da sie vor kurzem noch an den Unruhen in Ägypten, die sowohl gegen Taufik als auch gegen die Engländer gerichtet gewesen waren, teilgenommen hatten. Für die Kamele fehlte die nötige Ausrüstung, so daß sie sich unter hölzernen Sätteln wundscheuerten, jämmerlich eingingen und unter immer schwereren Lasten, die man denen, die übrigblieben, aufbürdete, zusammenbrachen. Die Route wurde falsch gewählt, und unter den Offizieren, die in zwei Lager gespalten waren, herrschte Uneinigkeit: um Hicks scharte sich eine Gruppe europäischer Offiziere, während Ala al-Din Pascha, der zum neuen Generalgouverneur ernannt worden war und sich dem Feldzug angeschlossen hatte, von einem Stab ägyptischer Offiziere umgeben war. Auf den ersten Blick dennoch ein recht beachtliches Unternehmen; doch selbst ein Beobachter, der mit den militärischen Implikationen des Unternehmens weniger vertraut war, vermerkte: »Wir haben nur 9000 Mann Infanterie, die fünfzig gute Leute in zehn Minuten zusammenschießen würden, und 1000 Mann Kavallerie …, die nicht einmal richtig reiten können, und das, mit ein paar Nordenfelt-Geschützen, soll ausreichen, die 69 000 Männer zu schlagen, die der Mahdi aufgeboten hat.«. So der Engländer Frank Power, Korrespondent der *Times*, der den Auszug der Streitmacht, die Hicks anführte, miterlebte.

Ominöse Botschaft

Ausgangspunkt des Vorstoßes in den Westen war Duem, ein befestigter Ort am Weißen Nil, nördlich der Insel Aba. Hier begann der Vormarsch am 27. September 1883; zunächst nach Süden, um an das Ufer eines Wadi zu gelangen, das im Westen an den Hängen der Nuba-Berge ensprang und dem man aufwärts zu folgen gedachte, um auf diese Weise das Problem der Wasserversorgung zu lösen. Denn da die Regenzeit gerade vorüber war, würde man hier noch genügend Wasser finden, obwohl der Khor Abu Habl, wie der temporäre Wasserlauf hieß, schnell austrocknen würde.

Der Nachteil dieser Route lag darin, daß zwei Wochen vergingen, ehe man das Ufer des Abu Habl erreichte. Und in diesen zwei Wochen, die man in der öden Steppe, wie sie den mittleren Sudan beherrscht, zubrachte, war der Wassermangel zuweilen so groß, daß das Heer sich förmlich in einem Chaos auflöste, wenn man sich einem Brunnen näherte. Es wäre dem Mahdi bereits hier ein Leichtes gewesen, den Vormarsch seiner Feinde zu stoppen. Doch er ging kein Risiko ein; meinte er doch, daß die Zeit für ihn arbeite: Je länger der Vormarsch dauerte, um so geschwächter würden die Soldaten sein, und je mehr sie sich vom Nil entfernten, desto geringer war die Chance, daß sie Nachschub erhielten. Dafür würden jene Abteilungen sorgen, die er zur Beobachtung des Feindes entsandt hatte. Sie würden sich auf seine Fersen heften und ihm so den Rückweg abschneiden: Hicks und seiner Streitmacht blieb nur, immer tiefer in das Land, das der Mahdi beherrschte, vorzustoßen. Bis die Falle, in die dieser sie lockte, zuschnappen würde. Hicks' Zug gegen den Mahdi erinnert ein wenig an den Vormarsch Napoleons gegen Moskau. Nur daß Hicks nicht einmal die Chance hatte, sein Ziel zu erreichen; geschweige denn, den Rückzug anzutreten.

Als die Invasionsarmee schließlich den Abu Habl erreichte, war zwar das Problem der Versorgung mit Trinkwasser gelöst, doch es traten andere Widrigkeiten auf: die Vegetation war hier dichter, was nicht nur das Fortkommen erschwerte, sondern auch den Kriegern des Mahdi, die die Invasionsarmee beschatteten, die Möglichkeit gab, aus dem Hinterhalt gegen sie vorzugehen. Es verging nun kaum noch ein Tag, ohne daß es nicht zu einem bewaffneten Zwischenfall kam. Doch es waren immer nur kleinere Überfälle, wie Nadelstiche, gegen die die Soldaten sich jedoch nicht wehren konnten, da sie die Mahdisten kaum zu Gesicht bekamen.

Zu dieser Zermürbungstaktik des Mahdi kam die Enttäuschung, daß Verstärkung von seiten lokaler Fürsten, die sich bislang den Ägyptern gegenüber loyal verhalten hatten, ausblieb, während an-

Abb. 9 Auf dem Vormarsch: Die Streitmacht von General Hicks

dererseits nicht nur der Kampfgeist der Truppe, der ohnehin nie groß gewesen war, immer mehr nachließ, sondern auch ernste Versorgungsschwierigkeiten auftraten. Denn die Bewohner der wenigen Dörfer, die entlang der Route, die die Invasionsarmee eingeschlagen hatte, lagen, waren geflohen und hatten all ihre Habe mitgenommen. Hicks war völlig auf sich gestellt, und mit jedem Tag, der verging, wurde man sich des Unheils das drohte, bewußter.

Und dann tauchten eines Tages Proklamationen des Mahdi auf. Sie waren nicht dazu angetan, die Stimmung zu heben:

Es kann dem, der bei rechten Sinnen ist, nicht verborgen bleiben, daß die Entscheidung in der Hand Gottes liegt, und Er läßt sich dabei nicht von Gewehren, Geschützen oder Geschossen leiten; niemand ist sicher, wenn ihn nicht Gott, der Höchste, schützt. Wenn ihr das einseht, dann erkennt ihr, daß es nur einen Gott gibt, und ihr werdet nicht durch eure Waffen getäuscht werden noch durch eure Kameraden, mit denen ihr in den Krieg gezogen seid, um gegen die Soldaten Gottes zu kämpfen. Wenn ihr aber sagt, daß Ich, der Mahdi, ein Betrüger sei, so wisset, daß nur der die Wahrheit leugnet, der dem Irdischen verhaftet ist, die Menschen fürchtet und die Macht Gottes unterschätzt.

Hicks und die übrigen Europäer des Feldzuges ließen sich durch so etwas nicht beeindrucken. Doch der einfache Soldat, eigentlich ein einfacher Bauer oder Landarbeiter, der zwangsrekrutiert worden war und nur widerwillig in einen Krieg zog, dessen eigentliche Bedeutung ihm bislang verborgen geblieben war, wird nun noch weniger bereit gewesen sein, seinen Kopf für etwas hinzuhalten, das letztlich einem Frevel gleichkam: im Namen Ungläubiger gegen einen Mann zu kämpfen, der sich als der Mahdi, der Messias, ausgab. Allah war zweifellos auf der Seite dieses »von Gott Gesandten«.

Wunderbare Taten

Der einzige Grund, weshalb die ägyptischen Soldaten nicht ihre Gewehre wegwarfen und zum Mahdi überliefen, war der Umstand, daß sie eben keine Sudanesen waren. Sie waren Fellachen, die mit den Arabern des Sudan nichts gemein hatten. Außer ihrer

Sprache und der Religion; doch dieses Band reichte offensichtlich nicht: willig wie Lämmer, die zur Schlachtbank geführt werden, gingen sie in den Tod.

Es begann damit, daß Hicks schließlich, nachdem das Invasionsheer den Oberlauf des Abu Habl erreicht hatte und damit nur noch wenige Tagesmärsche von Obeid entfernt war, die Streitmacht zu ihrer letzten Etappe ausrücken ließ. In einem weiten Bogen, der noch einmal drei kleinere Orte berührte, gedachte Hicks von Süden her gegen den Sitz des Mahdi vorzustoßen. Der erste Ort, Alloba, wurde ohne besondere Zwischenfälle erreicht. Doch dann, am 3. November, als sich das Heer auf den Weg zur zweiten Station, Kaschgil, machte, begannen die ersten eigentlichen Kämpfe. Sie setzten sich am nächsten Tag, einem Sonntag, fort, wobei sie an Heftigkeit zunahmen. Wie dem Tagebuch eines österreichischen Offiziers, Major Hertl, der die Kavallerie anführte, zu entnehmen ist: »Dieses sind schlimme Tage; wir befinden uns in einem Walde; wir sind alle schwermüthig. Der General befiehlt der Musik zu spielen, um etwas heitere Stimmung in die betrübten Seelen zu bringen; doch bald verstummt die Musik. Die Kugeln schlagen von allen Seiten ein, Kammeele, Maulthiere und noch mehr Soldaten fallen. Unsere Menge ist zu dicht, als daß die Kugeln fehlgehen könnten. Wir sind ohnmächtig und wissen nicht, was thun. Der General befiehlt, Halt zu machen und eine Zeriba zu bauen ... Die Kugeln fallen immer dichter ein und ...«

Hier bricht das Tagebuch ab; wahrscheinlich wurde Hertl schon an diesem Tag getötet. Obwohl die eigentliche Schlacht, wenngleich es auch nur ein Gemetzel war, erst am nächsten Tag, dem 5. November, stattfand. Wie Slatin, dessen Schilderung sich auf die Aussagen Überlebender stützt, schreibt: »Am nächsten Morgen ... setzte Hicks, die Seriba verlassend, den Vormarsch fort. Er hatte viele Todte und Sterbende zurücklassen müssen, auch einige Kanonen, deren Bespannung getödtet worden war. Bevor er noch eine Meile vorgerückt war, wurde er von gewiß 100 000 hinter den Bäumen hervorstürzenden Fanatikern angegriffen. Das Carré [die Formation während des Vormarsches] wurde zersprengt, und ein förmliches Schlachten begann. Nur die wenigen europäischen Offiziere und einige türkische Reiter hatten sich unter einem riesigen Affenbrotbaum zusammengeschart und vertheidigten sich tapfer;

doch von allen Seiten wüthend und mit ungeheurer Übermacht angegriffen, erlagen sie bald der Überzahl ihrer Feinde.«

Sie wurden alle niedergemacht. Erbarmungslos. Fast 10 000 Mann! Nur wenige kamen mit dem Leben davon. Darunter war keiner der europäischen Offiziere; und auch nicht Ala al-Din, der Statthalter des Khediven.

Der Mahdi hatte seine Macht bestätigt, und seine Rückkehr nach Obeid glich einem Triumphzug. Wie Slatin berichtet: »Nichts konnte die wilde Großartigkeit übertreffen, mit welcher der Mahdi nach der siegreichen Schlacht seinen Einzug in el Obeid hielt. Es war ein wahrer Triumphzug, und wo immer er vorüberzog, warfen sich die Leute zur Erde und verehrten ihn wie ein überirdisches Wesen. Er hatte durch seinen Sieg den ganzen Sudan in seiner Hand, vom Nilufer bis zum Rothen Meere, von Kordofan bis an die Grenzen Wadais [Sultanat im heutigen Tschad]. Alles sah nach dem Manne, der so wunderbare Thaten verrichtet hatte, und harrte seiner weitern Unternehmungen. Fast alle, die früher noch an ihm gezweifelt hatten, schlossen sich jetzt mit Begeisterung dem neuen Regimente an.«

Strenges Regiment

»Großartig wie er war der Einzug des Mahdi in Obeid. Zuerst erschienen die bunten Fahnen; diesen folgten die Tausende von Fogara, unter erschütterndem Gebrumme das ›La illah‹ singend, während mehrere aus den Reihen sprangen und mit furchtbarem Gejohle die blutbefleckten Lanzen schwangen. Hierauf kam die Reiterei mit den drei Chalifen. Von Zeit zu Zeit wurde angehalten, mehrere Reiter sprengten im Galopp vorwärts, die Lanze zum Stoß anlegend, und kehrten dann unter trillerndem Freudengeschrei in Reih und Glied zurück. Dann folgten die wenigen Gefangenen, die traurigen Reste der Armee des Hicks; meist nackt und verwundet schleppten sich die Armen unter Verhöhnungen der Fogara dahin. Dahinter kamen die Kanonen, von Maulthieren gezogen, deren fast jedes verwundet war. Zuletzt ritt der Mahdi auf einem schönen Kameele von den Fanatischsten seiner Fanatiker umgeben, die gleich dem Getöse eines Wildbaches ihr monotones ›La illah‹ sangen. Wolken von Staub füllten die Luft. Beim Vorbeireiten des Mahdi warfen sich Tausende auf die Erde und küßten dieselbe, während eine Menge Weiber ihm zujauchzte und rief: *El Mahdi illah* (der Mahdi Gottes). Einen solchen Triumph hatte man noch nicht gesehen, man verehrte den Mahdi fast als Gott.«

Pater Ohrwalder, von dem diese Beschreibung stammt, war im Gegensatz zu Slatin bereits Gefangener des Mahdi und hatte somit Gelegenheit, den Einzug des Mahdi in Obeid, nach dem Sieg über die ägyptischen Truppen, persönlich mitzuerleben. Entsprechend detaillierter und unmittelbarer ist seine Schilderung. Das trifft auch für die Darstellung der Herrschaft zu, die der Mahdi in Obeid errichtet hatte. Nachdem er die Stadt eingenommen hatte, war der Sitz seiner Regierung, wenn man es so nennen will, von Gedir, in den Nuba-Bergen, wo er zunächst sein Hauptquartier aufgeschlagen hatte, nach Obeid verlegt worden, was freilich einen gewaltigen Zuwachs seines Prestiges mit sich brachte, denn immerhin war Obeid das Zentrum einer Provinzregierung gewesen. Hier nun richtete sich der

Mahdi mit seinem Gefolge ein, und obwohl er einen geradezu asketischen Lebensstil predigte, ließen es sich die »Großen« in seinem Gefolge erst einmal wohlergehen. Wie Ohrwalder, der Augenzeuge, der zwar dem Mahdi und seinen Anhängern nicht wohlgesonnen war, dennoch aber genaue Beobachtungen anstellte, berichtet: »Herren von ganz Kordofan, ließen es sich nun [nach der Besetzung Obeids] der Mahdi und seine Emire wohl gehen. Die Emire hatten sich die Häuser um die Muderie [den Gouverneurspalast] herum ausgewählt und wollten nun einmal etwas ausruhen und genießen. Geld und Alles war in Überfluß vorhanden. Damit rissen auch Sinnlichkeit und Luxus ein. Die Großen schafften sich einen bevölkerten Harem an und ergaben sich der Prachtliebe. Schöne Kleider – soweit dies die Giubba [hemdartiges Gewand der Fogara] gestattete –, auserlesene Pferde und Esel, ein Troß von Sclaven zeichneten die Emire aus. Der Schwertgriff wurde aus Silber in hübscher Filigranarbeit ausgeführt. So gewöhnten sich diese Barbaren, die bisher, voll Schmutz und Ungeziefer, nur die Erde als Lagerstätte kannten, an das bequeme Leben der Türken. Als Scherif Mahmud, den der Mahdi in Gadir zurückgelassen hatte, nun nach Obeid kam, war er hocherstaunt über diesen Luxus und das Schlemmerleben der Emire, besonders des Uad Regiumi. Er setzte bei dem Mahdi durch, daß Uad Regiumi sich eines großen Theiles seiner Weiber entäußern mußte; man nahm ihm zwanzig seiner Sclavinnen ab und verkaufte sie im Bet-el-Mal [Schatzamt]. Zugleich nahm der Mahdi Veranlassung, neue Verschärfungen gegen den Luxus zu erlassen. Seide und allen Silberschmuck schaffte er ab. Als Kopfbedeckung schrieb er vor eine takia aus Saf (aus den Blättern der Zwergpalme gemacht) nebst einem Turban (*Emma*), entweder sieben oder vierzehn oder einundzwanzig Ellen lang, mit einer schweifartigen Verlängerung. Die Kleidung sollte aus der Giubba bestehen, einer weiten Hose und einem aus Saf oder Dammur [grober Baumwollstoff] gefertigten Gürtel, der nach Art eines Ordensbandes über die Schulter getragen wurde …«

Diese Kleidung, wie sie Ohrwalder schildert, wurde in der Tat zu einer Art Markenzeichen der Mahdiya: ein knielanges, hemdartiges Gewand aus grobem Baumwollstoff, die sogenannte *dschibba*; weite, lange Hosen, die bis zu den Knöcheln reichten; Sandalen oder barfuß; und auf dem Kopf eine kleine Kappe, um die man einen Turban wandt – das war die Tracht der Mahdisten, durch die sie sich als Anhänger des Gottgesandten zu erkennen gaben. Wobei das Gebot der Schlichtheit soweit ging, etwaige Löcher in der *dschibba* durch Flicken auszubessern, anstatt sich ein neues Gewand zu leisten. Was dazu führte, daß sich die Hauptleute und Würdenträger im Gefolge des Mahdi mit bunten Flicken geradezu schmückten.

Gottlose Herrschaft

Was die sonstigen Verordnungen anbelangt, die der Mahdi erließ und die die Lebensführung seiner Anhänger betraf, so bezogen sich diese vor allem auf ein Verbot von Alkohol, Tabak und Drogen. Frauen war es untersagt, Schmuck aus Gold oder Silber zu tragen; ja, selbst in ihrer Haartracht mußten sie sich bescheiden. Musik und Tanz waren ebenso geächtet wie aufwendige Hochzeiten und übermäßige Mitgift. Auch die Tradition, einen Toten durch lautes Jammern zu beklagen, wurde abgeschafft: Warum den Tod eines Verwandten beklagen, wenn ihn doch das Paradies erwartete? Sofern er ein gottesfürchtiges Leben geführt hatte; wohingegen andernfalls er ohnehin kein Mitleid verdiente.

Es war ein strenges, puritanisches Regime, das der Mahdi einführte. Und das ganz im Gegensatz stand zu dem Luxus und den Ausschweifungen, der Korruption und Gottlosigkeit der »Türken«, die zuvor das Land regiert hatten. Wer dieser Verderbtheit nicht abschwörte, den erwarteten harte Strafen. Wie Ohrwalder berichtet: »Die Richtergewalt wurde von einem Gadi nach dem Gesetze Mohammed's geübt. Gottes- und Religionslästerung, Unglaube an dem Mahdi wurde mit dem Tod bestraft. Der Mörder wurde ohne Umstände enthauptet, keine mildernden Umstände wurden zugebilligt. Den Dieben wurde je nach der Größe des Diebstahles Hand und Fuß abgeschnitten. Unerlaubter Umgang zwischen Verheirateten [d.h. Ehebruch] wurde mit Enthauptung des Mannes und Steinigung des Weibes bestraft. Es war aber schwierig, die vom Gesetze verlangten Beweise zu erbringen. Alle unter der ägyptischen Regierung freigelassenen Sclaven verloren ihre Freiheit wieder. Die Sclaven können nicht als Zeugen auftreten. Alle wichtigen Fälle wurden der Entscheidung des Mahdi unterbreitet, der alle Strafen nach Belieben aufheben konnte. Bei thätlichem Vergehen gilt das mosaische Gesetz: Auge um Auge, Zahn um Zahn. Öfters wurde ein Mörder von den Verwandten des Ermordeten getötet, jedoch erst nach dem Spruche des Richters. Den Strafen konnte man sich durch Geld entziehen. Damals übten auch die Chalifen und nächsten Verwandten des Mahdi Richtergewalt aus, wodurch häufig große Verwirrung entstand.«

Es war alles noch recht provisorisch, in dieser ersten Zeit, da der Mahdi sich anschickte, eine neue Herrschaft im Sudan zu errichten. Doch eines war auch schon am Anfang deutlich erkennbar: es war eine Theokratie, die der Mahdi anstrebte. Nach dem Vorbild der frühen Herrscher des Islam, allen voran des Propheten selbst, der oberster Geistlicher, Feldherr und Herrscher in einer Person gewesen war.

Die enge Verknüpfung von Religion und Politik ist ein typisches Merkmal des Islam. Sie resultiert jedoch nicht nur aus dem Vorbild, das Mohammed abgibt, sondern ist auch auf das ursprüngliche Selbstverständnis des Islam zurückzuführen, wonach die Lehre Mohammeds die höchste Stufe der Religion schlechthin darstellt, woraus sich der Anspruch ableitet, daß der Islam absolute Maßstäbe setzt, denen sich alle Menschen unterzuordnen haben. Dies aber kann nur, da die Praxis bewies, daß eine Übernahme des Islam nicht freiwillig erfolgte, mit Mitteln erreicht werden, die die Anwendung von Gewalt voraussetzen. Weshalb denn auch der Islam – im Gegensatz zu allen anderen Religionen – von Anfang an auf militärische Eroberung setzte, was weltlicher Macht – auch wenn sie in »göttlichem« Auftrag erfolgte – zu einer Schlüsselstellung verhalf, die mehr und mehr in den Vordergrund trat, während das eigentlich religiöse Moment – auch wenn Religion und Politik miteinander verflochten blieben – in den Hintergrund gedrängt wurde. Diese Entwicklung – eine zunehmende Bedeutung des Weltlichen auf Kosten der Religion – führte schließlich zu jener »gottlosen« Herrschaft, wie sie die Regierung der Hohen Pforte darstellte, die sich zwar auf das Kalifat, das heißt, eine rechtmäßige Nachfolge des von Mohammed begründeten Herrscheramtes berief, in der Praxis jedoch ein säkulares Regime führte. Was, nach Meinung des Mahdi, jene Auswüchse des angeblichen Mißbrauchs der Macht bewirkt hatte, die er anprangerte und seiner Bewegung, in seinen Augen, ihre Legitimation gaben. Denn er predigte die Rückkehr zum ursprünglichen Ideal: Politik der Religion unterzuordnen; dem Islam, der Lehre des Propheten, zu neuer Geltung zu verhelfen.

Leuchtende Strahlen

Der Mahdi betrachtete sich also nicht nur als religiösen Führer. Er erhob auch Anspruch auf politische – und militärische – Macht. Er war religiöses und politisches Oberhaupt zugleich, und das Gesetz, das er einführte, die Scharia, basierte gänzlich auf göttlichen Geboten, deren Auslegung in letzter Instanz er sich vorbehielt. Bislang hatten sogenannte *ulema*, gelehrte Geistliche, über die Einhaltung der Scharia, die den traditionellen, insbesondere vom Koran inspirierten Gesetzeskodex der Muslime dargestellt, gewacht. Sie bildeten eigentlich ein Gegengewicht zur weltlichen Macht, die sich immer mehr verabsolutiert hatte; doch auch sie, indem sie sich korrumpieren ließen, waren im Laufe der Zeit vom »Pfad der Tugend« abgewichen. So hatten sie, was den Sudan betrifft, eng mit der Kolonialregierung zusammengearbeitet; nicht zuletzt auch bei dem Versuch, jenem aufmüpfigen *faki*, der sich fortan »Mahdi« nannte, in seine Schranken zu weisen. Verständlich, daß dieser gerade auf die *ulema*, die letztlich die Abweichung von den ursprünglichen Lehren sanktioniert hatten, nicht gut zu sprechen war. Wie sich Ohrwalder erinnert: »Die Gelehrten und ihr Wissen waren dem Mahdi verhaßt. Er ließ alle Bücher verbrennen, und wer ein solches besaß, mußte es mit Lebensgefahr versteckt halten. Er wollte nicht, daß die Leute aufgeklärt werden sollen. Er meinte und sprach sich dahin aus, daß er das Licht sei und alle Wissenschaft besitze. Es fehlte auch nicht an Heuchlern und Schmeichlern, die behaupteten, von seinem Haupte leuchtende Strahlen ausgehen zu sehen. Er gab häufig vor, überirdische Erscheinungen zu haben und manchmal selbst in den Himmel entführt zu sein; seine Befehle und Vorschriften seien stets von Gott und vom Propheten eingegeben, weshalb es der größte Frevel gewesen wäre, sich ihnen zu widersetzen.«

Anstelle gelehrter Abhandlungen, die zugegebenermaßen kaum einen Bezug zu den Alltagsnöten der Menschen hatten, verfaßte der Mahdi eine eigene Sammlung von Gebeten. Dieses Buch, als »Ratib« bekannt geworden, galt als Pflichtlektüre. Ähnlich wie jenes »grüne Buch«, das ein anderer, moderner Wortführer des Islam, der libysche Staatschef Gaddafi, verfaßte, trug auch die Gebetssammlung des Mahdi, die den Charakter einer heiligen Schrift annahm, sehr wesentlich dazu bei, daß er zu einem persönlichen Identifikationssymbol wurde.

Man mag aus heutiger Sicht über den Personenkult, den der Mahdi entfaltete, wie auch über seinen autoritären Herrschaftsstil geteilter Meinung sein, doch scheint eines zumindest Beachtung zu verdienen: das offensichtliche Bemühen des Mahdi, eine auf strengen ethischen Grundsätzen beruhende neue Ordnung zu schaffen. Man könnte versucht sein, darin seine eigentliche Bedeutung und Größe zu sehen – wenn, ja, wenn es da nicht einige Erscheinungen gäbe, die den Eindruck, den man bislang gewonnen hat, empfindlich stören.

Verpaßte Chance

Da ist zum einen der Hinweis, bei Ohrwalder, daß der Mahdi die eine Maßnahme, die der ägyptischen Regierung schließlich in besonderer Weise zur Ehre gereichte, nämlich die Aufhebung der Sklaverei, rückgängig machte, indem er – wie es bei Ohrwalder heißt – alle Sklaven, die die ägyptische Regierung freigelassen hatte, wieder in die Sklaverei führte! Wir werden auf diesen Aspekt, der – in besonders auffälliger Weise – einen Schatten auf das Bild des Mahdi (und seines Nachfolgers) wirft, an anderer Stelle noch näher eingehen. Hier mag es genügen, darauf hinzuweisen, daß es zwar auch ein Gebot der Stunde gewesen sein mag, den Sklavenhändlern, die sich dem Mahdi anschlossen, entgegenzukommen. Doch verträgt sich nicht der Anspruch eines Messias, ganz gleich, welcher Religion er angehört, mit der Duldung oder gar tatkräftigen Förderung eines Gewerbes, das auf einer systematischen Beraubung der Freiheit unschuldiger Menschen beruht. Hier genügt nicht der Hinweis, daß eine solche Sitte, die eine Unsitte ist, aus der Tradition der islamischen Welt zu erklären ist, wo die Sklaverei seit eh und je praktiziert worden war. In einem solchen Fall müssen absolute Maßstäbe gesetzt werden! Und die Tatsache, daß der Mahdi – Ende des 19. Jahrhunderts – im Namen der Religion (!) die Sklaverei nicht nur tolerierte, sondern sie wiedereinführte, diskrediert ihn ebenso wie seine Bewegung. Sie mag politisch (vorübergehend) erfolgreich gewesen sein; ethisch war sie ein Versager! Das muß ganz deutlich gesagt werden (zumal nicht nur Sklaven, sondern auch Frauen und alle, die sich dem Absolutheitsanspruch des Mahdi, als »Erlöser« (!), widersetzten, die volle Gewalt des durch ihn sanktionierten Unterdrückungsapparates zu spüren bekamen)!

Man mag hier einwenden, daß dem Mahdi nicht eigentlich persönliche Vorteile aus einem solchen repressiven System erwuchsen, sofern man gewillt ist, über die mögliche Befriedigung persönlicher Machtgelüste hinwegzusehen. Doch ein weiterer Blick hinter die Kulissen offenbart, daß es da auch noch andere Schattenseiten gab, die den Glorienschein, mit dem der Mahdi sich umgab, beeinträchtigten. Hören wir dazu noch einmal Ohrwalder, der zwar – wie wir bereits andeuteten – kein Freund des Mahdi war, doch sorgsam registrierte, was er beobachtete: »Bald nach dem Falle Obeid's ordnete der Mahdi auch den Staatsschatz. Die Araber in Kordofan, die sich in den verschiedenen Kämpfen gegen die Regierung viele Beute erworben und wegen dieser auch größtentheils gekämpft hatten, wurden aufgefordert, die Beute ... bis auf die letzte Nadel herauszugeben. Es wurden kleine Abtheilungen ausgesandt, dieselbe einzusammeln. Schon damals giengen Manchen die Augen auf, und sie bereuten ihren Anschluß an den Mahdi. Die Beute und Erträgnisse der Confiscationen wurden im *Bet-el-Mal* (Haus der Güter) gesammelt und dort verkauft. Der fünfte Theil alles Einlaufenden gehörte dem Mahdi, der aber auch über alle fünf Fünftel frei verfügte.«

Das Beit el-Mal war eine Art rudimentärer Finanzbehörde: hier wurde nicht nur die Beute gelagert, die die Kriegszüge einbrachten; auch die Steuern, die der Mahdi erhob, liefen hier ein. Verwalter dieser Behörde wurde ein gewisser Ahmed wad Soliman, wie der Mahdi ein Nubier, dem der »Gottgesandte« besonders vertraute. Wie Ohrwalder anmerkt: »Der Mahdi hatte über diesen Mann von Gott und dem Propheten besondere übernatürliche Instructionen erhalten, die denselben beinahe unverletzlich machten. Wenn der Madi ausritt, so hielt Ahmed die Zügel und lief barfuß neben dem Thiere her.«

Verständlich, daß der Mahdi, wenn ein solcher Mann, der ihm so sehr ergeben war, die Finanzen verwaltete, sich nach Belieben bedienen konnte. Doch was machte er mit diesen Schätzen, worauf verwandte er sie? Und erregte es nicht Mißtrauen und Mißgunst, wenn der Mahdi, der allen die Armut predigte (»Fogara«, wie sich seine Anhänger nennen sollten, heißt die »Armen«), sich selbst über seine Gebote hinwegsetzte? Slatin, der zwar auch keinen Grund hatte, dem Mahdi wohlgesonnen zu sein, denn er mußte in der Gefangenschaft noch länger ausharren als Ohrwalder, der dennoch aber – da er nicht das religiöse Vorurteil seines Landsmannes teilte – distanzierter in seiner Berichterstattung ist, schreibt: »Männer, Weiber und Kinder strömten zu Hunderttausenden nach el Obeid, um den heiligen Mann zu sehen und das Glück zu erlangen, ein Wort aus seinem Munde zu erhaschen, und die unwissende Menge sah in ihm nur das, wofür er sich ausgab: den von Gott gesandten Mann. Er verstand es, den äußern Schein zu wahren, der ihn bei diesen leichtgläubigen Massen in den Ruf der Heiligkeit brachte. Nur mit einer Giuppe … [Dschibba] und mit Libas (leinenen Hosen) bekleidet, gewöhnlich einen Strick oder Baumwolltuch um die Hüften geschlungen, auf dem Kopfe die Takia …, um die ein einfaches wollenes Tuch als Turban gewunden war, erschien er, demüthig in Blick und Haltung, vor seinen Anhängern mit Worten der Liebe zu Gott und den Gläubigen, mit Worten der Entsagung auf den Lippen.

Doch im Innern seines Hauses hatte er längst begonnen, sich dem Wohlleben hinzugeben; hier fröhnte er, den Blicken der Gläubigen entzogen, den Hauptleidenschaften der Sudanesen, den Weibern und dem guten Essen. Die schönsten Mädchen wurden aus der Beute gesondert und seinem Harem einverleibt, und ausgesuchte Dienerinnen, die er den hohen Beamten und reichen Leuten weggenommen hatte, sorgten für seinen Tisch und seine sonstigen Bequemlichkeiten.«

Es drängt sich der Verdacht auf, daß der Mahdi nicht nur mit zwei Maßstäben maß, sondern letztlich auch ein Heuchler war. Das, was er den »Türken« vorwarf, ein Leben in Luxus und Verderbtheit zu führen (und sich dadurch vom wahren Glauben entfernt zu haben), praktiziert er, im Geheimen, selbst. Das wird auch von einheimischen Quellen zugegeben, wie wir noch sehen werden. Allerdings enthält man sich hier jeglicher Kritik, was den Schluß nahelegt, daß man gewillt war – zumal es der tatsächlichen Tradition des Islam beziehungsweise seiner Wortführer entsprach –, auch dem Mahdi, wiewohl er ständig die Freuden des Paradieses auf den Lippen führte, auch im Diesseits ein Leben, wie es allen »Großen« gebührte, zuzugestehen. Hierin war man offensichtlich toleranter, als es ein neutraler Beobachter sein muß. Ihm bleibt nur zu konstatieren, daß der Mahdi zweifellos eine außergewöhnliche Persönlichkeit war, die vor allem die Fähigkeit auszeichnete, Menschen, die mit ihrem Dasein unzufrieden waren, für eine Idee zu gewinnen, die ein besseres Los in der Zukunft verhieß. Er war sicher auch von seiner persönlichen Mission überzeugt; machte sich und anderen darin folglich auch nichts vor. Doch zu einem »Erneuerer«, der die Welt – und zwar im Diesseits, wenngleich auch im Hinblick auf das Jenseits – verändern möchte, gehört mehr: absolute Glaubwürdigkeit, Selbstverleugnung und eine Vision, die konsequent über alle Fehlbarkeit des Menschen hinausreicht. Der Mahdi wäre auch dann gescheitert, wenn er seinen schließlichen, endgültigen Triumph überlebt hätte. Er besaß Charisma, aber keine Integrität: Er war ein Opportunist, der die günstigen Umstände, die sich ihm boten, nutzte. Er ließ sich korrumpieren, durch Macht, Ansehen und Reichtum, und in dem Maße, wie er seine ursprüngliche Begeisterung und wohl auch Aufrichtigkeit verlor, büßte er auch die Chance ein, einmal zu den Großen der Weltgeschichte zu gehören. Einem Gandhi, mit dem man ihn wohl am ehesten vergleichen könnte – nicht zuletzt, da auch dieser für die Freiheit seines Volkes (und gegen die Engländer) kämpfte –, hätte er nicht im entferntesten das Wasser reichen können. Dazu fehlte es ihm vor allem an Disziplin – Disziplin gegen sich selbst!

Osman Digna

Der Sieg, den der Mahdi erneut über die ägyptische Truppen errungen hatte, bestätigte, in den Augen seiner Anhänger, seine Unfehlbarkeit. Was zur Folge hatte, daß die Schar seiner Anhänger erneut sprunghaft zunahm. Dennoch hatte seine Bewegung bislang nur lokalen Charakter: sie war praktisch auf Kordofan beschränkt und bildete somit lediglich eine Enklave in dem überwiegend noch Ägypten unterstehenden Sudan. Darfur im Westen, Bahr el-Ghasal und die Äquator-Provinz im Süden, die Gezira, der Osten und der Norden und natürlich auch noch Khartum – all dies stand noch unter ägyptischer Verwaltung. Noch war der Mahdi nicht Herr des Sudan; auch wenn er militärisch bereits die Oberhand gewonnen hatte.

Doch er hatte bereits die Grundlagen einer allumfassenden Herrschaft gelegt, indem er bereits in Gedir, in den Nuba-Bergen, wo er sein erstes Hauptquartier unterhalten hatte, sogenannte »Kalifen« ernannt hatte, die aus verschiedenen Teilen des Sudan stammten und somit als Garanten einer zukünftigen Einheit dienten. Da war zunächst Abdullah ibn el-Sayyid Mohammed, jener getreue Gefolgsmann der ersten Stunde, der nicht unwesentlich zur Mystifizierung des Mahdi beitrug, indem er ihm sozusagen das Amt des Messias antrug. Er war ein Baggara, gehörte also jenen Völkern an, die als Rindernomaden den westlichen Sudan bevölkern.

Abdullah blieb die wichtigste Stütze des Mahdi; nicht nur, weil er von dessen Sendung überzeugt war, sondern vor allem auch, weil er – gemäß seiner Herkunft – ein kriegerisches Wesen besaß und militärisches Geschick entwickelte. Ihm – und den Baggara, die sich hinter ihn stellten – verdankte der Mahdi recht eigentlich seine Siege. Es war nur natürlich, daß Abdullah, den ein unfehlbarer Glaube an die Mission des Mahdi beseelte und der zu einem Garant der Erfolge seines Herrn geworden war, schließlich dessen Nachfolge antrat.

Der zweite Kalif, den der Mahdi ernannte, war gleichfalls ein Baggara-Araber: Ali wad Hilo. Er stammte aus der Gegend des Weißen Nil, wo er sich dem Mahdi auf der Insel Aba angeschlossen hatte. Er war ein berühmter *faki* gewesen, einer jener Heiligen, die die eigentlichen Sachverwalter des Islam im Sudan gewesen waren. Er blieb auch weiterhin seiner geistlichen Berufung treu und übte einen eher besänftigenden Einfluß auf den Mahdi und seine Bewegung aus.

Der dritte beziehungsweise vierte Kalif, Mohammed al-Scharif, war ein Schwiegersohn des Mahdi. Er gehörte gleichfalls zu seinen frühen Anhängern und zeichnete sich wiederum durch einen besonderen Kampfesgeist aus. So wird ihm das »Verdienst« zugeschrieben, Hicks, den Kommandeur des ägyptischen Expeditionskorps, eigenhändig getötet zu haben. Es konnte nicht ausbleiben, daß eine Rivalität zwischen ihm und Abdullah entstand, zumal dieser auch offiziell den Titel eines *Emir Dschujusch al-Mahdiya* trug, also Inhaber des Oberkommandos der Truppen des Mahdi war. Die Rivalität zwischen den beiden Kalifen führte schließlich, nach dem Tode des Mahdi (und dessen Nachfolge durch Abdullah) zu einem offenen Konflikt, der jedoch an der Vorherrschaft Abdullahs nichts änderte. Er war zum eigentlichen »Kalifen« geworden.

Abfuhr

Die Bedeutung eines Kalifen resultierte aus der islamischen Tradition. Das (arabische) Wort *khalifa* bedeutet eigentlich »Nachfolger« und wurde ursprünglich auf die vier sogenannten »Rechtgeleiteten Kalifen« angewandt, die auf traditionelle Weise, das heißt durch Wahl, zur Nachfolge im Amt des Propheten, Mohammeds, bestimmt wurden. Sie waren treue Anhänger des Propheten gewesen und übten ihr Amt, wobei einer dem anderen folgte, getreu nach dessen Vorbild aus.

Mit dem fünften Kalifen, der das Amt als Oberhaupt der Muslime auf dem Schlachtfeld gewann, wurde das ursprüngliche Prinzip gebrochen, was zugleich auch bedeutete, daß jener Säkularisierungsprozeß einsetzte, auf den wir bereits hinwiesen.

Es wurde folglich die Herrschaft der vier ersten Kalifen als goldenes Zeitalter verklärt, zu dem zurückzukehren das Ziel aller Reformer blieb, die sich gegen die Verweltlichung und »Korrumpierung« des Islam auflehnten.

Doch bürgerte es sich daneben auch ein, den Begriff »Kalif« in einer anderen Weise zu verwenden: Man bezeichnete damit auch, womit die ursprüngliche Bedeutung freilich nicht gänzlich aufgegeben wurde, den Stellvertreter oder Abgesandten eines religiösen Oberhauptes, was insbesondere für jene islamischen Ordensgemeinschaften zutraf, die gerade im Sudan eine große Verbreitung gefunden hatten. Kalifen in diesem Sinne waren lokale religiöse Führer, die bestimmten Orden angehörten und diese in unterschiedlichen Gegenden des Landes vertraten.

Der Mahdi nun griff beide Traditionen auf, indem er einerseits die Zahl vier wählte, um damit die Erinnerung an die vier ursprünglichen Kalifen, die seine Anführer sozusagen repräsentierten, wiederzubeleben, und indem er andererseits die, die er mit diesem Titel belehnte, zu seinen Stellvertretern ernannte, was de facto bedeutete, daß sie g l e i c h z e i t i g mit ihm regierten, indem sie gewissermaßen sein Kabinett bildeten. Doch blieb dies – wie schon angemerkt – eine sehr rudimentäre Form der Regierung. Feste Funktionen gab es nicht. Letztlich lag alle Entscheidung beim Mahdi, der sich schließlich auf sein Amt als »Gottgesandter« berufen konnte.

Bleibt noch anzumerken, wer der vierte im Bunde war, der allerdings – in der vom Mahdi propagierte Vorstellung – mit dem dritten der historischen Kalifen gleichgesetzt wurde. Der Mahdi trug die Ehre, dem Kreis seiner engsten Mitarbeiter anzugehören, keinem geringeren an als Sayyid Mohammed al-Mahdi, der der Sohn und Nachfolger des Gründers eines Ordens war, der als »Senussi« bekannt geworden ist. Es war dies eine jener islamischen Erneuerungsbewegungen, wie sie von Zeit zu Zeit besonders in Nordafrika entstanden und als eine Art Vorläufer der Mahdiya Mohammed Ahmeds betrachtet werden können. Die Senussi, die ihre Aktivitäten auf die Cyrenaica, das nachmalige Libyien, konzentrierten, verfolgten ähnliche

Ziele wie der Mahdi im Sudan – und waren damit erfolgreicher, denn sie errangen schließlich die dauernde Unabhängigkeit ihres Landes. Den Mahdi im Sudan sahen sie als einen unbedeutenden Provinzheiligen an. Jedenfalls erachteten sie es nicht einmal für nötig, auf sein Anerbieten auch nur zu antworten. Der Mahdi jedoch gab die Hoffnung nicht auf; das dritte Kalifat wurde nie besetzt.

Schwere Entscheidung

Auch wenn der Mahdi mit diesem ersten Vorstoß jenseits der Grenzen im Sudan keinen Erfolg hatte, so war ihm doch das Glück im eigenen Land auch weiterhin hold. Wobei ihm freilich zugute kam, daß Kordofan, die Provinz, die er durch die Eroberung Obeids in seine Hand gebracht hatte, eine Schlüsselstellung einnahm; insofern, als sie eine Art Puffer nicht nur gegenüber dem Westen, Darfur, sondern auch dem Süden, Bahr el-Ghasal und Äquatoria, bildete: Der Mahdi kontrollierte sozusagen den Zugang zu diesen drei Provinzen; sie waren von Khartum, dem Zentrum des Landes und noch immer Sitz der ägyptischen Regierung, abgeschnitten. Hinzu kam, daß er insbesondere durch den Kalifen Abdullah seinen Einfluß auf Völker ausdehnen konnte, auch wenn sie ihm noch gar nicht untertan waren.

Dies traf besonders für die Baggara in Darfur zu, wo seit 1881 jener Slatin Pascha, den wir verschiedentlich zitiert haben, den Posten eines Provinzgouverneurs innehatte. Slatin, der aus einer adligen österreichischen Familie stammte, hatte den Sudan erstmals Mitte der siebziger Jahre besucht, als er Theodor von Heuglin nach Khartum begleitete. Hier traf er, nachdem er eine Reise in die Nuba-Berge unternommen hatte, mit Eduard Schnitzer alias Emin Pascha zusammen, den es gleichfalls in den Sudan verschlagen hatte. Sie beschlossen, General Gordon, der Statthalter der ägyptischen Regierung in der Äquator-Provinz war, zu besuchen. Doch Slatin mußte vorzeitig in seine Heimat zurückkehren, wo er am Krieg um die Befreiung Bosniens aus türkischer Herrschaft teilnahm. Schnitzer jedoch, der allein nach Äquatoria reiste, verwendete sich für ihn, als er mit Gordon zusammentraf, und so bot dieser schließlich, als er zum Generalgouverneur des Sudan avanciert war, Slatin in einem Schreiben die Möglichkeit an, in seine Dienste zu treten.

Wie wir gehört haben, trat Slatin, nach seiner Rückkehr in den Sudan, zunächst die Stelle eines Finanzinspektors an, bat aber dann, von dieser Tätigkeit, die ihn überforderte, entbunden zu werden, und wurde statt dessen zum Gouverneur von Dara, einer Teilprovinz von Darfur, ernannt, ehe er schließlich, zwei Jahre später, der gesamten Provinz vorangestellt wurde. Doch es dauerte nicht lange, da brach der Sturm der Mahdi-Bewegung los, und obwohl Slatin tapferen Widerstand leistete, wurde er zusehends in die Enge getrieben. Nicht nur, daß er von jeglichem Nachschub aus Khartum abgeschnitten war, der ihn in die Lage versetzt hätte, sich wirkungsvoller gegen die Aufständischen in Darfur zur Wehr zu setzen; er mußte auch Verrat in den eigenen Reihen befürchten, was ihn zu außergewöhnlichen Mitteln Zuflucht nehmen ließ. Wie er freimütig berichtet: »Als einziger Europäer im Lande, bei den jetzigen schwierigen Verhältnissen doppelt gefährdet und mit doppelter Verantwortung belastet, konnte ich, um dem mir aus der Mitte meiner eigenen Leute drohenden Verrath wirksam zu begegnen, auch manchmal solcher Mittel nicht entrathen, die nach europäischen Begriffen vielleicht nicht als reinlich bezeichnet werden können.

So hatte ich durch die Vermittlung meiner Hausdiener in der Stadt [Dara] mehrere Freudenmädchen in meinem Solde stehen, die ihren Gästen, hauptsächlich Soldaten, nach landesüblicher Sitte das einheimische Bier bereiteten und sie, die bei Spiel und Trank jede Vorsicht und Zurückhaltung bei Seite ließen, aushorchten.«

Was diese Spione mit den besonderen Reizen Slatin berichteten, war folgendes: Die Soldaten beschwerten sich, daß die Regierung alle höheren Stellen mit Christen besetzt habe, was das Anliegen des Mahdi nur noch gerechtfertigter erscheinen ließ; und was Slatin Bey betreffe, so seien die Rückschläge, die man unter seinem Kommando hatte erleiden müssen, ebenfalls auf die Tatsache zurückzuführen, daß er ein Christ sei. Der Mahdi würde unweigerlich den Sieg davontragen.

Slatin, der daraus weniger Neid als vielmehr Aberglauben entnahm, sah keine andere Möglichkeit, als einen Schritt zu tun, den ihm nachmals viele übelnahmen. Doch wie er selbst schreibt: »Lange überlegte ich, was ich gehört hatte, und gelangte nach einer schlaflosen Nacht zu dem schweren Entschlusse, mich vor meinen Soldaten als Mohammedaner zu bekennen. Ich war mir darüber klar, daß dieser Schritt von mancher Seite Misbilligung finden würde, doch er mußte gemacht werden. Ich sah darin das einzige Mittel, den Intrigen die Spitze abzubrechen, die meine Thätigkeit zu lähmen drohten, und ich hielt es für meine Pflicht, nichts unversucht zu lassen und selbst den Schein des Glaubenswechsels auf mich zu nehmen, um das mir anvertraute Land der Regierung so lange zu erhalten, als es in meiner Kraft stand. Wenn auch stets geneigt, jeden nach seiner Art selig werden zu lassen, war ich doch, streng religiös erzogen, aus Ueberzeugung immer ein guter Christ gewesen, und darum kostete mich dieser Schritt trotz aller Vernunftgründe ein größeres Maß von Ueberwindung, als ich vorausgesetzt hatte.«

Aus heutiger Sicht, wo die meisten, die sich Christen nennen, dies nur noch dem Namen nach sind, eine Entscheidung, die einem wohl kaum allzuviel Kopfzerbrechen bereiten würde. Auch wenn gerade der Islam nicht in allzu hohem Kurs steht. Doch vor hundert Jahren, im Zeitalter des Imperialismus, der nicht zuletzt auch im Namen der Kirche verfochten wurde, war das anders: Wer seiner (christlichen) Religion abschwor, noch dazu in aller Öffentlichkeit, wie es Slatin tat, der beging zugleich auch Verrat an der westlichen Zivilisation, das heißt, an der Zivilisation schlechthin. Er untergrub den Anspruch, den vor allem die Europäer erhoben, die Herren der Welt – und damit auch unfehlbar in ihrem Glauben – zu sein.

Im Namen Gottes

Slatin hatte all diesen Skrupel, hinter dem sich nicht zuletzt eine gehörige Portion Heuchelei verbarg, offensichtlich nicht; jedenfalls ließ er seine Soldaten Aufstellung nehmen und versprach vor versammelter Truppe, fortan mit ihnen gemeinsam das Freitagsgebet zu verrichten.

Obwohl Slatin durch dieses Zugeständnis das Vertrauen seiner Soldaten zurückgewann, erlangte er dadurch doch nur einen Aufschub, der allerdings ausgereicht hätte, wenn das Eingreifen Hicks', von dessen Vormarsch Slatin erfahren hatte, Erfolg gehabt hätte. Doch als er von der Niederlage des Expeditionskorps, dessen Einsatz in einem totalen Fiasko endete, erfuhr, sah Slatin keine Chance mehr, die Stellung, die nun endgültig ein Außenposten geworden war, zu halten. Und so entschloß er sich schließlich, um weiteres Blutvergießen zu vermeiden, dem Mahdi ein Schreiben zu übersenden, in dem er ihm seine Bereitschaft zur Kapitulation mitteilte. Wie es in dem Schreiben, soweit sich Slatin daran später erinnerte, heißt:

Im Namen Gottes des Gütigen und Barmherzigen! Vom Sklaven seines Gottes Abd el Kadr Saladin (Slatin) an den Seid [Herrn] Mohammed el Mahdi; möge ihn Gott beschützen und seine Feinde besiegen! Amen.

Seit langer Zeit vertheidige ich das mir von meiner Regierung anvertraute Gut, doch gegen Gottes Willen ist nicht zu kämpfen. Ich erkläre hiermit, mich demselben und dir zu unterwerfen, doch nur unter der Bedingung, daß du einen deiner Verwandten zu mir sendest, der durch dich genügende Autorität besitzt, das Land von mir zu übernehmen und in Ruhe zu beherrschen. Ich verlange von dir das Versprechen, sämmtliche in der Befestigung [von Dara] befindlichen Männer, Frauen und Kinder an Leib und Leben zu schützen. Alles andere bleibt deiner Großmuth anheimgestellt.

Der Mahdi entsandte Mohammed Khalid, einen Vetter, der ursprünglich in ägyptischen Diensten gestanden und unter Slatin gedient hatte, ehe er zum Mahdi übergelaufen war. Ihm, der nun an Stelle Slatins zum Statthalter von Darfur, allerdings in des Mahdis Namen, ernannt worden war, ergab sich Slatin am 23. Dezember 1883. El Fascher, der Hauptsitz der Regierung, den Slatin mit Dara vertauscht hatte, um gegen Aufständische im Süden vorzugehen, hielt sich noch eine Weile; doch dann, am 15. Januar 1884, mußte sich auch dieser Ort ergeben. Damit war Darfur – nach Kordofan die zweite Provinz, die sie eroberten – fest in der Hand der Mahdisten.

Lockruf der Wildnis

Als dritte Provinz folgte der Bahr el-Ghasal. Hier hielt ein Engländer namens Frank Miller Lupton, der von Gordons Nachfolger, Rauf Pascha, zum Gouverneur ernannt worden war, die Stellung. Lupton war ursprünglich in der englischen Handelsmarine tätig gewesen. Bei einem Besuch von Suakin, dem Hafen am Roten Meer, war auch er dem magischen Lockruf des Sudan erlegen: Er hatte sich einer Karawane, die nach Berber, am Nil, zog, angeschlossen, war von dort aus weiter nach Khartum gelangt und hatte hier zunächst die Stelle eines Regierungsbeamten, der für die Dampfschiffahrt auf dem Nil zuständig war, angetreten, ehe er Emin Pascha, in der Äquator-Provinz, als Stellvertreter zugeteilt wurde. Als im benachbarten Bahr el-Ghasal der Posten des Gouverneurs frei wurde, den bislang der Italiener Romolo Gessi innegehabt hatte, der trotz seines Triumphes über die Sklavenhändler in Ungnade gefallen war, trat Lupton dessen Nachfolge an.

Lupton bezog seinen Posten in Daim Zobeir, dem ehemaligen Sitz des »Königs der Sklavenhändler«, Zobeir Rahman, der inzwischen entmachtet worden war, während sein Stützpunkt, der ursprünglich eine Seriba gewesen war, zum Regierungssitz aufgewertet worden war. Der Ort lag im äußersten Westen des Bahr el-Ghasal, also genau in jenem Gebiet, der Wasserscheide zwischen Nil und Kongo, das ein bevorzugtes Jagdrevier der Sklavenhändler gewesen war. Es konnte also nicht ausbleiben, daß der Mahdi, dem sich ja nicht zuletzt auch die ehrbare Zunft der Sklavenhändler, die arbeitslos geworden war, angeschlossen hatte, sein Augenmerk auf die südliche Grenzprovinz richtete. Im Verein mit den Dinka, die sich den Mahdisten anschlossen, rollte man von Norden her den Bahr el-Ghasal auf und erreichte schließlich, im April 1884, Daim Zobeir, wo Lupton, der – wie Slatin – von jeglichem Nachschub abgeschnitten worden war, nichts anderes übrigblieb, als sich seinen Widersachern zu ergeben. Auch er trat nun den Weg in die Gefangenschaft an, womit der Mahdi zwei Ex-Gouverneure, die zudem Europäer waren, in seiner Hand hatte. Er ließ sie denn auch nicht wieder frei, sondern verbrachte sie schließlich, als er seinen Sitz von Obeid nach Omdurman, das zur Hauptstadt seines Reiches wurde, verlegte, dorthin, wo auch sein Nachfolger, der Kalif Abdullah, sie als Geiseln behielt, bis Lupton starb, während Slatin, aber auch Ohrwalder, die Flucht gelang.

Günstiger Umstand

Die Äquator-Provinz, wo der Deutsche Emin Pascha 1878 die Nachfolge von Gordon angetreten hatte, wurde zwar auch von Einfällen der Mahdisten nicht verschont; doch gelang es ihnen nicht, den Deutschen gänzlich zu vertreiben, so daß er – der quasi mitten im Herzen Afrikas gegen die Übermacht des Mahdi ausharrte – geradezu hymnischen Ruhm erlangte. Wenigstens inspirierte er Carl Peters, den Pionier der deutschen Kolonialpolitik, zu seiner überschwenglichen Proklamation, mit der er das deutsche Volk für die Unterstützung seiner ehrgeizigen Pläne gewinnen wollte. Wir werden darauf an anderer Stelle zurückkommen.

Mit dem Fall von Kordofan, Darfur und Bahr el-Ghasal war der Westen (und Süden) praktisch in der Hand der Mahdisten. Es blieb nur noch der Osten (und Norden). Hier lag Khartum, der Sitz der ägyptischen Regierung, und hier befanden sich auch die eigentlichen Zugänge zum Sudan: der Nil als traditioneller Verkehrsweg, der den Sudan mit Ägypten verband, und die Häfen am Roten Meer. Vor allem letztere waren nicht nur strategisch bedeutsam; sie besaßen auch seit alters her einen besonderen wirtschaftlichen Wert, wurde doch der gesamte Handel mit Arabien, aber auch zum großen Teil mit Ägypten und darüber hinaus mit den Mittelmeerländern über die Häfen am Roten Meer, vor allem Suakin, abgewickelt. Nicht zuletzt lag hier auch das Tor zu Mekka, wohin sich gleichfalls seit Jahrhunderten regelmäßige Pilgerzüge ergossen, ein Umstand, der den Mahdi natürlich in besonderer Weise verpflichtete.

Es ergab sich nun, daß der Mahdi – kaum daß er seinen ersten großen Sieg mit der Erstürmung Obeids errungen hatte – die Bekanntschaft eines Mannes machte, der bald in aller Munde war. Wenigstens wurde sein Name – er hieß eigentlich Othman Abu-Bakr Dikna, wurde aber von den Europäern nur kurz »Os-

Abb. 10: Suakin, traditioneller Umschlagplatz für die Ausfuhr von Sklaven nach Arabien

man Digna« genannt – zum Inbegriff des fanatischen Kriegers, der nicht nur den Ägyptern zu schaffen machte, sondern auch die Engländer in Atem hielt. Gegen beide Seiten hegte Digna tiefen Haß, denn da er ursprünglich Sklavenhändler gewesen war und sich auf den Transport menschlicher Fracht über das Rote Meer nach Arabien spezialisiert hatte, war er bei einem solchen Transport von einem englischen Kriegsschiff überrascht und von den ägyptischen Behörden, denen er übergeben wurde, ins Gefängnis gesteckt worden. Geschäftlich ruiniert, war er nach seiner Freilassung nach Berber gegangen, um dort sein Glück zu versuchen, und hatte sich dann, als sich die Kunde vom ersten großen Sieg des Mahdi verbreitete, nach Obeid begeben, wo er seine Dienste dem »Gottgesandten« anbot.

Der Mahdi, nicht wählerisch, was die Eigenschaften beziehungsweise Vorgeschichte seiner Anhänger betraf, erkannte in Osman Digna einen Mann, der nicht nur auf Vergeltung aus war, was seinen Kampfgeist geflügeln würde, sondern auch den Osten, die Küstenregion, kannte. Wobei als weiterer günstiger Umstand hinzu kam, daß Osman Digna mütterlicherseits mit den Beja verwandt war, den nomadischen Stämmen, die die Wildnis zwischen Nil und Rotem Meer bewohnten. Also beauftragte der Mahdi Osman Digna, die Stämme im Osten für seine Sache zu gewinnen und somit den Zugang zum Meer zu sichern.

Suakin

Die Beja hegten ihrerseits Groll gegen die ägyptische Regierung, denn sie waren ihr bei dem Transport der Ausrüstung für die Hicks-Expedition behilflich gewesen, waren dafür aber nicht entlohnt worden, wie es vereinbart worden war. Doch wäre dies kein ausreichender Grund gewesen, sich dem Mahdi anzuschließen, denn es verband die Beja im Grunde nichts mit den übrigen Bewohnern des Sudan. Allerdings waren auch sie, wenn auch nur oberflächlich, wie das für Nomaden typisch ist, Muslime, und dieser Umstand war es – abgesehen von seiner eigenen Abstammung –, was sich Osman Digna zunutze machte. Es gelang ihm nämlich, den Führer einer Sekte, die bei einem Teil der Beja großen Einfluß hatte, für die Sache des Mahdi zu gewinnen, was zur Folge hatte, daß sich auch die Beja, über die der Scheich sozusagen gebot, auf die Seite des Mahdi stellten. Da die Beja, wie gesagt, Nomaden waren, bedeutete dies, daß Osman Digna mit großem Kampfeseifer rechnen konnte; worin er denn auch in der Tat nicht enttäuscht wurde.

Die Kämpfe, die sich nun im Osten des Sudan entspannen, zogen sich über viele Jahre hin, wobei das Kriegsglück häufig wechselte. Die Ägypter allein wären den Vorstößen und Überfällen, die Osman Digna anzettelte, bald erlegen. Doch griffen nun auch die Engländer ein; allerdings nur insoweit, als sie verhindern wollten, daß die Häfen an der Küste des Roten Meeres in die Hände der Aufständischen fielen. Das Rote Meer, das durch den Bau des Suez-Kanals eine neue Bedeutung erlangt hatte, denn nun bestand für England die Möglichkeit einer direkten, verkürzten Seeverbindung zu seinen Besitzungen in Asien, allen voran Indien, war zu einer internationalen Handelsstraße geworden, die nicht mehr – wie bislang – die Türken oder Ägypter kontrollierten, sondern die Engländer. Folglich gingen sie nicht nur gegen den Sklavenhandel vor, der gerade

Abb. 11: In der Schlacht von El Teb (Februar 1884) unterliegt eine anglo-ägyptische Streitmacht den Aufständischen unter Osman Digna

zwischen dem Sudan und Arabien besonders ausgeprägt gewesen war, sondern waren auch bemüht, die Häfen, zumindest auf afrikanischer Seite, zu sichern. Wenigstens traf dies für Suakin zu, das zudem auch der eigentliche Ausgangspunkt für die Transportwege in den Sudan war. Der Nil, der seit alters her das Tor zum Sudan gewesen war, hatte als Verkehrsweg an Bedeutung verloren. Suakin, zumal nach der Öffnung des Suez-Kanals, ermöglichte eine bequemere und vor allem schnellere Verbindung.

Osman Digna gelang es nicht, Suakin, wo er ursprünglich selbst ansässig gewesen war, zu besetzen. Die Engländer richteten hier schließlich eine Garnison ein. Doch er erreichte ein anderes Ziel: Er schnitt die Verbindung zwischen Suakin und Berber beziehungsweise Khartum ab, was bedeutete, daß der Regierungssitz der Ägypter im Sudan in arge Bedrängnis geriet. Zwar bestand noch der Verbindungsweg über den Norden, doch er war nicht nur beschwerlich; er war letztlich genauso bedroht, wie es die Karawanenstraße durch das Gebiet der Beja gewesen war. Es war folglich nur noch eine Frage der Zeit, bis Khartum gänzlich isoliert sein würde; und wer immer sich in der Stadt befand, tat gut daran, sie zu verlassen, ehe es zu spät war.

Kampf gegen Windmühlen

Der Fall Obeids, die Niederlage Hicks', die Kapitulation Slatins und die Siege Osman Dignas machten der ägyptischen Regierung, die freilich nur noch eine Marionette in der Hand Großbritanniens war, unmißverständlich deutlich, daß ihr Stern im Sudan nicht nur am Sinken, sondern eigentlich schon erloschen war. Um die Wende des Jahres 1883/84 beschränkte sich die Herrschaft Ägyptens im Sudan praktisch nur noch auf Khartum und eine Kette von Posten entlang des Nil. Niemand glaubte mehr daran, daß sich das Blatt noch einmal wenden würde. Aus einer lokalen Erhebung, die den Charakter einer religiösen Bewegung gehabt hatte, war ein Aufstand entstanden, der den ganzen Sudan erfaßt und – obwohl er nach wie vor im Namen der Religion geführt wurde – dennoch längst politische Bedeutung erlangt hatte: der Mahdi propagierte nicht nur die Rückkehr zu den Ursprüngen des Islam, er verhieß auch die Befreiung vom Joch einer fremden Herrschaft. Es war ihm gelungen, religiöses Aufbegehen in eine nationale Erhebung umzuwandeln.

Dennoch, so aussichtslos die Lage aus der Sicht der Ägypter erschien, so gab sich doch Taufik, der Khedive in Kairo, nicht gänzlich geschlagen. Es war vielmehr die britische Regierung, die kürzlich sozusagen die Kontrolle über die Staatsgeschäfte des Khediven übernommen hatte, die darauf bestand, daß Ägypten nicht noch weitere Mittel für eine Sache aufwandte, die so offensichtlich verloren war. Das einzige, was nun noch zu tun blieb, sei ein endgültiger, geordneter Rückzug, also die Evakuierung Khartums und der wenigen Außenposten, die noch verblieben waren, und um das zu bewerkstelligen, ohne weitere blutige Zusammenstöße in Kauf nehmen zu müssen, solle eine hochrangige Persönlichkeit in den Sudan entsandt werden, die nichts weiter zu tun habe, als die Möglichkeiten einer Evakuierung auszuloten und einen entsprechenden Bericht zu verfassen.

Die Regierung in London, die auf eine Zustimmung der Ägypter nicht angewiesen war beziehungsweise darauf keine Rücksicht nahm, ernannte folglich Charles George Gordon, der sich als Gouverneur beziehungsweise Generalgouverneur im Sudan einen Namen gemacht hatte und mit den Verhältnissen dort vertraut war, zum Gesandten, dem diese Mission übertragen wurde. Der Khedive fügte sich, doch versäumte er es nicht, in dem Ernennungsschreiben, das er seinerseits Gordon aushändigte, ihm gleichzeitig auch sein früheres Amt wieder anzutragen, mit allen Verpflichtungen, die daraus erwuchsen. Wie es in dem entsprechenden *firman* heißt:

Wir ernennen Euch hiermit zum Generalgouverneur des Sudan, und Wir sind gewiß, daß Ihr Unsere guten Absichten hinsichtlich der Herstellung von Recht und Ordnung ausführen und den Frieden und Wohlstand des Volkes im Sudan gewährleisten werdet, indem Ihr die Verkehrswege offenhaltet und so weiter.

Mit höchsten Ehren

Für Gordon war dies eine Carte blanche, zumal er nicht der Mann war, der einfach Berichte schrieb. Obwohl gerade auch von ihm eine umfangreiche Korrespondenz überliefert ist; denn zu seiner Zeit verstand man es noch, in Briefen zu kommunizieren, und führte im übrigen zumeist auch ein Tagebuch, in dem man sehr detailliert seine Beobachtungen und Reaktionen darauf festhielt. Heute, im Zeitalter des Telefons, auch über Kontinente hinweg, und im Zeichen einer allgemein schnellebigeren Zeit sind Gedanken und Empfindungen häufig nur noch flüchtige Worte. Generationen, die nach uns kommen, werden sich auf Berge von Statistiken stützen können; doch wie der einzelne gelebt und was er gedacht hat, das wird weitgehend verlorengegangen sein. Man wird nur noch das Skelett unserer Zeit rekonstruieren können; das, was es mit Leben erfüllt hat, danach wird man vergebens suchen.

Das war im 19. Jahrhundert, das nicht zuletzt auch durch einen Höhepunkt literarischen Schaffens gekennzeichnet war, anders. Wovon Gordon ein beredtes Zeugnis ablegt. Er schreibt: »Wir haben alle unsere guten und schlechten Tage. Meine jungen Freunde haben mir viel zu denken gegeben, aber es war nur zu meinem Besten. Wir bekommen dadurch so recht das Gefühl, wie schwach wir doch sind und daß es keine bessere Beschäftigung im Leben gibt als: gute Gedanken zu sammeln. Was wir im Laufe der Jahre gewinnen, ist doch eigentlich hauptsächlich eine größere Erfahrung. Das heißt, wir wissen jetzt, wohin wir zu gehen haben. Wir lernen, daß es unnütz ist, in guten Werken der Vergangenheit irgendwelche Befriedigung zu suchen.«

Als er dies schrieb, im November 1866, hatte Gordon in der Tat schon so manche Erfahrung gemacht, die es anderen ermöglicht hätte, sich zur Ruhe zu setzen und sich auf ihren Lorbeeren (und der Beute, die sie gemacht hatten) auszuruhen. Nicht so Gordon, obwohl er bereits die halbe Welt bereist hatte, mit höchsten Ehren ausgezeichnet worden war und ein reicher Mann hätte sein können, denn er hatte dem Kaiser von China sozusagen den Thron gerettet, wofür dieser ihn hatte fürstlich belohnen wollen. Dazu Gordon: »Ich darf wohl sagen, die chinesische Regierung hat mir die höchsten Ehren zuteil werden lassen: nämlich den obersten militärischen Rang und das Recht der gelben Jacke, eine Auszeichnung, die nicht mehr als 20 andern Mandarinen im Reiche zuteil geworden ist und die den Empfänger der kaiserlichen Leibgarde zugesellt. Geld in jeder Form habe ich abgelehnt. Ich darf wohl sagen, die chinesische Regierung hat zu mir mehr Zutrauen als zu irgend einem Ausländer. Ich habe nie vor ihnen gekrochen oder ihnen nachgegeben, und sie haben mich vielleicht um so mehr geachtet. Ich will kein Geld von Leuten, die doch selbst in so elender Armut leben.«

Womit Gordon natürlich nicht den Kaiser und die Mandarine meinte; sondern das Volk, mit dessen Not er immer wieder in Berührung gekommen war.

Taiping

China war die zweite große Station im Leben Gordons. Er war 1833, in der Nähe von London, als Sohn eines Offiziers geboren worden und schlug folglich auch selbst die militärische Laufbahn ein. Allerdings lagen seine Neigungen nicht eigentlich im Kriegshandwerk; er war vielmehr ein begabter Zeichner und interessierte sich für Wehranlagen, weshalb er zu den »Royal Engineers« ging, also zum Pionier ausgebildet wurde. Was ihn jedoch nicht davor bewahrte, als Soldat im Felde seinen Mann zu stehen.

Seine erste Feuertaufe erfuhr Gordon im Krim-Krieg, wo er an der Belagerung von Sewastopol, dem ersten Stellungskrieg der modernen Geschichte, teilnahm. Nach dem Frieden mit Rußland, dessen Expansionsstreben Einhalt geboten worden war, wurde er den Grenzkommissionen zugeteilt, die den Verlauf der Grenze zwischen Rußland und der Türkei (auf deren Seite England – neben Frankreich – in den Krieg eingetreten war) vermessen sollten. Dabei kam er erstmals mit dem Leben im Orient näher in Berührung, was ihm später von großem Nutzen sein sollte.

Nach kurzem Zwischenaufenthalt in England, wo Gordon sich als Ausbilder bei den Royal Engineers betätigte, wurde er 1860 nach China versetzt, wo wiederum England und Frankreich einen Krieg führten, diesmal gegen den »Sohn des Himmels«. Dieser sogenannte »Lorcha-Krieg«, der 1856 begonnen hatte und im gleichen Jahr, da Gordon nach China kam, endete, war einer jener Kriege, die die Europäer China aufzwangen, um das »Reich der Mitte«, das sich bislang immer selbst genügt hatte, in dem man aber einen großen Markt witterte, für den Handel mit dem Westen zu öffnen. Die Chinesen wurden geschlagen, und Peking, wo die Kampfhandlungen mit der Zerstörung des Sommer-Palastes endeten, wurde besetzt.

Gordon, der an der Besetzung Pekings teilnahm, blieb zunächst bei den Besatzungstruppen im Norden, die das Land auch weiterhin besetzt hielten, ehe er im Frühjahr 1862, als die britischen Truppen in den Süden verlegt wurden, nach Schanghai kam, das einer jener Häfen war, wo die Europäer Handelsniederlassungen unterhielten, die sie den Chinesen abgerungen hatten. Während der Lorcha-Krieg auf den Norden Chinas begrenzt gewesen war, tobte im Süden – bereits seit 1850 – ein Aufstand, der bemerkenswerte Ähnlichkeiten mit der Erhebung des Mahdi aufweist. Als Taiping-Aufstand bekannt geworden, war diese Rebellion, die durch christliches Gedankengut inspiriert worden war, einer der blutigsten Aufstände der Weltgeschichte: er kostete zwanzig Millionen Menschen das Leben! Für Gordon, der an der Niederschlagung dieses Aufstandes teilnahm, eine Erfahrung, die verständlich macht, weshalb er jegliche finanzielle Belohnung ablehnte, als ihn der Kaiser für seine Verdienste bei der Niederschlagung des Aufstandes ehrte.

Die Ziele, die die Aufständischen verfochten, waren bemerkenswert: Sie traten unter anderm für gemeinsames Eigentum, Landreform und die Gleichstellung der Frau ein, lehnten also die feudale Ordnung, die der überkommenen Tradition entsprach, ab. Gordon hätte sich mit diesen Zielen eigentlich identifizieren müssen, denn nicht nur empfand er – auf Grund einer sehr ausgeprägten christlichen Erziehung – Mitgefühl mit dem Volk, er lehnte auch selbst im Grunde alle Privilegien, wie sie die führende Schicht der Gesellschaft kennzeichneten, ab. Das betraf nicht zuletzt auch die Repräsentanten von Reichtum und Macht in seinem eigenen Land, von denen er sich bewußt fernhielt. Doch, soweit es China und hier speziell den Taiping-Aufstand betrifft, so klafften Theorie und Praxis – oder Anspruch und Wirklichkeit – ebenso weit auseinander, wie das bei der Erhebung des Mahdi der Fall sein sollte: auch Hung Siutschüan, der der Anführer des Aufstandes war, gab sich schließlich dem Luxus und der Ausschweifung hin, ganz so, wie es der Mahdi tat. Jedenfalls fehlte es auch *Tien Wang*, dem »Himmlischen König«, wie sich Hung nannte, an Glaubwürdigkeit; wozu noch die verheerenden Auswirkungen des nicht endenwollenden Krieges kamen, dem – aus der Sicht Gordons – immer noch die alte Ordnung, die immerhin Frieden und Stabilität verhieß, vorzuziehen war.

Hölzerne Schuhe

Daß dies eine nicht ganz konsequente Einstellung war, soll nicht in Abrede gestellt werden. Doch Gordon, der eine sehr komplexe Persönlichkeit war, bewegte sich immer im Rahmen bestehender Strukturen: Er war nicht eigentlich selbst Rebell, wiewohl er ganz eindeutig auf der Seite derer stand, die das kürzere Los gezogen hatten. Das wurde besonders deutlich, als Gordon schließlich nach England zurückkehrte und es vorzog, sich mit der Stellung eines einfachen Festungskommandanten, in Gravesend, an der Mündung der Themse, zufriedenzugeben, anstatt die Möglichkeiten zu nutzen, die ihm seine Erfolge in China eröffneten. Immerhin war er es gewesen, dem in entscheidender Weise die Niederschlagung des Aufstandes zu verdanken war, der nicht nur die kaiserliche Regierung in Peking, sondern auch die europäischen Handelsinteressen in Schanghai bedroht hatte. Indem er zum Kommandanten einer Streitmacht ernannt worden war, die die Europäer in Schanghai zu ihrem besonderen Schutz aufgestellt hatten, und er diese Truppe in eine schlagkräftige Armee verwandelt hatte, die den Ausschlag beim Kampf gegen die Aufständischen gegeben hatte, hatte er Vertrauenswürdigkeit, Führungsqualitäten und strategisches Geschick bewiesen. Wäre er ehrgeiziger (und diplomatischer in seinem Auftreten) gewesen, hätten ihm Türen und Tore zu einer Karriere im Kolonialdienst offengestanden. Doch er begnügte sich mit Gravesend, wo er sechs Jahre verbrachte. Sie prägten ihn nicht minder als seine eher abenteuerlichen Erfahrungen, die er bisher gemacht hatte.

Was sein Leben in Gravesend so bedeutsam machte, war nicht so sehr die Tätigkeit, die er dort verrichtete (er war für den Ausbau der Befestigungsanlagen an der Themse-Mündung zuständig), als vielmehr sein Engagement, das er für die Armen entwickelte. Sensibilisiert für die Not anderer, seit er in China die Greuel des Krieges und das Elend, das er bewirkte, kennengelernt hatte, wurde ihm doch erst anläßlich einer Reise nach Manchester, wo die Schattenseiten des industriellen Aufschwungs Englands besonders deutlich waren, bewußt, daß es auch in England große Armut gab. Sie berührte ihn zutiefst, wie aus einem Brief deutlich wird, den er aus Manchester an seine Schwester schrieb. Darin heißt es: »Dein Herz würde bluten, wenn Du die armen Leute hier sähest. Freilich heißt es, ihre Not sei jetzt nicht so groß wie früher: sie sind wirklich wie die Schafe ohne Hirten. Ihr Anblick berührt mich so schmerzlich, und ich glaube, er führt mich dazu, fortan weniger an mich selbst zu denken und mehr an diese armen Leute. Wenig

Ahnung haben die reichen Leute in anderen Grafschaften von Szenen, wie man sie hier sehen kann. Die armen Kohlenarbeiter männlichen und weiblichen Geschlechts machen mir das Herz schwer. Sie tragen hölzerne Schuhe – die klappern so!«

Der Eindruck, den Gordon in Manchester gewonnen hatte, war so nachhaltig, daß er es sich fortan zur Aufgabe machte, den Armen tatkräftig zu helfen. In Gravesend hatte er dazu zwar nur geringe Möglichkeiten; aber er nutzte sie. Ein Freund erinnert sich: »Wunderbar war es, wie selten er [Gordon] getäuscht wurde; sein Auge heischte förmlich Wahrheit. Viel wurde er an Stelle des Priesters zu Sterbenden gerufen. Nie trat er mit seiner Tätigkeit an die breite Öffentlichkeit. Essen und Trinken war für ihn völlig gleichgültig. Tee und trockenes Brot, Salzfleisch und das Allernötigste bildeten die Nahrung des Obersten, worüber seine Jungen oft recht erstaunt waren. Sein Garten trug prächtige Gemüsebeete für die Armen. Fruchtkörbe, die man ihm schickte, wanderten sofort ins Krankenhaus …«

Bewaffnete Schurken

Durchaus nicht das Gebaren, das man von einem Militär erwarten würde. Weshalb denn auch die Trauer groß war – besonders bei der jüngeren Generation, für die er sich besonders eingesetzt hatte –, als Gordon schließlich im Jahre 1871 mit einer Mission betraut wurde, die die letzte Phase seines Lebens einleiten sollte. Er wurde zum Vertreter Großbritanniens bei der Überwachungskommission ernannt, die im Rahmen der Bestimmungen nach dem Krim-Krieg die freie Schiffahrt auf der Donau kontrollierte. Im Zusammenhang mit dieser Mission besuchte Gordon im folgenden Jahr die englischen Soldatenfriedhöfe auf der Krim, um sich über deren Stand zu unterrichten. Anläßlich dieser Reise machte er in Istanbul die Bekanntschaft Nubar Paschas, des damaligen Regierungschefs unter dem Khediven Ismail, welch letzterer auf der Suche nach einem Nachfolger Samuel Bakers war, Gordons Landsmann, der seit geraumer Zeit als Gouverneur in der Äquator-Provinz des Sudan tätig war, doch sich den Herausforderungen, die mit diesem Amt verbunden waren, nicht gewachsen zeigte.

Wenigstens wurden in England Stimmen laut, die darauf drängten, daß die ägyptische Regierung endlich Ernst machen sollte mit ihrer erklärten Absicht, den Sklavenhandel im Sudan zu unterbinden. England war ein Vorreiter des Abolitionismus; 1772 hatte es ein erstes Gesetz zur Abschaffung der Sklaverei erlassen, dem bald darauf weitere folgten, was vor allem in Lateinamerika den Anstoß gab, es England nachzutun. Auch in Asien, wo die Engländer in Indien ein Kolonialreich unterhielten, übernahmen die Engländer die Initiative zur Abschaffung des Sklavenhandels. Gegen Ende des 19. Jahrhunderts war nur noch Afrika (und der arabische Raum) eine Brutstätte des Sklavenhandels, und England drängte darauf, daß auch hier dieser Schandfleck, der sich nicht mehr mit den Normen der Zeit vertrug, abgeschafft wurde. Die Kampagne der Abolitionisten erhielt noch einmal Auftrieb, als – im Zusammenhang mit der Erforschung der Quellen des Nil – der ganze Umfang des Sklavenhandels im Gebiet der nachmaligen Äquator-Provinz bekannt wurde. So schrieb Speke, der auf seiner berühmten Entdeckungsfahrt dieses Gebiet bereiste, in einem Bericht, den er an das Foreign Office richtete: »Zu meinem Schrecken ... mußte ich erkennen, daß die ... Händler am Nil gar keine Händler waren. Sie waren nicht mehr als bewaffnete Schurken, die sich zu Banden zusammengeschlossen haben und sich nicht scheuen, mit einem Stamm gemeinsame Sache zu machen, um einen anderen auf der Jagd nach Sklaven, Vieh und Elfenbein zu berauben. Sie verlangen sogar Abgaben von den Eingeborenen, so, als wären sie die Herrscher des Landes; und wenn sie unterwegs sind, so nehmen sie die Hütten in den Dörfern, durch die sie kommen, in Beschlag und stehlen, was sie an Nahrung und Geschirr brauchen, anstatt ihre eigene Ausrüstung mitzunehmen.«

Der Druck auf den Khediven, Ismail, wuchs. Doch auch 1873 nachdem Ismail erste konkrete Schritte zur Unterbindung des Sklavenhandels unternommen hatte, sah sich die Anti-Slavery Society, die zum Hauptkritiker des Sklavenhandels geworden war, noch bemüßigt, eine Denkschrift zu verfassen, in der sie darauf drängte, »wirksame Schritte zur vollständigen Abschaffung des Sklavenhandels in ... [den] Herrschaftsgebieten [des Khediven] zu unternehmen.« Auf der Grundlage dieser Denkschrift, die der britischen Regierung vorgelegt wurde, unternahm diese erneut einen Vorstoß, den Khediven zu durchgreifendem Handeln zu bewegen; und unter diesem moralischen Druck, dem Ismail ausgesetzt war, entschloß er sich, die Amtszeit Bakers nicht zu verlängern und statt dessen Gordon in seine Dienste zu nehmen.

Hurriyat!

Der Khedive bot Gordon ein Gehalt von 10 000 Pfund pro Jahr; Gordon akzeptierte nur 2000. Mit Zustimmung der englischen Regierung, die er konsultiert hatte, trat Gordon im Frühjahr 1874 sein neues Amt an. Er verlegte den Verwaltungssitz in der neugegründeten Provinz von Gondokoro nach Lado, etwas weiter nördlich, dehnte die Kette der Militärposten im Süden aber bis nach Dufilé, im heutigen Uganda, aus, während er weitere Vorstöße sogar bis in das Seengebiet des äquatorialen Afrika unternahm, so daß der Einfluß Ägyptens schließlich bis zum Albert- und dem Kioga-See reichte.

Gordons eigentliche Aufgabe aber bestand darin, das Vertrauen der lokalen Bevölkerung zu gewinnen und den Sklavenhändlern das Handwerk zu legen. So war denn auch seine erste Amtshandlung, die er ausführte, noch ehe er seinen neuen Amtssitz erreicht hatte, ein Dekret, das er am 17. März 1874 erließ und in dem es heißt:

Es gilt von nun an:

1. *Der Elfenbeinhandel ist ein Monopol der Regierung.*
2. *Niemand darf die genannten Gebiete [die Äquator-Provinz] betreten ohne eine Sondergenehmigung des Generalgouverneurs des Sudan; diese Genehmigung erlangt nur Gültigkeit, wenn sie von den Behörden in Gondokoro oder anderswo beglaubigt wird.*
3. *Niemand darf bewaffnete Banden in dieser Provinz aufstellen.*
4. *Die Einfuhr von Feuerwaffen und Munition ist untersagt.*
5. *Wer gegen diese Verordnung verstößt, wird auf das strengste nach militärischem Gesetz bestraft.*

Dies kann sozusagen als eine direkte Antwort auf die Beschwerden gesehen werden, die Speke erhoben hatte. Wobei der Elfenbeinhandel, wie wir gesehen haben, ja eine Schlüsselstellung im Sklavenhandel einnahm; insofern, als er Überfälle auf Eingeborenendörfer einschloß, bei denen Vieh geraubt wurde, um von anderen Eingeborenen Elfenbein, das sie gesammelt hatten, zu erwerben, und wobei zugleich auch Sklaven erbeutet wurden, die man selbst ausführte. Durch eine Kontrolle des Elfenbeinhandels, der fortan dem Staat vorbehalten war, erhoffte sich Gordon eine allmähliche Beruhigung der Provinz.

In einem Brief vom 11. September 1874 bekräftigt Gordon: »Ich habe es allgemein bekanntgegeben, daß das Motto für diese Provinz heißt: Hurriyat, d. i. Freiheit. Ich habe hinzugefügt, daß jedermann, dem das mißfällt, seines Weges gehen kann.«

Doch bereits im November des gleichen Jahres bekennt er: »Ich habe das dunkle Gefühl, als ob die Schwarzen unter meinem Einfluß in eine Lage kommen, wo sie für meinen arabischen Amtsnachfolger eine leichte Beute bilden. Sie würden niemals für einen Araber tun, was sie für mich leisten. Rechts und links habe ich mit den Stämmen Freundschaft geschlossen. Sie bringen mir Elfenbein – und vorher ist kein einziger Zahn hier eingeliefert worden.«

Was Gordon meinte, war die Gefahr, daß die Völker, mit denen er zusammenkam und deren Zutrauen er gewann, ihre Vorsicht, die sie entwickelt hatten, aufgeben würden und daß sie dann schutzlos denen ausgeliefert sein würden, die ihm im Amt folgen würden. Denn er erkannte früh, daß er unbequem und vielen ein Dorn im Auge war. Seine Sympathie gehörte eindeutig der lokalen Bevölkerung und nicht den Zugewanderten, die allein auf ihren Vorteil bedacht waren. Wie er an anderer Stelle schreibt: »Die einzige Idee, die den Neger wirklich beherrscht, ist der Wunsch nach Nahrung. Daher halten sie Kühe für die wertvollste Erwerbung, die sie machen können. Ehrgeiz besitzen sie nicht. Ihre Fehden werden immer aus Nahrungssorgen ausgefochten, niemals aus Eroberungssucht. Ihr einziges Bedürfnis ist: Regen für ihre Kornfelder. Im Grunde sind sie, was man so ›gut‹ nennt. Sie besitzen keine Fehler, wenigstens keine hervorstechenden. Ägypten hat sie stets als Sklaven behandelt. Sie dienen diesem Lande, sind seine Sklaven und bringen es niemals zu einer geachteten Stellung.«

Gordon gab sich keinen Illusionen hin, was letztlich auch seine »zivilisatorische Mission« anbelangte. Unter dem 10. September 1875 notiert er: »Die armen Schwarzen sind jetzt schlimm dran. Bisher war der Regen ihre einzige Sorge. Jetzt sind sie der ›Zivilisation‹ verfallen. Sie sollen in den Schoß der allgemeinen Staatenfamilie aufgenommen werden. Gemeinsame Unternehmungen gegen uns können sie nicht ins Werk setzen. Denn sie leben in beständiger Fehde miteinander. Wenn Tom in Not ist, fällt Harry über ihn her.«

Noch deutlicher hatte er es wenige Tage zuvor formuliert, als er – unter Hinweis auf den Widerstand, den man der Ausweitung der ägyptischen Herrschaft entgegenbrachte – schrieb: »Und doch erkläre ich offen, ich habe eine gewisse Sympathie für die armen Schwarzen, die für ihre Freiheit kämpfen. Sie sagen: ›Wir wünschen weder euer Tuch noch eure Glasperlen. Geht doch eures Weges, wir stören euch ja nicht. Dies ist unser Land. Ihr sollt es nicht haben, weder das Korn noch die Herden ...‹«.

Freie Hand

Prophetische Worte, die Gordon hier äußerst: Denn die Äquator-Provinz (wie auch der Bahr el-Ghasal) haben ihren Widerstand niemals aufgegeben; sie haben tatsächlich nichts mit Khartum zu schaffen – wie auch Khartum, von Rechts wegen, nichts in den südlichen Provinzen verloren hat. Doch darauf werden wir noch zu sprechen kommen.

Gordon sah also durchaus die Zwiespältigkeit seiner Mission; und die Zweifel, die er insgeheim hegte, wurden immer drängender, je mehr er erkennen mußte, daß er auf verlorenem Posten stand. Denn als Provinzgouverneur war er nicht sein eigener Herr. Nicht einmal im Süden: die eigentliche Macht saß in Khartum, und die – in Gestalt eines traditionellen Beamten, der dem überkommenen Schlendrian verhaftet war – legte den

Neuerungen des aus seiner Sicht übereifrigen Engländers zunehmend Steine in den Weg. Gordon war nicht der Mann, der das einfach hinnahm: Entweder man ließ ihm freie Hand, um das Regierungsamt, mit dem er betraut worden war, so wahrnehmen zu können, daß er es vertreten konnte, oder er zog sich zurück, das heißt, gab seinen Posten auf. Was er schließlich tat.

Doch das paßte Ismail, dem Khediven, nicht ins Konzept. Nicht, daß es ihm so schrecklich darum zu tun war, daß nun endlich Ordnung im Sudan geschaffen wurde. So wichtig war ihm die Sache nun auch wieder nicht. Aber er durfte sich nicht die Blöße geben, daß Gordon, der immerhin – zumindest in England – ein gewisses Ansehen genoß, einfach das Handtuch warf, weil ihm nicht die nötige Rückendeckung zuteil wurde. Also ging er auf die Forderung Gordons ein, ihm das Amt des Generalgouverneurs zu übertragen; denn nur so könne er, Gordon, die Reformen, die er für notwendig erachtete und um derentwillen er ja schließlich auch in den Sudan entsandt worden war, zur Durchführung bringen. So kehrte Gordon im Frühjahr 1877 in den Sudan, diesmal nach Khartum, zurück.

Frischer Wind

Es dauerte freilich eine Weile, bis er sich an seine neue Umgebung, die der Würde seines nunmehrigen Amtes entsprach, gewöhnt hatte. So schreibt er über seinen neuen Amtssitz: »Der Regierungspalast liegt hart am Nil. Er ist so groß wie Marlborough House [der einstige Wohnsitz der Prinzen von Wales] und steckt voll von Dienern – ganz nutzlosen Geschöpfen!« Und weiter: »Ich habe eine Unzahl Bediente und Leibwächter. Sie stammen von dem seligen … Ismail Pascha [Gordons Vorgänger] und reiten allemal vor mir her, wenn ich ausgehe. Ich werde überhaupt bewacht wie ein Goldklumpen. Ich kann nicht aufstehen und einem Gast einen Stuhl anbieten, ohne daß alle aufstehen. Es ist greulich, und ich kann es jetzt verstehen, was für eine Last Fürsten tragen müssen. Ich bediene mich des großen Vorteils, daß die Scheiks [Notabeln] kein Wort Englisch können, und sage gelegentlich zu einem von ihnen: ›Jetzt, alter Vogel, ist es die höchste Zeit, daß du fortgehst.‹ Sie lächeln ge-

Abb. 12: Der Gouverneurspalast in Khartum

schmeichelt. Die Schwester des letzten Gouverneurs, Ismail Pascha, hatte kaum erfahren, daß ich angestellt sei und nicht ihr Bruder, als sie sämtliche Fenster des Palastes – etwas 130 Stück – zerbrach und aus lauter Ärger die Sofas in Stücke schnitt. Meine Vorgänger haben niemand vorgelassen. Ich gebe jedermann freien Zutritt und habe einen großen Briefkasten für Petitionen mit einem Schlitz im Deckel. Der ist täglich bis oben voll.«

Gordon brachte frischen Wind – und verschaffte sich dadurch Achtung; vor allem beim Volk, das schnell merkte, daß hier jemand gekommen war, dem es um mehr ging als nur die Ausübung von Macht und persönliche Bereicherung. »Ich glaube, die Leute mögen mich gern leiden«, vermerkt Gordon; ohne Zweifel: er war der erste und einzige Statthalter Ägyptens im Sudan, der in seinem Amt eine Verpflichtung und Herausforderung sah.

Soleiman

Jetzt hatte er die Macht, Gesetze, die er erließ, auch tatsächlich durchzusetzen. So wurde die Peitschenstrafe, die bisher gang und gäbe gewesen war, abgeschafft; es wurden die Steuern gesenkt, und natürlich ging Gordon mit aller Entschlossenheit gegen den Sklavenhandel vor. Was diesen betraf, so wurde seine Position bereits wenige Monate, nachdem er sein Amt in Khartum angetreten hatte, noch zusätzlich gestärkt durch jenes Übereinkommen, das England und Ägypten zur Unterbindung des Sklavenhandels schlossen; es sah vor, daß Kauf und Verkauf von Sklaven bis zum Jahre 1880 abgeschafft sein mußten. Aber natürlich war das eine Aufgabe, die nicht nur die nötige Entschlossenheit verlangte, sondern auch entsprechende Mittel. Denn – wie hätte es anders sein können? – hielt sich niemand an die neue Verordnung, die natürlich auch gegen die Sklavenjagd gerichtet war. Hier bedurfte es militärischen Vorgehens; doch dazu fehlte es, da der Stern Ismails, des Khediven, unaufhaltsam sank, an Ressourcen. Gordon verfügte weder über die nötigen Finanzen noch über eine ausreichende Zahl an Soldaten. Wie er anläßlich eines Besuches in Darfur an ein Mitglied der Anti-Slavery Society in London schrieb: »Ich hätte 500 Pfund Sterling darum gegeben, Sie und die Herren von der Gesellschaft zur Unterdrückung des Sklavenhandels in jenen drei Tagen in Darra bei mir zu haben, als man nicht wußte, ob die Sklavenhändler sich zur Wehr setzen würden oder nicht. Eine schlechtbefestigte Stadt, eine feige Besatzung, unter der nicht einer war, der nicht vor Angst zitterte. Und auf der anderen Seite eine handfeste, entschlossene Bande, die sich aufs Kriegshandwerk versteht, gut schießen kann und zwei Feldstücke bei sich hat. Ich hätte gern gehört, was Sie und die andern dazu gesagt hätten! Ich sage dies nicht, um mich zu rühmen, denn Gott weiß, wie groß meine Sorge war – nicht um mein Leben, denn ich bin längst dem abgestorben, was einem das Leben lieb macht, den Annehmlichkeiten und der Ehre und Pracht dieser Welt – sondern meiner armen Schafe wegen hier in Dar-Fur und anderwärts.«

Auf 6000 schätzte Gordon die Zahl der Sklavenhändler, die es zum Zeitpunkt, da er diesen Bericht schrieb – im Herbst 1877 –, im Sudan noch gab. Sie waren alle bewaffnet und hatten ihre eigenen Truppen. Doch das war nur das eine Problem. Was sollte mit den Sklaven geschehen, die die Freiheit erlangten? Man mußte für sie sorgen; konnte sie nicht einfach dorthin zurück-

Abb. 13: Sklavenkarawane im Sudan

schicken, woher sie kamen. »Don Quichotte,« schreibt Gordon resigniert über das Zusammentreffen mit einer Sklavenkarawane, »würde … [die Sklaven] wahrscheinlich befreit haben. Ja, er würde versucht haben, sie auf einige 40 Tagereisen weit nach Hause zu senden, mitten durch feindliche Stämme hindurch, zu ihren Häusern, die sie niemals erreicht haben würden.«

Es blieben nur zwei Möglichkeiten: entweder man beließ die Sklaven einstweilen in der Obhut der Händler, die zumindest, wie Gordon vermerkt, »nach ihnen sehen … wie nach wertvollen Kühen«, oder er folgte der Praxis, die die ägyptische Regierung im Sudan seit jeher geübt hatte – er steckte die Sklaven, die befreit wurden, in die Armee. Wie er freimütig bekennt: »Ich kaufe Sklaven für meine Armee und mache sie zu Soldaten gegen ihren Willen, damit sie mir helfen, die Sklavenjagd zu unterdrücken.« Was natürlich das eigentliche Ziel war, denn nur, wenn man das Übel an der Wurzel anpackte, würde man dem Sklavenhandel wirklich beikommen. Und hier konnte Gordon schließlich in der Tat einen bemerkenswerten Erfolg aufweisen: Es gelang ihm beziehungsweise seinem Stellvertreter im Bahr el-Ghasal, dem Italiener Gessi, Soleimans, des Sohnes des berüchtigten »Sklavenkönigs« Zobeir Rahman, den man inzwischen in Ägypten festgesetzt hatte und dessen Sohn an seine Stelle getreten war, habhaft zu werden; ja, bei einem Fluchtversuch wurde Soleiman gar erschossen, womit der größte Widersacher aus dem Wege geräumt war.

Letzte Mission

Aber just in diesem Augenblick, als Gordon seinen größten Erfolg im Kampf gegen den Sklavenhandel errang, trat jene politische Krise in Ägypten ein, die zum Sturz Ismails führte, so daß Gordon erneut den nötigen Rückhalt verlor und sein Amt zur Verfügung stellte. Die nächsten Jahre waren angefüllt mit einer Reihe von Tätigkeiten, die Gordon in schnellem Wechsel nach Indien, China, Mauritius, der Kapkolonie und Palästina führten. Zwar wurde er schließlich zum Generalmajor befördert, doch nur Leopold, der König der Belgier, der mit dem Kongo liebäugelte und mit Gordon diesbezüglich in Verhandlungen trat, schien für ihn eine wirklich lohnende Verwendung zu haben. Doch noch ehe es zu einer entsprechenden Vereinbarung kommen konnte, hatte sich die Lage im Sudan, wo inzwischen der Mahdi auf den Plan getreten war, derart zugespitzt, daß sich die britische Regierung – eingedenk ihrer neuen Rolle in Ägypten – bemüßigt fühlte, an Gordon heranzutreten und ihn mit jener Mission zubetrauen, die ihn zum dritten und nunmehr letzten Mal in den Sudan führte. Er traf dort, das heißt in Khartum, am 18. Februar 1884 ein.

Auf verlorenem Posten

Im Namen Gottes … – Dein Brief ist angekommen, und sein Inhalt ist gelesen und verstanden worden. Du sagst, daß Dir das Wohl der Muslime am Herzen liegt und daß Du den Wunsch hegst, den Weg freizumachen, damit sie das Grab des Propheten besuchen können. Du äußerst außerdem den Wunsch, Freundschaft zwischen uns und Dir zu schließen, und bittest uns, die christlichen und muslimischen Gefangenen freizulassen, und versprichst weiterhin, mich zum Herrscher von Kordofan zu ernennen. Als Antwort sage ich Dir, daß ich zwar bekenne, daß Gott der Lenker ist, ich aber zu den Menschen gepredigt habe, damit sie sich wandeln und Gott näherkommen und die Eitelkeiten dieser Welt von der zukünftigen unterscheiden und jenen Weg erkennen, der sie zum Heil führt.

Als ich in Abba weilte, schrieb ich an die Regierung in Khartum, um sie von meiner Berufung zum wahren Glauben in Kenntnis zu setzen und sie wissen zu lassen, daß meine Mahdischaft mir direkt von Gott und Seinem Propheten übertragen wurde und keine bloße List ist, um Besitz, Geld und Einfluß zu erlangen.

Ich bin ein bescheidener Diener, ein Freund der Armut und der Armen, einer, der den Stolz und den Hochmut jener Herrscher verachtet, die ich auf den Pfad der Wahrheit führen möchte. Diese Herrscher sind dazu erzogen worden, ihr Herz an Geld, Macht und Kinder zu hängen, was alles ein großes Hindernis ist auf dem Wege zum Wandel und ihnen allen Segen verwehrt, den ihnen sonst Gott erteilt hätte. Sie jagen nach Dingen, die vergänglich sind, anstatt sich jenen zu widmen, die ewig sind.

Sie sind in den Eitelkeiten dieser Welt verfangen und vergessen die Gebote Gottes und Seines Propheten. Sie denken niemals an die, die in den frühen Jahrhunderten lebten und die keinen Nutzen von den Dingen dieser Welt empfingen, sondern im Gegenteil eher von Sorge erfüllt als zufrieden waren. Gott hat mich deshalb auserwählt, die wahre Mahdischaft zu verkörpern, damit ich ihnen den Weg zu Gott zeige und ihnen rate, wie sie nichtigen Stolz und eitle Vergnügungs-

sucht ablegen können und stattdessen nach dauerhaftem Ruhm und endlosen Freuden in den Gefilden des ewigen Glücks streben.

Ich glaube nicht, daß der, der den Vergnügungen dieser Welt anhängt, im Herzen davon überzeugt sein kann, daß er sich Gott damit zum Freund macht, noch kann er hoffen, an der Welt, die uns erwartet, teilzuhaben. Jesus hat gesagt: ›Ihr Jünger, ihr baut euer weltliches Heim auf den Wellen des Meeres; betrachtet es also nicht als euer dauerndes Heim.‹ Der, der in das Meer hinausschreitet und meint, er würde nicht naß werden, wird eines Besseren belehrt werden; er gleicht dem, der die Schätze dieser Welt sammelt und sich dabei an den Ehrgeiz und Stolz des Diesseits klammert und dennoch hofft, in die Welt, die danach kommt, aufgenommen zu werden. Schaffe Dir deshalb selbst den Weg, der Dich zum Allmächtigen führt; gehorche Ihm und suche nach dem Glück der Welt, die Dich erwartet. Betrachte diese Welt nicht als Dein Heim, und strebe nicht danach.

Wie ist es möglich, daß jemand, der kein Anhänger des Propheten Gottes ist, die Pilgerstraße öffnen will, die zum Grab des Propheten führt?

Dem Propheten ist nicht daran gelegen, von Hunden besucht zu werden; heißt es doch, daß diese Welt ein Kadaver ist und jene, die ihr nachlaufen, Hunde sind. Dem Propheten liegt nichts daran, daß ihn jene besuchen, die andere Götter verehren und vergessen, daß Gott über allem steht und jedes Wort kennt, das man spricht, und weiß, wer nach den Eitelkeiten dieser Welt strebt. Wenn Du die Muslime bemitleidest, solltest Du zuerst Deine eigene Seele bemitleiden und sie vor dem Zorn des Schöpfers bewahren und sie zum Anhänger der wahren Religion machen, indem sie Unserem Herrn, dem Propheten Mohammed, folgt, der durch sein Erscheinen das erneuert hat, was zerstört und in Vergessenheit geraten war und zuerst der Prophet Gottes und seine Boten gepredigt hatten. Er kam, um zu erfüllen, was in dem Buch stand, das er in seiner eigenen Hand trug. Wären alle Propheten zugegen gewesen, wäre man keiner anderen als dieser Religion gefolgt, hätten alle den Wunsch gehabt, seine Anhänger zu werden und sich jenen beizugesellen, die damals seine Gefolgsleute waren. Gott wird keine andere Religion anerkennen außer jener des Propheten. Komm also und trete seiner Religion bei, und dann kannst Du sein Volk bemitleiden und es führen in der Erfüllung seiner Gesetze;

dann nur kann man Dich als einen frommen Menschen betrachten. Solange Du das nicht tust, kann kein wahrer Gläubiger Dein Freund sein. Gott hat gesagt: ›Ihr wahren Gläubigen, glaubt nicht an die Heiligen der Juden und Christen; ihre Heiligen werden nur von ihnen als wahre Heilige betrachtet, und die unter euch, die an ihre Heiligen glauben, werden als Angehörige ihres Glaubens und nicht des wahren Glaubens angesehen.‹ Gott ist nicht der Führer der Unterdrücker. Er hat auch gesagt: ›Eure einzigen Heiligen sind Gott und Sein Prophet.‹ Die wahren Gläubigen sind die, die die Gebete sprechen und um Vergebung bitten, wenn sie knien: die, die an Gott glauben, Seinen Propheten, und die wahren Gläubigen, das ist das Volk Gottes, das erlöst wird.

Wir gehorchen deshalb dem Befehl Gottes. Wir glauben an Ihn und an Seinen Propheten und an Seine Anhänger, und wir werden siegen, wie es Gott verheißen hat. Gott hat den wahren Gläubigen den Sieg versprochen, und deshalb kann niemand sonst den Sieg erringen. Wenn Du Deinem jetzigen Glauben abschwören würdest, der nicht im Einklang mit der Religion der Muslime steht, wenn Du Dich Gott und Seinem Propheten zuwenden und Dich für das ewige Leben entscheiden würdest: Dann würden wir Dich als einen wahren Gläubigen und einen Bruder anerkennen, und die Freundschaft, die Gott und Seinen Propheten erfreut, wird zwischen uns bestehen. Du wirst dann einer von denen sein, die den Befehlen Gottes und Seines Propheten gehorcht haben. Bedenke die Versprechen und Lehren, die in seinen Aussprüchen enthalten sind: ›Wenn die, die den heiligen Büchern [der Juden und Christen] anhängen, fromme und wahre Gläubige werden, werden ihnen ihre Sünden vergeben, und sie werden Einlaß finden in ein Paradies ewiger Glückseligkeit.‹ Obwohl sie der Bibel, dem Evangelium und anderen heiligen Büchern folgen, so ist es doch nötig, daß sie die [wahren] Lehren und Verheißungen erfahren. Laß also Freundschaft und Zuneigung zwischen uns bestehen, und dann wirst Du ein wahrer Gläubiger sein, indem Du unseren Propheten Mohammed anerkennst und dem Glauben an Jesus Christus und allen anderen Propheten und Heiligen abschwörst; und wenn Du das tust, wirst Du ewiges Glück erfahren. Und ich sage Dir noch einmal: es ist Gottes Wille, daß das Volk Gottes, das an Ihn und Seinen Propheten glaubt und ein Volk wahrer Gläubiger ist, den Sieg erringen wird, wie Er es verheißen hat; einige von ihnen werden zu Dir gesandt werden, um Dich von jenen zu trennen, mit denen Du Dich zu-

sammengetan hast. Du hast mit Deinen Lehren das Eigentum Seines Volkes und Sein Land bewässert. Das Land gehört Ihm, und Er wird es Seinen frommen Anhängern übergeben.

Was die Muslime und Christen betrifft, um deren Freilassung Du gebeten hast, so wünsche ich nur ihr Gutes und den Segen Gottes und die Verheißung des ewigen Lebens, die ihnen zuteil werden mögen, ebenso wie ich das für Dich und alle Geschöpfe Gottes wünsche. Ich werde sie deshalb nicht des Paradieses berauben und Pein und Mühsal überlassen. Gott hat mich mit der Empfindung des Mitleids für Seine Geschöpfe ausgestattet und mich gesandt, sie vor der Vernichtung zu bewahren, die ihr Schicksal gewesen wäre, wenn Gott in Seiner Barmherzigkeit mich nicht zu ihnen gesandt hätte.

Wisse, daß ich ohne Stolz bin, der verheißene Mahdi und der Nachfolger des Propheten. Es ist nicht nötig, daß ich Sultan oder König von Kordofan oder irgendeines anderen Landes werde, noch habe ich irgendein Verlangen nach den Reichtümern und Verlockungen dieser Welt. Ich bin ein Diener, und meine Pflicht besteht darin, den Weg zu Gott und Seinem Königreich zu weisen. Wer glücklich sein möchte, sollte mich anhören und mir folgen, doch wer es vorzieht, in Unglück zu leben, sollte sich von mir abwenden; Gott wird ihn aus seinem Amt entfernen, ihn vernichten und auf ewig peinigen.

Gott hat mir die Macht gegeben, Seine Religion wiederzubeleben, wobei mir die Propheten, Boten, Engel und alle Heiligen und Gläubigen helfen.

Der Prophet hat mich wissen lassen, daß diejenigen, die mir den Krieg erklären, scheitern und durch die Macht Gottes besiegt werden, mögen sich selbst die menschliche Rasse und das Geschlecht der Dschinn [böse Geister] miteinander verbinden. Täusche Dich nicht, sonst wirst Du ebenso umkommen wie Deine Brüder. Wach auf und ergebe Dich uns, auf daß Du gerettet wirst! Was das Geschenk betrifft, das Du mir übersandt hast: wenn es in guter Absicht geschehen ist, dann wird Dich Gott mit Seinem Segen belohnen und Dich zur Rechtschaffenheit geleiten; doch lasse es Dir gesagt sein, daß mir – wie ich schon sagte – an den guten Dingen dieser Welt nicht gelegen ist noch an ihren Verlockungen, denen Leute, die dem Weltlichen verhaftet sind und nichts mit dem Göttlichen zu tun haben, nachlaufen. Ich schicke

Dir deshalb Dein Geschenk zurück, sende Dir aber einige Kleidungsstücke, wie ich und meine Anhänger sie tragen, die nach dem ewigen Leben trachten und Glückseligkeit im Paradies erlangen werden. Dies war die Tracht, die von allen Propheten und Gottesboten und von all Seinen frommen Dienern getragen wurde. Du wirst Dir all dessen wohl bewußt sein, kann man es doch auch dem Leben Christi entnehmen. Er sagte: ›Ich habe euch die Eitelkeit dieser Welt gezeigt, klammert euch deshalb nicht an sie!‹ Es ist deshalb offensichtlich, daß die Priester, Mönche und andere Gläubige, die Seinen Geboten nicht gehorchen, dem rechten Pfad nicht folgen, sondern durch die Verlockungen des Lebens in die Irre getrieben werden, handelt es sich dabei doch in Wahrheit um einen Kadaver, der Kummer, Not und Reue über die bringt, die ihr ewiges Wohl vernachlässigen. Wir haben all die Dinge von der Art, wie Dein Geschenk war, im Überfluß, doch in unserem Wunsch, den Weg Gottes zu gehen, haben wir sie alle beiseite gelegt. Laß mich Dir sagen, was unser Herr Salomon zu Belkissa (der Königin von Saba) sagte: ›Du bringst mir Geld, doch was Gott mir geschenkt hat, ist deinen Gaben vorzuziehen. Ihr seid ein Volk, das sich an Geschenken erfreut – ich werde über euch herfallen mit einem unbesiegbaren Heer und euch aus der Stadt vertreiben, verachtet und erbarmenswert.‹

Wisse, daß – wenn Du Dich uns ergibst – wir Dich willkommen heißen und Dein Herz erfreuen werden, und all Dein Streben nach den Dingen dieser Welt wird ein Ende haben; und später dann, wenn Du erkennen läßt, daß Du den Muslimen gegenüber gute Absichten hegst, werden wir Dich zum Gouverneur ernennen, wie wir es mit Mohammed Khalid [Zoghal] taten, dem kürzlich ernannten Gouverneur von Darfur, der, als er des Lichtes ansichtig wurde, frohlockte und sich uns anschloß, all seine früheren Taten bereuend. Er wurde in der wahren Religion unterrichtet, und sein Herz wurde im Glauben an Gott getröstet. Seine Hingabe an Gott und sein Wunsch, das ewige Leben zu erlangen, haben uns dazu bewogen, ihn zum Gouverneur von Darfur zu ernennen. Auch Sultan Abd el Kader [Slatin], der mit uns in Verhandlungen trat und sich ergab, wurde von uns willkommen geheißen und wird nun im wahren Glauben unterwiesen und lebt in Zufriedenheit. Auch Said Guma, der vormalige Gouverneur von El Fascher, wurde uns von Mohammed Khalid, entsprechend unserer Anweisung, überstellt, damit er im rechten Glauben unterwiesen werde. Wir haben erfahren, daß Dimitri Sagada [ein griechischer Kaufmann] ebenfalls bekehrt worden und ein Anhänger unserer Lehre ist, in dem Bestreben, sich des ewigen Lebens würdig zu erweisen. Alle Emire von Darfur sind dem Beispiel ihres Gouverneurs gefolgt und haben sich uns ergeben, aus Liebe zu Gott und Seinem Propheten. Adam [Dabbalu], Herrscher von Tagalla [Takali], ist gerade zu uns gekommen, erleuchtet im rechten Glauben. Er ist nun ein treuer Anhänger und wahrer Gläubiger. Wir hießen ihn willkommen, und er lebt nun in Glück und Zufriedenheit. Noch viele andere sind ihren Spuren gefolgt.

Jeder, der glücklich sein möchte, muß aus allen Teilen der Welt zu uns kommen. Wer sich dem widersetzt, von dem wendet sich Gott ab, und er wird der Marter unterworfen sein in der Welt, die uns erwartet; so, wie es unser Herr, der Prophet, verkündet hat.

Nehme davon Kenntnis, Pascha, daß alle, die durch mich den Tod erlitten haben, vorher gewarnt wurden. Ich schicke Dir hiermit eine Abschrift der Warnung, die ich Wad esch-Schellali, in Antwort auf sein Schreiben an mich, gesandt habe; desgleichen Abschriften der öffentlichen Warnungen und persönlichen Briefe, die ich an Hicks und die Anführer seiner Armee geschickt habe. Der Pascha von El Obeid tötete unsere Boten, als wir ihm die Warnung schickten, doch als er in unsere Hände fiel, behandelten wir ihn gut und gaben ihm unsere Tracht, in der Hoffnung, daß das seinen Glauben an Gott stärken würde. Wir fuhren fort, ihm Geschenke zukommen zu lassen und ihn freundlich zu behandeln, in der Hoffnung, daß er sich zu einem wahren Gläubigen wandeln würde, doch er wollte sich nicht bekehren lassen und fuhr fort, sich der Sünde hinzugeben, so daß er den Tod verdiente. Doch wir haben ihm fortwährend vergeben, bis seine Tage endeten und er starb. Da er jedoch einige Zeit bei uns gelebt hat, ist ihm in der anderen Welt verziehen worden, und er lebt nun in völliger Glückseligkeit im Paradies.

Das einzige Ziel sollte sein, das ewige Leben zu erlangen; dies sollte der Wunsch eines jeden sein. Nichts Gutes kann aus den Vergnügungen dieses Lebens entstehen; sie führen nur zu Sorge und Kummer am Tage der Auferstehung und sind ein großes Hindernis auf dem Wege zu ewigem Glück und Heil.

Ich habe in Wort und Tat allen Führern das Wort gepredigt, auf daß sie in der rechten Weise das Reich Gottes wertschätzen und alle Eitelkeit von sich weisen.

Alle Häuptlinge und Führer, die in unsere Hände gefallen sind, haben wir mit Güte und Großmut behandelt, und die, die sich uns in Treue ergeben haben, erfreuen sich nun Reichtümer und Ehren.

Wenn Du Dich nach all diesen Ausführungen ergeben und ein Anhänger des wahren Glaubens werden willst, wird Dir Ehre in dieser Welt und der zukünftigen zuteil werden, und indem Du das tust, wirst Du Dich und alle, die unter Dir stehen, retten. Andernfalls wirst Du mit ihnen umkommen, und Deine und ihre Sünden werden auf Dir lasten.

Wenn wahres Licht in Deinem Herzen leuchtet, dann wirst Du glauben, daß ich der Nachfolger des Propheten Gottes bin; Du wirst niemals mein Recht in Frage stellen, das Volk Gottes zu führen, noch wirst Du Dein Ohr den falschen Lehren der Unterdrücker schenken, deren einziges Ziel es ist, das Licht Gottes auszulöschen; doch das Licht Gottes muß in aller Ewigkeit scheinen.

Der Prophet hat gesagt: ›Laß die, die die Mission des Mahdi anzweifeln, das Wort Gottes lesen, der Seinen Propheten gesandt hat, um die wahre Religion wiederzuerwecken und sie über alle anderen Religionen zu stellen, trotz des Widerstandes der Ungläubigen.‹

Gott hat gesagt, daß jedes Feuer, das sie zum Krieg entzünden, von mir ausgelöscht wird.

Unser Mitleid mit Dir hat uns dazu bewogen, Dir diesen Brief zu schreiben.

Gott ist der einzige, der die Dinge wandelt. Noch so viele Erklärungen werden zu keiner Änderung führen.

Möge Gott uns und allen Seinen Geschöpfen den rechten Weg weisen.

13. Jamad Awal 1301.

Gottgefälliges Werk

Der Leser wird vielleicht ebenso ungeduldig das Ende dieses Briefes herbeigesehnt haben wie General Gordon, an den er gerichtet war. Doch ist er bewußt in seiner vollen Länge hier wiedergegeben worden, denn nur so wird deutlich, was sich hinter der Lehre des Mahdi tatsächlich verbirgt: ein Absolutheitsanspruch, der in dieser Form einem Vertreter Europas gegenüber, denn das war Gordon letztlich, bisher niemals erhoben worden war. Zumindest nicht in neuerer Zeit; die ursprüngliche Ausbreitung des Islam, durch die der Mahdi sich freilich inspirieren ließ, war durch eine vergleichbare Intoleranz geprägt. Bislang war allein das Christentum, seit es zu Beginn der Neuzeit den Islam überflügelte, sozusagen das Maß der Welt gewesen. Dies trifft nicht nur für die erste Phase der kolonialen Expansion Europas zu, die ganz im Zeichen des Christentums stand, sondern auch für das Zeitalter des Imperialismus, das zwar vorrangig durch wirtschaftliche und strategische Ziele gekennzeichnet war, doch letztlich den dieses Zeitalter charakterisierenden Überlegenheitsanspruch des Europäers aus dem Bewußtsein herleitete, einer Zivilisation anzugehören, die nur deshalb eine unvergleichliche Höhe erreicht hatte, weil Gott sie mit seiner Gunst segnete. Die Ausweitung europäischer Herrschaft war auch im Zeitalter des Imperialismus noch ein angeblich gottgefälliges Werk: Europa brachte weniger Unfreiheit, als vielmehr Erleuchtung! Daran glaubte auch Gordon, der zudem ein zutiefst religiöser Mensch war, für den das Christentum die eigentliche Richtschnur war. Gerade war er – ehe er mit der neuerlichen Mission im Sudan betraut wurde – in Palästina gewesen, um sich dem Studium und der Erforschung der frühen Geschichte des Christentums zu widmen. Es dürfte auch, auf Grund der Skizzierung des bisherigen Lebens und Wirkens Gordons, hinreichend deutlich geworden sein, daß für ihn das Bekenntnis zum Christentum eine Verpflichtung war, die er in der Tat sehr ernst nahm. Und zwar in einer Weise, die dem Ideal, das der Mahdi – wenn auch im Zeichen des Islam – entwarf, auffallend ähnelte; ja, ihm praktisch gleichkam. Der Unterschied bestand darin, daß Gordon – worin er sich als typischer Sohn seines Volkes erwies – daraus kein öffentliches Ereignis machte, es vielmehr – wenn überhaupt – nur beiläufig erwähnt, während der Mahdi sich die Tradition des Islam zunutze machte, aber auch dem Hang der Araber zu extrovertierter Impulsivität nachgab und persönliche Frömmigkeit in eine fanatische Bewegung umwandelte, die schließlich violente Züge annahm. Mit dieser Transformation religiösen Empfindens ging ein Wandel einher, der – in paradoxer Weise – zu dieser Entwicklung im Gegensatz stand: von ursprünglich eher asketischer Lebensweise hin zu einem Lebenswandel, der nur noch als eine Verhöhnung der eigenen Lehre bezeichnet werden kann. Wovon Gordon freilich nichts wußte. Dennoch mußte es ihn seltsam berühren, von einem Muslimen und Araber, deren ausschweifendes Leben und Unaufrichtigkeit er zur Genüge kennengelernt hatte (weshalb er sich in gleicher Weise kritisch über sie äußerte, wie wir das schon bei der Holländerin Tinne gesehen haben), zu dem aufgefordert zu werden, was er seit eh und je praktizierte. Obwohl sie sich scheinbar, in dem, was sie für sich reklamierten, so ähnlich waren, erkannte Gordon diese Möglichkeit für eine Verständigung nicht an. Er unterschätzte, trotz der langen und eindringlichen Aufforderung des Mahdi, dessen Fanatismus ebenso wie die Bedeutung, die er erlangt hatte; für Gordon war der Mahdi nicht mehr als ein zweitrangiger Glaubenseiferer, dem es gelungen war, die Provinz Kordofan unter seinen Einfluß zu bringen, weshalb er ihm angeboten hatte, ihn in dieser Stellung, die er errungen hatte, zu belassen. Schließlich waren Gordon die Hände gebunden: die britische Regierung drängte auf völlige Aufgabe des Sudan, und der Khedive, Taufik, hatte ihn zwar mit allen Vollmachten ausgestattet, doch das hatte nur symbolischen Wert – Kairo war nicht in der Lage, seinen Statthalter im Sudan auch wirklich, durch die Bereitstellung entsprechender Mittel, zu unterstützen. Gordon war auf sich gestellt; und daß er mit widersprüchlichen Instruktionen ausgestattet war, machte seine Aufgabe nicht leichter.

Kurz und bündig

So hatte er bereits, noch ehe er Khartum erreicht hatte, jenen Brief an den Mahdi geschrieben, von einem Geschenk begleitet, in dem er ihm Kordofan übertrug und dadurch zu erkennen gab, daß er an einer friedlichen Beilegung des Konfliktes interessiert war. Dabei ging er freilich davon aus, daß Ägypten die Oberhoheit über den Sudan behalten sollte, auch wenn diese eher symbolischer Art war. Wenigstens sollte die eigentliche

Abb. 14: General Gordon (Photographie aus dem Jahre 1880)

Regierungsgewalt in den Händen der Sudanesen liegen, die auch die ägyptischen Beamten in der Verwaltung ersetzen sollten. Auch seinen Posten würde er aufgeben. Als Nachfolger bot sich seiner Meinung nach Zobeir Rahman an, der einstige Sklavenkönig, der jedoch noch immer über großen Einfluß im Sudan verfügte und dem Gordon, der mit Zobeir in Kairo zusammengetroffen war, zutraute, daß er der Wirren, die den Sudan zu zerreißen drohten, Herr werden würde.

Gleichfalls noch auf dem Vormarsch nach Khartum, bei einem Aufenthalt in Berber, hatte Gordon sodann öffentlich bekanntgegeben, daß der Zweck seiner Mission die Evakuierung des Sudan sei; das heißt der Abzug der ägyptischen Truppen und Beamten, den er überwachen würde. Aus Gordons Sicht war dies eine konsequente Verlautbarung, die nicht im Widerspruch zu dem stand, was er dem Mahdi angeboten hatte und seinem langfristigen Konzept für den Sudan entsprach. Doch nicht nur war der Zeitpunkt ungünstig gewählt, denn der Mahdi hatte keine Möglichkeit gehabt, sich zum Schreiben Gordons zu äußern, die neuerliche Verlautbarung des Engländers schien auch zu signalisieren, daß die eigentliche Absicht Gordons (und demnach wohl auch sein Auftrag) darin bestand, den Sudan gänzlich zu räumen und damit den geheimen Wünschen des Mahdi, sich zum eigentlichen Herrscher des Sudan aufzuschwingen, entgegenzukommen. Der Mahdi sah also keine Veranlassung, auf die versöhnliche Geste Gordons, die auf einen Kompromiß hätte hinauslaufen können, einzugehen; und so sandte er als Antwort jenen Brief, mit Datum vom 10. März 1884, in dem er sozusagen den Spieß umdreht: nicht Gordon könne ihm ein Amt antragen, sondern er, der Mahdi, sei allein in der Lage, dies Gordon anzubieten, falls er sich bereit erkläre, seinem Glauben abzuschwören und sich statt dessen zum einzig rechtmäßigen, dem Islam, zu bekennen. Im übrigen ließ der Mahdi dem englischen General gleich auch die übliche, einfacheTracht eines *ansar*, deren Bedeutung er in einem zusätzlichen Begleitschreiben erläuterte, überbringen, was bei diesem wohl, da er eine solche Geste als Beleidigung auffassen mußte, das Faß zum Überlaufen gebracht haben dürfte. Jedenfalls war die Reaktion, mit der Gordon auf das Anerbieten des Mahdi antwortete, kurz und bündig:

Ich habe die Briefe, die mir Deine drei Boten übermittelt haben, erhalten, und ich habe alles, was darin stand, verstanden; doch es kann keine weiteren Verhandlungen mehr zwischen uns geben.

Überschrieben war diese Antwort mit einem einfachen: »Von Gordon Pascha an Mohammed Ahmed«, womit deutlich gemacht werden sollte, daß Gordon den religiösen Anspruch des Mahdi nicht anerkannte. Er hatte nun seinerseits – nicht anders, als dieser es getan hatte – dem Mahdi den Fehdehandschuh hingeworfen.

Bedrohliche Entwicklung

Inzwischen hatte sich die Lage weiterhin zugespitzt. Zwar war es einem englischen Expeditionskorps, unter General Graham, gelungen, die Beja, die Osman Digna im Osten aufgewiegelt hatte, in zwei Schlachten, die für die Engländer siegreich ausgingen, in ihre Schranken zu weisen. Doch getreu der Maxime der englischen Regierung, sich nicht weiter in den Sudan zu verstricken, versäumte es General Graham, seinen Sieg dahingehend zu nutzen, den Verbindungsweg zwischen Suakin und Berber beziehungsweise Khartum zu sichern oder gar Gordon zu Hilfe zu kommen, um den Rückzug, den dieser zu bewerkstelligen hatte, zu decken. Die englischen Truppen wurden im April wieder abgezogen; lediglich in Suakin blieb ein britisches Kontingent stationiert. Doch da der Hafen vom übrigen Sudan praktisch abgeschnitten war, blieb er für Gordon bedeutungslos.

Auch die Telegrafenverbindung, die bislang zwischen Ägypten und dem Sudan bestanden hatte, wurde unterbrochen: seit dem 12. März 1884 gab es keine direkte Verbindung mehr zwischen Kairo und Khartum.

Empfindlicher war freilich der Fall von Berber, wohin die Mahdisten ihren Aufstand im April trugen: die Stadt, die am Schnittpunkt der beiden Verbindungswege nach Ägypten lag – der eine über Suakin, der andere über das Niltal –, fiel Mitte Mai. Damit war Khartum endgültig von jeglichem Nachschub abgeschnitten; aber es blieb nun auch kein Fluchtweg mehr. Wer in Khartum saß, war gefangen; noch ehe die eigentliche Belagerung der Stadt begann.

Gescheiterte Pläne

Als Gordon im Februar in der Stadt Quartier bezogen hatte, war er ursprünglich überschwenglich von ihren Bewohnern empfangen worden. Niemand glaubte, daß er eigentlich als Testamentsvollstrecker gekommen war; zumal er bei seiner Ankunft erklärt hatte, englische Truppen wären auf dem Vormarsch, um die Sicherheit der Bewohner von Khartum zu gewährleisten. Doch daraus war nun nichts geworden, wie der Rückzug des englischen Expeditionskorps bewies. Auch der Vorschlag, den Gordon gleich am Anfang gemacht hatte, nämlich indische Truppen in den Sudan zu entsenden, um dadurch seine Stellung gegenüber dem Mahdi zu stärken, wurde schließlich von der britischen Regierung abgelehnt. Desgleichen sein Plan, Zobeir Rahman eine Schlüsselstellung zu übertragen. Die britische Regierung war nicht bereit, einem berüchtigten Sklavenhändler zu neuer Macht zu verhelfen, und als der Vorschlag Gordons in England bekannt wurde, brach ein Sturm der Entrüstung los. Doch um Gordon gerecht zu werden, muß man hinzufügen, daß es ihm einerseits zwar um ein Gebot der Realpolitik ging, daß er andererseits aber dadurch seinen Prinzipien durchaus nicht untreu wurde: Denn sein Plan sah vor, daß er selbst – wenn Zobeir Rahman ihn abgelöst haben würde – wieder in den Süden des Sudan ginge, um – im Namen König Leopolds – die beiden Provinzen Bahr el-Ghasal und Äquatoria getrennt zu verwalten. Damit wäre einem möglichen Wiederaufblühen des Sklavenhandels unter Zobeir von Anfang an ein Riegel vorgeschoben. Es bleibt Spekulation, inwieweit Gordon in der Lage gewesen wäre, seinen Plan in die Tat umzusetzen, denn selbst wenn es ihm gelungen wäre, Zobeir in Schach zu halten, wäre die Rückendeckung, die er sich von dem König der Belgier erhoffte, alles andere als ein verläßlicher Schild gewesen. Schließlich wurden die Greuel, die unter dem Regime Leopolds im Kongo begangen wurden, geradezu sprichwörtlich.

Inschallah!

Als Gordon einsehen mußte, daß von der britischen Regierung keine Hilfe zu erwarten war, andererseits auch der Mahdi zu keinem Kompromiß bereit war, begann er, sich darauf einzustellen, daß eine militärische Konfrontation unumgänglich war. Vielleicht wäre es ihm möglich gewesen, Khartum rechtzeitig zu evakuieren; doch das hätte bedeutet, daß er alle anderen Stützpunkte der Ägypter im Sudan fallen gelassen hätte. Und das widerstrebte seinem Ehrgefühl: er wollte den Sudan nicht wie eine »Ratte« verlassen, wie er es nannte. Statt dessen könnte man ihn mit einem Kapitän auf einem sinkenden Schiff vergleichen; er würde nicht eher von Bord gehen, ehe nicht alle, deren Wohl ihm anvertraut war, in Sicherheit waren.

Zu dem Zeitpunkt, da Gordon mit dem Auftrag, die Evakuierung des Sudan vorzubereiten, in Khartum eintraf, belief sich die Zahl der Soldaten, die in ägyptischen Diensten standen und über das ganze Land verteilt waren, auf 24000 Mann. Dazu kam ein nicht unbeträchtliches Kontingent von Zivilbeamten und deren Angehörigen. Die Stationen, die noch in ägyptischer Hand waren, reichten von Wadi Halfa im Norden bis Lado im Süden und von Daim Zobeir im Bahr el-Ghasal bis nach Massaua am Roten Meer. Zumeist aber waren die Verbindungswege bereits unterbrochen oder aber dies trat nun in schneller Folge ein. Einige der Stützpunkte wie Daim Zobeir und Berber fielen auch in die Hände des Mahdi, während andere weiter aushielten, doch von Khartum aus nicht mehr zu erreichen waren. Wer immer auf einem geordneten Rückzug der Ägypter aus dem Sudan beharrte, der würde dies nur dann bewerkstelligen, wenn er sich dem Mahdi stellte und ihn besiegte. Und eben dies war die Forderung Gordons gewesen, die er der britischen Regierung gestellt hatte. Nicht nur war sie abgelehnt worden, auch der Khedive, in Kairo, der insgeheim auf eine Wahrung der ägyptischen Hoheit über den Sudan hoffte, war nicht in der Lage, Gordon wirksam zu unterstützen. Die gescheiterte Expedition, die Hicks geleitete hatte, war die letzte Anstrengung gewesen, die Ägypten hatte aufbringen können. Gordon, der nicht eigentlich als Militär, sondern als Diplomat in den Sudan gekommen war, hatte – anders, als General Graham – keine eigenen Truppen, auf die er sich stützen konnte. Allein in Begleitung eines Adjutanten, Oberstleutnant Stewart, der allerdings von einer früheren Mission her mit dem Sudan vertraut war, war Gordon nach Khartum gekommen; ansonsten standen ihm nur die ägyptischen Soldaten zur Verfügung, deren Kampfgeist erheblich zu wünschen ließ. Das Beispiel, das Frank Power anführt, der Korrespondent der *Times*, den wir bereits erwähnten und der Zeuge der beginnenden Belagerung von Khartum wurde, ist ebenso amüsant wie aufschlußreich. Er schreibt, in einem Brief an seine Mutter: »Als ich vor zehn Minuten, etwa um 23 Uhr 30, beim Schreiben war, schreckten mich höchst furchterregende Schreie wie ›Mord – Hilfe – Ich habe es nicht getan!‹ auf, und ich stürzte mit dem Degen in einer Hand, dem Revolver in der anderen und gefolgt von meinem neuen Diener, der mein Gewehr trug, nach draußen. Es war dieser verfluchte Wachsoldat: dies ist die dritte Nacht, daß er Oberst de Coetlogan [einen Offizier aus Hicks' ehemaligem Stab] und mich erschreckt hat. Wie alle ägyptischen Posten schläft er während seiner Wache (das Gewehr und das Bajonett gegen die Mauer gelehnt), und wenn er schläft, scheint es, so beteuert der Feldwebel, daß er immer träumt – den einen Traum – und sein fürchterliches Kriegsgeschrei ausstößt, das alles aufweckt. Er ist ein Ärgernis; morgen wird er den Schanzwerken draußen zugeteilt werden. Wir haben nichts dagegen, daß der Posten (wie alle in der Stadt) seinen tiefen Schlaf schläft; aber er sollte nicht schreien, brüllen und die halbe Stadt mit dem einzigen Traum, den er hat, aufwecken. Das halte ich, nach drei Nächten, nachgerade für einfallslos. Er erklärt in aller Ruhe: ›Ist Allah, der diesen bösen Traum schickt.‹ Ich antworte ruhig: ›Ist der Oberst, der Morgen allen Posten, die schlafend angetroffen werden, fünfzig Stockhiebe verabreichen läßt.‹ Und wenn er nicht schliefe, würde Allah ihm auch nicht den Traum schicken. Er erwidert sanftmütig: ›Gott ist groß; Gott schickt mir den Schlaf, wenn ich Wache habe; ich kann nichts dafür. Es ist Gott, der allmächtig ist.‹ Was kann man mit einem solchen Burschen anfangen? Von morgens bis abends heißt es: ›Es Han da illah Inshallah‹ oder ›Bishmillah‹; sie zerren Gottes Namen in alles, was sie tun. Ich meine das nicht abfällig; denn sie sind wirklich gläubig und legen alles in Gottes Hand. Stell dir vor: jeder, den du triffst, bringt morgens und abends, jeweils zwanzig Minuten, im Freien mit Gebeten zu; ihre Gesichter voll religiöser Inbrunst, ohne Furcht, sich der Lächerlichkeit preiszugeben, und nur beschämt, wenn sie Unrecht tun, aber nicht, wenn sie mit ihrem Gott sprechen. Sie sagen: ›Wenn wir nicht mit Gott im Angesicht der Menschen sprechen, wird er nicht mit uns sprechen, wenn alle Menschen sich versammeln, um ihren Richterspruch zu empfangen.‹«

Erbitterter Widerstand

Das Beispiel, das Power hier anführt, läßt nicht nur erkennen, aus welchem Holz die ägyptischen Soldaten, auf die sich Gordon stützen mußte, geschnitzt beziehungsweise nicht geschnitzt waren; es macht auch deutlich, wie fruchtbar der Nährboden war, den die breite Masse der Muslime der Lehre des Mahdi bot. Das traf nicht zuletzt auch auf die ägyptischen Soldaten zu, die zwar wußten, daß es letztlich ihre eigene Haut war, die sie verteidigten, die dennoch aber gegenüber der Gestalt des Mahdi eine gewisse Ehrfurcht und Scheu hegten, was ihren Kampfgeist nicht gerade beflügelte. Wie Power an anderer Stelle schreibt, wobei er sich auf einen Ausfall bezieht, den Sati Bey unternahm, ein hochrangiger Offizier der ägyptischen Armee, der Gordon als besondere Stütze gedient hatte: »Ein arabischer Reiter [d. h. Anhänger des Mahdi] reicht aus, um zweihundert unserer regulären Soldaten in die Flucht zu schlagen. An dem Tag, da Saati Bey getötet wurde, griffen acht Männer mit Speeren zweihundert unserer Leute, die mit Remington-Gewehren bewaffnet waren, an. Die Soldaten zogen sich sofort zurück und überließen Saati und seinen Adjutanten ihrem Tod. Ein schwarzer Offizier machte drei der Araber nieder; doch die restlichen fünf jagten unseren Leuten nach. Ein Reiter, der heranpreschte, ritt geradewegs in die flüchtende Menge und machte sieben nieder. Oberst Stewart, der unbewaffnet war, hatte Glück und kam ungeschoren davon; die Araber hatten ihn nicht gesehen. Mit solchen Soldaten können wir nichts ausrichten. Die Neger sind die einzigen, auf die wir uns verlassen können.«

Neben den ägyptischen Soldaten, die Fellachen waren, also Nachkommen der alten Ägypter, die ein höchst unkriegerisches

Volk gewesen waren, hatte man im Sudan auch Einheimische, Schwarze, rekuriert, jene Sklaven, die ihre Freiheit mit dem Dienst im Militär erkauft hatten. Sie wußten, welches Schicksal sie erwartete, wenn sie in die Hände der Mahdisten fielen: sie würden erneut versklavt werden, denn sie waren im Unterschied zu den ägyptischen Soldaten keine Muslime, was sie in den Augen der Mahdisten zu Freiwild machte. Sie hatten also nichts zu verlieren und leisteten entsprechend erbitterten Widerstand. Doch auch sie waren – wie die ägyptischen Truppen – schlecht ausgebildet, wozu noch die Inkompetenz kam, die die meisten Offiziere kennzeichnete.

Feinde in den eigenen Reihen

Alles in allem verfügte Gordon in Khartum über eine Streitmacht von etwa 7000 Mann, die er zur Verteidigung der Stadt zusammengezogen hatte. Damit mußte er das Leben von rund 40 000 Zivilisten schützen, die die Stadt bewohnten. Anfangs brachte man ihm uneingeschränktes Vertrauen entgegen. Wie Power in einem Brief, der vom 22. Februar 1884, also kurz nach der Ankunft Gordons, datiert, schreibt: »Wenn er [Gordon] die Stadt verläßt, drängt sich immer eine Menge aus dem Volk, Männer und Frauen, am Tor, um ihm die Füße zu küssen; und zweimal heute haben ihm die Frauen mit solcher Begeisterung die Füße gehoben, um sie zu küssen, daß er hinfiel.« Ja, Gordon wurde geradezu als Heiliger verehrt. Wie Power weiter schreibt: »In großer Zahl strömen Frauen hier jeden Tag zusammen, in der Erwartung, daß er ihren Kindern die Hand auflege, um sie zu heilen; sie nennen ihn den ›Vater und Retter des Sudan‹.«

Freilich bezieht sich dies nur auf den nächsten Umkreis von Khartum, einschließlich der Stadt selbst natürlich. Je größer die Entfernung von der Stadt, die zum Sitz der ägyptischen Regierung geworden war, desto geringer war ihr Einfluß und damit auch das Ansehen Gordons, denn der Machtbereich des Mahdi hatte sich immer weiter ausgedehnt: Die wenigen Garnisonen, die es noch gab, waren praktisch nur noch Inseln in einem Meer, das sich wie unter dem Ansturm einer Springflut ständig ausweitete. Mitte März hatte es die Tore von Khartum erreicht.

Und damit begann auch die Gefahr eines Umschwungs in der Loyalität der Bewohner von Khartum zu wachsen; nicht wenige schwenkten allmählich auf die Seite des Mahdi über, und Gordon mußte nun auch zunehmend mit Feinden in den eigenen Reihen rechnen.

Von allen Seiten

Die Stadt war noch unter dem Vorgänger Gordons, Abd el-Kader, befestigt worden, so daß zu dem durch ihre Lage – am Zusammenfluß der beiden Nilarme – bedingten, natürlichen Schutz noch eine Befestigung in Form eines südlichen Walls, dem ein Graben vorgelagert war, kam. Damit war Khartum im Norden und im Westen durch die beiden Flußläufe und im Süden (und Osten) durch eine künstliche Befestigungslinie geschützt, die allerdings den Nachteil hatte, daß sie nicht nur eine große Angriffsfläche bot – die Länge des Walls betrug etwa 10 km –, sondern – an ihrem westlichen Ende – auch durch das sommerliche Hochwasser, das den Weißen Nil über die Ufer treten ließ, gefährdet war. Immerhin bot Khartum den zusätzlichen Vorteil, über die beiden Nilarme, die sich im Norden der Landzunge, auf der Khartum lag, zum eigentlichen Nil vereinigten, einen Verbindungsweg zu besitzen, der nicht nur die Übermittlung von Nachrichten erleichterte, sondern auch einen Fluchtweg bot. Solange zumindest, wie das Gebiet nördlich von Khartum, vor allem der Stützpunkt in Berber, noch unter der Kontrolle der Ägypter war. Auf diese Weise gelang es Gordon, wenigstens einen kleinen Teil der Ägypter, 2000 Zivilisten und 600 kranke oder verwundete Soldaten, zu evakuieren; ehe die Mahdisten auch im Norden an Boden gewannen und Berber schließlich fiel. Zwar wurden auch dann noch vereinzelt Fluchtversuche unternommen, doch war die Chance, heil bis zur ägyptischen Grenze durchzukommen, nicht groß. Power beispielsweise, der junge Korrespondent der *Times*, und Oberst Stewart, den Gordon entsandte, um die Verbindung mit einem britischen Entsatzheer herzustellen, hatten kein Glück: Bei dem Versuch, sich mit einem Boot durchzuschlagen, wurden sie abgefangen und ermordet. Als dies geschah, im September 1884, war Khartum schon ein halbes Jahr der Belagerung ausgesetzt gewesen. In

Abb. 15: Blick auf Khartum

einem seiner letzten Berichte, der vom 30. Juli datiert, aber erst zwei Monate später sein Ziel erreichte, schreibt Power: »Wir sind nun seit fünf Monaten von allen Seiten belagert und können höchstens noch zwei Monate länger aushalten. Die Soldaten und das Volk leben in der Hoffnung auf Entsatz durch englische Truppen, da es seit Mai täglich Berichte gibt, daß Engländer von Dongola und Kassala [an der Grenze zu Abessinien] vorrücken. Die Araber [Mahdisten] verfügen über eine Reihe von Festungen entlang des Flusses, die mit Kanonen bestückt sind, und sie treiben die Belagerung mit unverminderter Härte voran. General Gordon hat alle Dampfer mit kugelsicheren Platten aus weichem Holz und Eisen versehen, um sie auf diese Weise zu schützen, und auf den sechs bewaffneten Kähnen hat er zwanzig Fuß hohe Türme errichten lassen, wodurch die Feuerkraft verdoppelt wird. Wir haben keine Furcht, daß es zu einem Aufstand in der Stadt kommen könnte, da acht- bis zehntausend Männer die Stadt verließen und sich den Rebellen anschlossen, ehe die Belagerung begann. Doch damit die Truppen weiter zu uns stehen, müssen sie ihren Sold erhalten, und General Gordon ist, was das betrifft, in arger Bedrängnis, denn keine der Geldsendungen, die von Kairo abgesandt wurden, ist in Khartum angekommen. Er hat Papiergeld im Wert von 50 000 Pfund ausgegeben. Nahrung wird täglich an die Armee ausgeteilt.«

Minen und Granaten

Es zeugt von dem Organisationstalent Gordons und dem Vertrauen, das er bei der Bevölkerung genoß, daß sich die düstere Vorhersage Powers, die Stadt könne der Belagerung nur noch zwei Monate standhalten, nicht bewahrheitete. Als Power Khartum verließ, hatte sich die Situation zwar merklich verschlechtert, doch da sich die Aussicht auf Rettung abzeichnete, auch wenn sich ihre Erfüllung immer wieder hinausschob, gelang es Gordon, die Stadt noch weitere vier Monate zu halten. Womit die Belagerung Khartums fast ein Jahr dauerte.

Was es hieß, die Stadt zu verteidigen, schildert Power sehr eindrucksvoll in einer kurzen Auflistung der wichtigsten Ereignisse, die sich in den ersten Monaten der Belagerung zutrugen: »23. März – Hassan [Pascha] und Seyid Pascha [ägyptische Offiziere, die einen Ausfall anführten] wurden hingerichtet, weil sie in der Schlacht vom 16., als 350 Soldaten getötet und verwundet wurden, Verrat übten.

16., 17., 18., 19. und 20. April – Angriffe der Aufständischen auf den [Regierungs]palast von den gegenüberliegenden Dörfern aus. Große Verluste der Araber [Mahdisten] durch Minen, die General Gordon ausgelegt hatte.

27. April – Wir erfuhren von der Kapitulation Saleh Beys in Mesalimieh [Masallamiya]; fünfzig Schiffsladungen Nahrung, siebzig Kästen mit Munition, 2020 Gewehre und ein Dampfer fielen den Aufständischen in die Hände.

1. Mai – Ein Offizier, der Pioniere befehligte, hatte eine Mine, die 78 Pfund Pulver enthielt, gelegt; er trat darauf und wurde mit sechs Soldaten in Stücke gerissen.

3. Mai – Ein Mann berichtete, daß sich englische Streitkräfte in Berber befänden.

6. Mai – Schwerer Angriff von den Arabern am östlichen Ende der Befestigungsanlagen; der Feind erlitt hohe Verluste durch Minen, die wir bei dem Dorf Buri ausgelegt hatten.

7. Mai – Großer Angriff von einem Dorf auf der anderen Seite des Flusses aus; neun Minen gingen dabei hoch, und wir erfuhren später, daß sie 115 Aufständischen das Leben kosteten. Die Araber hielten das Feuer den ganzen Tag über aufrecht. Oberst Stewart vertrieb sie aus ihrer Hauptstellung mit zwei wohlplazierten Schüssen aus einer 20-pfündigen Krupp-Kanone, die am Palast aufgestellt war. In der Nacht durchlöcherten sie die Wände, doch am 9. vertrieben wir sie. Sie hatten ihre Stellung drei Tage lang gehalten.

25. Mai – Oberst Stewart wurde verwundet, als er eine Mitrailleuse [Revolverkanone] beim Palast bediente; doch es geht ihm nun wieder recht gut.

26. Mai – Bei einem Vorstoß, den Saati Bey auf dem Weißen Nil unternahm, gelang es ihm, mit einem Geschoß ein Munitionsdepot der Aufständischen zu treffen. Es gab eine große Explosion; sechzig Granaten gingen hoch.

In den Monaten Mai und Juni unternahm Saati Bey täglich Vorstöße mit einem Dampfer. Unsere Verluste waren gering, und viel Vieh wurde eingefangen.

25. Juni – Mr. Cuzzi, der englische Konsul in Berber, der in die Gefangenschaft der Aufständischen geriet, erschien vor den Befestigungsanlagen und berichtete uns von dem Fall Berbers. Mr. Cuzzi ist nach Kordofan gebracht worden.

30. Juni – Saati Bey erbeutete vierzig *ardeb* [60 Zentner] Getreide von den Aufständischen und tötete zweihundert von ihnen.

10. Juli – Nachdem Saati Bey Kalakla und drei weitere Dörfer niedergebrannt hatte, griff er Gatarneb an; doch dabei wurde er, mit drei seiner Offiziere, getötet. Oberst Stewart kam gerade noch davon. Saati ist ein großer Verlust.

29. Juli – Wir vertrieben die Aufständischen aus Buri, am Blauen Nil, wobei wir ihnen große Verluste zufügten und Munition und achtzig Gewehre erbeuteten. Die Dampfer unternahmen einen Vorstoß bis nach El Efan [El Eilafun, am Blauen Nil], wobei sie dreizehn Stützpunkte der Aufständischen zerstörten und zwei Kanonen zum Schweigen brachten. Seit die Belagerung begann, haben wir nicht ganz siebenhundert Gefallene zu beklagen.«

Abu Karja

Die Verluste waren also nicht sehr hoch. Doch das eigentliche Problem war die Nahrungsversorgung, die, je weiter die Belagerung fortschritt, desto schwieriger wurde. Hier Abhilfe zu schaffen, war einer der Hauptgründe, weshalb die Belagerten immer wieder versuchten, Vorstöße mit den Flußdampfern, die Gordon zum Glück zur Verfügung standen, zu unternehmen. Dabei wurde – wie erwähnt – Getreide und Vieh erbeutet, deren Beschaffung letztlich ebenso wichtig war wie die Abwehr des Feindes. Dieser schien zunächst zu zögern, in einem konzentrierten Angriff gegen Khartum vorzugehen. Doch dahinter verbarg sich die Einsicht, daß die Zeit für die Aufständischen arbeitete. Eine Verstärkung für die Belagerten war offensichtlich nicht zu befürchten, denn selbst das britische Expeditionskorps, das im Osten eingesetzt worden war, war wieder abgezogen worden. Und je länger sich die Belagerung hinzog, ohne daß Nachschub zu den Eingeschlossenen gelangte, um so größer wurde die Chance, ohne die schweren Verluste, die ein vorzeitiger Angriff mit sich bringen würde, den endgültigen Sieg zu erringen.

Aus diesem Grunde befand es der Mahdi auch nicht für nötig, zunächst selbst in die Kämpfe einzugreifen. Er entsandte vielmehr einen Vertrauten, Mohammed Othman Abu Karja, der einer der ersten gewesen war, die sich dem Mahdi angeschlossen hatten, und der sich bereits bei den vergangenen Kämpfen ausgezeichnet hatte. Abu Karja wurde mit der Führung der Truppen betraut, die der Mahdi schließlich gegen Khartum ins Feld schickte, nachdem er den abschlägigen Bescheid Gordons auf seinen Brief erhalten hatten. Es entsprach islamischer Tradition, einem Feind, zumal wenn er ein »Ungläubiger« war, die Möglichkeit zu geben, einer militärischen Konfrontation aus dem Weg zu gehen, indem er sich freiwillig ergab und zum »rechten« Glauben übertrat. Erst dann, wenn eine entsprechende Aufforderung abgelehnt worden war, war ein kriegerisches Vorgehen gerechtfertigt. Abu Karja, der sein Hauptquartier am Blauen Nil aufschlug und von dort aus gegen Khartum operierte, handelte also im Rahmen dieser Maxime.

Unter dem Druck der Öffentlichkeit

Doch – wie gesagt – die Belagerung zog sich von Monat zu Monat hin, ohne daß von den Angreifern eine Entscheidung erzwungen wurde. Für die Belagerten bedeutete dies eine Zermürbungsprobe, die sie nur überstanden, weil Gordon ein bemerkenswertes Geschick entwickelte, den Widerstandswillen der Bevölkerung immer wieder neu zu entfachen und sie mit dem Nötigsten zu versorgen. Die Belagerung von Khartum, der Gordon so lange standhielt, gilt als eine der bemerkenswertesten Leistungen der Militärgeschichte.

Dennoch wußte Gordon nur zu genau, daß er auf verlorenem Posten stand. Abgesehen von den gelegentlichen Vorstößen auf dem Fluß und Ausfällen jenseits der Verteidigungsanlagen, die natürlich auch militärischen Zwecken dienten, ohne eine grundlegende Änderung der Lage herbeiführen zu können, beschränkten sich alle seine Aktionen auf die Defensive. Das militärische Geschehen bestimmte letztlich der Mahdi, und da die Möglichkeit einer Verständigung von beiden Seiten ausgeschlagen worden war, konnte eine Entscheidung nur auf dem Schlachtfeld erzielt werden. Das aber bedeutete mit Sicherheit den Untergang der Belagerten, die – im Vergleich zu den Angreifern, die ihre Reihen ständig weiter auffüllen konnten – immer mehr ins Hintertreffen gerieten. Die Katastrophe war unausweichlich; es sei denn – es erfolgte Hilfe von außen. Dies aber hatte die britische Regierung wiederholt abgelehnt; mit einigem Recht, wie man anmerken muß. Den wenngleich sich England inzwischen auch in Ägypten engagiert hatte, aus strategischen ebenso wie

Abb. 16: Die »Relief Expedition« auf dem Vormarsch nach Dongola: Station in dem Dorf Magrekah

kommerziellen Gründen, so war der Sudan, wiewohl eine Dependance Ägyptens, ein Gebiet, das England im Grunde nicht berührte. Es sei denn, man fühlte sich verpflichtet, gegen die infame Praxis des Sklavenhandels vorzugehen, eine moralische Herausforderung, der man ja auch – wie wir gesehen haben – verschiedentlich nachgekommen war. Alles, was darüber hinausging – sieht man von der Sicherung der Häfen am Roten Meer einmal ab –, war mit unnötigen Risiken verbunden, die man nicht einzugehen bereit war.

Vermutlich hätte die britische Regierung auch dann nicht eingegriffen, als offensichtlich wurde, daß die Mission Gordons gescheitert war und womöglich ein unheilvolles Ende nehmen würde, wenn nicht die Öffentlichkeit für Gordon, in dem sie einen Helden sah, Partei ergriffen hätte. Wie die Entsendung Gordons weitgehend dem Druck der Öffentlichkeit zuzuschreiben war, so trat diese nun auch, da sie regen Anteil an der Mission Gordons genommen hatte, für seine sichere Rückkehr ein. Und da die Regierung Gordon immerhin entsandt hatte, obwohl er sich offensichtlich nicht streng an ihre Auflagen hielt, erklärte sie sich schließlich bereit, die nötigen Mittel – wie auch die Soldaten – für ein Unternehmen bereitzustellen, das als die »Gordon Relief Expedition« bekannt geworden ist.

Diese »Rettungsaktion« war von Anfang an ein rachitisches Unternehmen. Vor allem wurde wertvolle Zeit damit vertan, die Expedition überhaupt auf den Weg zu bringen. Obwohl die britische Regierung ihr Plazet schließlich im August gegeben hatte, waren die Vorbereitungen nicht vor November abgeschlossen. Zwar stellte man immerhin eine Streitmacht von 7000 britischen Soldaten bereit, zu denen sich noch dreihundert Kanadier gesellten, die man eigens dazu angeworben hatte, die Boote, die die Expedition transportieren sollten, zu steuern. Doch als sich das Expeditionskorps schließlich von Wadi Halfa aus, wo die Streitmacht zusammengezogen worden war, auf den Weg machte, benötigte sie fast zwei Monate, bis sie Korti, den Ausgangspunkt für die Karawanenstraße durch die Bajuda-Steppe, erreichte. Da die Zeit nun wirklich drängte – es war mittlerweile Ende Dezember geworden –, wurde eine Vorausabteilung nach Metemma, am Ende des Karawanenweges, der hier wieder auf den Nil stieß, entsandt. Doch erreichte man Metemma erst, nachdem es zu wiederholtem Kampf mit den Mahdisten, die den Vormarsch hatten aufhalten wollen, gekommen war. Zwar gingen die Kämpfe für die Engländer siegreich aus, doch Oberst Stewart, der die Vorausabteilung befehligte, wurde töd-

Abb. 17: Durchquerung der Bajuda-Steppe

lich verwundet, und sein Nachfolger, Charles Wilson, der eigentlich Nachrichtenoffizier war, zögerte, den Vormarsch fortzusetzen, ehe er nicht Metemma in einen sicheren Stützpunkt verwandelt hatte. Als er schließlich, am 24. Januar, mit zwanzig Rotröcken und zweihundert Schwarzen, die als Hilfstruppen dienten, in Richtung Khartum aufbrach, waren hier die Würfel zwar noch nicht gefallen; doch das Schicksal der Stadt hing an einem seidenen Faden.

Ein neues Hindernis

Bordeini Bey, ein Kaufmann in Khartum, der die Belagerung überlebte, erinnert sich: »Schließlich gab es nur noch Hunde, Esel, Tierhäute, Gummi und Palmfasern, die die Bewohner und Soldaten essen konnten; der Hunger war überall. Die Soldaten standen an ihren Schanzwerken wie Holzstücke. Den Zivilisten erging es sogar noch schlimmer. Viele starben Hungers, und die Leichen häuften sich auf den Straßen; niemand besaß mehr die Kraft, sie zu begraben.«

Die Strategie des Mahdi, die Belagerten zu zermürben und auszuhungern, hatte sich ausgezahlt. Mitte Januar waren die Vorräte aufgezehrt, und die Verteidiger waren auch nicht mehr in der Lage, Ausfälle und Vorstöße in die Umgebung zu unternehmen, wie sie es anfangs getan hatten, um auf diese Weise Nahrungsgüter zu erbeuten. Als am 15. Januar der Kommandant von Omdurman, eines Stützpunktes auf dem gegenüberliegenden Ufer des Weißen Nil, der zum Befestigungssystem von Khartum gehörte, signalisierte, daß er über keine Nahrung und Munition mehr verfüge, war Gordon noch nicht einmal mehr in der Lage, wenigstens diesen Stützpunkt, der die Flanke von Khartum schützte, zu halten. Omdurman mußte sich ergeben.

Dennoch, so schien es, war die Rettung in greifbarer Nähe. Durch Boten und Spione, denen es gelang, durch die Reihen des Feindes zu schlüpfen, war Gordon immer wieder mit Nachrichten versorgt worden, die ihn wenigstens andeutungsweise über Entwicklungen auf dem Laufenden hielten, die sich jenseits der feindlichen Linien abzeichneten. Auf diese Weise hatte er auch von dem Expeditionskorps erfahren, das die Engländer auf den Weg gebracht hatten. Er hatte der Expedition sogar vier Dampfer entgegengeschickt, abgesehen von den Anweisungen, die er seinem Adjutanten erteilt hatte, der jedoch – wie bereits angedeutet – sein Ziel nicht erreichte. Die Dampfer hingegen erfüllten ihren Zweck: Wilson, der das Kommando der Vorausabteilung übernommen hatte, bediente sich ihrer, indem er sich mit seiner Truppe auf zwei der Dampfer einschiffte. Wenngleich er dadurch auch vor den Angriffen der Mahdisten relativ sicher war, so tat sich doch schon bald ein anderes Hindernis auf: der sechste Katarakt, der die letzte Schwelle des Nils bildet, wurde einem der beiden Boote zum Verhängnis; es lief auf Grund, und wertvolle Zeit wurde damit vertan, das Schiff wieder flottzumachen. Ein Tag war praktisch verloren.

Achillesferse

Dennoch, obwohl Gordon inzwischen alle Hoffnung aufgegeben hatte, daß die Entsatzexpedition noch rechtzeitig eintreffen würde, war im Lager des Mahdi, der schließlich Obeid verlassen und die Leitung der Kämpfe vor den Toren von Khartum selbst übernommen hatte, Unruhe ausgebrochen, als man von der Niederlage erfuhr, die die englische Vorausabteilung den Mahdisten bei ihrem Vormarsch auf Metemma beigebracht hatte. So sehr versetzte diese Schlappe den Mahdi in Sorge, da er dem englischen Soldaten, dessen hervorragendes Beispiel er ständig vor Augen hatte, gehörigen Respekt entgegenbrachte, daß er schon entschlossen war, die Belagerung Khartums abzubrechen und sich nach Kordofan zurückzuziehen. Nur im letzten Moment ließ er sich umstimmen, da man ihn darauf hinwies, daß es in den Verteidigungslinien einen Punkt gab, wo ein Durchbruch ohne größeren Widerstand möglich schien. Es war jene Stelle des Befestigungswalls, die durch die sommerliche Nilflut beschädigt und – obgleich der Fluß inzwischen wieder gesunken war – noch nicht wieder ausgebessert worden war. Hier offenbarte der Feind eine Schwäche, die zu beheben er nicht mehr in der Lage gewesen war. So wurde denn, um dem Eintreffen der englischen Truppen zuvorzukommen, die

Entscheidungsschlacht um Khartum auf die frühen Morgenstunden des 26. Januar festgesetzt.

Ein letzter Versuch

Tags zuvor hatte auch Gordon noch einmal eine Versammlung aller Würdenträger der Stadt einberufen. Doch er hatte es vorgezogen, nicht mehr daran teilzunehmen, sondern hatte den Versammelten ausrichten lassen, daß es Anzeichen gäbe, daß die Aufständischen sich zu einer größeren Offensive rüsteten und daß man noch einmal die letzten Reserven in der Stadt aufbieten solle; sofern man es nicht vorzöge, sich dem Feind zu ergeben. Wogegen er sich nicht mehr sträuben würde, obwohl er noch einmal zu bedenken gab, daß die britischen Truppen nun nicht mehr weit sein könnten und wohl in den nächsten vierundzwanzig Stunden eintreffen würden.

Es war der letzte Versuch, die Bewohner der Stadt noch einmal aufzurütteln. Doch Gordon glaubte selbst nicht mehr an seinen Appell; weshalb er es vermieden hatte, den Versammelten persönlich gegenüberzutreten. Wie Bordeini Bey, der ihn nach dieser Zusammenkunft aufsuchte, berichtet: »Ich bat dann um die Erlaubnis, den Pascha [Gordon] sehen zu dürfen, und wurde vorgelassen. Ich fand ihn auf einem Diwan sitzen; und als ich eintrat, nahm er seinen Tarbusch (Fes) ab und warf ihn von sich, wobei er sagte: ›Was kann ich noch sagen; ich habe nichts mehr zu sagen. Das Volk wird mir nicht mehr glauben. Ich habe ihm immer wieder erzählt, daß Hilfe unterwegs sei; doch sie ist nie eingetroffen, und nun müssen sie erkennen, daß ich sie belüge. Wenn sich dieses, mein letztes Versprechen nicht bewahrheitet, dann kann ich nichts mehr tun. Geh und rufe alle Leute zusammen, die du erreichen kannst, besetzt die Verteidigungslinien und leistet tapferen Widerstand. Laß mich nun allein, damit ich diese Zigaretten rauchen kann.‹«

Abschließend fügt Bordeini hinzu: »Man sah ihm an, daß er verzweifelt war, und er sprach in einem Ton, den ich niemals zuvor gehört hatte. Da wußte ich, daß er zu erregt gewesen war, um sich an die Versammlung zu wenden, und gedacht hatte, daß der Anblick seiner Verzweiflung uns entmutigen würde. All die Sorgen, die er durchgemacht hatte, hatten allmählich sein Haar schneeweiß werden lassen.«

Wie eine Flutwelle

Die Nacht brach herein, und während die Belagerten sich mit bangem Herzen zur Ruhe legten, sofern sie nicht zur Wache eingeteilt waren, machte sich der Mahdi, mit seinen drei Kalifen, auf, setzte über den Nil und erteilte seiner Streitmacht, die sich vor den Toren von Khartum versammelt hatte, die letzten Anweisungen. Dann kehrte er in sein Lager auf der anderen Seite des Flusses zurück, und noch ehe der neue Tag begann, rückten die Aufständischen zum Angriff vor.

Ihre Zahl wurde auf 50 000 geschätzt; zumeist Fußsoldaten, mit Speeren, Schwertern und Gewehren bewaffnet. Im Schutze der Dunkelheit schwärmten sie aus; die Masse der Ansar bewegte sich auf jenen Punkt der Verteidigungslinie zu, wo der Fluß ihnen zu Hilfe gekommen war. Gegen 3 Uhr durchbrachen sie die Stelle, ergossen sich wie eine Flutwelle in die Stadt, rollten die Verteidigungslinie von hinten her auf und wandten sich dann dem Geschäft des Mordens und Plünderns zu.

Tödliche Wunde

Der Kampf hatte nur wenige Minuten gedauert. Die Verteidiger waren zu erschöpft; der Überraschungseffekt hatte sich voll zugunsten der Angreifer ausgewirkt, und als ob dies noch nicht genug gewesen wäre, den Verteidigern zu schaden, ergriff obendrein auch noch Farag Pascha, der die Verteidigungslinie befehligt hatte, die Flucht. Die Niederlage war komplett.

Der Mahdi, das muß zu seiner Ehre gesagt sein, hatte seinen Hauptleuten ausdrücklich befohlen, das Leben des Mannes, der sein eigentlicher Widersacher war, zu schonen. Doch nachdem der Sieg so schnell und leicht errungen war, gab man sich einer wahren Orgie der Vergeltung und des Raubes hin. Niemand achtete darauf, was der einzelner Ansar tat, und so geschah es, daß einige der Aufständischen den Palast erreichten, der am anderen Ende der Stadt, am Ufer des Blauen Nil, lag und wo Gordon sich aufhielt, und nachdem sie dort die Wache niedergemacht hatten, schreckten sie auch vor dem letzten Triumph nicht zurück. Wie sich Bordeini Bey erinnert: »Taha Schahin war der erste, der Gordon fand; er stand neben der Tür zum Empfangssaal, augenscheinlich hatte er die Araber [Ansar] erwartet. Er sah ihnen ruhig und in würdiger Haltung entgegen; die linke Hand ruhte auf dem Griff seines Degens. Schahin stürzte sich auf ihn, mit einem Fluch auf den Lippen, und durchbohrte ihn mit seinem Speer. Es heißt, daß Gordon daraufhin eine verächtliche Bewegung mit der rechten Hand machte und sich umwandte, als ihn ein zweiter Speerstoß traf, der ihn vornüberfallen ließ und ihm wahrscheinlich eine tödliche Wunde zufügte. Die anderen drei Männer, die Schahin dichtauf gefolgt waren, drängten nun gleichfalls herein und hieben auf den hingestreckten Körper mit ihren Schwertern ein, so daß er in wenigen Augenblicken starb. Sein Tod ereignete sich kurz vor Sonnenaufgang.«

Too late!

Es war dies der Morgen des 26. Januar 1885. Zwei Tage später traf Wilson mit seinen beiden Dampfern ein. Das Bild, das sich ihm bot, ließ keinen Zweifel daran, daß seine Hilfe zu spät gekommen war. Er hatte alle Mühe, sich selbst und seine Leute in Sicherheit zu bringen: »Die Massen des Feindes mit ihren wehenden Bannern über Khartum; die langen Reihen der Schützen in den Gräben von Omdurman; die Ansammlungen von Männern auf [der Insel] Tuti [die Khartum vorgelagert war]; die explodierenden Granaten und das Wasser, das von Hunderten von Schüssen und gelegentlich von einem schweren Geschoß aufgewühlt wurde – all dies machte auf uns einen Eindruck, den ich niemals vergessen werde. Es schien fast unmöglich, aus diesem Chaos zu entkommen.«

Wilson schaffte es; doch die Mission, die das Expeditionskorps hatte erfüllen sollen, endete in einem Fiasko. Ebenso wie jene, die man Gordon aufgetragen hatte. Man tröstete sich, indem man Gordon zum Märtyrer erhob und seinen Tod als Triumpf besang:

Too late! Too late to save him.
In vain, in vain, they tried.
His life was England's glory,
His death was England's pride.

Im Reich des Kalifen

Unverhoffter Segen

»Ich verbrachte die Nacht in fieberhafter Aufregung. Wurde der Angriff zurückgeschlagen, so war Chartum auch für die Zukunft gerettet; gelang er, so war alles verloren.

Vor Abspannung ein wenig eingeschlummert, wurde ich bald durch das Geknatter der Gewehre und die ersten Schüsse der Kanonen aufgeschreckt. Es war das erste Morgengrauen, und nur mit Anstrengung konnte das Auge die Dunkelheit durchdringen. Nach einigen Salven fielen nur noch einzelne Schüsse, dann wurde alles wieder ruhig. Das konnte doch nicht der Angriff auf Chartum sein! –

Die Sonne stieg empor; was wird sie uns heute bringen? – Gespannt und aufgeregt erwartete ich die Nachrichten, die mir meine Wachtposten bringen sollten. Ich vernahm Jubelrufe und Geschrei; bald kamen meine Wächter zurück und erzählten, Chartum sei erstürmt worden und befinde sich in den Händen der Mahdisten. Ich konnte diese Hiobsbotschaft nicht glauben und trat aus meinem Zelte.

Eine große Menschenmenge hatte sich vor den Quartieren des Mahdi und seiner Chalifas angesammelt; sie schien sich in Bewegung zu setzen und sich mir zu nähern, und nun sah ich deutlich, daß sie die Richtung gegen mein Zelt nahm. Ich konnte jetzt einzelne Personen unterscheiden. Voran schritten drei Negersoldaten, von denen einer – er hieß Schetta und war früher Leibsklave ... [in Obeid gewesen] – ein blutiges Bündel in den Händen trug; hinter ihm drängte sich die heulende Menge. Die Sklaven traten in meine Seriba, blieben mit grinsender Miene vor mir stehen, Schetta schlug das Tuch auseinander und zeigte mir – das Haupt General Gordon's! –

Das Blut schoß mir zu Kopfe, mein Athem stockte; mit großer Anstrengung behielt ich aber so viel Selbstbeherrschung, ruhig in das fahle Antlitz zu sehen. Die blauen Augen waren halb geöffnet, der Mund hatte seine natürliche Form behalten, das Gesicht war ruhig, die Züge nicht verzerrt; das Kopfhaar und der kleine Backenbart waren beinahe weiß.

›Ist das nicht der Ungläubige, dein Onkel?‹ sagte Schetta, den Kopf emporhaltend.

›Und was weiter?‹ antwortete ich ruhig. ›Jedenfalls ein tapferer Soldat, der auf seinem Posten gefallen ist und ausgelitten hat. Wohl ihm!‹

›Du lobst den Ungläubigen noch! Du wirst die Folgen schon erfahren‹, murrte Schetta und entfernte sich langsam mit dem schrecklichen Wahrzeichen des Triumphes des Mahdi. Die Menge wälzte sich heulend hinter ihm nach.

Ich ging in mein Zelt zurück und warf mich, zum Sterben matt, auf den Boden. Chartum gefallen! Gordon todt.«

Bis zum bitteren Ende

Man kann sich den Schrecken vorstellen, den Slatin, von dem dieses Zeugnis stammt, ergriff, als er auf diese Weise mit dem Tode Gordons konfrontiert wurde. Wie er schreibt, hatte am Abend zuvor – aus seiner Sicht – noch alles auf der Kippe gestanden. Und nun, während er noch geschlafen hatte, waren die Würfel gefallen. Auch sein Schicksal war nun besiegelt.

Zusammen mit den anderen Gefangenen war auch er schließlich nach Abu Sad, einem Weiler südlich von Omdurman, wo der Mahdi sein Lager aufgeschlagen hatte, verbracht worden. Da er zum islamischen Glauben übergetreten war, hatte man ihn zunächst recht großzügig behandelt, auch wenn man ihn nicht im Zweifel darüber gelassen hatte, daß er als Geisel betrachtet wurde. Als der Mahdi ihn jedoch gebeten hatte, an Gordon ein Schreiben zu richten, in dem er ihn erneut zur Aufgabe aufforderte, hatte Slatin diese Chance genutzt, Gordon vertrauliche Mitteilungen zu machen, und als das entdeckt worden war, hatte man Slatin in Ketten gelegt. Er war nun ein

Gefangener wie die anderen, und mit dem Fall Khartums war für ihn jede Hoffnung auf eine baldige Befreiung geschwunden.

Auch wenn Slatin nicht direkt an den Ereignissen beteiligt war, die zum Fall von Khartum führten, und dem, was ihm folgte, so erlebte er doch aus nächster Nähe (und in banger Sorge, da es ja auch um sein Schicksal ging) die ganze Entwicklung mit, die schließlich mit der völligen Zerstörung Khartums endete. Besonders nah ging ihm natürlich der Tod Gordons, den er nicht nur als Mensch (und Soldat) geschätzt hatte, sondern der schließlich auch sein Vorgesetzter gewesen war, wenngleich er auch sein neuerliches Amt als Generalgouverneur nicht mehr wirkungsvoll hatte zum Tragen bringen können. Slatin stellt die Frage, warum Gordon es versäumt hatte, das Gebiet um den Gouverneurspalast, in dem sich auch alle anderen wichtigen Regierungseinrichtungen befanden, zu befestigen; oder doch zumindest die Wache, die zu seinem persönlichen Schutz abgestellt war, zu verstärken. Auch hätte für Gordon die Möglichkeit bestanden, im letzten Moment, als er erkannt haben mußte, daß alles verloren war, sich abzusetzen. Wie Slatin schreibt: »Wie leicht hätte er eine Compagnie erprobter Soldaten im Palais zu seinem eigenen Schutze unterbringen können, und niemand auf der Welt würde ihm dies versagt haben. Unter solcher Bedeckung hätte er am Tage der Erstürmung den unterhalb des Palais in steter Bereitschaft gehaltenen Dampfer ›Ismailia‹, der kaum 300 Schritt vom Thore entfernt vor Anker lag, mit Leichtigkeit erreichen können. Der Kapitän desselben, Fargali, sah die Mahdisten in das Palais eindringen, vergeblich erwartete er das Erscheinen Gordon's, und erst als dieser getödtet und alles verloren war und die Rebellen nun ihr Augenmerk auf den Dampfer richteten, stieß er vom Ufer ab. Er kreuzte ohne Ziel vor der Stadt, und erst als man ihm den speciellen Pardon des Mahdi überbrachte, legte er an, da er und seine Bemannung ihre Familien in Chartum zurückgelassen hatten.«

Slatin führt als Grund an, warum Gordon all diese Möglichkeiten nicht nutzte, daß er nicht den Verdacht habe auf sich ziehen wollen, über Gebür auf seine eigene Sicherheit bedacht zu sein. Doch waren die Motive eigentlich sehr viel ehrenwerter, wie aus einer Tagebuchaufzeichnung hervorgeht, die vom 9. November datiert. Gordon hatte sich selbst die Frage gestellt, was die Bewohner von Khartum sagen würden, wenn er den Versuch unternähme, die Stadt zu verlassen, wozu ihn die britische Regierung – in einer Botschaft, die ihn im Juli erreicht hatte – ausdrücklich autorisiert hatte. Er argumentierte, daß die Bewohner der Stadt ihm vorhalten würden, daß er durch sein Erscheinen ihre Hoffnungen geweckt habe, so daß sie bereit gewesen seien, seiner Aufforderung durchzuhalten nachzukommen, wodurch sie die Möglichkeit verspielt hätten, sich dem Mahdi freiwillig zu ergeben und dadurch dessen Nachsicht zu erlangen. Dafür sei es nun zu spät: man habe zu ihm gehalten, und nun sei es an ihm, sich hinter sie zu stellen. Und er erklärt abschließend: »Ich mache hiermit *ein für alle Mal deutlich, daß ich den Sudan nicht eher verlassen werde, bis jeder, der dies zu tun wünscht, die Gelegenheit dazu erhält; es sei denn*, es wird eine Regierung eingerichtet, die mich meiner Verantwortung enthebt …« Letzteres hatte Gordon ja wiederholt vorgeschlagen; doch man hatte ihm immer wieder einen abschlägigen Bescheid erteilt. So hatte es für ihn keine andere Alternative gegeben, die er mit seinem Gewissen hätte vereinbaren können, als bis zum bitteren Ende auszuharren.

Unglückliches Los

Gordon wurde zur Legende, ein ins Mystische verklärter Heroe, dessen Glanz selbst den Ruhm dessen überstrahlt, der ihn besiegte. Nicht ganz zu unrecht, wie man auch bei nüchterner Betrachtung (und aus größerer zeitlicher Distanz) zugeben muß. Und sei es nur, weil der Mahdi ihm zwar nicht unbedingt nach dem Leben getrachtet haben mag (Slatin erwähnt, daß der Mahdi Gordon als Faustpfand benutzen wollte, um dadurch die Eroberung Ägyptens zu erleichtern), es dennoch aber immerhin zuließ, daß seinem ehemaligen Widersacher auch die letzte Schmach nicht erspart blieb. Wie Bordeini Bey, den Gordon noch einmal zu einer letzten Audienz empfangen hatte, berichtet: »Ich sah, wie man den Kopf Gordon Paschas in Omdurman zur Schau stellte. Er war an den Ästen eines Baumes befestigt, und jeder, der an ihm vorüberkam, warf mit Steinen nach ihm. Der erste, der einen Stein warf, war Jussuf Mansur, ehemals Polizeioffizier in El Obeid, den Gordon wegen Fehlverhaltens abgesetzt hatte und der dann die Artillerie des Mahdi befehligt hatte.«

Auch wenn es im Sudan allgemein üblich war, den Kopf eines Feindes als abschreckendes Beispiel zur Schau zu stellen, so wäre es doch dem Mahdi, wenn er tatsächlich von höherer Gesittung (und Gesinnung) gewesen wäre, ein Leichtes gewesen, diesen barbarischen Brauch abzuschaffen. Doch der Mahdi war das Produkt einer Tradition, die auf charakteristische Weise die abscheulichsten Grausamkeiten mit höchster religiöser Verzückung in Einklang bringen konnte. Das wurde nicht zuletzt auch bei dem Zerstörungswerk deutlich, das die Anhänger des Mahdi in Khartum anrichteten. Slatin schreibt dazu: »Die Greuelthaten spotten jeder Beschreibung. Mit vorbedachter Absicht wurden nur Sklaven und Sklavinnen und die hübschen Frauen und Mädchen der freien Stämme verschont, alle andern hatten es nur einem außerordentlichen Zufall zu verdanken, wenn sie mit dem Leben davonkamen.«

Das Plündern und Morden dauerte zwei Tage, und die Zahl der Opfer stieg auf 10 000. Doch damit noch nicht genug: »Auch die Ueberlebenden gingen keinem glücklichen Lose entgegen. Nachdem alle Häuser besetzt waren, fing man an, nach den verborgenen Vermögen zu forschen; da galt kein Leugnen, keine Betheuerung; wer im leisesten Verdachte stand, etwas zu besitzen und verborgen zu haben – und wer stand nicht unter diesem Verdachte? – wurde so lange gemartert, bis das Versteck angegeben, oder, wenn er wirklich nichts zu gestehen hatte, bis er unter den Händen seiner Peiniger starb oder bis diese ermüdeten und ihm Glauben schenkten.

Mit Peitschenhieben, die das Fleisch in Fetzen von dem Körper hängen ließen, wurde nicht gespart; man band die Unglücklichen mit dünnen Stricken an beiden Daumen fest und ließ sie an aufgerichteten Balken frei in der Luft baumeln, bis sie vor Schmerzen besinnungslos wurden; man legte den zu Marternden kurze biegsame Bambusstäbe an die Schläfen, bog sie an den Enden mit Gewalt zusammen, sodaß sie festgebunden den Kopf einzwängten, und schlug dann mit einem Stocke auf diese Hölzer, wodurch sie infolge des Vibirens einen solchen Schmerz im Kopfe hervorriefen, daß die Opfer unter gräßlichem Jammergeschrei um Einhalt flehten; auch ältere Frauen blieben von diesen Martern nicht verschont, und man quälte sie oft in der abscheulichsten Weise, um ihnen ein Geständniß zu erpressen.«

Geisterstadt

Die Jüngeren freilich erwartete ein anderes Los: »Nur ganz junge Frauen und Mädchen verschonte man, da sie eine willkommene Beute waren und durch dieses brutale Verfahren an ihrer Schönheit gelitten hätten. Nachdem man die Schönsten und die den besten Familien Angehörigen für den Mahdi und die Chalifas ausgewählt, begann man gleich am Tage der Eroberung mit der Vertheilung der übrigen, und diese Vertheilung wurde wochenlang fortgesetzt.«

Alles in allem dennoch kein ungewöhnliches Schicksal, das Khartum und seine Bewohner heimsuchte – wenn nicht all diese Ausschreitungen und Verletzungen der elementarsten Menschenrechte im Namen der Religion erfolgt wären. Auch hier ein Schatten, der auf den Mahdi und seine Lehre fällt: ein Reformer, wie Buddha oder Jesus, der sich wirklich auf ethische Grundsätze berief, war er jedenfalls nicht. Wir werden darauf noch im einzelnen im folgenden Kapitel eingehen.

Am 30. Januar, vier Tage nach der Eroberung, hielt der Mahdi feierlich Einzug in Khartum. Es war ein Freitag; der Tag war also mit Bedacht gewählt: Höhepunkt des Triumphzuges war das traditionelle Gebet in der Moschee. Es besiegelte den Sieg und schien eine neue Phase in der Geschichte Khartums einzuleiten.

Doch der Mahdi besann sich eines anderen. Nachdem er zunächst sein Hauptquartier in Khartum aufgeschlagen hatte, wo er eines der herrschaftlichen Häuser bezog, während Abdullah, der erste unter den Kalifen, den Palast, in dem Gordon residiert hatte, mit Beschlag belegte, beschloß der Mahdi schließlich, seinen Sitz zurück nach Omdurman zu verlegen, die Festung, die den westlichen Zugang zu Khartum beherrscht und in deren Nähe, in Abu Sad, er ursprünglich sein Lager aufgeschlagen hatte. Hier, vor den Toren der Festung, auf einer Ebene, die ihr nördlich vorgelagert war, ließ der Mahdi eine neue Hauptstadt errichten, die den Namen der Festung beibehielt. Eine neue Moschee entstand, Residenzen für den Mahdi und die Kalifen wurden gebaut, und das Heer, das noch immer in Abu Sad versammelt war, wurde nach Omdurman verlegt.

Khartum bestand zunächst weiter, auch wenn es jeder Regierungsfunktion entkleidet war und auf das Niveau einer ländlichen Provinzstadt herabsank. Nach dem Tode des Mahdi, der schon bald nach seinem triumphalen Sieg erfolgte, kam es jedoch zu Unruhen, in deren Verlauf Angehörige des Mahdi, die in Khartum verblieben waren, gegen den Kalifen Abdullah aufbegehrten, der die Nachfolge des Mahdi angetreten hatte. Daraufhin wandte sich dieser gegen die Verschwörer und ordnete an, die Stadt zu räumen. Wenngleich dieser Befehl zunächst auch nicht befolgt wurde, so nahm der Kalif ein neuerliches Aufbegehren der *Aschraf*, wie die Verwandten des Mahdi genannt wurden, zum Anlaß, seine Anordnung noch einmal zu bekräftigen. Und diesmal, im Sommer 1886, wurde der Befehl zur Räumung Khartums mit aller Härte durchgesetzt, und die Stadt wurde tatsächlich aufgegeben.

Ihre Gebäude, soweit sie nicht ohnehin schon zerstört waren, wurden abgetragen, um mit dem Material, das man dadurch gewann, den weiteren Ausbau von Omdurman voranzutreiben, und das, was übrigblieb, verwandelte sich in eine Geisterstadt, die erst 1898, als England einen neuerlichen Versuch unternahm, im Sudan zu intervenieren, zu neuem Leben erwachte.

Tief bewegt

Die Expedition, die England zur Rettung Gordons ausgesandt hatte, zog sich unverrichteter Dinge zurück. Allerdings geschah dies nicht, ohne daß England noch einmal den Versuch unternommen hatte, verlorenes Terrain zurückzugewinnen. Damit ist nicht eine Eroberung des Sudan gemeint, wofür sich England von Anfang an nicht erwärmen konnte. Weshalb es denn auch nicht gerechtfertigt ist, England, soweit es den Sudan betrifft, imperialistische Ambitionen vorzuwerfen. Solche kamen erst später zum Tragen, wobei allerdings die Rivalität zwischen den europäischen Staaten, die sich vor allem im Hinblick auf Afrika gegen Ende des 19. Jahrhunderts verstärkte, den Ausschlag gab. Vielmehr ging es, als die Nachricht vom Fall Khartums und dem Tod Gordons nach England gelangte, darum, die Schmach, als die man den Triumph des Mahdi empfand, wieder wettzumachen. Darüber hinaus war England tief betroffen, als es von dem beklagenswerten Schicksal erfuhr, das Gordon ereilt hatte. Wie der Earl of Cromer, der zu der Zeit, da England – wie es vermeinte – seine erniedrigende Schlappe im Sudan erlitt, Statthalter Englands in Ägypten war, schreibt: »Selten ist die öffentliche Meinung in England so tief bewegt gewesen, als in dem Augenblick, da die Nachricht vom Fall Khartums bekannt wurde. Die täglichen Bewegungen der Entsatzexpedition waren von den Landsleuten General Gordons allerorten mit Spannung verfolgt worden; sehnsüchtig erwartete man Nachricht über jemanden, der in seiner eigenen Person die besondere Art von Heldentum zu verkörpern schien, die vielleicht mehr als alles andere die angelsächsische Rasse zu rühren angetan ist. Als das Schicksal General Gordons bekannt wurde, war überall im Lande Wehklagen und Enttäuschung zu spüren. Die Königin, als Herrscherin und als Frau mit tiefem Mitgefühl, war bis ins Herz getroffen. Ihre Majestät schrieb einen mitfühlenden Brief an Miss Gordon, in dem sie ihre tiefempfundene Trauer über ›das grausame, wenn auch heldenhafte Schicksal‹ ihres ›teuren Bruders‹ zum Ausdruck brachte. Bei dieser, wie bei anderen Gelegenheiten, drückten die Worte der Königin das wahre Gefühl der Nation aus.«

Geknickte Ehre

Vor diesem Hintergrund muß man die Reaktion der englischen Regierung sehen, die – obwohl sie nach wie vor vor jeglichem Engagement im Sudan zurückschreckte – sich dennoch, durch die öffentliche Meinung, genötigt sah, wenigstens den Anschein zu erwecken, als würde sie nicht einfach klein beigeben. Wozu allerdings auch das Eingeständnis kam, daß England auch im Ausland an Ansehen verlieren würde, wenn es den Rückschlag im Sudan, als der der Fall von Khartum letztlich gewertet wurde, ohne entsprechende Vergeltung hinnahm. Schließlich war auch ein strategisches Element, auf das Lord Wolseley, der das Expeditionskorps im Sudan befehligte, hinwies, nicht zu übersehen.

Den Kritikern einer offensiven Politik, zu denen nicht zuletzt auch Gladstone gehörte, der der Regierung vorstand, hielt Wolseley vor: »Wir dürfen niemals vergessen, daß die Frage, ob dieser Krieg fortgeführt wird oder nicht, nicht von uns entschieden wird, es sei denn, wir sind bereit, Ägypten dem Falschen Propheten zu überlassen. Die Situation wird sich nicht beruhigen, wenn wir uns auf eine defensive Politik verlegen. Der Mahdi hat wiederholt erklärt, daß es seine unverrückbare Absicht ist, sich Ägyptens zu bemächtigen, und seine Anhänger betrachten sich nicht als Streiter in einem Krieg, dessen Ziel lediglich die Besetzung von Berber ist, sondern die Vertreibung der Ungläubigen, bis man sie ins Meer geworfen hat.«

Es war in der Tat die Absicht des Mahdi, sich mit der Eroberung des Sudan nicht zufriedenzugeben. Nichts Geringeres schwebte ihm vor, als es Mohammed und den frühen muslimischen Eroberern nachzutun: er wollte ein neues Weltreich gründen, das dem gleichen würde, das am Anfang des Islam bestanden hatte. Der Sudan war der Ausgangspunkt; Ägypten würde folgen, und schließlich würde auch der Rest der islamischen Welt die Oberhoheit des Messias, der eine Neuordnung des Glaubens propagierte, anerkennen.

Wenngleich die britische Regierung die Möglichkeit, daß der Mahdi tatsächlich in der Lage sein würde, seine Macht nach Ägypten auszuweiten, auch nicht sehr ernst nahm, so entschied sie sich doch, unter dem Druck der Öffentlichkeit, zunächst für eine Vorwärtsstrategie. Das heißt, Lord Wolseley wurde angewiesen, gegen Khartum zu marschieren und den Mahdi in die Knie zu zwingen. Gleichzeitig wurde eine zweite Expedition entsandt, die die Verbindung zwischen Suakin und Berber herstellen sollte. Es schien, als wolle man diesmal wirklich reinen Tisch machen.

Doch der Vormarsch, im Norden wie im Osten, geriet ins Stocken. Das Klima machte den englischen Soldaten zu schaffen, der Widerstand der Mahdisten, die nun – nach dem Fall von Khartum – freie Hand hatten, wuchs, und schließlich drohte – am anderen Ende des britischen Weltreiches – eine neue Gefahr: russische Truppen zogen gegen die Grenzen von Afghanistan, und es stand zu befürchten, daß der Zar letztlich ein Auge auf Indien geworfen hatte, das als »Juwel in der Krone« des britischen Imperiums galt. Da konnte es sich England nicht leisten, womöglich an zwei Fronten in kriegerische Auseinandersetzungen verwickelt zu werden. Also beschloß man, daß inzwischen genügend mit dem Säbel gerasselt worden sei, um die geknickte Ehre der Nation wiederaufzurichten, und zog sich – nicht ohne den Mahdisten einen letzten Sieg, der ihren Vormarsch nach Norden stoppte, abgerungen zu haben – hinter die traditionelle Grenze zwischen Ägypten und dem Sudan zurück. Der Mahdi war inzwischen gestorben, und die Gefahr schien gebannt. Das Schicksal – und weniger die Waffen – hatte letztlich ein Patt herbeigeführt, dem sich beide Seiten nur zu willig unterwarfen.

In gutem Einvernehmen

Obwohl durch die Entsendung der Entsatzarmee und den Fall von Khartum die Aufmerksamkeit der Öffentlichkeit, vor allem in England, auf den Norden des Sudan gerichtet war, so sollte doch nicht übersehen werden, daß es auch in anderen Teilen des ehemals ägyptischen Sudan einschneidende Veränderungen gab. Darfur und den Bahr el-Ghasal, die sich kampflos dem Mahdi ergaben, erwähnten wir schon. Nachzutragen bleibt das Schicksal Emin Paschas, jenes deutschen Arztes und Naturforschers, der eigentlich Eduard Schnitzer hieß und 1879 das Amt des Gouverneurs in der Äquator-Provinz angetreten hatte. Wir werden ihm, da er ähnlich die Gemüter erregte, wie es Gordon getan hatte, einen eigenen Abschnitt widmen. Hier wollen wir uns nur darauf beschränken, hervorzuheben, daß es Emin

Pascha als einzigem gelang, der Expansion des Mahdi-Reiches standzuhalten, auch wenn er sich schließlich überreden ließ, sich zur Küste von Ostafrika abzusetzen. Im Grunde aber geschah dies gegen seinen Willen, und er war durchaus nicht abgeneigt, dem Werben deutscher Kolonialisten, die sich inzwischen in Ostafrika festgesetzt hatten, Gehör zu schenken.

Auch England war in diesem Teil des Schwarzen Kontinents nicht müßig. Ihm ging es vor allem um strategische Stützpunkte, um den Seeweg nach Indien zu sichern. Allerdings war es darüber hinaus auch bereit, Ägypten, das seine Einflußsphäre bis zum Horn von Afrika ausgedehnt hatte, bei der Evakuierung der Garnisonen, die Ägypten auch jenseits des eigentlichen Sudan, an der Grenze zu Äthiopien und in der Provinz Harar, errichtet hatte, behilflich zu sein. England, das sei noch einmal in Erinnerung gerufen, war ja seit geraumer Zeit der eigentliche Herr Ägyptens, was seitens der Engländer durchaus auch als eine Verantwortung empfunden wurde. So nahm England Kontakt mit Johannes IV., dem Herrscher von Abessinien, auf, mit dem England in gutem Einvernehmen stand, und handelte, in Namen Ägyptens, mit dem Kaiser ein Übereinkommen, den Vertrag von Adua, aus. Danach wurde Ägypten zur Aufgabe der Provinz Bogos im heutigen Eritrea verpflichtet, während Johannes, dem das abgetretene Gebiet zugesprochen wurde, im Gegenzug bei der Evakuierung der ägyptischen Truppen behilflich sein würde. Auf diese Weise konnten die verbliebenen Garnisonen, die zum Teil bereits dem Vordringen des Mahdi ausgesetzt waren, vor dem Schicksal, das Khartum ereilt hatte, bewahrt werden.

Kassala und Sennar

Weniger glücklich war der Ausgang des Kampfes, der um die beiden Orte Sennar und Kassala entbrannt war. Sennar, die einstige Hauptstadt des Fung-Reiches, war auch zur Zeit der ägyptischen Herrschaft ein wichtiges Handelszentrum gewesen, denn es liegt inmitten eines fruchtbaren Anbaugebietes und hatte Khartum mit Getreide versorgt. Auch während der Belagerung war Sennar noch ein Rettungsanker Khartums gewesen, bis schließlich der Transport auf dem Blauen Nil hatte eingestellt werden müssen. Von diesem Zeitpunkt an war auch Sennar von der Außenwelt abgeschlossen, und als der Mahdi, nach der Einnahme von Khartum, den Druck auf Sennar verstärkte, entschied man sich zwar, weiter auszuharren. Doch gingen schließlich auch in Sennar die Vorräte aus, und nachdem ein letzter Ausfall gescheitert war, ergab sich die Stadt im August 1885. Von den ursprünglich dreitausend Soldaten, die Sennar verteidigt hatten, waren nur noch siebenhundert am Leben.

Kassala, auf halbem Wege zwischen Sennar und der Küste des Roten Meeres, zugleich aber auch in der Nähe der äthiopischen Grenze gelegen, war gleichfalls ein bedeutender Ort, auf den es Osman Digna schon im November 1883 abgesehen hatte. Doch erst am 30. Juli 1885, kurz bevor auch Sennar fiel, ergab sich Kassala den Mahdisten, nachdem man hatte einsehen müssen, daß Hilfe aus Abessinien, für die sich England eingesetzt hatte, nicht mehr rechtzeitig eintreffen werde. Als schließlich Kaiser Johannes zum Kampf rüstete, war es nicht nur zu spät, für eine Rettung der Eingeschlossenen. Osman Digna vergalt ihnen auch eine Schlappe, die er bei einem Gefecht mit den Abessiniern hinnehmen mußte, mit der Hinrichtung des Kommandeurs der Garnison und einiger führender Bürger der Stadt, obwohl ihnen ausdrücklich zugesichert worden war, daß das Leben der Eingeschlossenen, wenn sie sich freiwillig ergaben, geschont werden würde. Darüber hinaus hielt auch in Kassala die Folter Einzug, denn schließlich war auch Osman Digna auf Beute aus.

Passende Gelegenheit

Der Fall von Kassala und Sennar – wie auch die Räumung der ägyptischen Garnisonen an der Grenze zu Äthiopien – rundete den Sieg des Mahdi ab; auch wenn er selbst diesen letzten Triumph nicht mehr miterlebte. Von dem einstigen ägyptischen Kolonialreich waren – außer der Enklave, in der Emin Pascha ausharrte – nur noch einige Gebietsstreifen an der Küste verblieben. Doch auch diese gingen schließlich verloren. Allerdings waren hier die Nutznießer europäische Staaten, allen voran England, aber auch Frankreich und schließlich sogar Italien, die alle im »Scramble for Africa«, wie der Wettlauf um afrikanische Kolonien, der inzwischen in vollem Gange war, genannt wurde, ein Stück vom großen Kuchen abbekommen wollten. Wie man dabei zu Werke ging, schildert mit sarkastischem Humor Lord Cromer, der als Statthalter Englands in Ägypten die Entwicklung auch an den entferntesten Enden des einstigen ägyptischen Reiches mit großer Aufmerksamkeit verfolgt hatte: »Anfang Mai 1884 erschien ein französisches Schiff in Richal, einem Hafen in der Nähe von Tadjoura; zehn Seeleute, begleitet vom Wesir von Tadjoura, wurden an Land gesetzt, erklärten den lokalen Scheichs, daß der Ort ihnen gehöre und daß sie zurückkehren würden, um ihn in Besitz zu nehmen.« So wurde der Grundstein für die ehemalige französische Kolonie in Somaliland gelegt. Auch Italien, das sich in Eritrea festsetzte, fand eine passende Gelegenheit. Wie Cromer berichtet: »An einem plausiblen Vorwand fehlte es nicht. Einige italienische Reisende waren in der Nähe von Massaua ermordet worden, und die italienische Regierung hatte keine befriedigende Genugtuung erhalten. Anfang Februar 1885 erschien deshalb ein furchteinflößendes Geschwader vor Massaua und nahm den Ort in Besitz.« Anzumerken ist, daß eigentlich der Sultan in Istanbul die Oberhoheit über dieses Gebiet, aus dem sich Ägypten praktisch zurückgezogen hatte, ausübte, denn er war ja auch eigentlich Souverän Ägyptens und damit all seiner Besitzungen.

Die Hohe Pforte beklagte sich bei den Regierungen in Europa, aber wie Cromer vermerkt: »... niemand hatte wirklich Interesse an der Sache. Die Kabinette in Europa schauten in die andere Richtung, und das diplomatische Geschrei war bald verstummt.« Es verwundert im übrigen nicht, daß Cromer nur die hemdsärmeligen Methoden der Franzosen und Italiener hervorhebt. England stand ihnen, zumindest am Horn von Afrika, natürlich nicht nach. Britisch-Somaliland war bereits 1884 von den Engländern okkupiert worden. So wirkte sich der Aufstand, den der Mahdi entfacht hatte, am Ende doch noch segensreich für England aus.

Abu Felega

Mit dem Fall von Khartum und dem Rückzug der Engländer war der Mahdi praktisch der Herr des Sudan. Allerdings war es ihm, wie bereits angedeutet, nicht vergönnt, den letzten Triumph, die Verlegung der englischen Truppen nach Wadi Halfa, der traditionellen Grenze zwischen Ägypten und dem Sudan, noch mitzuerleben. Denn der Mahdi starb plötzlich, sozusagen auf der Höhe seines Ruhmes, im Juni 1885.

Den Engländern war er schließlich ebenso verhaßt wie den Ägyptern, und man hatte es sich angewöhnt, ihn »the false prophet«, »den falschen Propheten«, zu nennen. Damit wurde man dem Mahdi natürlich nicht gerecht, und wenn man ihn auf diese Weise verunglimpfte, so geschah das ebenso sehr aus einem Gefühl gekränkten Stolzes, das man durch eine Diffamierung des Gegners zu kompensieren suchte, wie aus der Unkenntnis, was sich hinter der Gestalt des Mahdi tatsächlich verbarg. Wie alle, die historische Größe beziehungsweise Bedeutung erlangt haben, war auch der Mahdi eine komplexe Persönlichkeit. Er war ein Mann, der trotz eherner Prinzipien voller Widersprüche war. In gewisser Weise läßt sich sagen, daß es ein glücklicher Umstand war, der ihn so früh nach seinem Triumph aus dem Leben riß. Denn wäre es ihm vergönnt gewesen weiterzuleben, hätte dies sehr wohl eine Einbuße seines Ruhmes bedeuten können. Denn nicht nur begannen eigentlich erst jetzt die wirklichen Schwierigkeiten, die sich aus der Notwendigkeit ergaben, ein funktionsfähiges Staatswesen aufzubauen; es gibt auch Indizien, die darauf hinweisen, daß der Mahdi bereits einen Wandel erfahren hatte, der – hätte er sich weiter ungebremst fortgesetzt – sehr wohl sein Ansehen und seine Macht hätte untergraben können. Dazu aber kam es nicht, denn dem Mahdi blieb nicht einmal ein halbes Jahr, sich seines Sieges zu erfreuen.

Sandelöl und Rosenwasser

Es gibt eine sehr anschauliche – und wohl auch verläßliche – Beschreibung des Mahdi, die aus der Feder Slatins stammt, seines aufmerksamen Beobachters, der ja den Mahdi aus nächster Nähe kannte. Slatin bezieht sich auf eine erste Begegnung mit dem Mahdi, die im Rahmen einer Gebetszeremonie stattfand, bei der Slatin zugleich auch in die Reihen der Anhänger des Mahdi aufgenommen wurde. Die Zeremonie wurde in Rahat abgehalten, wohin der Mahdi sich begeben hatte, ehe er nach Khartum aufbrach. Schreibt also Slatin: »Etwa zwei Stunden nach Mittag ließ uns der Chalifa [Abdullah] sagen, daß wir unsere Gebetswaschungen vornehmen und uns zum Gange nach der Moschee bereit halten sollten.

Nach wenigen Minuten kam er selbst und hieß uns ihm folgen; er ging zu Fuß, da der an die Häuser des Mahdi anstoßende Betplatz nur etwa 300 Schritt entfernt war. Der Betplatz war gedrängt voll; eng zusammengepreßt saßen die das Gebet erwartenden Gläubigen in Reihen hintereinander. Als der Chalifa ankam, machte man ihm ehrerbietig Platz, breitete Schaffelle ... aus, auf denen ich mich auf Weisung des Chalifa neben ihm niederließ.

Der Betplatz sowie die Wohnung des Mahdi, die aus einer Reihe größerer Strohhütten bestand, waren mit Dornen eingezäunt. Ein riesiger Tamarindenbaum in der Mitte spendete den unter ihm Betenden Schatten, während diejenigen, welche nicht mehr Platz unter dem Baume fanden, der brennenden Sonnenhitze ausgesetzt waren. Einige Schritte von der ersten Reihe der Betenden entfernt zur rechten Hand befand sich eine der Strohhütten des Mahdi, in die er Leute, mit denen er im geheimen zu sprechen wünschte, zu berufen pflegte. Der Chalifa hatte sich erhoben und war in dieser Hütte verschwunden, wahrscheinlich um den Mahdi von unserer Anwesenheit zu benachrichtigen; nach wenigen Augenblicken kehrte er zurück und setzte sich wieder neben mich.

Einige Minuten später erschien der Mahdi selbst. Der Chalifa hatte sich erhoben, und auch ich sowie Seid Djuma [der frühere

Gouverneur von El Fascher] und Dimitri [Zigada, der griechische Kaufmann], die hinter uns saßen, standen auf, während alle andern ruhig sitzen blieben. Das Gebetfell war für den Mahdi als Imam (Vorbeter) vor unserem Platze ausgebreitet, und er mußte also auf uns zugehen. Ich war etwas vorgetreten; er begrüßte mich mit: ›*Salam aleikum*‹, was wir alle mit: ›*Aleikum es salam*‹ erwiderten. Er reichte mir die Hand zum Kusse, dann auch Seid Djuma und Dimitri, lud uns ein, uns zu setzen, und hieß uns willkommen.

›Bist du zufrieden?‹ wandte er sich zu mir.

›Gewiß‹, antwortete ich ihm, ›da ich in deiner Gegenwart weile, fühle ich mich wohl.‹

›Gott segne dich und deine Brüder‹, sagte er auf Seid Djuma und Dimitri deutend. ›Oft, wenn ich von deinen Kämpfen gegen meine Anhänger hörte, flehte ich zu Gott, daß er dich bekehren möge; und Gott und sein Prophet haben mich erhört. So wie du deinem frühern Herrn für eiteln Lohn in Treue zugetan warst, so diene auch jetzt mir; denn wer mir dient und meine Worte hört, der dient der Religion und seinem Gotte, er wird glücklich sein auf Erden und im Jenseits.‹

Wir versprachen alle, ihm treu ergeben zu sein, und ich bat, wie mir schon früher empfohlen worden war, um die Baia, um die Abnahme des Versprechens der Treue.

Er berief uns näher zu sich und hieß uns am Rande seines Schaffelles niederknien. Dann legten wir unsere Hand in die seinige, sagten die uns vorgesprochenen Worte nach und waren nun in die Reihen seiner nächsten Anhänger aufgenommen, natürlich auch den für diese bestehenden Strafbestimmungen unterworfen. Wir traten wieder in die Reihen der Betenden zurück, der Gebetrufer gab das Zeichen zum Beginn, und wir verrichteten zum ersten Mal das Gebet mit dem Mahdi el Monteser.

Als es beendigt war, wurde vor allen Anwesenden mit aufgehobenen Händen der Sieg für die Gläubigen von Gott erfleht, und darauf begann der Mahdi mit seinen Lehren. Es bildete sich ein dichter Kreis um ihn. Er sprach über die Nichtigkeit des irdischen Lebens und seiner Freuden, ermahnte zur Erfüllung der religiösen Pflichten, zur Entsagung, zum heiligen Kriege und malte in lebhaften Farben die himmlische Glückseligkeit aus, welche diejenigen, die seinen Lehren folgen würden, zu erwarten hätten. Zeitweilig wurden seine Worte von dem Aufschrei einiger in Verzückung gerathener Fanatiker unterbrochen, und die ganze Versammlung zeigte sich von seinen Lehren ergriffen und glaubte an die Aussprüche ihres Herrn. Nur wenige außer mir und meinen zwei Freunden schienen ein Gefühl für das Komödienhafte des ganzen Vorgangs zu besitzen.

Der Chalifa hatte sich, Arbeit vorschützend, schon früher entfernt, und uns und seine Mulazemie (Leibwache) zurücklassend, angeordnet, daß wir bis Sonnenuntergang bei dem Mahdi bleiben sollten.

Ich hatte hinlänglich Gelegenheit, den Mahdi genau zu betrachten. Er war von hoher, breitschultriger Gestalt und lichtbrauner Hautfarbe, hatte massive Körperformen, einen auch im Verhältniß zu diesem fast noch zu großen Kopf mit leuchtenden schwarzen Augen; ein dunkler Bart umrahmte sein Gesicht, Nase und Mund waren gut geformt und beide Wangen durch drei Einschnitte tätowiert. Er hatte die Gewohnheit, immer zu lächeln und sein weißes Gebiß zu zeigen. Die obern Schneidezähne waren voneinander etwas getrennt, eine Eigenschaft, Felega genannt, die im Sudan als Merkmal besonderer Schönheit gilt und deren Besitzer glücklich gepriesen wird. Aus diesem Grunde wurde auch der Mahdi von der weiblichen Bevölkerung mit dem Schmeichelnamen ›Abu Felega‹ benannt. Er trug eine etwas zu kurze, vielfach geflickte Giuppe [Dschibba], die jedoch sehr sauber gewaschen und mit allen Arten von Wohlgerüchen, wie Sandelöl, Moschus, Rosenwasser u.s.w. parfümiert war; ein eigenthümlicher Geruch strömte deshalb von ihm aus, der seinen Anhängern als ›Richet el Mahdi‹ (der Geruch des Mahdi) bekannt war und mit den im Himmel herrschenden Wohlgerüchen verglichen wurde.

So verrichteten wir auf demselben Platze unser Asr-Gebet und dann das Magreb-Gebet, mit nach rückwärts untergeschlage-

Abb. 18: Mohammed Ahmed, der Mahdi (nach einer authentischen Skizze)

nen Beinen auf der Erde sitzend, während sich der Mahdi zeitweilig in sein Haus zurückzog, um dann wieder auf seinem Betplatz zu erscheinen. Nach Sonnenuntergang baten wir ihn um die Erlaubniß, zum Chalifa zurückzukehren, welche er ertheilte, indem er für mich die Weisung daran fügte, denselben nie wieder zu verlassen und mich ganz dessen Dienste zu widmen.«

Was denn auch, wenn auch unfreiwillig, geschah; denn auch nach dem Tode des Mahdi blieb Slatin ein Gefangener, der mal Vertrauter, mal Sklave des Kalifen Abdullah war.

Im Namen Allahs

Die Erscheinung des Mahdi, sein Auftreten und seine Lehre flößten also Ehrfurcht, bis zur Ekstase, ein; zumindest beim einfachen Volk. Aber selbst die, die die »Komödie«, wie es Slatin nennt, durchschauten, beugten sich seiner Macht; denn die war, da der Mahdi das Volk hinter sich hatte und sich mit dem Nimbus eines Heiligen umgab, unbegrenzt.

Der Akt der Unterwerfung glich einem religiösen Ritual: man legte seine Hand in die des Mahdi, wobei die Daumen sich berührten, und leistete die *baya*, den Treueid. Er lautete:

Im Namen Allahs, des Erbarmers, des Barmherzigen. Der Lobpreis sei Allah … [Wir] geloben … Allah und Seinem Gesandten Treue und geloben dir Treue zum tauhid *[Einheit Gottes], und daß wir Ihm keinen zugesellen, noch stehlen noch Unzucht treiben noch mit Verleumdung kommen noch dir ungehorsam sind in dem, was sich ziemt. Wir geloben dir Treue, der Welt zu entsagen, sie zu verlassen und an dem, was bei Allah ist, Wohlgefallen zu haben, aus Verlangen nach den Gütern Allahs und der jenseitigen Welt – ferner, daß wir dem* gihad *nicht aus dem Wege gehen.*

Dieser Treueid, den man dem Mahdi leistete, beinhaltete zugleich auch das Glaubensbekenntnis der Mahdiya: Allah war der alleinige Gott; alle Macht ging von ihm aus, und allein ihm war man zu Gehorsam verpflichtet. Der Mahdi war nur sein Gesandter; der Nachfolger des Propheten, dessen Werk er fortsetzte.

Als gläubiger Muslim und Anhänger des Mahdi, der über die Rechtgläubigkeit der Muslime wachte, war man zu drei ethischen Geboten verpflichtet: man hatte das Eigentum anderer zu achten, durfte keinen Ehebruch begehen und war gehalten, keine falschen Anklagen zu erheben. Darüber hinaus forderte der Mahdi, indem er die Tradition des Sufismus aufgriff, der er sich selbst zugewandt hatte: die Verlockungen des Lebens zu meiden, um so größeren Lohn im Jenseits zu empfangen. Schließlich war jeder Rechtgläubige zum *Jihad*, dem »Heiligen Krieg«, verpflichtet. Nur so war die Durchsetzung und Verbreitung des rechten Glaubens gewährleistet.

Pfad der Tugend

Der Mahdi erhob den Anspruch, nicht nur der Erlöser des Volkes im Sudan zu sein. Als »Gottgesandter«, der in der Nachfolge Mohammeds wirkte, trat er letztlich auch gegen den Sultan in Istanbul auf, auf den das Amt des Stellvertreters Gottes auf Erden übergegangen war. Folglich plante der Mahdi die Ausweitung seiner Macht zunächst nach Ägypten, das ja eigentlich eine Provinz des Osmanischen Reiches war. Von hier würde er seine Herrschaft weiter ausdehnen, bis er Istanbul erobert und auch Mekka, die heilige Stadt, aus den Fängen der ungläubigen Türken befreit hätte. Zwar waren auch die Türken Muslime. Doch nicht nur waren sie vom rechten Glauben abgewichen, eine Entwicklung, die sich allerdings auch schon vorher bemerkbar gemacht hatte; sie waren auch keine Araber, die die eigentlichen Träger und Begründer des Islam waren.

Der Mahdi strebte danach, das Weltreich der Araber neuzuerrichten. Dabei sollte die Rückkehr zur ursprünglichen Form des Islam die Basis bilden: Religion und Politik waren in seinen Plänen eng miteinander verknüpft, was allerdings generell der Tradition des Islam und insbesondere der Heilserwartung, die sich auf einen Mahdi bezieht, entspricht. Dennoch muß deutlich unterschieden werden zwischen dem ursprünglichen Anliegen Mohammed Ahmeds, das vorrangig bis ausschließlich religiös bedingt war, und seinem späteren Wirken, das mehr und mehr politische Züge annahm. Wie wir gesehen haben, war

Mohammed Ahmed ursprünglich ein religiöser Reformer, der sich gegen bestimmte Formen des Islam, die er als Entartung bezeichnete, obwohl sie der vorherrschenden Praxis des Islam entsprachen, auflehnte. Dabei spielten zunächst weder politische noch auch nur soziale Belange eine Rolle: Mohammed Ahmed, der sich zum Sufismus hingezogen fühlte, ging es allein, indem er die Rückkehr zu den Anfängen des Islam predigte, um eine Neuordnung der Religion. Insofern war er anfangs durchaus schon mit den großen Reformern der Religionen vergleichbar, die zwar eigentlich als Religionsbegründer bezeichnet werden, dennoch aber – da sie bereits in der Tradition von Religionen standen – diese nur reformierten. Das war bei Buddha so gewesen, bei Jesus und eigentlich auch bei Mohammed. Der Mahdi wich vom Pfad der »Tugend« ab, der ihn vielleicht zu einem großen Reformer des Islam hätte werden lassen, indem er sich durch Abdullah, den Kalifen, der seit ihrer ersten Begegnung einen großen Einfluß auf ihn ausübte, zur Über- beziehungsweise Annahme eben jener Mahdischaft drängen ließ, die ihn recht eigentlich zum »Mahdi« machte. Indem Mohammed Ahmed diesen Titel und die Funktion, die damit einherging, übernahm, löste er sich – so paradox das klingt – aus der eigentlichen, religiösen Tradition und wurde fortan immer mehr in eine politische Rolle gedrängt, der sich schließlich auch soziale Aspekte zugesellten. Jetzt ging es nicht mehr nur um eine Neuordnung der Religion; als »Mahdi« war Mohammed Ahmed auch verpflichtet, für die Errichtung einer neuen Herrschaft auf Erden, die im Zeichen des wahren, unverfälschten Glaubens stand, zu sorgen. Damit einher ging die Fürsorge für das Volk, was dem Einlösen der traditionellen Heilserwartung entsprach, die um so ausgeprägter gewesen war, als sie durch die Auswüchse der ägyptischen Herrschaft noch gefördert worden war. Was am Anfang nicht mehr als ein Asket gewesen war, war am Ende zu einem Revolutionär geworden.

Fünf Säulen

Dabei behielt die Religion auch weiterhin eine zentrale Rolle im Denken und Handeln des Mahdi. Erinnert sei an den Aufruf, den der Mahdi Gordon übersandte: er, der Mahdi, als Gottgesandter forderte Gordon, den Ungläubigen und Diener einer fremden Macht, auf, sich ihm und damit Allah zu ergeben; dann könne sogar Freundschaft zwischen ihnen herrschen. Erst die Ablehnung Gordons, die der Mahdi auch als einen persönlichen Affront aufgefaßt haben muß, verhärtete seine Position; wiewohl er offenbar bestrebt gewesen war, das Leben Gordons zu schonen.

Mit Sicherheit war der Mahdi nicht das Ungeheuer, grausam, bigott und blutrünstig, wie er von seinen Zeitgenossen in Europa, vor allem nach dem Fall von Khartum und dem Tod Gordons, gesehen wurde. Doch er war, am Ende, auch weit davon entfernt, ein wirklich Großer unter den Reformern der Religionen zu sein. Selbst im Sudan war die Verehrung seiner Person durchaus nicht einhellig. Wie aus dem folgenden Zeugnis, das von einem Sudanesen aus der Gegend von Sennar stammt, hervorgeht: »Siehe, ich ging, nachdem ich meine Studien an der Azhar [in Kairo] vollendet hatte, ins Land Karkodsch an den Oberläufen des Blauen Nil, dort gründete ich eine *halqa* [religiöser Zirkel] zum Lehrvortrag und trieb Landbau. Als M.A. [Mohammed Ahmed] mit seiner Behauptung auftrat, schenkte ich ihm keine Beachtung; bald aber siegte er über Abu's-Sa'ud auf der Insel Abba, dann über Raschid Bey am Berge Gadir, und die Reden der Leute über seine Wunder und seine *karamat* [Gottesgaben] mehrten sich. Da beschäftigte ich mich dazumal mit seiner Sache und wanderte zu ihm aus nach dem Berge Gadir, um ihn mit eigenen Augen zu sehen und mich über sein tatsächliches Verhalten zu unterrichten. Ich fand bei ihm viel Volks, über 15000 Streiter, von den verschiedenartigsten Leuten, unter ihnen eine große Anzahl Gelehrte und Männer der Religion, die von Ost und West des Landes zu ihm gekommen waren in derselben Absicht wie ich. Ich fand die Gelehrten bei ihm in zwei Parteien gespalten: eine Partei, die fest überzeugt war oder die feste Überzeugung öffentlich bekundete, daß er der *Mahdi el-muntazar* sei, ohne daran zu zweifeln, und die ganze Öffentlichkeit war ihrer Meinung – und eine Partei, die sagte, er sei ein Zauberer und habe im Kampf gesiegt durch seine Zauberei, nicht durch seine Mahdijja. Ich nun hatte von ihm Dinge gesehen, die mich verleiteten, an seiner Sache zu zweifeln: erstens nämlich sah ich ihn seine Verwandten und besonderen Freunde in der *ganima* [Kriegsbeute] vor den übrigen seines Heeres bevorzugen und nicht gleichmäßig unter ihnen teilen, wie es das Gesetz fordert. Zweitens sah ich, wie einige seiner *Ansar* reisende Kaufleute während ihres Handels überfielen, sie töteten, ihre Güter wegnahmen und sie unter sich verteilten, ohne daß er dies an ihnen mißbilligte oder sie strafte. Drittens sah ich ihn, wie er sagte: ›Wahrlich, wer meine Mahdijja leugnet, der ist schon ein Ungläubiger‹ – trotzdem die Säulen [d.h. grundlegenden Gebote] des Glaubens im Islam, wobei der Mensch, sobald er eine von ihnen leugnet, ungläubig geachtet wird, sechs [eigentlich fünf] sind, und der Glaube an den Mahdi nicht zu ihnen gehört. Viertens sah ich an ihm keins von den allgemeinen [physischen] Kennzeichen, die man über den Mahdi bekannt gemacht hat. Jedoch wollte ich mich von ihm losmachen: da zeigte ich ihm die vollkommene Überzeugung von seiner Mahdijja und bat ihn um Erlaubnis, zu meinen Leuten zurückzukehren, damit ich sie zu seiner Nachfolge und zum hl. Krieg auf Allahs Weg entflammte.«

Scheich el-Medawi

Nicht wenige waren gezwungen, sich zu verstellen und dem, der sich »Mahdi« nannte, zu schmeicheln, um ihre Haut zu retten oder doch zumindest unbehelligt gelassen zu werden. Insofern sind auch viele Zeugnisse, die von Sudanesen stammen, nicht minder subjektiv wie jene, die die Europäer, insbesondere die Gefangenen des Mahdi (und seines Nachfolgers, des Kalifen), hinterlassen haben; nur daß die einen mehr dahin tendierten, die Person des Mahdi und sein Wirken zu beschönigen, während die andern – aus verständlichen Gründen – dazu neigen, die nachteiligen Eigenschaften und Handlungen des Mahdi (und seines Nachfolgers) in den Vordergrund zu stellen. Letzteres trifft insbesondere für Pater Ohrwalder zu, den Missionar, der allein schon auf Grund seiner traditionellen christlichen Einstellung zum Islam dem Mahdi, in dem er nicht mehr als einen Scharlatan sah, gegenüber negativ eingestellt war. Um so bedeutsamer ist ein Zeugnis wie jenes, das der Scheich el-

Medawi, von dem das obige Zitat stammt, hinterlassen hat: Der Scheich, der sich zwar am Ende gezwungen sah, sich der Gefolgschaft des Mahdi anzuschließen, behielt dennoch seine kritische Sicht bei; zu sehr war er selbst in Glaubensdingen engagiert gewesen, als daß er sich einfach von dem Nimbus, mit dem der Mahdi sich umgab, blenden ließ. Immerhin: er zog aus freien Stücken und ehrlichem Interesse nach Gedir, wo der Mahdi zunächst sein Hauptquartier aufgeschlagen hatte, um sich mit eigenen Augen zu überzeugen, was es mit diesem Mann, der sich da als der »Mahdi« ausgab, auf sich hatte. El-Medawi war dem Mahdi also zunächst eher wohlgesonnen; erst die Begegnung mit dem vermeintlichen »Gottgesandten« bestärkte den Scheich in seinem Zweifel. Für ihn war er ganz sicher kein Messias.

Hundert Frauen

Wenn man die Aussagen über den Mahdi sorgfältig gegeneinander abwägt und die tatsächlichen Ereignisse, die seinem Wirken zuzuschreiben sind, berücksichtigt, dann gelangt man zu dem Schluß, daß Mohammed Ahmed ursprünglich ein ehrliches Anliegen hatte, das wohl auch berechtigt war; daß er aber, je mehr die Entwicklung, die er ausgelöst hatte, voranschritt, von den Ereignissen überrollt wurde. Der Schuh, den er sich am Ende anzog, war zu groß für ihn. Nicht nur, daß er nicht wirklich ein neuer Prophet oder auch nur ein Nachfolger des tatsächlichen war; er erreichte noch nicht einmal den Status eines Gandhi, mit dem man ihn wohl tatsächlich noch am ehesten vergleichen könnte. Ihm fehlten Ehrlichkeit und Selbstdisziplin. Denn darin sind sich alle Quellen einig (auch wenn es unterschiedlich interpretiert wird): was der Mahdi anderen predigte, das galt noch lange nicht für ihn selbst. So schreibt Schuqair, der sich auf sudanesische Quellen stützt: »Er [der Mahdi] war jedoch leidenschaftlich auf Weiber versessen. Als er starb, hinterließ er etwa 100 Frauen, davon vier gesetzliche, die bekannt waren unter dem Namen ›Mutter der Gläubigen‹, während die übrigen Kebsweiber waren. Sie waren in seinem Quartier in Omdurman eingesperrt, und er erlaubte ihnen nicht zu heiraten …«

Etwas ausführlicher äußert sich Slatin, der immerhin Augenzeuge war. Er schreibt, wobei er sich auf die Zeit nach dem Fall von Khartum und des Aufbaus von Omdurman bezieht: »Da der Mahdi und die Chalifas jetzt von äußern Feinden nichts mehr zu fürchten hatten, so begannen sie und ihre Verwandten Häuser zu bauen, die ihrer jetzigen Machtstellung entsprechen sollten. Man wollte die vielen jungen Frauen und Mädchen, in deren Besitz man durch den Fall von Chartum gekommen war, den Blicken jener entziehen, die bei der Vertheilung leer ausgegangen waren und deren Neid nicht erregt werden sollte. Auch hieß es den Leuten nicht zeigen, daß der größte und kostbarste Theil der Beute von Chartum sich in ihren Händen befinde, was in grellstem Widerspruch zu den Lehren des entsagenden Meisters stand. Die Predigten von der Werthlosigkeit der irdischen Güter sollten ja die große Menge von dem Streben nach Antheil an der Beute abhalten und durften durch das gegentheilige Beispiel nicht wirkungslos gemacht werden.«

Weihrauch und Pluderhosen

Der Widerspruch zwischen dem, was der Mahdi predigte, und dem, was er für sich selbst in Anspruch nahm, war dennoch nicht gänzlich zu übersehen. Deshalb nahm man zu einer Ausrede Zuflucht, die – so fadenscheinig sie auch war – dennoch einer gewissen Logik nicht entbehrt; obwohl – wie die weitere Entwicklung zeigte – man durchaus auch Grund gehabt hätte, das anders zu sehen. Doch zunächst ein Zeugnis Ohrwalders, der zwar erst nach dem Tode des Mahdi nach Omdurman gebracht wurde, doch Gewährsleute hatte, die ihm ausführlich über die Vorgänge am ehemaligen »Hof« des Mahdi berichteten: »Das Lob und die Schmeicheleien der Anhänger des Mahdi giengen ins Ekelhafte. Er, der stets die Verachtung der Welt gepredigt und gegen Luxus und Liebe zur Bequemlichkeit geeifert hatte, umgab sich selbst mit allen Bequemlichkeiten und zwar unter dem Vorwande, daß sein kostbares Leben möglichst lange erhalten bleiben müsse. Während er seinen Anhängern Abtödtung und Mäßigkeit vorschrieb, fütterte er seinen Leib mit allen möglichen Leckerbissen, welche Chartum damals noch bieten konnte. Er kleidete sich in feine Hemden und Pluderhosen aus Perkal [Baumwollgewebe], und bevor er sie anzog, wurden sie von seinen Weibern mit Weihrauch parfümiert und mit theuren Wohlgerüchen begossen. Die Weiber wechselten in seiner Bedienung der Reihe nach ab, jedoch ohne Ordnung, da es von den Launen des Mahdi abhieng, seine Person bald mit diesen, bald mit jenen zu umgeben, und jede derselben rieb ihn mit kostbaren Salben und Wohlgerüchen, besonders mit der theuren Sandalia (ein aus Sandelholz und Öl bereitetes Parfüm) ein, so daß er bei seinem Erscheinen die Luft mit Wohlgerüchen erfüllte. In seinem Hofe wimmelte es von Frauen, von den weißen Türkinnen bis zur pechschwarzen Dinka-Negerin; rothbraune Ägypterinnen und alle Rassen des Sudan waren vertreten, eine wahre Musterkarte sudanesischen Weibergeschlechtes.«

Am siebenten Tag

Schuqair hatte 63 der Nebenfrauen des Mahdi namentlich in Erfahrung gebracht, so daß es in der Tat im oder am Hofe des Mahdi von Frauen gewimmelt haben muß. Da sie in der Mehrzahl de facto Sklavinnen waren, verwundert es nicht, daß nach dem plötzlichen Tode des Mahdi das Gerücht aufkam, eine von ihnen, die die Tochter eines einst angesehenen Bürgers von Khartum war, habe ihn vergiftet, weil sie sich habe rächen wollen; für den Tod ihres Vaters wie auch ihres Mannes, die beide bei der Eroberung Khartums ums Leben gekommen waren. Der Verdacht, daß den Mahdi ein derart unrühmlicher Tod ereilte, ist nie gänzlich ausgeräumt worden; wiewohl man heute eher zu der Annahme neigt, die sich vor allem auf die Aussage Slatins stützt, daß der Mahdi an Typhus starb, was wiederum mit seinem ausschweifenden Leben, das seinen Körper schwächte, in Zusammenhang gebracht werden könnte. Slatin berichtet: »Um die Mitte des Juni erkrankte der Mahdi plötzlich und erschien einige Tage nicht zum Gebet. Doch legte man der Krankheit in den ersten Tagen keinerlei Bedeutung bei, da ihm ja von dem Propheten, wie er seinen Anhängern oft erzählt hatte, die frohe Botschaft zutheil geworden war, daß er Mekka, Medina und Jerusalem erobern und erst dann nach langem glorreichem Leben in Kufa [der einstigen Residenz des Kalifen Ali, im heutigen Irak] aus diesem Leben scheiden werde. Es war jedoch kein leichtes Unwohlsein, das den Mahdi befallen hatte; er war schwer am Typhus erkrankt, und schon am sechsten Tage seines Leidens fürchteten die ihm Nahestehenden für sein Leben. Der Chalifa [Abdullah], der ja das meiste Interesse an dem Ausgange der Krankheit hatte, wich Tag und Nacht nicht von seinem Bette und blieb für uns unsichtbar. Am Abend des sechsten Tages erging an die um das Haus des Mahdi und in der Djame [Moschee] versammelte Menschenmenge der Befehl, Gebete für die Genesung des in Gefahr schwebenden Herrn und Meisters zu verrichten, und dadurch ward erst die Gefährlichkeit seines Zustandes allgemein bekannt.«

Schon am nächsten Tag hatte sich der Zustand des Mahdi derart verschlechtert, daß sich neben den Verwandten auch die drei Kalifen um ihn versammelten und er offiziell Abdullah zu seinem Nachfolger ernannte. Dann verschied er. Es war der 22. Juni 1885; kaum ein halbes Jahr nach dem Fall von Khartum. Der Mahdi war nicht älter als 40 Jahre geworden.

Thronwirren

Der Tod des Mahdi bedeutete für die Bewegung, die er begründet hatte, eine schwere Zerreißprobe. Sie zog sich über Jahre hin und wurde erst entschieden, als die *Aschraf*, die Verwandten des Mahdi, die dem Kalifen Abdullah die Nachfolge des »Gottgesandten« streitig machten, endgültig zurückgedrängt worden waren. Zwar hatte der Mahdi, wie Slatin berichtet, noch auf seinem Sterbebett Abdullah zu seinem Nachfolger bestimmt, wobei er sich auf eine angebliche Weisung des Propheten berief, doch gaben sich damit die Rivalen Abdullahs nicht zufrieden. Und so wurde zunächst ein Rat einberufen, um in einer Abstimmung über die Nachfolge des Mahdi zu befinden.

Abdullah hatte allerdings von Anfang an gute Karten. Nicht nur, daß er der engste Vertraute des Mahdi gewesen war, so daß man ihn fast schon als »Wesir«, das heißt derjenige, der mit den Regierungsgeschäften betraut ist, hätte bezeichnen können; wozu noch seine Funktion als oberster Heerführer kam, der zwar seine Befehle letztlich vom Mahdi empfangen hatte, dennoch aber, da dieser sich auch mit militärischen Dingen nicht direkt befaßt hatte, der eigentliche Stratege im Kampf gegen die fremden Herren gewesen war. Abdullah war auch der Anführer der stärksten Partei, die sich dem Mahdi angeschlossen hatte: jener nomadischen Stämme des Westens, allen voran die Baggara, die zwar dem religiösen Anspruch des Mahdi keine besondere Beachtung schenkten, dafür aber um so mehr an einer Aufhebung der von den Ägyptern erhobenen Steuern sowie an einer Wiederaufnahme ihrer traditionellen kriegerischen Beutezüge, die die Ägypter unterbunden hatten, interessiert waren. Da Abdullah von diesen kriegerischen Nomadenstämmen abstammte und diese die Speerspitze des Mahdi-Heeres gebildet hatten, konnte sich Abdullah auf eine militärische Kraft stützen, die die beiden anderen Parteien, die sich allmählich herausgebildet und zusammen mit den Nomaden die Gefolgschaft des Mahdi ausgemacht hatten, nicht aufbringen konnten. Was für Abdullah um so vorteilhafter war, als ein starkes Kontigent der ihm hörigen Truppen in der

Festung von Omdurman stationiert worden war und somit seiner Forderung, die Nachfolge des Mahdi anzutreten, den nötigen Nachdruck verlieh.

Die beiden anderen Parteien, die Abdullah seinen Anspruch streitig machten, setzten sich zum einen aus jenen zusammen, die die eigentlichen Träger der Mahdiya waren: fromme Gefolgsleute des Mahdi, die um seiner Lehre willen zu ihm gestoßen waren und sich um den zweiten Kalifen, Ali wad Hilo, scharten. Die andere Gruppe bildete sozusagen eine Mittelschicht, waren ihre hervorragendsten Vertreter doch einst wohlhabende Kaufleute gewesen, die ihren Reichtum dem Sklavenhandel verdankt hatten. Zu dieser dritten Gruppe, die sich aus der Bevölkerung an den Ufern des mittleren Nil rekrutierte, gehörten auch jene Verwandten des Mahdi, die »Aschraf«, das heißt »Edle«, womit man auf ihre angebliche Abstammung vom Propheten anspielte, genannt wurden. Ihr Führer war der dritte beziehungsweise vierte Kalif, Mohammed al-Scharif, der ein Schwiegersohn des Mahdi war.

Während der Kalif Ali mit seinen Anhängern über keine nennenswerten eigenen Streitkräfte verfügte, war der Kalif Mohammed zwar in einer glücklicheren Lage, indem er über ein größeres Aufgebot an eigenen Truppen gebot, diese aber über das Land verteilt waren, so daß er der militärischen Rückendeckung Abdullahs, die dieser notfalls ins Spiel bringen konnte, nichts Vergleichbares entgegenzusetzen hatte. So schickten sich Mohammed und seine Anhänger einstweilen in das Unvermeidliche und folgten dem Beispiel des Kalifen Ali, der die Fruchtlosigkeit eigener Ambitionen von vornherein eingesehen hatte und deshalb bereitwillig für Abdullah votierte. Was ihm um so leicher fiel, als die Aschraf in dem Ruf standen, die Botschaft des Mahdi verraten zu haben, indem sie einem Lebensstil frönten, der selbst den Mahdi zu öffentlicher Kritik veranlaßt hatte.

Abu Bakr

Ali blieb dem *Khalifat al-Mahdi*, dem »Nachfolger des Mahdi«, wie Abdullah nun offiziell genannt wurde, bis zum Ende treu.

Die Aschraf, obwohl sie sich einstweilen fügten, gaben schließlich erst nach einer blutigen Auseinandersetzung klein bei. Doch als dies geschah, war die Position Abdullahs bereits soweit gestärkt, daß er um seine Herrschaft nicht mehr zu fürchten brauchte. Denn kaum war seine Designierung zum Nachfolger des Mahdi durch den Rat, der nach dem Tode des Mahdi zusammentrat, bestätigt worden, ließ Abdullah sich auch öffentlich als neuem Herrscher huldigen. Wie dem Mahdi, mußte man nun auch ihm den Treueschwur leisten. Auf einem Stuhl, den der Mahdi für seine Predigten benutzt hatte und den man nun vor dem Eingang zur Moschee aufstellte, nahm Abdullah Platz und ließ die Menge an sich vorüberziehen. Wie sich Slatin erinnert: »Denjenigen, welche das Gelöbniß geleistet hatten, wurde befohlen, sich zu entfernen und andern Platz zu machen. Das entsetzliche, leidenschaftliche Gedränge, bei dem man Gefahr lief, erdrückt zu werden, dauerte bis zum Einbruch der Nacht. Die anfängliche Erregung des Chalifa war verschwunden, er hatte längst aufgehört zu weinen und freute sich jetzt über die wild herandrängenden Menschenmassen, die sich immer wieder erneuerten und es nicht erwarten konnten, seine immer gleichlautende Predigt zu hören und ihm den Eid der Treue zu leisten. Er war von dem vielen ungewohnten Sprechen schon bis zur Unverständlichkeit heiser und stieg von Zeit zu Zeit von der Kanzel, um seine ausgetrocknete Kehle mit Wasser anzufeuchten; doch das Bewußtsein, nun der Beherrscher dieser Massen zu sein, verlieh ihm Kraft und Ausdauer, und erst nach eingetretener völliger Dunkelheit ließ er sich dazu bewegen, den Predigerstuhl zu verlassen.«

Doch damit noch nicht genug; Abdullah ließ auch – ähnlich, wie das der Mahdi getan hatte – Proklamationen, in denen der Tod des Mahdi und seine Nachfolge bekannt gegeben wurden, überall im Lande verteilen und forderte im übrigen die Emire in den Provinzen auf, auch dort den Treueschwur, den die Bevölkerung dem Kalifat al-Mahdi schuldete, entgegenzunehmen. Auch Abdullah bediente sich dabei angeblich visionärer Erscheinungen, die seiner neuen Position die nötige Weihe verliehen und gleichfalls im ganzen Lande bekannt gemacht wurden. Dabei vermied er es jedoch, sich selbst als »Mahdi« zu bezeichnen. Wie Abu Bakr, der erste Kalif, der Mohammed in seinem Amt als Führer der neuen Gemeinschaft gefolgt war, so begnügte sich auch Abdullah mit der Funktion eines Stellvertreters beziehungsweise Nachfolgers des eigentlichen Mahdi. Aber indem man auf dieses sanktionierte Vorbild, das ja von dem Mahdi selbst eingeführt worden war, verweisen konnte, ergab sich fast von selbst die Legitimität des neuen Herrschers.

Höhere Weihe

Dem Volk aber, das abergläubisch und an vermeintlich übernatürliche Zeichen gewöhnt war, genügte das nicht. Deshalb die Verbrämung des Herrscherwechsels mit Visionen, die sozusagen die Sanktionierung von höchster Stelle gewährleisten sollten. Wie es in einer solchen Vision, die Abdullah verbreiten ließ, heißt:

Am Abend jenes Tages [da der Mahdi starb] da widerfuhr ihm eine prophetische Vision, worin ihm mitgeteilt wurde, daß er diesen irdischen Wohnort verlassen würde. Also versammelte er seine Kalifen um sich und teilte ihnen mit, was ihm verkündet worden war. Dazu gehörte folgendes: der Scheich al-Kureischi [dem sich der Mahdi ursprünglich angeschlossen hatte] war, zusammen mit einigen Heiligen, vom Propheten ausgesandt worden, um ihm [dem Mahdi] zu verkünden, daß der Prophet seine vorzeitige Abberufung in die zukünftige Welt beschlossen habe. Er [Kureischi] sagte zu ihm: ›Wähle unter deinen Kalifen einen Stellvertreter aus, der deine Nachfolge antritt.‹ Der Mahdi sagte: ›Ich habe zu meinem Nachfolger den Kalifen Abdullah ibn Muhammed Khalifat al-Siddig [den wahrhaften Kalifen] ernannt.‹ So ist er der Kalif geworden, um die Nachfolge des Mahdi anzutreten, und wir haben alle dem zugestimmt, in Übereinstimmung mit der Anweisung des Mahdi, und haben ihm Treue geschworen.

Die Vision, von der hier die Rede ist, wurde in eine Proklamation aufgenommen, die von den beiden anderen Kalifen und den übrigen Würdenträgern in Omdurman unterschrieben worden war. Doch obgleich sie hier noch einmal bestätigten, daß sie Abdullah als Nachfolger des Mahdi anerkannt hatten, bedeutete dies nicht, daß Abdullah nun auch tatsächlich unumschränkter Herrscher war. Vor allem die Amtsträger in den Provinzen, die überwiegend zur Partei der Aschraf gehörten, bereiteten ihm weiterhin Kopfzerbrechen. Was um so schwerwiegender war, da sie zum Teil über erhebliche militärische Mittel verfügten, die sie unter Umständen gegen ihn aufbieten konnten. Das Volk ließ sich zwar beschwichtigen, nicht aber diese mächtigen Provinzgouverneure. Deshalb reichten Appelle und Anordnungen nicht aus; Abdullah mußte wirkungsvollere Maßnahmen ergreifen, um möglichem Widerstand oder gar Aufständen vorzubeugen.

Glückliche Umstände

Der erste, gegen den Abdullah sich wandte, war Mahmud Abd el-Kader, der über die Provinz Kordofan gebot. Abdullah faßte den Plan, Abd el-Kader von Obeid in den Norden des Landes zu versetzen, was sich für ihn in zweifacher Weise vorteilhaft auswirken würde: Einmal würde er sich, für den Notfall, einen Fluchtweg nach dem Westen sichern, wo er Aufnahme bei den Baggara finden würde; zum andern würde Abd el-Kader in den nördlichen Grenzgebieten wahrscheinlich in Kämpfe mit den Engländern verwickelt werden, die dort noch immer operierten. Doch während Abd el-Kader sich in Omdurman aufhielt, um mit Abdullah zu verhandeln, brach in Obeid unter den *jihadiya,* den einheimischen Truppen, die man von den Ägyptern übernommen hatte, eine Revolte aus, was Abd el-Kader als Vorwand nutzte, um nach Kordofan zurückzukehren, wo er jedoch im Kampf mit den Aufständischen fiel.

Dies entledigte Abdullah seines ersten möglichen Widersachers sozusagen auf natürliche Weise.

Ein weiterer Glücksfall, der sich zumindest für Abdullah als vorteilhaft erwies, war die Schlacht von Ginnis, im Dezember 1885, bei der die Engländer den Mahdisten eine Niederlage beibrachten, die zugleich aber auch das Ende der insgesamt gescheiterten Intervention der Engländer signalisierte. Für Abdullah wirkte sich der Sieg der Engländer insofern als günstig aus, als dadurch die Parteigänger der Aschraf, die den Krieg im

Norden geführt hatten, an Ansehen verloren hatten. Besiegelt wurde die Schlappe, die die Aschraf hinnehmen mußten, durch die Einsetzung eines Verwandten Abdullahs als Gouverneur in Berber, der damit einen Anhänger der Aschraf ablöste und einen strategisch bedeutsamen Ort für die Partei Abdullahs sicherte.

Mohammed Khalid

Als die Aschraf erkannten, daß selbst ihre traditionelle Bastion im Norden fiel, unternahmen sie den Versuch, Mohammed Khalid, den Emir von Darfur, der ein Vetter des Mahdi war, für ihre Ziele einzuspannen. Er verfügte über ein großes Heer – neben einer schlagkräftigen Reiterei allein 30 000 Fußsoldaten – und bot potentiell die größte Gefahr, der sich Abdullah gegenübersah. Nicht bereit, dem Khalifat al-Mahdi den Treueid zu leisten, zog er schließlich sein Heer zusammen und brach nach Osten auf. Doch Khalid ließ sich Zeit, was ein Fehler war; denn Abdullah, der hier sein besonderes Geschick sowohl auf diplomatischem wie auch militärischem Gebiet bewies, nutzte die Frist, die ihm verblieb, indem er die beiden anderen Kalifen zu einer erneuten Loyalitätsbekundung zwang und Khalid eine eigene Streitmacht entgegenschickte, die seinen Vormarsch aufhielt und ihn schließlich, da er sich seiner Verbündeten entledigt sah, zur Aufgabe zwang. Khalid wurde in Ketten gelegt und zunächst in Obeid gefangengehalten, ehe er schließlich nach Omdurman überführt wurde.

Trostlose Zeugen

Damit hatte sich Abdullah im Norden und im Westen seiner Rivalen entledigt. Blieb noch der Süden und der Osten. Sowie der eigentliche Kern der Aschraf, die Khartum zu ihrer Hochburg erwählt hatten. Zwar hatte Abdullah gleich nach seiner Machtübernahme versucht, die Aschraf, die die Annehmlichkeiten der alten Hauptstadt den Unbequemlichkeiten in der neuen vorzogen, aus Khartum zu vertreiben, um zu verhindern, daß Khartum schließlich auch politisch Omdurman überflügelte. Doch da es zu einer vorübergehenden Einigung gekommen war, hatte er schließlich davon abgesehen, die Vertreibung der Aschraf aus Khartum mit Gewalt durchzusetzen. Als es jedoch erneut zu Zwistigkeiten kam – im Zusammenhang mit der Auflehnung Mohammed Khalids, dem die Aschraf die Gezira, das Herzstück und die Kornkammer des Sudan, hatten überlassen wollen –, da machte Abdullah endlich reinen Tisch: Diesmal, im August 1886, zeigte er keine Nachsicht – Khartum wurde vollständig geräumt und verwandelte sich, wie schon gesagt, in eine Geisterstadt. Wie sich Pater Ohrwalder, der erst im März 1886 von Obeid nach Omdurman überführt wurde, aber noch Gelegenheit hatte, Khartum vor seiner endgültigen Zerstörung einen Besuch abzustatten, erinnert: »Bald nach meinem Besuche wurde Chartum zerstört. Chalifa Abdullahi wollte die Stadt nicht weiter bestehen lassen, hauptsächlich weil die Aschraf, seine Rivalen, sich dort eingebürgert hatten, deren Thun und Treiben aus nächster Nähe zu beobachten ihm sehr am Herzen lag. Im August 1886 gab er deshalb strengen Befehl, daß alle Einwohner Chartums binnen drei Tagen die Stadt verlassen müßten. Sofort wurde dem Befehle Folge geleistet. Von jenem Tage ging es nun an die Zerstörung Chartums. Die Häuser wurden niedergerissen, Balkone, Fenster und Thüren nach Omdurman geschleppt. In kurzer Zeit blieben in Chartum nur mehr Ruinen. Es wurden dann auch noch die Mauern, die aus gebrannten Ziegeln aufgeführt waren, abgebrochen, um die Ziegel in Omdurman zu verwenden. Nur das Arsenal, in dem gegenwärtig noch gearbeitet wird, der Palast Gordon's und das Gebäude der katholischen Mission blieben verschont. Im Übrigen ist Chartum heute ein Erd- und Trümmerhaufen mit einigen aufrechtstehenden Mauern, welche hie und da aus der trostlosen Einöde, die von den sich mehrenden großen Euphorbien und Dornen überwuchert ist, sich erheben, als trauernde Reste der einst so blühenden Metropole des ägyptischen Sudan und als trostlose Zeugen ihres unglückseligen Endes.«

Unbeschadet

Bis Khartum aus den Trümmern wiederauferstand, vergingen – wie gesagt – zwölf Jahre, während der Omdurman an seine Stelle trat. Doch die Hauptstadt des Mahdi-Reiches, so schnell sie sich auch vergrößerte, blieb letztlich nur ein Dorf einfacher Lehmhütten und winkliger Gassen. Lediglich das Haus, in dem der Kalif residierte, verriet – wenn auch nur entfernt – einen herrschaftlichen Anspruch.

Die Gefangennahme Mohammed Khalids und die Räumung ihres Widerstandsnestes in Khartum zwang die Aschraf, sich in das scheinbar Unvermeidliche zu fügen. Osman Digna im Osten, wiewohl er dem Mahdi treu ergeben gewesen war, war nicht eigentlich ein Parteigänger der Aschraf; was auch für den Emir im Süden, Karam Allah Mohammed Kurkusawi, der über den Bahr el-Ghasal gebot, zutraf. Er wurde allerdings 1887 von seinem Posten abberufen, während Osman Digna bis zum Ende der Herrschaft des Kalifen im Amt blieb. Er war damit der einzige unter den Provinzgouverneuren, der den Wechsel in der Regierung in Omdurman unbeschadet überstand.

Unter dem Siegel der Verschwiegenheit

Obgleich Abdullah nach zähem Ringen als Sieger aus dem Machtkampf um die Nachfolge des Mahdi hervorgegangen war, beschloß er schließlich, noch ein Übriges zu tun: Er ordnete an, die nomadischen (und kriegerischen) Baggara, die in Darfur ihre Heimat hatten, in Omdurman anzusiedeln, um sich so eine verläßliche Hausmacht zu schaffen, auf die sich sein Regime stützen konnte. Zwar waren nun die Aschraf ihrerseits in Omdurman angesiedelt worden und es war jetzt leichter, ihr Treiben zu kontrollieren, doch mußte Abdullah, der nicht wagte, sie gänzlich auszumerzen, ständig gegenwärtig sein, daß sie eine neue Verschwörung anzettelten. Dem wollte er ein für alle Male vorbeugen, indem er sich sozusagen eine Privatarmee schuf, die allein auf ihn eingeschworen war.

Nun waren die Baggara zwar schon immer die Speerspitze der Streitmacht des Mahdi und damit auch seines Nachfolgers, zumal dieser ihren Reihen entstammte, gewesen. Doch war Abdullah nicht eigentlich ein Führer in ihren eigenen Reihen gewesen, weshalb die Gefolgschaftstreue der Baggara auch nicht absolut verläßlich war. Jedenfalls widersetzten sie sich zunächst der Aufforderung Abdullahs und kamen ihr schließlich nur deshalb nach, weil er ihnen mit Repressalien drohte. Was natürlich die Verbundenheit der Baggara gegenüber Abdullah nicht gerade erhöhte. Immerhin, zu Beginn des Jahres 1889 siedelten sie nach Omdurman über.

Unglücklicherweise fiel diese Übersiedlungsaktion mit einer Entwicklung zusammen, die nicht vorherzusehen gewesen war, wiewohl sie keine außergewöhnliche Erscheinung im Sudan war: es trat eine Dürrekatastrophe ein. Die Ernten gingen zurück, Hunger und Krankheiten breiteten sich aus. Es herrschte akuter Nahrungsmangel.

Was ohnehin zu einer Versorgungskrise in Omdurman geführt hätte, wurde nun – durch die erhöhte Nachfrage – drastisch verschärft. War dies schon nicht dazu angetan, die ruhelosen Kräfte, die die Aschraf darstellten, zu beschwichtigen, so mußte die Übernahme immer neuer Ämter durch die Baggara, die Abdullah förderte, wodurch er die Aschraf noch mehr ins Abseits drängte, diese vollends zu einer neuen Revolte treiben. Sie ließ denn auch nicht lange auf sich warten. Wie Slatin berichtet: »Der Chalifa Mohammed Scherif und die beiden jungen kaum zwanzigjährigen Söhne des Mahdi beschlossen im Vereine mit ihren übrigen Verwandten, das verhaßte Joch des Chalifa abzuschütteln und mit Gewalt die Herrschaft an sich zu reißen. Sie weihten unter dem Siegel der strengsten Verschwiegenheit ihre Freunde und Stammesgenossen in Omderman in ihre Pläne ein und gewannen durch deren Vermittelung auch die in dem Gezireh ansässigen Danagla für die Ausführung ihrer Absichten. Sie glaubten der Treue ihrer Mitverschworenen sicher sein zu können; doch ein Emir vom Djaliin-Stamme wurde zum Verräther an ihnen. Obwohl er einen heiligen Eid geleistet hatte, niemand außer seinem Bruder und seinen treuesten Freunden das Geheimniß mitzutheilen, verrieth er dem Chalifa, den er zu seinen treuesten Freunden zu zählen erklärte, alle Einzelheiten des Complots.

Der Chalifa traf sogleich seine Gegenmaßregeln; doch auch die Aschraf, die gleichfalls ihre Späher hatten, erkannten an gewissen geheimnißvollen Anordnungen, daß etwas gegen sie im Zuge sei, und wurden sich bald klar, daß ihre Pläne entdeckt seien; nun einigten sie sich in aller Eile in ihrem dem Hause des Chalifa nördlich gegenüberliegenden Quartiere und machten sich kampfbereit. Alle Aschraf und die zu den Danagla gehörigen Bewohner versammelten sich in den der Kubba [Grabmal] des Mahdi nahegelegenen Häusern, die Schiffer und Matrosen verließen ihre Boote, um für ihr vermeintliches Recht oder, wie sie sagten, für die vom Chalifa misbrauchte Religion zu kämpfen und zu siegen. Die vor dem Chalifa seit langem verborgen gehaltenen Waffen wurden hervorgeholt; es waren nicht viele, kaum hundert Remingtongewehre mit ungenügender Munition und etliche alte Elefantenbüchsen.«

Mit einem Schwert gegürtet

Zu den Anführern der Verschwörung gehörte auch Ahmed Soliman. Er war einer der ersten Anhänger des Mahdi gewesen und von diesem mit dem *Beit el-Mal*, dem Schatzamt, betraut worden. Im Zuge der Neubesetzung der Ämter nach der Machtübernahme Abdullahs war Soliman abgesetzt worden und sann seitdem auf Rache. Dabei nahm er zu einem bewährten Mittel Zuflucht. In den Worten Slatins: »Achmed woled Soliman geberdete sich wie ein Verrückter; er behauptete, den Propheten und den Mahdi gesehen zu haben, die ihm den Sieg ihrer Partei zugesichert hätten, und freute sich auf den Beginn des Kampfes wie auf ein Fest.«

Mit von der Partie waren auch Streiter besonderer Art. Wie sich Slatin weiter erinnert: »Selbst die Weiber des Mahdi, die von dem Chalifen seit dem Tode ihres Herrn in ihren Häusern eingeschlossen und, streng bewacht, mit niemand verkehren durften und nur das Allernothwendigste zu ihrem Lebensunterhalte erhielten, sehnten den Kampf der beiden feindlichen Parteien herbei; denn ihre Lage war derart, daß sie nur gewinnen, kaum etwas verlieren konnten; ja Aischa Um el Mumenin, das Hauptweib des Mahdi, umgürtete sich selbst mit einem Schwerte, um an dem heiligen Kriege theilzunehmen.«

Auf Kosten des Staates

In gewisser Weise war es tatsächlich ein »heiliger Krieg«, der sich da anbahnte. Denn der Vorwurf der Aschraf, Abdullah würde das Erbe des Mahdi mißachten und seiner Lehre keine Beachtung mehr schenken, war nicht ganz aus der Luft gegriffen. Auch wenn die Aschraf selbst nicht gerade ein Vorbild an Tugend und Frömmigkeit waren, wie sie es beim Kalifen anmahnten. Was diesen betraf, so hatte er zwar den Mahdi zur Übernahme seines heiligen Amtes gedrängt, war im Grunde aber – wie alle Baggara – religiösen Dingen nicht sehr zugetan. Das wurde besonders deutlich, als er schließlich den endgültigen Sieg errungen hatte und nun offen das wahre Gesicht seines Regimes offenbaren konnte.

Daß er auch diesmal als Sieger aus dem Ringen um die Macht hervorging, verdankte Abdullah wiederum seinem taktischen Geschick. Denn es sah anfangs gar nicht gut für ihn aus, hatte er sich doch quasi in eine Zwickmühle manövriert. Wie Slatin berichtet: »Der Chalifa hatte an alle Commandanten den strengen Befehl erlassen, keinen Kampf zu provociren und sich auch im Falle eines wider Erwarten erfolgenden Angriffs nur auf die nothwendigste Vertheidigung zu beschränken. Es lag ihm alles daran, den Aufstand auf gütlichem Wege zu beendigen. Er war fest überzeugt, daß, wenn es zum Kampfe käme, aus dem er allerdings voraussichtlich als Sieger hervorgehen würde, Omderman unter allen Umständen der Verwüstung preisgegeben wäre. Er erkannte, daß besonders die Araberstämme des Westens nach Ausbruch des Kampfes Gelegenheit suchen und finden würden, ihrer Raub- und Mordlust, der hervorragendsten Eigenschaft ihres Charakters, freien Lauf zu lassen, und auf nichts anderes bedacht wären, als Beute zu machen; er wußte aus Erfahrung, daß sie in der Hitze der Action weder Freund noch Feind schonen, schließlich selbst untereinander in Kampf gerathen und endlich vielleicht auch die Gelegenheit benutzen würden, während der allgemeinen Verwirrung mit dem geraubten Gute in die Heimat zurückzukehren, die sie fast alle nur widerwillig verlassen hatten.«

Wiederum versuchte Abdullah, auf gütlichem Wege eine Einigung zu erzielen. Was ihm schließlich auch gelang: durch Vermittlung des Kalifen Ali, der stets auf einen Ausgleich bedacht gewesen war, wurde ein Übereinkommen erzielt, das – bei Niederlegung der Waffen – das Zugeständnis Abdullahs vorsah, den dritten der Kalifen, Scharif, der der eigentliche Anführer der Verschwörung gewesen war, mit allen ihm zustehenden Ehren auszustatten und für die Aschraf im engeren Sinne, also die eigentlichen Angehörigen der Familie des Mahdi, eine Pension auszusetzen, womit ihrer eigentlichen Forderung Genüge getan war.

Garant der Macht

Doch indem sie sich quasi ergeben hatten, hatten sich die Aschraf letztlich der Willkür Abdullahs ausgesetzt. Diesmal war er nicht gewillt, ein neues Risiko einzugehen. So machte er sich denn behutsam, aber zielstrebig daran, die Partei der Aschraf gänzlich zu zerschlagen. Einige ihrer Exponenten, darunter auch Ahmed Soliman, ließ er festnehmen, um sie sodann nach Faschoda, in die Provinz, zu deportieren, wo sie schließlich hingerichtet wurden.

Sodann nahm sich Abdullah die Danagla, die den Rückhalt der Aschraf in der Gezira bildeten, vor, internierte sie und ließ sie erst wieder frei, nachdem er ein Drittel ihres Besitzes konfisziert hatte. Einkünfte, die sich daraus ergaben, benutzte er, um eine neue Streitmacht, die sogenannte *Mulazimiya* aufzustellen, die ihrer Funktion nach eine Art Leibwache war und dem Kommando Othman Scheich el-Dins, des ältesten Sohnes Abdullahs, unterstellt wurde. Die Mulazimiya blieb fortan die wichtigste Stütze des Regimes Abdullahs; sie löste die Baggara, auf die sich Abdullah bislang gestützt hatte, als eigentlicher Garant seiner Herrschaft ab.

Ein letzter Schritt

Im März 1892, nachdem der Zwist zwischen den Aschraf und Abdullah fast sieben Jahre geschwelt hatte, tat dieser schließlich den letzten Schritt, um die Partei der Aschraf endgültig zu zerschlagen: Er ließ ihren Anführer, den Kalifen Scharif, kurzerhand festnehmen, warf ihm erneut aufrührerische Aktivitäten vor, obwohl Scharif lediglich gegen die Ermordung zweier naher Verwandter des Mahdi protestiert hatte, und steckte ihn ins Gefängnis, wo er praktisch bis zum Ende der Mahdiya verblieb. Da der zweite Kalif, Ali, letztlich nur eine Marionette war, hatte Abdullah somit die unumschränkte Herrschaft errungen. Doch zugleich hatte sich die Mahdiya immer mehr in einen säkularen Staat verwandelt. Die religiöse Bewegung, die sie einmal gewesen war, spielte nur noch eine untergeordnete Rolle. Die Tendenz, die bereits unter dem Mahdi zu beobachten gewesen war, war voll zum Durchbruch gekommen.

Anstelle des Propheten

»Kaum hatte der Chalifa sich die Alleinherrschaft gesichert, so dachte er daran, sich mit dem Glanze eines sudanesischen Sultans zu umgeben; dieser Glanz gipfelt in einem möglichst großartigen Harem. Gleich dem Mahdi versah er sich mit vielen Weibern. Seine Spione führten ihm dieselben zu. Da jedes Weib seine eigene Wohnung, eigene Küche und eigene Sklavin zur Bedienung haben muß, so erwachsen große Auslagen. Den Oberbefehl über diese Weiberschar, in Summa gegen hundertfünfzig, führt des Chalifa erstes Weib, eine Baggarin, welcher viele Eunuchen zur Seite stehen, um ihre Befehle auszuführen. Obwohl der Mahdi das Institut der Eunuchen aufgehoben und die Zuwiderhandelnden mit der Todesstrafe bedroht hatte, wußten die Beamten des Chalifa doch immer die durch den Tod entstandenen Lücken auszufüllen.«

Ohrwalder, von dem diese Angaben stammen, hat ein sehr anschauliches Bild von der Erscheinung und Lebensweise des »Kalifen«, wie Abdullah gemeinhin genannt wurde, hinterlassen. Was sein Aussehen betrifft, so schreibt der Pater: »Chalifa Abdullahi ist Baggara, von dunkelbrauner Gesichtsfarbe mit hoher gerader Nase; er trägt kurzen, nach muselmännischer Sitte geschnittenen Bart. Als ich ihn bei der Belagerung Obeid's das erste Mal sah, war er sehr mager; jetzt ist er fast übermäßig fett und von den unteren Augenlidern hängt die Haut in zwei großen Säcken herab. Er besitzt eine starke, klare Stimme, und obwohl er im Arabischen sehr unterrichtet ist, kann er bei seinen Reden den eigenartigen Accent der Baggara nicht verbergen.«

Mochte Abdullah auch der Tradition der Baggara, die durch ein kriegerisches Wesen und ein genügsames Leben gekennzeichnet war, entstammen, so erlag doch auch er – nicht anders als der Mahdi – der Versuchung eines ausschweifenden Lebens, das nicht nur auch seine Gesundheit untergrub (obwohl er widerstandsfähiger als der Mahdi war), sondern auch seiner Herrschaft den Stempel der Heuchelei aufdrückte. Er war weniger geachtet, als vielmehr allgemein gefürchtet. Wie Ohrwalder weiter berichtet: »Was seinen [Abdullahs] Charakter betrifft, so ist er vor allem grenzenlos stolz; von sich hat er eine ungeheuer große Meinung. Er ist grausam, besonders im ersten Augenblicke, läßt sich aber dann häufig beschwichtigen. Manchmal hat er ganz gute Ideen, aber leider sind zu viele Fanatiker um ihn, welche ihn seine guten Pläne nicht zur Ausführung bringen lassen. Seine Schwäche ist ein großes Mißtrauen, was seinen Grund wohl darin hat, daß er sich von Feinden umgeben sieht. Hiemit hängt seine Wankelmüthigkeit in den Entschlüssen zusammen. Er hört gerne auf Verleumdungen und liebt es, über die Leute nur Schlechtes zu vernehmen. Dies macht seine Entscheidungen unbeständig und launenhaft. Gleichwohl speist er die niedrigen Verleumder oft schlimm ab; aber diese verstehen es, sich schlau nach seinen Launen zu richten, um nicht in Ungnade zu fallen. Wo es sich um seine Herrschaft handelt, ist Chalifa Abdullahi eifersüchtig und furchtbar; der kleinste Angriff gegen dieselbe wird strengstens bestraft.

Daß es bei diesem mißtrauischen, eifersüchtigen und tyrannischen Charakter des Chalifa viele Spione gibt, versteht sich. Dieselben schleichen überall in Häusern, Versammlungen, auf dem Markte umher, beginnen Gespräche und Reden gegen den Chalifa und gegen die Mahdia, um einen Unvorsichtigen und Vorlauten in die Falle zu locken und dessen geheime Ansichten auszuforschen. Jede Kleinigkeit wird dem Chalifa hinterbracht, und manchmal macht er seiner Wut und seinem Unwillen über die Kritiker in öffentlichen Reden Luft, um sie zu warnen. Er weiß wohl, daß er gehaßt ist, er will aber nicht, daß dies öffentlich ausgesprochen werde, da es zu einer allgemeinen Empörung führen könnte. Es liegt ihm nichts daran, ob man ihn haßt, wenn man ihn nur regieren läßt.«

Mittel zum Zweck

Ohrwalder war natürlich kein objektiver Beobachter, doch es wird übereinstimmend berichtet, daß Abdullah rücksichtsloser und despotischer war als der Mahdi. Wobei angemerkt sei, daß wahrscheinlich vieles, was auch dem Mahdi angelastet wurde, eigentlich auf das Konto Abdullahs ging, der ja sein engster Vertrauter und der eigentliche Ausführende der Regierungsgeschäfte gewesen war. Das hatte ihn zwar für die Aufgaben, die er nun in eigener Verantwortung wahrnehmen mußte, vorbereitet; doch gingen damit nicht die religiöse Inbrunst und das messianische Sendungsbewußtsein einher, wie sie die Herrschaft des Mahdi gekennzeichnet (und gemildert) hatten. Der Kalif Abdullah war ein Despot, der seine Macht allein auf militärische Stärke stützte. Die Mahdiya fortzusetzen, eine neue Ordnung im Sinne der Verheißung des Mahdi zu errichten, war ein Ziel, das er zwar auf den Lippen führte, doch nicht mit wahrer Hingabe verfolgte. Er war kein Messias; Religion war für ihn letztlich nur Mittel zum Zweck. Und der bestand darin, sich in der Rolle eines absoluten Herrschers orientalischen Gepräges zu gefallen.

Heimische Weisen

Dennoch wäre es falsch, im Nachfolger des Mahdi lediglich eine jener Gestalten zu sehen, die man gemeinhin mit dem Bilde eines orientalischen Herrschers verbindet, der sich nur noch seiner Genußsucht und dem Wohlleben hingibt. Dafür sorgte allein schon die Auseinandersetzung, die er – über Jahre – mit den Aschraf führte. Und auch dann, als Abdullah endlich auch die letzte Entscheidung für sich entschieden hatte, konnte er sich nicht einfach zur Ruhe setzen. Obwohl er es dann schon etwas langsamer angehen ließ. Wie Ohrwalder berichtet: »Der Chalifa ist ein sehr thätiger Mann. Da alle wichtigen Geschäfte durch ihn abgewickelt und ihm über alle Kleinigkeiten Berichte erstattet werden müssen, ist er mit Arbeit überhäuft. Dieser Umstand ist jedoch seiner Gesundheit förderlich, da er ihn hindert, sich einem entnervenden Wohlleben zu überlassen. Gerade dieser seiner Thätigkeit verdankt er es, daß er noch lebt. Gleichwohl hat er in den letzten Jahren viel von seiner Thatkraft verloren und sich etwas der Bequemlichkeit hingegeben. Nach dem Frühgebete hält er gewöhnlich ein Schläfchen, den Tag über gibt er sich mit Staatsgeschäften ab. Posten kommen an und gehen ab. Da der frühere Telegraph zerstört ist, muß das Kameel den ganzen Postdienst besorgen … Nach der Tagesarbeit am Abend liebt es der Chalifa sich bis Mitternacht zu unterhalten. Er ruft Emire und Gadis [Richter] zu sich und unterhält sich mit ihnen. Er hat das größte Vergnügen daran, viel zu plaudern. Häufig kommt er noch kurz vor Mtternacht in die Moschee und ruft Dichter, die vor ihm sein Lob verkünden müssen. Er liebt Musik und hält sich viele Neger aus Dar-Fertit und Niam-Niam [das eine der Norden, das andere der Süden des Bahr el-Ghasal], welche mit der *Rhebaba* (eine Art Guitarre) und Flöte ihre heimischen Melodien spielen und des Chalifa Seele ergötzen.«

Orientalische Tradition

Bei aller Wertschätzung der angenehmen Seiten des Lebens, die mit der Zeit zunahm, ließ der Kalif doch die Staatsgeschäfte nie aus den Augen. Zwar stand ihm ein älterer Bruder zur Seite, dem er vertraute, und es gab einen Rat, der sich aus höheren Beamten zusammensetzte und auf Geheiß Abdullahs ad hoc zusammentrat, doch letztlich liefen alle Fäden in der Hand des Kalifen zusammen. Nichts geschah ohne sein Einverständnis, sofern es sich nicht um Belange von untergeordneter Bedeutung handelte. Selbst persönliche Anliegen konnten ihm vorgetragen werden, ein Zugeständnis an das Volk, das der Tradition orientalischer Herrscher entsprach.

Absolute Loyalität

So personalistisch der Regierungsstil Abdullahs auch war, die tatsächliche Verwaltung des Landes lag in den Händen von Beamten, die der Kalif zwar selbst ernannte, die dennoch aber weitreichende Befugnisse hatten. Insbesondere trifft dies für die Provinzgouverneure zu, von deren Loyalität er deshalb auch voll und ganz überzeugt sein mußte. So entstammten denn die meisten Gouverneure, die Abdullah in den Provinzen einsetzte, derselben Untergruppe der Baggara, dem Stamm der Taaischa, zu dem auch Abdullah gehörte. Er selbst gebot direkt über das Herz des Sudan: das Gebiet zwischen Omdurman im Norden, Faschoda, am Weißen Nil, im Süden und Karkodsch, am Blauen

Nil, im Osten. Im wesentlichen entsprach dies der Gezira, dem Kernland des Sudan, das zugleich auch die beiden wichtigsten Verkehrswege, den westlichen und östlichen Arm des Nil, umfaßte.

Die Aufteilung des übrigen Landes folgte zwar der territorialen Gliederung, die sich im Zuge der ägyptischen Herrschaft durchgesetzt hatte. Doch gab es gelegentlich Abweichungen, indem beispielsweise zwei Provinzen – wie Darfur und Kordofan – zusammengelegt wurden oder aber sich die Herrschaft des Kalifen nur über einen Teil einer Provinz, wie sie von den Ägyptern geschaffen worden war, erstreckte. Letzteres traf für die Äquator-Provinz zu, die einen Sonderfall darstellte, auf den wir noch zu sprechen kommen werden.

Zivile und militärische Gewalt

Der Norden gliederte sich in die Provinzen Dongola und Berber, der Osten in das Herrschaftsgebiet Osman Dignas, der auch dem Kalifen die Treue hielt, sowie eine Provinz, die einen Großteil Abessiniens umfaßte, der Süden in die Provinz Rejaf, die einen Teil der ursprünglichen Äquator-Provinz darstellte, und den Bahr el-Ghasal und der Westen in Kordofan und Darfur. Das war der Stand zur Zeit der größten Ausdehnung des sogenannten »Mahdi-Reiches«, wie es sich unter Abdullah herausgebildet hatte. Dieses ausgedehnte Reich, mit seiner Vielzahl von Völkern, die durchaus nicht immer die gleichen Interessen verfolgten, wo sie nicht gar zur Unterwerfung gezwungen worden waren, zusammenzuhalten, war eine Aufgabe, die der Kalif in bemerkenswerter Weise meisterte. Dabei kam erschwerend hinzu, daß das ursprünglich einigende Band, die religiöse Bewegung der Mahdiya – auch wenn sie nur im nördlichen und zentralen Teil des Sudan zum Tragen kam –, unter der Herrschaft des Kalifen allmählich immer mehr in den Hintergrund trat. Was bedeutete, daß er andere Kräfte mobilisieren mußte, um die Einheit des Reiches zu wahren. Neben den Gouverneuren, die er sorgsam auswählte, war dies vor allem das Militär. Insgesamt erreichte die Truppenstärke schließlich die Zahl von hunderttausend; davon war über die Hälfte in Omdurman stationiert. Größere Kontingente befanden sich jeweils in den Hauptorten der Provinzen, wo sie den Gouverneuren unterstanden, die zugleich zivile und militärische Gewalt ausübten. Die Verbindung zwischen Omdurman und den Provinzzentren wurde durch eine besondere Herde schneller Reitkamele sichergestellt. Die Gouverneure wurden außerdem häufig nach Omdurman bestellt, um dem Kalifen Bericht zu erstatten und neue Befehle entgegenzunehmen.

Mißbrauch und Willkür

In den Provinzen stand den Gouverneuren jeweils ein eigener Stab von Mitarbeitern zur Seite, der allerdings wiederum weitgehend vom Kalifen ernannt wurde. Hierzu gehörten ein Richter, ein Schatzmeister und vor allem die Steuereintreiber. Letztere hatten dafür zu sorgen, daß die diversen Abgaben, die auch im Reiche des Mahdi beziehungsweise seines Nachfolgers, des Kalifen, erhoben wurden, fristgerecht bereitgestellt wurden. Ohrwalder schreibt dazu: »Außer den Emiren [Gouverneuren] finden sich jedes Jahre die *Omal* … [Steuereintreiber] in den Provinzen ein, um die *Futra* (Zehent) und die *Seka* (zweieinhalb Procent) Steuern einzusammeln. Diese gewinnbringenden Stellen werden für Tausende von Thalern verpachtet. Die Omal müssen außer den Steuern ihre eigenen Auslagen als Pachtzins decken und suchen noch reichen Extragewinn. Daraus erhellt, wie sehr das arme Volk bedrückt und ausgesaugt werden muß. Emire und Omal schalten in den Provinzen nach Willkür, und Grausamkeiten sind an der Tagesordnung.«

Auch wenn die Aussagen über die Last der Steuern – die *futra* beziehungsweise *fitr* war eine Kopfsteuer, die *seka* beziehungsweise *zakah* eine Vermögenssteuer – unterschiedlich sind, so waren doch auch unter der Herrschaft des Kalifen Mißbrauch der Macht und unkontrollierter Ausbeutung Tür und Tor geöffnet. Der Leidtragende war wie eh und je der Mann aus dem Volk, der nicht selten auch noch für den Unterhalt der Truppen aufkommen mußte, wenn sie auf dem Vormarsch zu einem Eroberungszug durch sein Dorf kamen. Denn im Gegensatz zu der Eliteeinheit der Mulazimiya und anderer regulärer Truppen, die einen festen Sold bezogen, hielt sich das Gros der Soldaten, das sich im wesentlichen aus den Baggara rekrutierte, die schlecht ausgerüstet und zudem unkontrollierbar waren, an der Bevölkerung schadlos.

Persönliche Pfründe

Zentrales Schatzamt war das *Beit el-Mal* in Omdurman, eine Finanzbehörde, die zugleich auch Vorratslager und Auktionshaus war; denn ein Großteil der Steuern (und sonstige Einkünfte des Staates, vor allem aus Beutezügen und auf Grund von oft willkürlichen Enteignungen) wurde in Form von Gütern gezahlt, die im Beit el-Mal gelagert und zum Teil verkauft wurden. Ausgaben, die aus dem Aufkommen der Steuern und dem Erlös von Verkäufen getätigt wurden, betrafen vor allem den Unterhalt des Heeres und die Besoldung der Beamten. Doch es wurden auch Almosen aus dem zentralen Schatzamt an die Armen ausgegeben, eine der wenigen segensreichen Bräuche, die der Islam vorschreibt, an die sich der Kalif hielt.

Doch wiegt dies kaum die Verschwendung auf, die er selbst betrieb. Jedenfalls richtete Abdullah sich schließlich ein eigenes Schatzam, das *Beit Mal al-Fay*, ein, das zu seiner persönlichen Verfügung stand. Dazu gehörten nicht zuletzt auch Ländereien, die er in der Provinz Dongola besaß. Auch ein Teil der öffentlichen Steuern und natürlich ein Großteil der Kriegsbeute flossen in seine private Schatulle. Auch wenn der Kalif nicht eigentlich einen übermäßigen Luxus trieb, so erlaubte er sich doch einen Exzeß: auch er unterhielt einen Harem, der selbst dem Khediven oder gar dem Sultan alle Ehre gemacht hätte. Ohrwalder beziffert die Zahl der Frauen, über die der Kalif verfügte, auf hundertfünfzig; andere Quellen sprechen von vierhundert. Möglich, daß in der letzteren Zahl auch die Sklavinnen enthalten sind, die jeder Frau des Kalifen zustanden und über die er ja gleichfalls verfügen konnte. Jedenfalls waren die Aufwendungen, die für den Harem des Kalifen getätigt werden mußten, erheblich, da ja jede der Haremsfrauen, wie Ohrwalder vermerkt, sozusagen ihren eigenen Haushalt führte. Angesichts der Not, die im übrigen Land herrschte, war dieser

Exzeß, den sich der Kalif (wie vor ihm schon der Mahdi) leistete, geradezu ein Hohn; zumal, wenn man ihn an der Forderung des Mahdi, einen bescheidenen und genügsamen Lebenswandel zu führen, denn nur dies sei ein Ausdruck des wahren Glaubens, mißt. Übrigens ein bemerkenswerter Gegensatz, der in dieser Beziehung zwischen dem Islam und dem Christentum, die sich sonst doch in so vielem ähneln, besteht: selbst Mohammed forderte nicht jene Enthaltsamkeit, die nach der traditionellen Lehre des Christentums eine Voraussetzung für eine glaubwürdige religiöse Betätigung ist. Mag dies auch eine extreme Forderung sein, auch wenn sie nicht so einfach von der Hand zu weisen ist (denn je mehr man Eigeninteressen vertritt, desto weniger kann man sich anderen widmen): die gegenteilige Position, wie sie letztlich sowohl der Mahdi als auch der Kalif vertrat, war auf jeden Fall nicht dazu angetan, religiöse Kontemplation zu fördern. Vom Image eines Heiligen, der als Vorbild dient oder gar zu Höherem inspiriert, ganz zu schweigen.

Abschaum der Menschheit

Hierin drückt sich keine Abneigung gegen die weltlichen Freuden des Lebens aus. Nur, wer den Anspruch erhebt, gewissermaßen über den Dingen zu stehen, der muß ein Heuchler genannt werden, wenn er tatsächlich weniger Disziplin übt als der gewöhnliche Sterbliche. Wobei im vorliegenden Fall gar nicht einmal die Frage behandelt worden ist, der wir uns aber nun zuwenden wollen, auf welche Weise denn die einhundertfünfzig (oder vierhundert) »Weiber« in den Harem des Kalifen gelangten. Soviel ist sicher: die wenigsten dürften sich freiwillig für die »Ehre«, dem Kalifen einmal oder zweimal im Jahr zu Gefallen sein zu dürfen, zur Verfügung gestellt haben. Denn weder der Mahdi noch der Kalif befanden es für nötig, der Wiedereinführung des Sklavenhandels entgegenzuwirken. Im Gegenteil: sie profitierten davon! In mehrfacher Weise: einmal, weil sie dadurch Zulauf von den ehemaligen Sklavenhändlern, diesem Abschaum der Menschheit, erhielten; zweitens, weil sie an jedem Sklaven, der verkauft wurde, mitverdienten (durch Steuern, die auf den Verkauf von Sklaven erhoben wurden);

drittens, weil sich der Kalif schließlich ausbedingte, daß alle männlichen Sklaven, die neu erbeutet wurden, in seinen Besitz übergingen (auch wenn er sie weitgehend zur Aufstockung seiner Truppen verwendete); und viertens, weil die schönsten Frauen und Mädchen, die den Häschern der Mahdiya ins Netz gingen, für den Mahdi beziehungsweise den Kalifen reserviert wurden. Auf diese Weise füllte sich ihr Harem. Und wenn eine der derart Zwangsverschleppten sich tatsächlich ein Herz gefaßt haben sollte, den Mahdi zu vergiften, dann geschah ihm das nur recht!

Natürlicher Handel

Der Sklavenhandel feierte unter der Mahdiya fröhliche Wiederauferstehung. Zwar wurde es untersagt, Sklaven – wie vordem – außer Landes zu bringen; aber nicht etwa, weil man dadurch den Sklaven wenigstens ersparen wollte, womöglich in weitentfernte Länder verschachert zu werden, oder weil man das Ausmaß des Sklavenhandels verringern wollte. Humanitäre (oder ethische) Überlegungen, die einer religiösen Erneuerungsbewegung, wie sie der Mahdi (und auch der Kalif) für ihre Herrschaft reklamierten, gutangestanden hätten, spielten dabei keine Rolle. Es war vielmehr die Befürchtung, daß die Ausfuhr von Sklaven die Heere der Feinde, vor allem der Ägypter (und Engländer) stärken würde, wie sie das ja auch im Reich des Mahdi beziehungsweise des Kalifen taten, was zur Unterbindung der Ausfuhr von Sklaven führte. Das wurde allerdings strenger bei männlichen als bei weiblichen Sklaven gehandhabt, für die ja der Grund für das Ausfuhrverbot eigentlich nicht zutraf.

Auf dem Sklavenmarkt in Omdurman ging es zu wie einst in Schendi oder Sennar. Nichts hatte sich geändert. Wie Slatin berichtet: »In Omderman steht südlich vom Bet el Mal auf einem freiliegenden geräumigen Platze ein aus ungebrannten Lehmziegeln erbautes Haus, das sogenannte Suk el Regig, der Sklavenmarkt. Unter dem Vorwande, Sklaven vertauschen oder neu anschaffen zu wollen, erhielt ich vom Chalifa einigemal die außerordentliche Erlaubniß, denselben besuchen zu dürfen, wobei ich Gelegenheit zu mancherlei Beobachtungen fand. Hier kommen die professionellen Sklavenhändler zusammen und bieten ihre Waaren aus. Rund um das Haus stehen oder sitzen Weiber und Mädchen in großer Zahl und Auswahl, von der alten, gebrechlichen, halbnackten Arbeitssklavin bis zu der nach Sudanbegriffen schön geputzten jugendlichen Suria (Concubine). Da dieser Handel als ganz natürlich angesehen wird und dem Gesetze entspricht, so werden die Feilgebotenen von den Käufern ohne jegliche Zurückhaltung wie zum Markt gebrachte Thiere auf das gründlichste untersucht; man öffnet ihnen den Mund, um zu sehen, ob die Zähne sich in gutem Zustande befinden, entkleidet den Oberkörper, besieht und prüft den Rücken, Brust und Arme, untersucht die Füße und läßt sie einige Schritte gehen, um den Körper auch in der Bewegung beobachten zu können.

Man stellt Fragen und erprobt, bis zu welchem Grade sie der arabischen Sprache mächtig sind, was besonders bei den Surias einen großen Preisunterschied macht. All dies lassen die Sklavinnen ruhig und gleichgültig über sich ergehen; sie finden es in der Regel ganz natürlich, haben sich mit ihrem Lose längst abgefunden und sind überzeugt, daß es so und nicht anders sein könne. Wol sieht man in den Mienen einzelner Frauen und Mädchen, daß sie ihre unwürdige, bejammernswerthe Lage erkennen und einst bessere Tage gesehen haben; auch an den verzweifelten oder tieftraurigen Blicken kann man lesen, wie schwer sie es empfinden, auf die tiefste Stufe menschlichen Elends herabgedrückt zu sein und wie Thiere hier verhandelt zu werden.

Nun beginnt das Feilschen zwischen dem Käufer und dem Händler, der entweder einen Preis nennt oder sich ein Angebot machen läßt, bis es ihm endlich nach langem Hin- und Widerreden von Vortheil erscheint, seine Waare loszuschlagen. Verfehlt der Käufer einerseits nicht, sie möglichst herabzusetzen und über Mängel an Schönheit des Gesichts, der Körperform, der Sprechweise u.s.w. zu raisoniren, um den Preis zu drücken, so unterläßt es auch wieder der andere nicht, die Eigenschaften des Körpers und des Geistes des Kaufobjektes in der detaillirtesten Weise zu rühmen, um den Reflectanten zu einem günstigen Abschlusse zu bewegen.

Hat man sich endlich über den Preis geeinigt, so wird gleichzeitig mit der Bezahlung desselben das übliche Verkaufspapier ausgestellt und damit ist die Sklavin in das Eigenthum ihres neuen Herrn übergegangen.« In der Tat, kaum ein Unteschied zu dem Kauf eines Kamels ober eines Pferdes. Wobei diese nicht selten eine bessere Behandlung erfuhren als die Sklaven beziehungsweise Sklavinnen; vor allem, wenn sie nur oder nur noch als Arbeitstiere verwandt wurden.

Verletzte Eitelkeit

Ohrwalder, der ja gleichfalls direkten Einblick hatte, schreibt: »Die Lage der Sclaven ist eine sehr harte. Der Sclave gilt als ein Thier und ist, wie die Sudanesen sagen, von Gott zur Bequemlichkeit der Muselmänner besonders erschaffen. Jede harte Arbeit sowie den Feldbau verichtet der Sclave. Nach Ansicht der Sudanesen darf sich der Sclave nicht sättigen, denn sonst wird er übermüthig. Seine ganze Kleidung besteht in einem Lumpen um die Lenden. Was er durch Arbeit verdient, muß er dem Herrn geben. Die Sclavinnen müssen Wasser schleppen und Durrah mahlen, ihr Lohn ist Verwünschung und Fluch. Veruntreuung und Ungehorsam wird grausam mit dem Korbatsch [Peitsche] bestraft oder der Rücken und der Bauch mit dem Rasiermesser verwundet und dann mit Salz eingerieben. Damit die Strafe nicht vergessen werde, wird die noch nicht geheilte Wunde gekneipt und so von neuem geöffnet. Die Weiber übertreffen die Männer an Grausamkeit, besonders gegen Sclavinnen, welche ihre Eifersucht erregen. Wehe der Sclavin, welche ihrem Herrn gegenüber sich liebenswürdig zeigt, die Herrin wendet die grausamste Strafe an, die man sich denken, aber nicht näher schildern kann.«

Schönheit war in solchen Fällen eher ein Fluch. Denn wenn sich eine Sklavin ihrem Herrn verweigerte, zog sie seinen Zorn auf sich, während sie im andern Fall der verletzten Eitelkeit und Rachsucht ihrer Herrin ausgesetzt war. Einen Ausweg gab es nicht. Es sei denn, die Flucht; was aber wohl nur den wenigsten gelang.

Ungleiche Rechte

Im Kontext des Islam, der die Sklaverei nie verurteilt, sie im Gegenteil sanktioniert hatte, war der Menschenhandel eine Praxis, die nicht stigmatisiert wurde. Dasselbe gilt für die Diskriminierung und Unterdrückung der Frau, die gleichfalls im Islam festgeschrieben waren, obwohl hier sehr deutlich eine Verschlechterung der Situation der Frau stattgefunden hatte, denn ihr waren ursprünglich, auch im Islam, mehr Rechte zugestanden worden, als man ihr schließlich zubilligte. In beiden Fällen aber bewegte sich die Mahdiya in der überkommenen Tradition des Islam, den sie zwar nicht – zumindest in einem so wichtigen Bereich wie der Stellung der Frau – auf eine höhere Stufe zurückführte, wie es die erklärte Absicht des Mahdi gewesen war, der aber immerhin eine Legitimation für die Verletzung auch der elementarsten Menschenrechte bot. Doch diese Sicht resultiert eben nicht aus den ethischen Prinzipien, wie sie den Islam kennzeichnen; was neuerdings besonders anläßlich der Weltmenschenrechtskonferenz in Wien wieder deutlich wurde, wo – vor allem von islamischen Ländern – das Recht auf »kulturelle Eigenständigkeit« betont wurde. Ein Euphemismus, hinter dem sich eine Rechtsauffassung verbirgt, die – unter dem Deckmantel religiöser Gebote – die *Ungleichheit* der Menschen vor dem Gesetz festschreibt.

Universale Werte

Man kann die Mahdiya also aus zwei Blickwinkeln beurteilen. Einmal, indem man sie an den Maßstäben, die der Islam setzt, mißt; wobei hier zu unterscheiden ist zwischen der offiziellen Praxis des Islam, wie er sich durchgesetzt hatte, und den hehren Forderungen, zur ursprünglichen Lehre zurückzukehren, wie sie der Mahdi erhob. Dies stellt den einen Rahmen zur Beurteilung der Mahdiya dar; der andere ergibt sich aus der sogenannten westlichen Sicht, die zwar auch nicht gänzlich objektiv ist, sich aber – entgegen den Vorwürfen ihrer Kritiker – an universalen Werten, die zudem weitgehend säkular sind, orientiert. Nimmt man diese Sicht zum Maßstab, dann hat die Mahdiya nur in einem einen Erfolg aufzuweisen: der Befreiung des

Sudan vom kolonialen Joch. Das ist zugegebenermaßen ein beachtlicher Erfolg; doch wie wir noch sehen werden, war dies nicht für alle »Sudanesen« in gleichem Maß ein Gewinn. Denn ein Baggara war kein Schilluk und ein Danagla kein Nuer: die einen erlangten tatsächlich so etwas wie nationale Souveränität, die anderen blieben unterjocht und versklavt wie eh und je. Eine einheitliche Nation hatte es im Sudan nie gegeben; die Ägypter legten dazu den Grundstein, die Bewegung, die der Mahdi begründete, baute darauf auf. Doch freiwillig beugten sich die wenigsten den Ansätzen einer Nation, die – so oder so – von den meisten als Fremdherrschaft empfunden wurde. Letztlich ist das Wirken der Mahdiya auch in diesem Bereich als zwiespältig zu beurteilen.

Schwere Zeiten

Alles andere, was die Mahdiya angeblich bewirkt hat (und sie wird ja noch heute im Sudan als ein Markstein in der Geschichte des Landes gefeiert), erweist sich bei näherem Hinsehen als Trug. Dazu gehört nicht nur die Wiedereinführung der Sklaverei und die Festschreibung der Diskriminierung der Frau. Auch Kriege, die gegen benachbarte Völker geführt wurden, zählen dazu sowie nicht zuletzt der desolate Zustand der Wirtschaft, die unter dem Kalifen sträflich vernachlässigt wurde. Grund dafür war das geringe Interesse, das er als Baggara, also Viehnomade, für die Landwirtschaft aufbrachte; aber es kamen auch die häufigen Kriege, Zwangsrekrutierungen und Umsiedlungsaktionen hinzu. All dies wirkte sich verheerend auf die wirtschaftliche Lage des Landes aus, und als schließlich die Dürreperiode (und eine zusätzliche Heuschreckenplage) einsetzte, war die Katastrophe perfekt. Wie sich Slatin erinnert: »Auf dem Blauen und dem Weißen Nil kamen täglich Leichen geschwommen, ein Beweis für den schrecklichen Zustand im ganzen Lande. In Omderman gehörte die weitaus größte Zahl der Todten der von außen zuströmenden Landbevölkerung an; die Bewohner der Stadt hatten trotz des strengen Befehls des Chalifa etwas Getreide verborgen gehalten, und die Araberstämme unterstützten sich in diesen schweren Zeiten gegenseitig; dennoch hat auch die Stadtbevölkerung stark gelitten.«

Ein Indiz für die Gesamtheit der Entwicklung, die der Sudan während der Herrschaft des Kalifen durchmachte, ist die Zahl der Bevölkerung, die während dieser Zeit von acht auf zwei Millionen sank. Wenn dies auch zugegebenermaßen grobe Schätzwerte sind, da es keine Zensusdaten gibt, so ist eines doch gewiß: Eine merkliche Verbesserung der Lebensbedingungen trat unter der Mahdiya, im Vergleich zur voraufgegangenen Periode, nicht ein. Es deutet vielmehr alles darauf hin, daß sich die Situation, die zuvor schon zugegebenermaßen beklagenswert gewesen war, noch wesentlich verschlechterte. Das Paradies auf Erden brachte der Mahdi nicht; selbst wenn man es an den bescheidenen Versprechungen mißt, die er gemacht hatte. Denn das Reich, das er verhieß, war ja nicht eigentlich von dieser Welt.

Weg alles Irdischen

Aber auch, was das betraf, so war es damit – zumindest, soweit es den Kalifen betraf – nicht weit her. Slatin, der ihn ja gut kannte, denn trotz seiner Gefangenschaft war er so etwas wie ein Vertrauter Abdullahs, schreibt: »Thatsächlich ist der Chalifa aber nichts weniger als religiös gesinnt. Während meines langjährigen Aufenthalts, während dessen ich im engsten Verkehr mit ihm stand, habe ich ihn nie, auch nicht ein einziges Mal, im Innern seines Hauses ein Gebet verrichten sehen. Er scheut sich auch nicht, jeden, auch den ältesten religiösen Gebrauch über den Haufen zu werfen, wenn er ihm in seinen Augen ein Hinderniß bei Erreichung seiner momentanen Zwecke bilden könnte; freilich sucht er derartige Willküracte immer damit zu rechtfertigen, daß er sie von seinen Kadis [Richtern] als ›für die Erhaltung des Glaubens‹ geboten zuerst in Vorschlag bringen oder hinterher genehmigen läßt. Diese verstehen es aber, willfährig und geschmeidig wie sie sind, jede Maßregel in Einklang mit den mohammedanischen religiösen Vorschriften oder doch mit den Specialgeboten des Mahdi zu bringen; im äußersten Nothfalle erklärt der Chalifa, daß ihm der Prophet erschienen sei und ihm so und nicht anders zu handeln geboten habe.«

Mit andern Worten: es herrschte, zumindest unter dem Kalifen – und er bestimmte ja den weitaus größten Teil der Mahdiya –, die gleiche Laxheit und Unaufrichtigkeit in der Religion, die den Mahdi ursprünglich zu seiner Bewegung veranlaßt hatten. Gemessen an den strengen religiösen Richtlinien des Mahdi, war die Mahdiya, wie sie sich schließlich unter dem Kalifen herausbildete, auch als religiöse Bewegung – zumal, wenn man ihren Anspruch als Reformbewegung zugrunde legt – ein Fehlschlag. Sie erwies sich am Ende als nicht minder konform mit der landläufigen Praxis des Islam wie die offizielle Ausübung der Religion unter ägyptischer Herrschaft. Was sie von dieser und der in den übrigen islamischen Ländern unterschied, war im Grunde nicht mehr als die Rückkehr zu den ursprünglichen, mystischen Glaubenspraktiken, wie sie im Sudan vor der Eroberung durch die Ägypter vorgeherrscht hatten; wobei dieser Aspekt allerdings immer mehr zurücktrat, je weiter die Herrschaft des Kalifen voranschritt. Pro forma ein theokratischer Staat, war die Mahdiya am Ende auf das Niveau einer Militärdiktatur herabgesunken, die sich mit der Religion nur noch schmückte. Es war sehr entschieden kein himmlisches Reich auf Erden; die Mahdiya war den Weg aller religiös inspirierten Bewegungen gegangen: sie hatte sich verweltlicht.

Häretische Lehre

Damit stellt die Mahdiya auch aus der Sicht des Islam keinen Triumph dar. Es gelang ihr nicht, obwohl dies ihr ursprüngliches Anliegen war, zu den Urformen des Islam, seiner einstigen Kraft und Unverfälschtheit, zurückzukehren. Die Mahdiya degenerierte zu einer Sekte, in deren Mittelpunkt der Mahdi stand, der aber nicht eigentlich mehr als Messias, sondern lediglich als Heiliger verehrt wurde. Im Zentrum von Omdurman hatte man ihm ein monumentales Grabmal errichtet, und dies verwandelte sich in das obligate Ziel von Pilgerzügen aus dem ganzen Land. Ähnlich, wie das auch schon zuvor mit den Gräbern anderer Heiliger gewesen war. Allerdings ging man im Falle des Mahdi einen Schritt weiter: der Besuch seines Grabes ersetzte die traditionelle Pilgerfahrt nach Mekka, und eine Sammlung seiner Gebete und Predigten, die in Form eines »heiligen Buches«, dem *Ratib*, veröffentlicht wurde, trat an die Stelle des Koran. Die Mahdiya wies letztlich nicht nur nicht den Weg zurück zur Lehre des Propheten; sie machte auch, indem sie den Mahdi an seine Stelle setzte, einem Usurpator Platz. Es war eine häretische Lehre, die aus der Forderung nach einer Umkehr entstanden war. Die Mahdiya hatte sich in ihr Gegenteil verkehrt!

Vorstoß nach Gondar

Wenngleich auch die Religion unter der Herrschaft des Kalifen nicht mehr im Mittelpunkt der Bewegung, die den Namen des Mahdi trug, stand, so gab es doch einen Aspekt, der religiös begründet war, dem Abdullah sich besonders zuwandte: es war dies *Jihad*, der »heilige Krieg«. Die Forderung, einen solchen Krieg zu führen, ist so alt wie der Islam. Denn der Tradition dieses Glaubens nach zerfällt die Welt in zwei Teile: *dar al-Islam*, womit die Länder gemeint sind, in denen der Islam die herrschende Religion bildet, und *dar al-harb*, jener Teil der Welt, der dem Islam noch nicht unterworfen und deshalb »Kriegsland« ist und somit einen permanenten Anreiz, ja, eigentlich eine Verpflichtung darstellt, gegen jene Länder, die von »Ungläubigen« bewohnt werden, Krieg zu führen, sie zu erobern und dem rechten Glauben zuzuführen. Dies entspricht dem traditionellen Dogma des Islam, das sich daraus erklärt, daß der Islam – wie das Christentum – einen Alleingültigkeitsanspruch erhebt, demzufolge die Unterwerfung der Welt im Namen Allahs geradezu ein göttliches Gebot ist.

Beim Mahdi, Mohammed Ahmed, gesellte sich zu dieser allgemeinen Forderung, die der Islam erhebt, die besondere Überzeugung, daß der Islam, wie er gemeinhin praktiziert wurde, dieser, seiner eigentlichen Forderung nicht nur nicht mehr nachkam, der Mahdi, der die Rückkehr zur ursprünglichen Form des Islam predigte, habe auch die besondere Pflicht, diesen Feldzug zur religiösen Erneuerung sozusagen zusätzlich zur traditionellen Form des Jihad zu führen. Mit anderen Worten, der Mahdi erhob Anspruch, dazu auserwählt zu sein, einen Zweifrontenkrieg zu führen: gegen die Ketzer in der eigenen Religion und gegen die Ungläubigen.

Äußere Grenzen

Abdullah übernahm diese Forderung, die einen Kern der Mahdiya darstellte. Allerdings war bei ihm das religiöse Moment, entsprechend der allgemeinen Entwicklung der Mahdiya, nur ein Motiv unter mehreren, die nicht zuletzt auch persönlichem Ehrgeiz und Ruhmessucht entsprangen. Auch wird die Überlegung, daß Krieg – als »Jihad« proklamiert – ein sichtbares Zeichen der Kontinuität der Lehre des Mahdi setzte und somit seine, Abdullahs Position festigte, eine nicht unbedeutende Rolle gespielt haben. Jedenfalls ließ er es an dem Versuch, den Machtbereich der Mahdiya weiter auszudehnen, nicht fehlen. Auch wenn ihm äußere Grenzen gesetzt waren.

Da war zum einen die Rivalität in den eigenen Reihen; womit nicht nur der Streit um die Nachfolge des Mahdi gemeint ist. Es gab auch große Gegensätze zwischen den verschiedenen Bevölkerungsgruppen, die unter den Einfluß und die Oberhoheit der Mahdiya gelangt waren, ohne daß dadurch schon ein einheitliches Reich, das auf gemeinsamen Interessen beruhte, entstanden war. Die Baggara beispielsweise, die die Stütze der Herrschaft des Kalifen bildeten, unterschieden sich grundsätzlich von den seßhaften Bauern und Kaufleuten an den Ufern des Nil, und beide Gruppen wiederum, die durch das arabische Element geprägt waren, hatten nichts gemein mit den Bewohnern im Süden, die dem eigentlichen Schwarzafrika zuzurechnen sind.

Das war die eine Schwierigkeit, mit der Abdullah zu kämpfen hatte. Die zweite Widrigkeit, die sich ihm in den Weg stellte, war die wirtschaftliche Krise, die die mittlere Phase seiner Herrschaft überschattete und – wie wir gesehen haben – im wesentlichen ungünstigen klimatischen Bedingungen anzulasten war. Doch nicht ausschließlich: die Krise wurde zumindest verschärft durch Auswirkungen eben jener Kriege und Revolten, die – ob »heilige Pflicht« oder ständige Bedrohung – einen Großteil der Herrschaft des Kalifen kennzeichneten.

Vor diesem Hintergrund muß der Jihad, wie ihn der Kalif entfaltete, gesehen werden. Es ging dabei nicht nur um Expansion, also das eigentliche Anliegen des Jihad, sondern auch um die Verteidigung der Grenzen, was sich insbesondere im Westen als problematisch erwies. Denn hier kam es wiederholt zu Unruhen, die schließlich in einer Gegenbewegung zur Mahdiya gipfelten.

Abu Jummaisa

Der Westen, das war die Provinz Darfur, in der – unter ägyptischer Herrschaft – Slatin Gouverneur gewesen war. Ursprünglich hatte hier eine einheimische Dynastie, die dem Volk der Fur entstammte, regiert; sie war, im Zuge der Eroberung des Sudan durch die Ägypter, 1874 abgesetzt worden. Als nun Mohammed Khalid, der seinerseits die Nachfolge von Slatin angetreten hatte, gegen den Kalifen rebellierte, da er – als Vetter des Mahdi – sich mit den Aschraf solidarisiert hatte, setzte er als seinen Vertrauten ein Mitglied der alten Herrscherfamilie ein, während er sich auf den Weg nach Omdurman machte. Doch als Mohammed Khalid schließlich gefangengesetzt wurde, besann sich Jussuf Ibrahim – so hieß der Stellvertreter, den Khalid eingesetzt hatte – der glorreichen Vergangenheit seiner Ahnen und entschloß sich, die Herrschaft der Fur-Dynastie wiederzuerrichten.

Was natürlich nicht im Sinne des Kalifen war, der denn auch sogleich Osman Adam, der Gouverneur von Kordofan (und ein Verwandter des Kalifen, also verläßlich) war, damit beauftragte, gegen Jussuf zu Felde zu ziehen. Der Streitmacht der Mahdisten war Jussuf nicht gewachsen, und nachdem Osman Adam ihm zweimal eine Niederlage beigebracht hatte, blieb dem Fur-Herrscher nur die Flucht in die Bergwildnis des Jebel Marra. Doch man setzte ihm nach und erschlug ihn schließlich, was sein Bruder, Abu Kairat, zum Anlaß nahm, sich seinerseits zum Sultan von Darfur ausrufen zu lassen. Ihm kam der Umstand entgegen, daß just in diesem Augenblick dem Kalifen, im fernen Omdurman, in Darfur ein weiterer Widersacher erstand, der sich als sehr viel gefährlicher erwies und mit dem sich denn Abu Kairat auch sogleich verbündete. Der Name des neuen Rivalen Abdullahs, der dies denn auch tatsächlich im wahrsten Sinne des Wortes wurde, war Ahmed Abu Jummaisa. Die Bezeichnung »Abu Jummaisa«, die eigentlich ein Spitzname war, deutete auf einen Umstand hin, der dem Kalifen einiges Kopfzerbrechen bereiten sollte: Denn der Name bezog sich auf die Gewohnheit seines Trägers, in der Tradition der ursprünglichen, sufistischen Ausrichtung des Islam im Sudan, unter einem Baum, in diesem Fall einem wilden Feigenbaum (was der

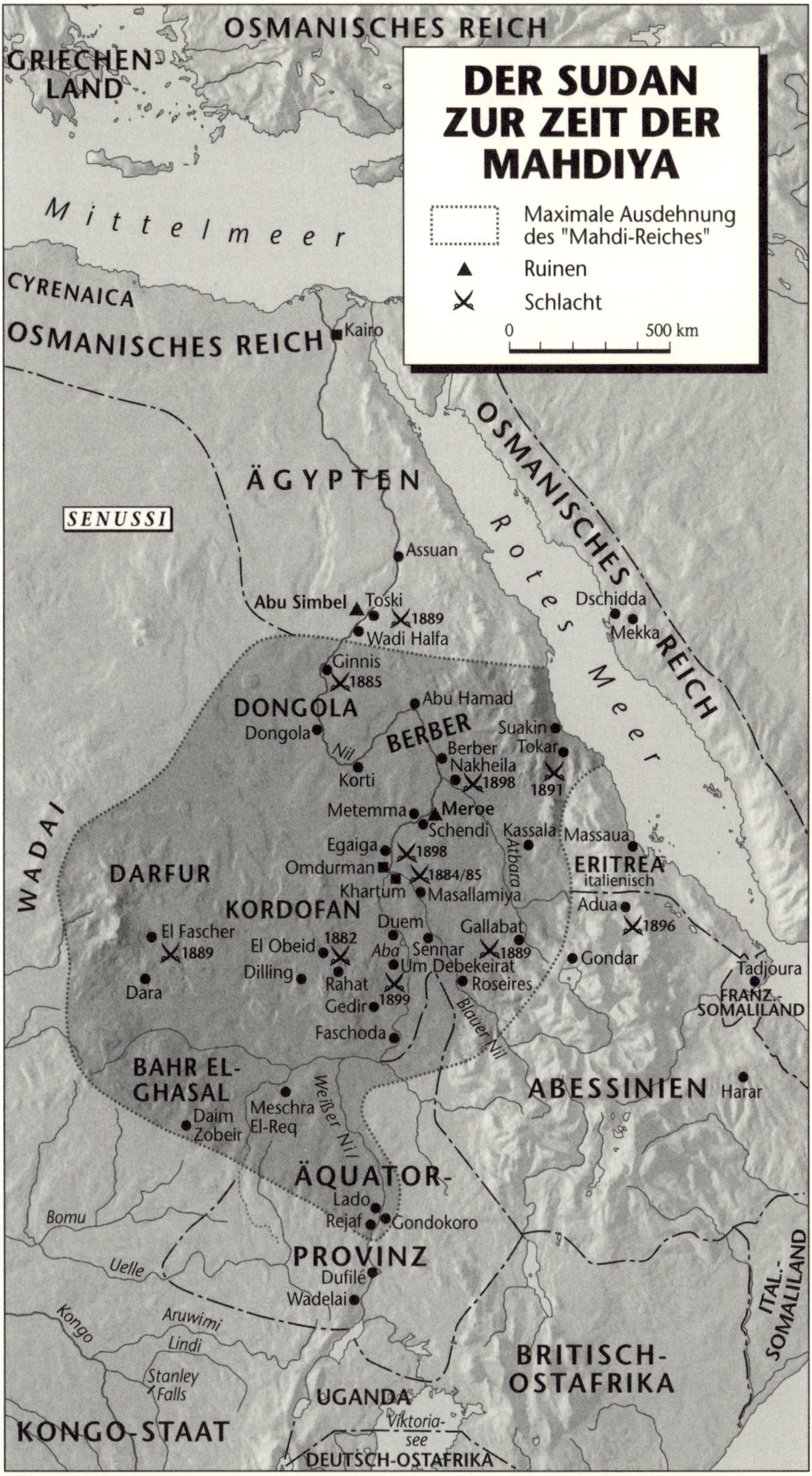
DER SUDAN ZUR ZEIT DER MAHDIYA
Maximale Ausdehnung des "Mahdi-Reiches"
Ruinen
Schlacht
0
500 km
OSMANISCHES REICH
GRIECHENLAND
Mittelmeer
CYRENAICA
OSMANISCHES REICH
Kairo
OSMANISCHES REICH
ÄGYPTEN
SENUSSI
Rotes Meer
Assuan
Abu Simbel
Toski
1889
Wadi Halfa
Dschidda
Mekka
Ginnis
1885
DONGOLA
Dongola
Abu Hamad
BERBER
Nil
Korti
Berber
Nakheila
1898
Suakin
Tokar
1891
Metemma
Meroe
Schendi
Kassala
Atbara
Massaua
ERITREA
italienisch
Egaiga
1898
Omdurman
1884/85
Khartum
Masallamiya
Adua
1896
WADAI
DARFUR
KORDOFAN
El Fascher
1889
El Obeid
1882
Duem
Aba
Sennar
Gallabat
1889
Gondar
Tadjoura
Dilling
Rahat
Um Debekeirat
Roseires
FRANZ.-SOMALILAND
Dara
Gedir
1899
Faschoda
Blauer Nil
BAHR EL-GHASAL
Daim Zobeir
Meschra El-Req
Weißer Nil
ABESSINIEN
Harar
ÄQUATOR-
Lado
Rejaf
Gondokoro
PROVINZ
Bomu
Uelle
Dufilé
Wadelai
Kongo
Aruwimi
Lindi
Stanley Falls
ITAL. SOMALILAND
BRITISCH-OSTAFRIKA
UGANDA
Viktoria-see
KONGO-STAAT
DEUTSCH-OSTAFRIKA

Bedeutung des Wortes »Jummaisa« entspricht), vor einer Versammlung von Gläubigen zu predigen. Mit anderen Worten, Abu Jummaisa war einer jener Heiligen, die von Zeit zu Zeit auftauchten, um das Volk, das sonst keinen Zugang zum allgemein akzeptierten Glauben, dem Islam, hatte, in zumeist recht unorthodoxer Weise in der Lehre des Propheten zu unterweisen. Dies war der Ausgangspunkt der Mahdiya gewesen, und was Abu Jummaisa predigte, lief letztlich auf das gleiche hinaus. Mit dem entscheidenden Unterschied, daß auch Abu Jummaisa den Anspruch eines Mahdi erhob und dies bewußt im Gegensatz zur Mahdiya des Kalifen tat, den er der Abweichung vom rechten Glauben bezichtigte. Der neue Mahdi war also ein Anti-Mahdi, und deshalb war er in der Tat ein gefährlicher Rivale für den, der sich als wahrer Sachverwalter eines authentischen Islam ausgab.

Wilde Gerüchte

Jummaisa war ein Angehöriger des Volkes der Massalit, die wie die Fur Sudan-Neger, also keine Araber waren. Das erleichterte das Zusammengehen zwischen dem neuen Messias und dem Sultan, Abu Kairat. Doch Jummaisa tat noch ein übriges: Er nahm Kontakt mit den Senussi auf, jenen Trägern einer gleichfalls messianischen Bewegung, die sich in den Kufra-Oasen nordwestlich des Sudan angesiedelt hatten. Doch wie zuvor schon dem Mahdi, Ahmed Mohammed, so erteilte der Führer der Senussi, der sich selbst »al-Mahdi« nannte, auch Jummaisa eine Abfuhr. Wenigstens war er nicht bereit, sich in die kriegerischen Auseinandersetzungen, die den Sudan permanent heimsuchten, hineinziehen zu lassen. Obwohl auch er Groll gegen die Mahdisten in Omdurman hegte, weil sie die traditionelle Pilgerstraße nach Mekka unterbunden hatten. Doch zu mehr als verbalen Protesten war er nicht bereit; womit er eine weise Voraussicht bewies, denn die Herausforderung der Senussi lag anderswo, wie die weitere Geschichte dessen, was schließlich als Libyen bekannt wurde, zeigen sollte.

Abu Jummaisa hatte in den Sultanaten, die westlich des Sudan lagen, mehr Glück: Auch deren Herrscher empfanden die Unterbindung der Pilgerfahrten nach Mekka als einen Verstoß gegen geheiligte Traditionen, und so waren die Sultane von Bornu und Borgo bereit, den Kampf, den der neue Mahdi auf seine Fahnen geschrieben hatte, zu unterstützen. Gerüchte sprangen auf wie Buschfeuer, verbreiteten sich über den ganzen Sudan, ja, gelangten bis nach Kairo, wo bereits Überlegungen angestellt wurden, wie man auf die neue Entwicklung im Sudan reagieren sollte. Mit dem Kalifen jedenfalls schien es zu Ende zu gehen: El Fascher sei angeblich schon gefallen; und auch El Obeid. Der neue Mahdi sei bereits auf dem Vormarsch nach Omdurman.

Gewaltiges Ereignis

Abu Jummaisa, selbst wenn er sie nicht selbst in die Welt setzte, kamen diese Gerüchte natürlich gelegen. Allerdings versäumte er auch nicht, Visionen und Wunder, die er erfahren habe beziehungsweise bewirken könne, für sich zu reklamieren: nur so würde er das Volk, auch wenn es mit der Herrschaft des Kalifen unzufrieden war, für sich gewinnen. Wunder und Visionen, daran war es gewöhnt und bereit, jedem Gefolgschaft zu leisten, der ein neues Heil verkündete. Was freilich mehr über seine seit eh und je prekäre Lebenssituation aussagt als über die Tiefe und Aufrichtigkeit seines Glaubens.

Wer weiß, was das Schicksal für Abu Jummaisa noch bereitgehalten hätte? Wäre er nicht plötzlich, noch ehe er seinen ersten entscheidenden Sieg erringen konnte, von einer jener Seuchen dahingerafft worden, die den Sudan mit der gleichen Regelmäßigkeit wie die Dürrekatastrophen heimsuchten. Es waren die Pocken, denen Osman Adam, der auch gegen Jummaisa zu Felde zog, den Sieg verdankte. Was ihn dennoch nicht hinderte, in der blumigen Sprache seines Volkes und im ehrerbietigen Stil der Mahdiya dem Kalifen über das gewaltige Ereignis, das der Sieg angeblich darstellte, zu berichten. Mit Bezug auf eine Schlacht, die am 22. Februar 1889 vor den Toren von El Fascher, dem Sitz der Provinzregierung, stattfand, schrieb er:

Im Namen Gottes ... Vom Diener seines Herrn und Gefangenen der Schuld, Osman Adam.

An das Vorbild der Gläubigen, den Wahrer des Gesetzes des Höchsten der Apostel, unseren Herrn und Helfer, Mittler zwischen uns und Gott, den Kalifen des Mahdi, El Khalifa Abdullah Ibn Mohammed, den Kalifen der Rechtschaffenen, Abu Bakr.

Mit demütigem Gruß. – Wir haben Dich schon über die ruchlosen Machenschaften der Feinde Gottes unterrichtet, die – von ihrem satanischen Führer angestiftet – von überall her zusammenkamen, um uns anzugreifen, und mit diesem Brief möchten wir Dir berichten, daß sie sich alle in Majsun versammelten, vier Stunden von El Fascher entfernt. Sie erhielten Verstärkung aus allen Teilen Darfurs und auch aus entfernteren Ländern wie Dar Silia, Fur, Bornu und anderen.

Sie blieben in Majsun zwei Tage, in der Erwartung, daß wir sie angreifen würden, doch, da wir es für richtiger hielten, nicht in die Offensive zu gehen, blieben wir in unserer Stellung.

Am dritten Tag, Freitag, den 21. [des Monats] Jamad Akher, um 12 Uhr mittags, rückten sie, aus der Richtung von Wad Baira, gegen uns vor. Sie waren so zahlreich, daß sie die ganze Erde bedeckten, und der Staub, den sie bei ihrem Vormarsch aufwirbelten, stieg bis zum Himmel auf. Es ist kein Wunder, daß sie so zahlreich waren, denn seit vier Monaten haben sie sich gesammelt. Sie rückten trommelschlagend gegen uns vor; ihre Frauen und Kinder bildeten die Nachhut.

Als ich ihrer gewahr wurde, erhob ich mich unter den Ansar und hielt eine kurze Ansprache, wobei ich sie daran erinnerte, daß sie nur auf Gott vertrauen und ansonsten tapfer kämpfen sollten, ohne sich vor der großen Zahl der Feinde zu fürchten.

Dann teilte ich meine Streitmacht in vier Abteilungen, mit der Anweisung, daß sie einander in kurzem Abstand folgen sollten, während ich die Reiter, wie es üblich ist, auf die beiden Flanken verteilte.

Wir rückten dann unerschütterlich gegen den Feind vor, bis die Entfernung zwischen den beiden Heeren immer kleiner wurde und die Schlacht begann.

Die beiden Heere stießen aufeinander, und eine blutige Schlacht entspann sich, in der mit Schwertern, Speeren und Messern gekämpft wurde. Unsere Anhänger, die treuen Ansar, kämpften mit großem Mut, und nach einer Stunde ergriff der Feind, der schwere Verluste erlitten hatte, die Flucht.

Die Ansar gaben sich damit noch nicht zufrieden: sie verfolgten die Flüchtenden bis Sonnenuntergang, und auch danach setzten ihnen noch die Reiter nach, bis beinahe alle niedergemacht waren. Sie folgten ihnen sogar bis zu den Höhlen und Wäldern, wo sie sich zu verstecken suchten. Doch sie wurden alle getötet; sogar die, die sich in Affen, Wölfe, Hunde und Kaninchen verwandelten, wie es in den entlegenen Gebieten vorkommt, wurden bis auf den Letzten getötet.

Wie Steine vom Himmel

Und nun geht auch mit Osman Adam die Phantasie durch, wie es ein Kennzeichen der Mahdiya, aber auch ihrer (einheimischen) Gegner war. Wie er seinem Herrn und Meister, dem Kalifen Abdullah, weiter berichtet:

Gott war auf unserer Seite, und wir gewahrten verschiedene Wunder während der Schlacht.

Gott sandte Feuer herab, das die toten Körper des Feindes und auch seine Verwundeten verzehrte und so seinen Zorn offenbarte, den Er gegen sie hegte.

Die Jünger sahen außerdem sechzehn weiße Fahnen mit grünem Rand in der Luft flattern.

Sie hörten auch den Klang von Trommeln, der die Luft erfüllte, und sahen so etwas wie Berge, die auf den Feind herabfielen. Und vielen der Ansar erschien der Prophet höchstpersönlich vor dem Beginn der Schlacht.

Mit derart erlauchtem Segen konnte natürlich nichts schiefgehen. Doch der Ausgang der Schlacht, deren sich Osman Adam so wortgewaltig rühmt, wäre womöglich ein anderer gewesen, wenn sein Widersacher, der »falsche Mahdi«, in der Lage gewesen wäre, ebenso wie es Osman Adam getan hatte, seine Anhänger zum Kampf anzufeuern. Die Tatsache, daß er krank darniederlag, während man in die Schlacht zog, muß sich eher nachteilig auf den Kampfgeist der Aufständischen ausgewirkt haben. Und als Abu Jummaisa nur einen Tag nach der Schlacht von El Fascher seiner Krankheit erlag, war dies – mehr als die Niederlage, die die Aufständischen erlitten hatten – auch der Todesstoß für die Bewegung, die er ins Leben gerufen hatte. Seine Anhänger zerstreuten sich, ebenso unaufhaltsam, wie sie sich zuvor um ihn geschart hatten; und auch Abu Kairat, der Sultan der Fur, der sich dem neuen Mahdi angeschlossen hatte, zog es vor, dem Beispiel seines Bruders zu folgen und sich seinerseits in das unwegsame Gelände des Jebel Marra zurückzuziehen. Hier fiel er schließlich einer Rebellion seiner eigenen Gefolgsleute zum Opfer.

Nebi Isa

Darfur war damit wieder in der Hand des Kalifen. Doch die Provinz war verwüstet, und Unruhen bestimmten auch weiterhin diese entlegene Grenzregion.

Doch Darfur war nicht die einzige Achillesferse im Reich des Kalifen. Auch im Osten, an der Grenze zu Äthiopien, kam es wiederholt zu kriegerischen Auseinandersetzungen. Allerdings hatten hier die Kämpfe eher den Charakter eines tatsächlichen »heiligen Krieges«, denn die Abessinier waren Christen und als solche dem Kalifen natürlich ein besonderer Dorn im Auge. So ging denn der Anstoß zu den Auseinandersetzungen im Osten von den Mahdisten aus, die bereits 1885 die Grenze zu Äthiopien überschritten und eine Kirche brandschatzten.

Die Reaktion ließ einige Zeit auf sich warten. Doch als sie erfolgte, Anfang 1887, war dies der Auftakt zu einem Krieg, der sich zwei Jahre lang hinzog. Als Widersacher standen sich auf der einen Seite der Kalif und auf der anderen Kaiser Johannes IV. gegenüber. Letzterer war den Engländern beziehungsweise Ägyptern dabei behilflich gewesen, die ägyptische Garnisonen an der sudanesisch-äthiopischen Grenze zu evakuieren. Als Gegenleistung hatten ihm die Engländer moderne Waffen überlassen, was zweifellos dazu beitrug, daß sich Johannes ebenso unerbittlich zeigte, als es zum Kampf mit den Mahdisten kam, wie der Kalif.

Es begann damit, daß Ras Adar, der Statthalter der äthiopischen Provinz Gondar war, den ehemaligen Stützpunkt der Ägypter Gallabat, den die Mahdisten inzwischen besetzt hatten, angriff und den Ansar eine schwere Niederlage beibrachte. Darauf verstärkte der Kalif die Garnison und betraute mit ihrem Kommando Abu Anja, der sich bereits bei der Niederschlagung des Aufstandes unter Mohammed Khalid ausgezeichnet hatte. Allerdings sah sich Abu Anja diesmal unversehens zwei Gegnern gegenüber. Denn auch unter den Truppen des Kalifen brachen Unruhen aus, deren Ursache ähnlicher Art war wie die Rebellion, die sich zur gleichen Zeit in Darfur anbahnte. Auch im Osten trat ein Messias auf, der sich *Nebi Isa*, das heißt der »Prophet Jesus«, nannte. Er bezog sich auf eine islamische Tradition, derzufolge nach dem Erscheinen des Mahdi auch Jesus auftauchen würde, in dem die Muslime allerdings lediglich einen Propheten sehen.

Gute Nachricht

Abu Anja, der eine Meuterei in den eigenen Reihen nicht dulden konnte, griff hart durch, ließ den Rädelsführer, einen Schwarzen, hängen und rüstete dann zum Vergeltungsschlag gegen den eigentlichen Feind. Dieser hatte eine Streitmacht von 200 000 Kriegern zusammengezogen und lagerte vor den Toren von Gondar, in der Erwartung der Mahdisten, die ihrerseits ein Heer von annähernd 100 000 Mann ins Feld führten. Die Schlacht, die sich auf der Ebene von Debra Sin, 50 km von Gondar entfernt, entspann, war denn auch ein Ereignis, das bei aller Tragik ein grandioses Schauspiel gewesen sein muß. Sicher nicht so abstoßend wie das Morden in modernen Kriegen; denn wenngleich auch hier schon Gewehre zum Einsatz kamen, so war doch das Gros der Kämpfenden auf beiden Seiten noch mit traditionelleren Waffen ausgerüstet – ähnlich, wie das im Falle der Kämpfe in Darfur geschildert wurde –, und es hing doch noch sehr wesentlich vom Mut und Geschick des einzelnen ab, wer über den Gegner siegte. Auch in Debra Sin waren es die Mahdisten, die sich freilich mit dem Sieg auf dem Schlachtfeld noch nicht zufriedengaben. Gondar lag zum Greifen nahe, und so wurde die einst stolze Stadt, mit all ihren Kirchen und Palästen, dem Erdboden gleichgemacht. Ras Adar war die Flucht gelungen, doch seine Frau und auch seine Tochter, die er in Gondar zurückgelassen hatte, fielen in die Hände der Mahdisten. Zweifellos eine willkommene Beute, standen die Abessinierinnen doch in der Gunst der Sudanesen hoch im Kurs. Selbst der Kalif ließ es sich nicht nehmen, seine Wahl unter den Gefangenen zu treffen. Wie sich Pater Ohrwalder an den Ausgang dieses Feldzuges, dessen Gelingen keineswegs sicher gewesen war und der deshalb den Kalifen mit Sorge erfüllt hatte, erinnert: »Endlich nach angstvollem Warten und grausamer Spannung kamen gute Nachrichten vom vollendeten Siege Abu-Angia's über Ras-Adal, von der Zerstörung Gondar's und der Rückkehr der siegreichen Armee nach Galabat. Zwölf Köpfe von getöteten Abyssiniern bekräftigten die Nachricht. Chalifa Abdullahi hatte einen solchen Sieg selbst nicht erwartet, seine Freude war übergroß. Bald nachher kam die Beute mit einer Menge von Weibern und Kindern an. Viele dieser Elenden erlagen auf dem Transporte an Hunger und Schwermuth. Zum Beweise, daß die Fehlenden von der Bewachung nicht verkauft worden waren, wurden den Todten die Ohren abgeschnitten und im Bet-el-mal abgegeben. Hier starben noch viele der Gefangenen an Diarrhöe. Der Chaliaf selbst begab sich in das Bet-el-Mal und war so schamlos, sich zahlreiche Abyssinierinnen für seinen Harem auszuwählen. Alle hervorragenden Persönlichkeiten der Residenz [Omdurman] wurden mit einer Abyssinierin beschenkt.«

Zwei Fronten

Was mit der Frau und der Tochter Ras Adars geschah, erwähnt Ohrwalder nicht. Aber man kann davon ausgehen, daß sie ihre Heimat nie wiedersahen. Obwohl der Krieg noch nicht zu Ende war.

König Johannes hatte eine schwere Niederlage erlitten, aber er gab sich damit noch nicht geschlagen. So schickte er eine Delegation nach Omdurman, die offiziell den Auftrag hatte, einen Frieden mit dem Kalifen auszuhandeln. Tatsächlich bestand die eigentliche Aufgabe dieser Delegation darin, das Kampfpotential des Kalifen auszukundschaften. Denn Johannes sann auf Vergeltung, und was ihm von seinen Spionen berichtet wurde, bestärkte ihn in seinem Entschluß, nun wiederum seinerseits die Initiative in diesem schwelenden Konflikt zu ergreifen. Der Kalif, der ja zu dieser Zeit auch in Darfur in einen Krieg verwickelt war, erschien keineswegs so mächtig, wie zu befürchten gewesen war. Obwohl er die vermeintlichen Friedensfühler des äthiopischen Kaisers verächtlich zurückwies; ja, den »Ungläubigen« aufforderte, sich der Lehre des Mahdi zu unterwerfen.

Der Negus, wie der offizielle Titel des Herrschers von Äthiopien lautete, ließ sich seinerseits nicht lumpen, als ihm die beleidigende Antwort des Kalifen überbracht wurde, und verkündete, daß er nicht nur Gallabat dem Erdboden gleichmachen, sondern auch gegen Khartum ziehen werde. Was seine Wirkung nicht verfehlte. Wie Ohrwalder schreibt: »In Omdurman herrschte die größte Furcht. Diese wurde noch erhöht durch die Prophezie, welche besagte, daß der König von Abyssinien nach Chartum kommen und so viel Blut vergossen werden würde, daß die Pferde bis an die Kniee im Blute waten müßten, und daß der Negus sein Pferd an einem einsamen Baume am weissen Flusse bei Chartum anbinden werde.«

Nicht nur war der Kalif sozusagen in einen Zweifrontenkrieg verwickelt. Im Januar 1889, als die angekündigte Vergeltung des Negus unmittelbar bevorstand, starb auch plötzlich Abu Anja, der einer der treusten Anhänger und erfolgreichsten Feldherrn der Mahdiya gewesen war. Sein Nachfolger wurde Zaki Tamal, der gleichfalls – wie Abu Anja und der Kalif – zum Taaischa-Zweig der Baggara gehörte und, unter Abu Anja, bereits an dem Feldzug gegen Gondar teilgenommen hatte. Er kannte also den Gegner und zog es vor, diesmal nicht die Initiative zu ergreifen, sondern seinerseits den Feind heranrücken zu lassen.

Eine verirrte Kugel

Zaki Tamal befestigte Gallabat, so gut es ging, und harrte der Dinge, die da kommen sollten. Diesmal schien es, als würden die Mahdisten das Nachsehen haben. Jedenfalls waren sie nicht in der Lage, den Angriff der Abessinier, die diesmal vom Kaiser selbst angeführt wurden, abzuwehren. Schon hatten die Angreifer die Befestigungsanlagen, die allerdings nur aus einem Graben und der üblichen Seriba bestanden, durchbrochen, und waren in den Ort eingedrungen, wo sie sich bereits dem üblichen Lohn bei derlei Schlachten, Morden und Plündern, hingaben, als Johannes von einer verirrten Kugel getroffen wurde. Sie traf ihn in die Brust und verwundete ihn so schwer, daß man um sein Leben bangen mußte.

Unverhoffte Wende

Die Angreifer zogen sich zurück; aber nur, um sich zu einem neuen Vorstoß zu sammeln, wie die Ansar, die sich hinter einem zweiten, inneren Verteidigungsring zurückgezogen hatten, befürchteten. Doch der neuerliche Angriff, der unweigerlich das Ende der Verteidiger bedeutet hätte, blieb aus. Stattdessen erreichte sie die Nachricht, daß der Negus seiner Verletzung erlegen sei und sich die Abessinier zurückzögen.

Diese unverhoffte Wende nutzend, nahm Zaki Tamal die Verfolgung auf und verwandelte so eine schmähliche Niederlage, die schon unvermeidlich geschienen hatte, am Ende doch noch in einen Triumph. In seinen eigenen Worten: »Am 8. [des Monats] Rajab [11. März] nahmen wir die Verfolgung der Abessinier auf und holten sie schließlich am Atbara ein. Wir jagten einige ihrer Späher, die ausgesandt worden waren, um unsere Stellung zu erkunden, in die Flucht, und griffen sie am nächsten Tag mit großem Mut und Tapferkeit an, wobei wir die meisten von ihnen töteten. Diese zweite Schlacht dauerte sechs Stunden; schließlich ergriffen die Überlebenden die Flucht. Wir fanden den Leichnam des Königs in einer Kiste in seinem Zelt; auf seiner Brust lag ein goldenes Kreuz, das die Ungläubigen anstelle Gottes verehren. Er war in all seine königlichen Gewänder gekleidet, mit einer Kette um den Hals, und die Kiste war angefüllt mit einem balsamartigen Stoff, um den Leichnam vor der Verwesung zu bewahren. Wir schnitten ihm sogleich den Kopf ab und steckten ihn auf eine Lanze. Als die Gläubigen das sahen, empfanden sie höchste Genugtuung über diesen vollendeten Sieg.«

Eritrea

Auch wenn es nicht der triumphale Sieg war, dessen sich Zaki Tamal hier rühmt – immerhin war Gallabat zerstört und ein großer Teil der Streitmacht Tamals vernichtet worden –, so bedeutete er doch das Ende eines Krieges, der einen hohen Blutzoll gefordert hatte, im Grunde aber nichts veränderte. Weder verfügte der Kalif über die militärische Stärke, den Sieg über Johannes zu nutzen, um seine Macht auch auf Äthiopien auszudehnen; noch waren die Äthiopier in der Folgezeit in der Lage, dem Kalifen noch einmal die Stirn zu bieten. In Abessinien brachen Wirren um die Thronfolge aus, und die einzigen, die aus der ganzen Affäre einen Nutzen zogen, waren – die Italiener, die die Gelegenheit nutzten, ihren Stützpunkt in Massaua, den sie 1885 erworben hatten, auf Eritrea auszudehnen. Im übrigen errichteten sie auch noch über die angrenzenden Provinzen Äthiopiens ein Protektorat, so daß jetzt die Italiener die eigentlichen Nachbarn der Mahdisten im Osten ihres Reiches waren.

Weiber und Kinder

»Noch am selben Tag ließ der Chalifa das Haupt des Negus in Leder nähen und schickte es nach Dongola, von wo es nach Wady-Halfa kam als Mahnung für den Vicekönig und die Engländer, daß ihnen dasselbe Schicksal bevorstehe, wofern sie sich nicht ergäben.«

Ägypten war das eigentliche Zeil des Jihad. Schon der Mahdi hatte damit begonnen, nach dem Sieg von Khartum, Vorbereitungen zu treffen, um gegen die eigentliche Quelle des Bösen, den Khediven in Ägypten und seinen Oberherrn, den Sultan in Istanbul, zu Felde zu ziehen. Doch sein plötzlicher Tod hatte diesem Plan ein Ende gesetzt, zumal die Engländer auch, in der Schlacht bei Ginnis, im Dezember 1885, den Mahdisten eine empfindliche Niederlage beigebracht hatten, die einerseits ihr eigenes Image (das durch den Fall von Khartum arg gelitten hatte) wiederaufbesserte und andererseits den Eifer der Mahdisten dämpfte, die Lehre ihres Propheten weiter nach Norden zu tragen. Man zog es beiderseits vor, einander aus dem Wege zu gehen: Die Engländer zogen sich nach Wadi Halfa zurück, und der Kalif begnügte sich einstweilen mit seinem Vorposten in Dongola, das die nördlichste Provinz seines Reiches bildete. Er hatte andere Probleme, die die Sicherung seines Thronanspruches betrafen. Und dann kam es zu den Kämpfen in Darfur und an der Grenze zu Abessinien. Eine weitere Front, im Norden, konnte er sich nicht leisten. Ohnehin war das Bangen schon groß genug gewesen; die Schlachten gegen den Kaiser und den »falschen Mahdi« hätten sehr wohl auch in Niederlagen enden können.

Doch nun, da der Kalif sowohl im Westen als auch im Osten gesiegt hatte und sozusagen auf der Höhe seiner Macht stand, konnte er es wagen, den Plan des Mahdi wiederaufzugreifen und gegen den eigentlichen Erzfeind, Ägypten, vorzugehen. Allerdings hatte er bereits zwei Jahre zuvor, im April 1887, schon einmal einen halbherzigen Versuch unternommen, bei dem er kein Risiko einging, und eine Gesandtschaft nach Wadi Halfa geschickt, die mit Briefen ausgestattet war, in denen der Kalif die Herrscher der drei Länder, die er als eigentliches Feindesland betrachtete – Königin Viktoria, den Sultan in Istanbul und den Vizekönig in Ägypten –, aufforderte, sich seinem Anspruch, im Namen Gottes, das heißt Allahs, die Welt zu regieren, unterzuordnen. In dem Schreiben, das an Ihre Majestät, die Königin, gerichtet war, heißt es:

Und als der erwartete Mahdi kam – Gnade sei mit ihm –, war er der Nachfolger unseres Propheten Mohammed. Gott sei ihm gnädig, den Gott allen Völkern offenbarte, um den Glauben des Islam wiederzubeleben und heiligen Krieg gegen seine Feinde zu führen, die verfluchten Ungläubigen. Ich bin sein Nachfolger, der in seinen Fußstapfen diesem Ziel folgt, und nun fordere ich Dich auf, Dich dem Islam zu unterwerfen. Wenn Du bereit bist, zu glauben und zu schwören, daß es keinen Gott gibt außer Allah und daß Mohammed der Apostel Gottes ist, und wenn Du dem Mahdi – Gnade sei mit ihm – Folge leistest und Dich meiner Herrschaft unterwirfst, werde ich Dich empfangen und Dir Wohlergehen und Sicherheit vor den Qualen des Feuers verheißen. Du wirst sicher und zufrieden sein; was für mich ist, wird für Dich sein; was gegen mich ist, wird gegen Dich sein; eine Liebe im Zeichen Gottes wird zwischen uns entstehen, und Er wird Dir alle Sünden vergeben, die Du in der Zeit Deiner Ungläubigkeit begangen hast, ganz so, wie Er es versprochen hat, als Er sagte, möge sein Name in aller Munde sein: ›Sage den Ungläubigen, daß sie von ihrem Irrweg ablassen sollen, und ihre Taten werden ihnen vergeben werden.‹ Doch wenn Du Dich weigerst und stattdessen auf Deinem Unglauben beharrst und auf Dein Kriegsgerät und Deine Soldaten vertraust, dann wisse, daß Du Dich in großem Irrtum befindest, und bei all Deinen Vorkehrungen und Absichten verfügen wir über ausreichende Mittel, um ihnen entgegenzutreten – den wahren Glauben, dem Gott, der Allmächtige König, Sieg und Zuversicht verleiht, auf daß Sein Licht erstrahle. Niemand hat die Kraft, Ihm zu widerstehen, und niemand hat die Mittel, Ihn zu stürzen, denn Gott ist siegreich, Seiner Macht kann niemand standhalten, und Seine Stärke ist furchtbar; niemand kann sich ihr widersetzen.

Ohne Verwendung

Bemerkenswert, wie ähnlich doch der Anspruch ist: die Königin, an die der Brief gerichtet war und die einem ganzen Zeitalter ihren Namen gab, war nichts so sehr, als von ihrer zivilisatorischen Mission, die auf dem Christentum beruhte, durchdrungen. Arroganz, Hochmut, Stolz und Selbstgerechtigkeit, die beide Seiten in gleichem Maße kennzeichneten, prallten hier aufeinander, unversöhnlich, verblendet und durchaus nicht selbstverständlich. Denn wer wagte es, außer dem Mahdi beziehungsweise seinem Nachfolger, Ihrer Königlichen, ja, Kaiserlichen Majestät mit der gleichen Unverfrorenheit und Überheblichkeit gegenüberzutreten, wie sie selbst beziehungsweise ihre Emissäre in aller Welt auftraten? Was freilich nicht nur auf das fanatische Sendungsbewußtsein, das der Mahdi ausgelöst hatte, zurückzuführen war, sondern auch eine Folge der traditionellen Abgeschiedenheit des Sudan war, die die Gebote des Mahdi noch verstärkt hatten. Der Kalif wußte so gut wie nichts von der Welt außerhalb der Grenzen seines Reiches, und das Wenige, das er über die Engländer erfahren hatte, die offenbar in Ägypten den Ton angaben, obwohl sie doch jämmerlich aus dem Sudan vertrieben worden waren, war nicht dazu angetan, große Ehrfurcht vor ihnen aufkommen zu lassen und ihre wahren Kräfte realistisch einzuschätzen. So ließ man zwar die Gesandten des Kalifen die Grenze passieren und nach Kairo weiterziehen; doch als man den Inhalt der Schreiben dort zur Kenntnis genommen hatte, wurde ihnen, von allen drei Seiten, die angesprochen woden waren, bedeutet, daß man dafür keine Verwendung habe, und schickte sie nach Omdurman zurück. Was den Kalifen jedoch nicht entmutigte, denn er wiederholte die Prozedur noch ein zweites Mal. Diesmal jedoch ließ er Taten auf seine Worte folgen, denn inzwischen hatte er die Siege in Darfur und in Abessinien errungen und die Hände frei, sich endlich dem Feind im Norden ernsthaft zuzuwenden.

Unliebsamer Rivale

Allerdings ist eine auffallende Diskrepanz festzustellen zwischen der Größe der Streitmacht, die der Kalif für den Krieg gegen Abessinien bereitgestellt hatte, und der Stärke des Heeres, das er schließlich gegen die Ägypter ins Feld schickte. Letzteres zählte nicht einmal ein Zehntel der Soldaten, die gegen Abessinien in den Krieg gezogen waren. Außerdem war die Streitmacht im Noden schlecht ausgerüstet; und auch der Zeitpunkt, die sommerliche Hitze, die in den öden Wüstenstrichen des Nordens allein schon das Fortkommen, geschweige denn eine militärische Operation erschwerte, war ungünstig. Man hat daraus geschlossen, daß es dem Kalifen doch nicht so sehr darum zu tun war, einen wirklichen Sieg über Ägypten zu erringen, als sich vielmehr eines Rivalen, den er wegen seiner militärischen Erfolge fürchtete, zu entledigen. Denn der Emir Wad al-Najumi, der den Vorstoß leiten sollte, war – anders als Abu Anja, Zaki Tamal und Osman Adam – kein Baggara, also ein Angehöriger des Volkes, dem auch der Kalif entstammte und auf das sich ja seine Herrschaft im besonderen stützte. Najumi war ein Jaalin, gehörte also einem Stamm an, der am Ufer des Nil siedelte. Da auch der Mahdi aus dieser Gegend stammte, fühlten sich die Völker, die an den Ufern des Nil lebten, immer enger dem Mahdi beziehungsweise den Aschraf, seinen Verwandten, verbunden als dem Kalifen. Da die letzte Entscheidung in der Auseinandersetzung mit den Aschraf noch nicht gefallen war, ist es sehr gut möglich, daß Abdullah, der Kalif, Najumi »kaltstellen« wollte, indem er ihn mit dem Zug gegen Ägypten betraute und ihn, ohne daß die Streitmacht im Norden ausreichend vorbereitet war, in einen Krieg schickte, den er nicht gewinnen konnte. Soviel mußte selbst dem Kalifen, bei all seiner Unwissenheit hinsichtlich der tatsächlichen Gegebenheiten in Ägypten, klar sein.

Blinder Glaube

Erhebt sich die Frage, warum der Emir Najumi bereit war, eine Aufgabe zu übernehmen, die zumindest riskanter war als alle militärischen Operationen, die der Kalif bislang gestartet hatte. Es scheint, daß er so sehr vom Sieg der Mahdiya überzeugt war, daß ihm gar keine Zweifel kamen. Er war selbst ein *faki*, ein religiöser Führer, gewesen, ehe er sich – als einer seiner ersten Anhänger – dem Mahdi angeschlossen hatte. Auch war er maßgeblich an den Kämpfen gegen Hicks und Gordon beteiligt gewesen, die ja in beiden Fällen letzten Endes ein leichter Sieg gewesen waren. So lehnte er denn auch die Aufforderung des britischen Kommandeurs, General Grenfell, der die Streitmacht befehligte, die die Engländer dem Vormarsch der Mahdisten entgegen geschickt hatten, ab, sich zu ergeben; obwohl er inzwischen hätte einsehen müssen, daß nur ein Wunder ihm ein siegreiches Ende dieses Feldzuges bescheren konnte. Doch an dieses Wunder glaubte er, und unbeirrt antwortete er auf das Schreiben des Engländers: »… so wisse denn, daß wir noch immer darauf bestehen, gegen Dich zu kämpfen und Euch zu vernichten, damit niemand mehr auf dieser Erde weile, der sich nicht unserem Glauben beugt und den Willen Gottes anerkennt.«

Toski

Inzwischen befand sich Najumi mit seiner Streitmacht – die dreitausend Krieger kaum überstieg – bereits auf ägyptischem Gebiet, ohne daß es bisher zu einer kriegerischen Auseinandersetzung gekommen war. Die Mahdisten hatten den Grenzposten in Wadi Halfa, indem sie sich westlich hielten, unversehrt hinter sich gelassen und planten nun, sich wieder dem Nil zu nähern und gegen Assuan vorzustoßen, in dessen Nähe einige Flüchtlinge aus dem Sudan lebten, mit denen sie sich zu vereinigen gedachten, um dann gemeinsam die weitere Eroberung Ägyptens voranzutreiben.

Die Engländer waren inzwischen bemüht, Verstärkung aus Kairo heranzuschaffen. Und obwohl diese noch nicht ihren vollen Umfang erreicht hatte, entschloß sich Grenfell doch, da er über den prekären Zustand des Gegners genau unterrichtet war und dieser dennoch eine Kapitulation abgelehnt hatte, ihm bei dem Dorf Toski, auf halbem Wege zwischen Wadi Halfa und Assuan, entgegenzutreten. Nicht nur war die Streitmacht des Gegners in einem beklagenswerten Zustand, da es ihr an Nahrung und Ausrüstung fehlte; sie war auch den britischen (und ägyptischen) Truppen, die Grenfell in Toski zusammengezogen hatte, hoffnungslos unterlegen.

So war denn die Schlacht, die am 3. August 1889 bei dem Dorf Toski – das übrigens unweit der berühmten Ruinen von Abu Simbel lag – geschlagen wurde, schon am Anfang entschieden: Allah hielt sich diesmal mit Wundern zurück; es sei denn, er erwies diesmal – aus unerfindlichem Grunde – den Ungläubigen seine Gunst. Denn während diese nur 25 Gefallene zu beklagen hatten, fielen auf seiten der Ansar 1200 Kämpfer, was mehr als ein Drittel ihrer Streitmacht war.

Unter den Opfern, die die Mahdisten zu beklagen hatten, war auch Najumi; womit der Kalif, skrupellos, wie er war, womöglich sein eigentliches Ziel erreicht hatte. Allerdings um einen nicht geringen Preis: denn die Niederlage von Toski war die größte Schlappe, die die Mahdisten bisher hatten hinnehmen müssen; und der Kalif verspürte fortan keinen Drang mehr, das hochtrabende Ziel der Mahdiya, Ägypten und die übrige Welt vom Joch der Ungläubigen zu befreien, weiter zu verfolgen. Stattdessen wandte er sich dem Süden seines Reiches zu, der bislang eher ein Hinterhof gewesen war.

Milch und Honig

Wie wir uns erinnern, war dies ein Gebiet, das sich sowohl ethnisch als auch kulturell vom übrigen Sudan, wo der arabische Einschlag und der Islam vorherrschten, unterschied. Die Bewohner des Südens waren Schwarzafrikaner und Angehörige sogenannter Naturreligionen. Das, was sie allein mit den übrigen Völkern des Sudan verband, war die Erfahrung der ägyptischen Kolonialherrschaft. Die Mahdiya, soweit es die Propagierung eines fanatischen Glaubens betraf, der ihnen fremd war, bedeutete ihnen nichts. Das einzige, was diese Bewegung ihnen möglicherweise in Aussicht stellte, war die Wiedererlangung der Freiheit und ein Ende der Ausbeutung und Versklavung. Doch falls die Völker im Süden jemals wirklich größere Hoffnung in die Mahdiya gesetzt hatten, so kann es nicht lange gedauert haben, bis sie erkannten, daß sie nur einen fremden Herren mit einem anderen vertauschten, wenn sie sich freiwillig den Mahdisten ergaben.

Die ersten, die die Knute der neuen Herren zu spüren bekamen, waren die Nuba, in deren Gebiet – den Nuba-Bergen – der Mahdi ja sein erstes Hauptquartier errichtet hatte. Sie lehnten sich wiederholt gegen die Vorherrschaft der Mahdisten auf, was diese mit regelmäßigen Kriegszügen in ihr Siedlungsgebiet beanworteten.

Etwas anders verhielten sich die Dinka, die weiter südlich, im Gebiet des Bahr el-Ghasal, saßen. Diese Gegend hatte besonders unter dem Sklavenhandel und dem politischen und wirtschaftlichen Chaos, das damit einherging, gelitten. Verantwortlich war dafür die ägyptische Regierung gemacht worden, wiewohl sie am Ende – namentlich unter der Einwirkung Gordons – versucht hatte, dem Unwesen der Sklavenjäger ein Ende zu setzen.

Doch der Erfolg war, wie wir gesehen haben, nur begrenzt gewesen; und so geschah es, daß ein Teil der Dinka, die ja in verschiedene Stämme zerfielen, auf die Karte der Mahdiya setzte, die den Ägyptern den Garaus gemacht hatte. Inwieweit sich die Dinka dabei von den Verlockungen eines Lebens verleiten ließen, das angeblich der irdischen Existenz folgen würde, steht freilich auf einem anderen Blatt. Dieser Aspekt der Mahdiya, das heißt ihr vorgeblich eigentliches Anliegen, die Religion, hatte im Süden des Sudan keinen durchschlagenden Erfolg. Obwohl sie es, wie gesagt, an verlockenden Versprechungen nicht fehlen ließ. So verhieß der Kalif, in einem Schreiben aus dem Beginn seiner Herrschaft, das an einen Häuptling der Dinka, dessen Namen mit Abd al-Rauf überliefert wird, gerichtet war: »Ihr Dinka, wenn Ihr kommt und unseren Worten lauscht, werdet Ihr ins Paradies eingehen. Den Ort, wo es viele schöne Dinge gibt, Kleidung im Überfluß und schöne Frauen in großer Zahl, die besser sind als Eure und in feine Gewänder gekleidet sind. Auch Speisen gibt es zuhauf, Honig und Milch im Überfluß; es herrscht dort kein Hunger, kein Durst, und es gibt weder Fieber noch Tod. Die Häuser sind groß und behaglich: kommt schnell, Ihr werdet es nicht bereuen!«

Vieh und Getreide

Ob all dies wirklich eine Verlockung war, wenn man dafür im Namen eines fremden Gottes sterben mußte? Kaum ein Dinka wird sich dadurch haben täuschen lassen; man arrangierte sich, so gut es ging. Was um so leichter war, als der Kalif zumeist sein Augenmerk auf andere Belange richtete, die Vorrang hatten.

Erst als die Mahdiya im Westen und Osten gefestigt war und der Vormarsch nach Norden nicht mehr opportun erschien, wandte sich der Kalif wieder dem Süden zu. Allerdings war der unmittelbare Anlaß dazu nicht ein neuerliches Aufflackern religiöser Inbrunst, das eine Unterwerfung des Süden gebot, sondern vielmehr jene Krise, die das Reich des Kalifen in eine Hungerkatastrophe stürzte. Kaufleute, die den Oberlauf des Nil befuhren, berichteten ihm von großen Nahrungsvorräten, die die Völker, allen voran die Schilluk, an den Ufern des Weißen Nil horteten. Er gebot deshalb, eine Expedition auszurüsten und einen Vorstoß in das Gebiet der Schilluk zu unternehmen, um von ihnen die *zakah*, die Steuer, die auf Getreide (und Vieh) erhoben wurde, einzutreiben. Doch die Schilluk, die die Vorherrschaft des Kalifen nicht anerkannten, lehnten die Zahlung der *zakah* ab, ließen sich aber zur Bereitstellung einer größeren Menge Getreides herbei, um ihren guten Willen zu bekunden. Ihre Souveränität jedoch gaben sie nicht auf.

Dem Kalifen waren einstweilen die Hände gebunden. Doch kaum war die größte Not vorüber, da entschloß er sich, Vergeltung zu üben. Er erteilte Zaki Tamal, der den Sieg über die Äthiopier errungen hatte und seitdem die Grenze zu Abessinien bewachte, den Befehl, einen militärischen Vorstoß nach Süden zu unternehmen, um das Gebiet der Schilluk, das in der Gegend der einstigen ägyptischen Garnison Faschoda lag, zu unterwerfen. Mit einer Streitmacht von 6000 Mann brach Tamal im Sommer 1891 auf, schiffte sich in Kaua am Weißen Nil ein und fuhr den Fluß hinauf. »Der Mek [König] der Schilluk glaubte, das Seki [Zaki Tamal] ebenso wie die vor ihm passirten Dampfer zur Unterstützung nach Redjaf ziehe, floh aber, als er ihn anlegen und ans Land gehen sah, überrascht und erschreckt flußeinwärts, wurde verfolgt, gefangen genommen und hingerichtet, als er sich weigerte, das Versteck der Geldsummen bekannt zu geben, die er durch langjährigen Getreidehandel gewonnen [hatte].«

Zwanzig Taler

Rejaf war der südlichste Punkt des Mahdi-Reiches, der erst kurz zuvor, als der Kalif eine Expedition in die Äquator-Provinz entsandt hatte, von den Mahdisten besetzt worden war. Emin Pascha, der hier das Banner der ägyptischen Herrschaft hochgehalten hatte, hatte sich schließlich an die Küste der inzwischen deutschen Kolonie Ostafrika abgesetzt, so daß Äquatoria den Mahdisten am Ende kampflos zugefallen war. Was nun noch fehlte, um die Verbindung mit dem äußersten Süden zu stärken, war die Zerschlagung des Herrschaftsgebietes der Schilluk. Über diese Aktion, die noch einmal die Schattenseiten der Mahdiya mit aller Deutlichkeit vor Augen führt, berichtet Slatin, von dem auch das obige Zitat stammt, weiter: »Die Schilluk, der tapferste Negerstamm des ägyptischen Sudan, sammelten sich nun südlich und nördlich von Faschoda und vertheidigten ihr Vaterland und ihre Freiheit mit bewunderungswürdigem Muthe. Doch die kampfgewohnten, mit Remingtongewehren bewaffneten Soldaten Seki's errangen den Sieg, aber erst nach vielen blutigen Kämpfen, bei denen die nur mit Lanzen bewaffneten Shilluk oft die Reihen der Feinde durchbrachen und ihnen große Verluste zufügten, bis sie sich endlich überwunden sahen und zur Flucht wandten. Die Ueberlebenden zerstreuten sich mit ihren Familien im Lande und wurden von Seki verfolgt; ein großer Theil fiel in seine Hände. Alle Männer, deren er habhaft wurde, ließ er über die Klinge springen und nur Weiber, Mädchen und Kinder wurden als Beute auf die Schiffe verladen und nach Omderman gebracht. Der Chalifa ließ sämmtliche Knaben in einem eigens herzu bestimmten Hause unterbringen, wo sie zu Mulazemie [Soldaten] erzogen wurden, während er die hübschesten Mädchen für sein Haus und zu Geschenken an seine Verwandten oder sonst bevorzugte Anhänger auswählte, den Rest aber durch das Bet el Mal [Schatzamt] öffentlich verkaufen ließ. Tausende der armen Geschöpfe wurden nach Omderman gebracht, während viele unterwegs den Strapazen der Reise und dem ungewohnten Klima erlagen. Die in der Freiheit aufgewachsenen Schillukweiber konnten sich an das Leben in der unreinlichen Stadt, wo Hunderttausende von Menschen eng aneinander gedrängt zusammen wohnten, nur schwer gewöhnen, und viele von ihnen starben. Infolge der großen Masse war der Preis so gedrückt, daß neu angekommene Sklavinnen oft für nur 8–20 Thaler Omdermaner Währung abgegeben wurden.«

Wenn man den damals üblichen Begriff, mit dem die deutsche Sprache die Frauen farbiger Völker umschrieb, was freilich die Diskriminierung der Frau auch seitens der Europäer wie deren Rassismus schlechthin offenbart, durch eine zeitgemäßere Form ersetzt, wird das ganze Ausmaß der Tragik erst richtig deutlich: ein Volk wurde versklavt und sein Land verwüstet; im Namen einer Religion, die das Paradies zwar im Himmel, doch Ordnung auf Erden versprach. Ein System, das sich auf eine solche Religion gründete, konnte nicht von Dauer sein. Auch wenn andere, wie wir nun sehen werden, nicht nachgeholfen hätten: die Mahdiya, die ein großer Betrug war, wäre über kurz oder lang aus eigener Schwäche und innerer Verrottung zusammengebrochen. Was immer an Größe und hehren Prinzipien ursprünglich in ihr angelegt war, hatte längst seine Bedeutung verloren.

Omdurman

An den Ufern des Albert-Sees

Der Aufstand des Mahdi im Sudan hat die ersten Ansätze europäischer Gesittung am oberen Nil vernichtet; die Kulturwelt sieht mit Schrecken die Greuel einer zügellosen Sklavenwirtschaft sich immer weiter ausbreiten. Die Kunde, daß unser deutscher Landsmann Dr. Eduard Schnitzer, Emin Pascha, die ihm von der ägyptischen Regierung anvertrauten äquatorialen Provinzen im Süden des Sudans gegen den mahdistischen Ansturm zu behaupten vermochte und mit seinen Truppen dort ein letztes Bollwerk europäischer Kultur festhält, hat in Europa die Hoffnung wachgerufen, daß Emin Paschas Provinzen den Ausgangspunkt für die Zivilisierung Mittelafrikas abzugeben vermögen. Mit reichen Mitteln zog Stanley im englischen Auftrage aus, um die Verbindung mit Emin Pascha herzustellen, seine Expedition muß leider als fehlgeschlagen gelten.

Peters, der deutsche Kolonialpionier, sprach es aus, auch wenn es nicht ohne Eigennutz geschah: der Barbarei im Sudan mußte ein Ende gesetzt werden! Dies war das vorgebliche Ziel, das sich das Unternehmen, dem dieser Aufruf diente, gesetzt hatte. Dabei war der unmittelbare Anlaß die Bedrohung Emin Paschas durch die Mahdisten, weshalb, da Emin Pascha alias Eduard Schnitzer zwar in ägyptischen Diensten stand, doch deutscher Staatsbürger war, das »deutsche Volk« besonders gefordert war. Wie es in dem Aufruf, den wir ja auch schon eingangs anführten und hier wiederholen, da nun der Kontext deutlicher wird, weiter heißt:

Emin Pascha aber bedarf dringend der Hilfe; seine Briefe melden, daß seine Munition, seine Vorräte zu Ende gehen. Soll unser heldenmütiger Landsmann ohne Unterstützung gelassen, dem Untergange überliefert, soll seine mit deutscher Tatkraft der Kultur gewonnene Provinz der Barbarei anheimfallen? Die Versuche, vom Kongo aus **Emin** *zu erreichen, sind gescheitert, von Ostafrika aber führt der* **beste** *und sicherste Weg zum oberen Nil, und hier ist deutsches Gebiet, das die sichersten Ausgangs- und Stützpunkte für eine Emin-Pascha-Expedition abgibt. Das deutsche Volk ist berufen, dem Deut-*

schen Dr. Schnitzer Hilfe zu bringen. Diese Hilfe aber muß, wenn sie nicht zu spät kommen soll, ungesäumt erfolgen. Das deutsche Emin-Pascha-Komitee wendet sich deshalb an die Nation um werktätige Unterstützung.

Der große Run

Als dieser Aufruf an das deutsche Volk erging, im September 1888, befand sich Stanley, der berühmte Forschungsreisende, bereits seit über einem Jahr auf den Spuren Emin Paschas. Was bewog ihn beziehungsweise seine Auftraggeber, sich offenbar für den Deutschen einzusetzen? Die Motive für die englische Expedition zur Rettung Emin Paschas unterschieden sich nicht allzu sehr von denen, die das deutsche Unternehmen, das freilich noch nicht angelaufen war, kennzeichneten. Der humanitäre Aspekt, die Rettung Emins, wurde zwar in den Vordergrund gestellt. Doch im Grunde ging es um sehr viel handfestere Ziele: Nichts Geringeres stand auf dem Spiel, als sich des Herzens von Afrika zu bemächtigen, als das man die Äquator-Provinz, die eine strategische Schlüsselstellung einnahm, bezeichnen könnte. Denn inzwischen hatte der große Run auf Afrika begonnen: der Imperialismus, die letzte Phase des Kolonialismus, hatte eingesetzt. Aufstrebende Industriestaaten, in Europa, aber auch die USA, suchten nach Rohstoffquellen und neuen Märkten, und der einzige Kontinent, der bislang dem europäischen Kolonialismus (wenn auch nicht dem orientalischen, im Zeichen des Islam, was gewöhnlich vergessen wird) entgangen war, war Afrika. Innerhalb weniger Jahrzehnte wurde praktisch der gesamte afrikanische Kontinent unter die europäischen Mächte aufgeteilt. Dazu gehörte nicht nur England, sondern auch Deutschland; ferner Frankreich, Belgien und Italien. Lediglich Portugal hatte bereits in einer früheren Phase des Kolonialismus in Afrika Fuß gefaßt.

All diese Mächte setzten in den achtziger Jahren des vorigen Jahrhunderts dazu an, ihren Einfluß – und ihre Besitzungen – auf dem afrikanischen Kontinent auszudehnen. Dabei verfolgte man das Ziel, den ganzen Kontinent durchdringende Achsen herzustellen: England war bestrebt, sich eine Kette von Kolonien, die »vom Kap bis Kairo« reichten, zu sichern. Ähnlich war die Absicht der Deutschen, die sowohl im Osten als auch im Westen des afrikanischen Kontinents Kolonien erwarben und bemüht waren, diese durch einen Korridor, der quer durch Afrika führte, miteinander zu verbinden. Auch Frankreich stellte in dieser Hinsicht Überlegungen an; jedenfalls war es nicht gewillt, stillschweigend mitanzusehen, wie die Briten, in denen es seinen eigentlichen kolonialen Rivalen sah, ihm den Rang abliefen.

Handel und Macht

Was den Sudan und hier speziell die Äquator-Provinz, also den Südzipfel des Sudan, betrifft, so waren hier – außer den Portugiesen – alle europäischen Kolonialmächte, die sich auf Afrika stürzten, involviert. Das heißt, sie meldeten alle Ansprüche an und waren dabei – im Extremfall – sogar bereit, einen Krieg gegen den Rivalen vom Zaun zu brechen. Der Mahdi beziehungsweise sein Nachfolger und die Sklavenherrschaft, die er errichtet hatte, spielten dabei nur eine untergeordnete Rolle. Zwar war es gerade der Sklavenhandel, der unter dem Kalifen neu erblühte, den man den Mahdisten im besonderen vorwarf; wozu freilich auch das Stigma kam, das der Rückschlag bedeutete, den die christliche Mission gegenüber dem Islam, noch dazu in seiner virulenten Form, hatte hinnehmen müssen. Worum es jedoch eigentlich ging, war nicht ein Feldzug der »Zivilisation« gegen die »Barbarei«, als den man das Vorgehen gegen die Mahdisten nur beschönigte, sondern die Verfolgung weit profanerer Ziele: eben Handel und Macht, denen man – zu eigenem Nutze – schließlich auch im Sudan zum Durchbruch verhelfen wollte.

Es verdient dies eine besondere Hervorhebung: was England schließlich gegen den Kalifen unternahm, war k e i n Kreuzzug, getragen von hehren Prinzipien wie Freiheit, Menschenrechte oder Bekehrung zum »rechten«, christlichen Glauben; das waren nur Begleitumstände, die eine willkommene Möglichkeit boten, den wahren Charakter der Operation zu verschleiern. Was allerdings nicht darüber hinwegtäuschen sollte, daß die

Engländer, nachdem sie ihr Ziel erreicht hatten, jene Reformen in Angriff nahmen beziehungsweise wiederaufgriffen, deren Grundlagen Gordon gelegt hatte. Nur, dies war nicht ihre eigentliche Absicht, als sie sich erneut auf ein Abenteuer im Sudan einließen.

Ehrenpflicht

Zunächst aber stand ein solches Vorgehen auch noch gar nicht an. England vertrat weiterhin den Standpunkt, daß es nur Verschwendung von Geld und die Gefährdung seiner Soldaten bedeuten würde, wenn es erneut im Sudan intervenierte. Nach allem, was man wußte, bot dieses Land wenig, was man wirtschaftlich nutzen konnte. Dazu kam die Isoliertheit seiner geographischen Lage; und es wäre, wie gesagt, ein neuer Feldzug notwendig gewesen, um den Mahdisten, die immerhin auf militärischem Gebiete Respekt einflößten, die Herrschaft abzuringen. Das war in Ägypten, wo man seit 1882 de facto regierte, anders gewesen; sozusagen ein Spaziergang, der zur Besetzung des Landes geführt hatte. Von den wirtschaftlichen und strategischen Interessen, die dabei auf dem Spiel gestanden hatten, einmal ganz abgesehen.

Anders verhielt es sich mit der Äquator-Provinz. Hier bestand die Möglichkeit einer Verbindung mit der Ostküste Afrikas, wo man zur gleichen Zeit, da der Mahdi im Sudan erstarkte, die ersten Grundlagen kolonialer Herrschaft legte. Was sowohl für die Engländer als auch für die Deutschen zutraf, wobei auf beiden Seiten die Initiativen zunächst wirtschaftlicher Art waren. Das heißt, es waren Handelsgesellschaften, die eine Art Pionierfunktion übernahmen, indem sie Verträge mit einheimischen Potentaten aushandelten, die zum Ausgangspunkt für die Errichtung eigentlicher Kolonien wurden, für die dann der Staat die Verantwortung übernahm. Die Flagge folgte dem Handel.

Ähnlich waren die Vorstellungen, die man sich im Hinblick auf die Äquator-Provinz machte. Sowohl die Deutschen als auch die Engländer, deren jeweilige Wortführer der Deutsche Carl

Peters und der Schotte William Mackinnon waren, sahen eine Chance, über die Hilfe, die man dem bedrohten Emin Pascha leistete, jeweils auch weiterreichende Interessen, die über die rein humanitäre Aktion hinausgingen, zu fördern. Wie es Peters in dem Aufruf, der auf seine Initiative zurückging, formulierte: »Möge jeder [Deutsche] zu seinem Teil zur Ausführung eines Unternehmens beitragen, welches nicht nur unsere überseeische Machtstellung fördern und dem deutschen Handel neue Bahnen öffnen soll, sondern vor allem bestimmt ist, einer Ehrenpflicht zu genügen, die dem kühnen deutschen Pionier gegenüber obliegt.«

Der Appell an den Stolz und das solidarische Empfinden der Deutschen, mit dem man um Unterstützung des Unternehmens warb, war offensichtlich erfolgversprechender als die Aussicht auf eine Ausweitung deutschen Engagements in Übersee. Der Gedanke an koloniale Besitzungen – und den Vorteil, den sie angeblich bringen würden – war noch zu neu in einem Land, das gerade erst seine Einheit gefunden und – anders als die übrigen europäischen Mächte – nie ernstere Anstrengungen unternommen hatte, Kolonien zu erwerben. Das traf nicht zuletzt auch für Bismarck zu, der seit 1871, als ein einheitliches deutsches Reich aus der Taufe gehoben wurde, Kanzler war. Nur widerwillig ließ er sich auf ein Abenteuer ein, das denn auch den Deutschen weder Nutzen noch Gewinn brachte.

Zu spät!

Peters, der – was die Förderung des deutschen Kolonialismus betrifft – der eigentliche Gegenspieler Bismarcks war, war da gänzlich anderer Ansicht. Er vertrat eine chauvinistische Vorwärtsstategie und war notfalls auch bereit, sie im Alleingang durchzusetzen. Das hatte er bewiesen, als er – in den Jahren 1884/85 – durch den Abschluß von sogenannten Schutzverträgen, die er eingeborenen Häuptlingen aufgeschwatzt hatte, den Grundstein für die größte deutsche Kolonie, Ostafrika, gelegt hatte. Und das würde er auch nun, als es galt, die deutsche Einflußsphäre bis in das Quellgebiet des Nil auszudehnen (und dabei, gewissermaßen als Nebenprodukt, auch Emin Pascha aus seiner vermeintlich bedrängten Lage zu befreien), unter Beweis stellen. Doch obwohl selbst Bismarck ihn von seinem Vorhaben abzuhalten nicht in der Lage war, so gab es doch einen Widersacher ganz anderer Art: jenen Stanley, der sich angeblich vergebens bemüht hatte, das vordergründige Ziel, Emin Pascha aus seiner angeblichen Not zu befreien, zu erreichen. Als Peters seinen Aufruf veröffentlichte, konnte er noch nicht wissen, daß sein Urteil über das vermeintliche Fehlschlagen der Expedition Stanleys verfrüht war. Denn wenngleich es auch erst im Frühjahr 1889, als die ersten gesicherten Nachrichten über Stanleys Mission nach Europa gelangten, bekannt wurde, daß Stanley bereits im April des vorausgegangenen Jahres mit Emin zusammengetroffen war, so war doch das vorgebliche Ziel, das Peters mit seinem geplanten Unternehmen verfolgte, bereits hinfällig geworden, noch ehe er auch nur damit an die Öffentlichkeit trat.

Von Abessinien bis Kreta

Es war Stanley – und nicht Peters –, der den Triumph einheimste, den Deutschen Eduard Schnitzer, der das letzte Bollwerk der Zivilisation im Herzen Afrikas, wie man es nannte, verteidigt hatte, »gerettet« zu haben. Das war allerdings nicht überraschend, denn Stanley hatte bereits schon so manchen Sieg errungen, wenn es galt, der Wildnis des Schwarzen Kontinents zu trotzen. In gewisser Weise waren sich Peters und Stanley ähnlich: sie waren unbekümmerte Draufgänger, die sich nicht allzu sehr um die Meinung anderer, die die Methoden, die sie anwandten, häufig mißbilligten, scherten. Und während Peters für die Deutschen Ostafrika erwarb, so »erschloß« Stanley für Leopold, den König der Belgier, das Kongobecken.

Stanley hatte bereits eine bemerkenswerte Karriere hinter sich, als er Anfang 1887 zu seiner Mission aufbrach, die dem »Entsatz«, wie es hieß, Emin Paschas galt. Obwohl er von Geburt aus Engländer war, erwarb er später die amerikanische Staatsbürgerschaft, da er schon in jungen Jahren nach Amerika auswanderte, wo er nicht nur den Namen, der ihn berühmt machen sollte, annahm (er hatte ursprünglich John Rowlands geheißen), sondern auch am Bürgerkrieg teilnahm, ehe er schließlich sein Talent für den Journalismus entdeckte.

Im Auftrag des *New York Herald* nahm er zunächst an einer militärischen Operation der Engländer gegen den Kaiser Theodoros von Abessinien teil, berichtete dann über Aufstände und Unruhen auf Kreta und in Spanien und wurde dann, vom *Herald*, mit seiner ersten großen Mission betraut: der Suche nach dem Schotten Livingstone, der im Innern Afrikas verschollen war. Wie man sich erinnern wird – »Dr. Livingstone, I presume!« –, fand er ihn, was Stanley den Ruhm eines kühnen Abenteurers und erfolgversprechenden Forschungsreisenden einbrachte.

König Leopold

So ließ denn der nächste Auftrag, den er wiederum auf Betreiben einer Zeitung, diesmal des englischen *Daily Telegraph*, übernahm, nicht lange auf sich warten. Diesmal galt es, die geographischen Forschungen, die die Engländer im äquatorialen Seengebiet Afrikas begonnen hatten, zu vervollständigen. Doch das Ergebnis dieser Mission war weit mehr: Stanley durchquerte den gesamten afrikanischen Kontinent, von Ost nach West, wobei er den Lauf des Kongo, des größten Flusses des eigentlichen Schwarzafrika, erforschte. Doch das war noch nicht alles: seine Erkundungen im Kongobecken gaben auch den Anstoß für die Gründung des sogenannten »Kongo-Staates«, mit dem sich König Leopold in den Vordergrund der kolonialen Bestrebungen der Europäer in Afrika schob. Eine direkte Folge des belgischen Engagements am Kongo war die Einberufung einer Konferenz, die im Winter 1884/85 in Berlin stattfand und – über die Bestätigung des Anspruchs Leopolds hinaus – die Modalitäten für den zukünftigen Erwerb europäischer Kolonien in Afrika festlegte. Es war Stanleys große Forschungsreise, die – im Hinblick auf die koloniale Expansion in Afrika – den Stein ins Rollen gebracht hatte.

Ungewöhnliche Route

In diesem Zusammenhang muß auch das dritte Unternehmen Stanleys in Afrika gesehen werden: Es war dies jener angeblich gescheiterte Versuch, den Deutschen Emin Pascha aus einer allem Anschein nach bedrohlichen Lage zu befreien. Da Stanley schon einmal eine ähnliche Mission, die Suche nach Livingstone, erfolgreich zu Ende geführt hatte, traute man ihm auch die Lösung der anstehenden schwierigen Aufgabe zu. Initiator des Unternehmens war jener schottische Geschäftsmann Mackinnon, der auf eine Ausweitung des Handels in Ostafrika spekulierte. Was das betraf, konnte es nichts schaden, sich Emin Pascha, der ja in ägyptischen Diensten und damit auch unter englischer Hoheit stand, zu verpflichten. Als Agent, der sich im Herzen Afrikas auskannte, würde er sicher von Nutzen sein. Und da die ägyptische Regierung ihn in seiner prekären Situation nicht halten konnte, bot es sich an, den Deutschen in eigene Regie zu übernehmen, um mit seiner Hilfe die Äquator-Provinz, die praktisch herrenlos war, in einen Vorposten eines ostafrikanischen Handelsimperiums zu verwandeln.

Das war die eine Seite des Unternehmens. Die zweite betraf den Kongo, wo Stanley inzwischen ein weiteres Eisen im Feuer hatte, da er weiterhin Verbindungen zu König Leopold unterhielt. Dieser bot einen Teil der Ausrüstung für die geplante Expedition, im Gegenzug für das Versprechen Stanleys, am Oberlauf des Kongo, wo arabische Sklavenjäger aus Sansibar ihr Unwesen trieben, für Ordnung zu sorgen. Aus diesem Grunde wählte Stanley den etwas ungewöhnlichen Weg, über den Kongo zur Äquator-Provinz vorzudringen, obwohl die direktere Verbindung, wie sie dann Peters wählte, im Osten lag.

Tippu Tib

Offiziell unternahm Stanley diese dritte Mission im Auftrage der ägyptischen Regierung, die nicht nur einen Teil der Kosten der Expedition trug, sondern ihn auch mit einem offiziellen

Schreiben, das an Emin Pascha gerichtet war, ausstattete. Darin heißt es:

Und da eine Entsatzexpedition zusammengestellt worden ist unter der Leitung von Mr. Stanley, dem berühmten und erfahrenen Afrikaforscher, dessen Ruf über alle Welt verbreitet ist; und da er aufzubrechen gedenkt mit allen nötigen Vorkehrungen, um Dich mit allen Deinen Offizieren und Soldaten nach Kairo zu bringen, auf einer Route, die im Belieben Mr. Stanleys liegt, haben wir Dir folglich dieses amtliche Schreiben ausgestellt, das wir Mr. Stanley mit auf den Weg geben, damit Du erfährst, welche Schritte wir unternommen haben. Und sobald Du dieses Schreiben in Empfang genommen hast, so richte, das ist mein Wunsch, den Offizieren und Soldaten meine besten Grüße aus; es steht Dir völlig frei, entweder nach Kairo zu kommen oder dort, wo Du bist, mit den Offizieren und Soldaten zu bleiben.

Taufik, der Khedive, in dessen Namen dieses Schreiben erstellt wurde, wußte natürlich, was die Engländer im Schilde führten. Aber angesichts der prekären Lage, in der sich Emin Pascha befand, konnte er freilich nicht von ihm erwarten, für ihn, den Khediven, auf seinem verlorenen Posten weiter die Flagge zu zeigen. Deshalb stellte es der Khedive Emin frei, nach eigenem Ermessen zu entscheiden, ob er die Äquator-Provinz weiter halten oder sie aufgeben wolle. Wobei letzteres, den neueren Entwicklungen nach zu urteilen, vermutlich weniger zu einer Besetzung der Provinz durch die Mahdisten als vielmehr ihrer Übernahme durch die Engländer, vertreten durch die Interessen Mackinnos, führen würde.

Stanley, der seine Reise am 21. Januar in London angetreten hatte, reiste von Kairo weiter nach Sansibar, das als traditioneller Ausgangspunkt für die Unternehmungen der Europäer in Ostafrika gedient hatte. Es war auch ein berüchtigtes Zentrum des Sklavenhandels gewesen, bis die Engländer, 1873, dagegen eingeschritten waren. Dennoch gingen viele der arabischen Händler, die auf Sansibar ihre Kontore unterhielten, nach wie vor diesem lukrativen Geschäft nach. Zu ihnen gehörte auch Mohammed ibn Sayed, besser unter dem Spitznamen »Tippu Tib« bekannt. Er war der berüchtigste aller Sklavenhändler, das

Pendant zu Zobeir im Sudan; und wie dort, so versuchte man auch in Sansibar, wo er ein herrschaftliches Anwesen besaß, sich seiner zu bedienen.

Eingedenk seiner Absprachen mit König Leopold, schlug Stanley Tippu Tib vor, den Posten eines Gouverneurs am oberen Kongo zu übernehmen, um dadurch die Araber, die hier ihr Unwesen trieben, in Schach zu halten. Auch erhoffte er sich von dem gewieften Sklavenhändler, dessen Einfluß bis in den oberen Kongo reichte, die Bereitstellung von Trägern, die er für seine Expedition benötigte.

Tippu Tib willigte ein, und so setzten sie gemeinsam an der Spitze eines Unternehmens, das inzwischen – nach Stanleys eigenen Worten – aus »neun europäischen Offizieren, 61 Sudanesen, 13 Somali, drei Dolmetschern, 620 Sansibarern, dem berühmten Tippu Tib und 407 von dessen Leuten« bestand, die Reise fort. Das Kap umrundend, erreichte die Expedition schließlich am 18. März die Mündung des Kongo. Von hier aus ging es weiter, dem Lauf des Kongo folgend, bis nach Bangala, an der Mündung des Aruwimi, der heute Ituri heißt, wo sich Stanley und Tippu Tib trennten. Stanley zog den Aruwimi aufwärts, der ihn zum Albert-See führen würde, wo er Emin Pascha zu treffen beabsichtigte, während Tippu Tib dem Kongo weiter folgte, um in die Nähe der Stanley Falls, Wasserfällen, die nach Stanley benannt worden waren, sein Amt anzutreten.

In vorzüglichem Englisch

Nachdem Stanley am Unterlauf des Aruwimi ein Lager aufgeschlagen hate, wo er einen Teil seiner Expedition zurückließ, brach er am 28. Juni zu seinem eigentlichen Ziel, dem Albert-See, auf. Fast ein halbes Jahr dauerte der Marsch durch den Ituri-Wald, eine Strapaze, die einem Zug durch die Hölle glich. »... bis zum 5. Dezember, 160 Tage lang«, schrieb Stanley, »marschierten wir durch den Wald, Busch und Dschungel, ohne auch nur ein einziges Mal ein Stück Rasen von der Größe eines Zimmerbodens gesehen zu haben. Nichts als Meilen um Meilen, endlose Meilen Wald.« Stanley verlor fast die Hälfte seiner

Leute; Hunger, Fieber und den Angriffen feindlicher Eingeborener fielen sie zum Opfer.

Doch schließlich war das Ufer des Albert-Sees erreicht. Es wurde eine Abordnung zu Emin geschickt, um ihn über die Ankunft Stanleys zu unterrichten, und so kam es denn, am 29. April 1888, zu jener denkwürdigen Begegnung, die an das Zusammentreffen Stanleys und Livingstones erinnert. Wie Stanley in seinem berühmten Reisewerk »Im dunkelsten Afrika«, in dem er die Ereignisse dieser Expedition festhielt, schreibt: »29. April. Als wir um 8 Uhr gerade im Begriff standen, das Lager abzubrechen, um nach dem See zu marschierten, erschien ein eingeborener Führer mit einem vom 23. April datirten Schreiben von Jephson [einem Begleiter Stanleys, den er vorausgeschickt hatte], welcher mir mittheilte, daß er Mswa, eine Station Emin Pascha's, wohlbehalten erreicht und der Commandant Schukri Aga Boten abgesandt habe, um Emin Pascha von unserm Eintreffen am See in Kenntniß zu setzen. Außer dem Schreiben folgte ein Korb Zwiebeln mit, ein Geschenk von Schukri Aga.

Um 9 Uhr brachen wir nach dem See auf. Zwei Stunden später hatten wir kaum ½ km vom Ufer, nicht weit von … der Stelle des alten Kavalli …, uns gelagert. Wir hatten Getreiderationen auf fünf Tage bei uns und konnten Fleisch von der Ebene hinter uns bekommen, da größeres Wild verschiedener Art reichlich auf derselben umherschwärmte.

Von meinem Zelteingange sah ich um 4½ Uhr nachmittags am nordöstlichen Horizont des Sees einen dunklen Gegenstand auftauchen, den ich für ein Eingeborenenkanoe oder vielleicht für das … [vorausgeschickte] Stahlboot ›Advance‹ hielt, allein ein Blick durch den Feldstecher enthüllte mir die Dimensionen eines viel größeren Fahrzeugs, als ein Boot oder Kanoe haben konnte, und im nächsten Augenblick ließ auch das Aufsteigen einer dunklen Rauchwolke erkennen, daß es ein Dampfer war. Eine Stunde später konnten wir unterscheiden, daß derselbe ein paar Boote im Schlepptau hatte, und um 6½ Uhr ließ er in der kleinen Bai von Njamsassi dicht unter Land der Insel dieses Namens den Anker fallen. Es waren Dutzende von unseren Leuten vor unserm Lager am Strande, welche die Gewehre abfeuerten und

Abb. 19: Das Zusammentreffen Emin Paschas und Stanleys am Albert-See

durch Winken Zeichen gaben; doch schien, obwohl wir nur 3 km von der Insel entfernt waren, niemand uns zu bemerken.

Ich schickte daher tüchtige Boten dem Strande entlang, um der Gesellschaft an Bord unsere Anwesenheit mitzutheilen, leider aber benahmen sich dieselben so übereifrig, daß, als sie die Gewehre abschossen, um sich bemerkbar zu machen, sie in Erwiderung von den Sudanesen beschossen wurden, die selbstverständlich die wilden Gestalten für … [feindliche Eingeborene] gehalten hatten. Es wurde indeß kein Unheil angerichtet, die Bootsmannschaft erkannte das Rufen ihrer Kameraden und theilte den übrigen mit, daß die Leute am Lande Freunde seien, worauf das Boot bereit gemacht wurde, um unsere Besucher nach dem Strande in der Nähe des Lagers zu befördern. Um 8 Uhr schritt Emin Pascha unter allgemeinen großen Freudenkundgebungen und nach wiederholter Begrüßung durch Flintenschüsse ins Lager, begleitet von Kapitän Casati [einem italienischen Forschungsreisenden, der vor den Mahdisten geflohen war und sich unter den Schutz Emin Paschas begeben hatte], Herrn Jephson und einem der Offiziere des Paschas. Ich schüttelte ihnen allen die Hand und fragte, wer Emin Pascha sei.

Dann erregte eine etwas kleine, zarte Gestalt, welche eine Brille trug, meine Aufmerksamkeit durch die in vorzüglichem Englisch gesprochenen Worte: ›Ich bin Ihnen viel tausend Dank schuldig, Herr Stanley, und weiß wirklich nicht , wie ich Ihnen denselben aussprechen soll.‹

›Ah, Sie sind Emin Pascha. Erwähnen Sie des Dankes nicht, sondern treten Sie ein und setzen Sie sich ...‹«

Mehemet Emin

»Wir saßen am Eingang des Zeltes, ein Wachslicht erhellte die Scene. Ich hatte eine große, hagere Gestalt von militärischem Aussehen in abgetragener ägyptischer Uniform zu sehen erwartet, erblickte stattdessen aber eine kleine, schmächtige Figur mit einem guterhaltenen Fes und in einem saubern, schön geplätteten und vorzüglich sitzenden, schneeweißen Anzug aus Baumwollendrillich. Ein dunkler, graumelirter Bart umrahmte das Gesicht von ungarischem Typus, obwohl eine Brille demselben ein etwas italienisches oder spanisches Aussehen gab. Das Gesicht zeigte keine Spur von Krankheit oder Sorge, sondern deutete eher gute Körperbeschaffenheit und friedliches Gemüth an.«

Emin Pascha machte durchaus nicht den Eindruck, als befände er sich in der verzweifelten Lage, die all die Mühen zu seiner Rettung gerechtfertigt zu haben schienen. Es ergab sich vielmehr die paradoxe Situation, daß Stanley, der einen Großteil seiner Mannschaft verloren hatte, weit eher der Hilfe zu bedürfen schien, als das bei Emin der Fall war. Wenigstens erweckte der Zustand seiner Expedition nicht den Anschein, als könne sie wesentlich dazu beitragen, die Position des Paschas zu stärken. Ja, sie bewirkte gar das Gegenteil, indem nun allgemein der Eindruck entstand, daß Emin tatsächlich auf verlorenem Posten stand. Hilfe von außen war wenigstens nicht zu erwarten.

Angesichts der prekären Lage, in der sich weniger Emin als vielmehr Stanley befand, entschloß man sich, zunächst wieder getrennter Wege zu gehen: Während Stanley zum Basislager zurückkehrte, um seine dezimierte Expedition mit der Nachhut aufzufüllen, begab sich Emin Pascha wieder in die Äquator-Provinz, um seine Soldaten und Beamten über den Inhalt des Schreibens des Khediven, das Stanley ihm ausgehändigt hatte, zu unterrichten. Er war unentschlossen, welche Maßnahmen er nun ergreifen sollte. Zuviel stand auf dem Spiel, als daß er alles stehen und liegen lassen konnte, nur um sich in Sicherheit zu bringen.

Höchstes Lob

Denn die Arbeit, die er in der Äquator-Provinz geleistet hatte, verdiente – gemessen an der Aufgabe, der er sich gegenübergesehen hatte – uneingeschränktes Lob. Selbst Stanley, der dem Deutschen gegenüber durchaus nicht unkritisch war, schreibt: »Seine Fähigkeiten, Tüchtigkeit und Brauchbarkeit für die eigenthümliche Stellung, in welche er versetzt war, ergeben sich aus der Art und Weise, wie er es möglich machte, seine Truppen zu bekleiden. Unter den uns aufgenöthigten Geschenken befanden sich Stücke von Baumwollenstoff, den seine Leute selbst gewebt hatten, grob, aber fest, sowie Pantoffeln und Schuhe von seinen eigenen Schuhmachern. Das Aussehen seiner Dampfer und Boote nach der langen Dienstzeit, die Herstellung des für die Maschinen geeigneten Oels, einer Mischung aus Sesamöl und Talg, die ausgezeichneten sanitären Einrichtungen, die Sauberkeit und Ordnung der unter seinem Befehl stehenden Stationen, die regelmäßig ohne Widerspruch erfolgende Zahlung des Getreidetributs seitens seiner Negerunterthanen zweimal im Jahre, alles das dient dazu, um seinen eigenartigen Charakter zu kennzeichnen und zu beweisen, daß er Talente besitzt, wie man sie bei denen, die Afrika zu ihrem Arbeitsfelde erwählen, nur selten findet.

Bei dem Bemühen, ihn zu beurtheilen, lasse ich im Geiste Hunderte von Offizieren vorüberziehen, welche am Nil und Kongo gedient haben, aber ich kenne nur wenige, welche ihm in einer seiner werthvollen Eigenschaften gleichkommen würden.«

Wie gesagt, aus der Feder eines Engländers, der dem Deutschen nicht ganz wohlgesonnen war, ein nicht geringes Lob. Man ist versucht, ihn an die Seite Gordons zu stellen, dessen Nimbus und Ruhm er freilich nicht erreichte. Obwohl nicht nur die äußeren Umstände seines Wirkens, sondern auch die Eigenarten seiner Persönlichkeit in bemerkenswertem Maße denen Gordons ähneln. Wer war diese Mann, der unter dem Namen »Emin Pascha« bekannt wurde?

Kokette Versuchung

Er hieß eigentlich Eduard Carl Oskar Theodor Schnitzer, war im gleichen Jahr, 1840, wie Stanley geboren und entstammte einer jüdischen Familie, die in Schlesien ansässig war. Nach dem Studium der Medizin ging er nach Albanien, das damals eine Provinz des türkischen Reiches war und wo er sich zunächst als selbständiger Arzt niederließ, ehe er in die Dienste des Gouverneurs der Provinz, Ismail Hakki Pascha, trat. Da Schnitzer über seine medizinischen Kenntnisse hinaus auch die Fähigkeit besaß, sich der fremden, orientalischen Welt gänzlich anzupassen, indem er die türkische Kleidung und den islamischen Glauben übernahm, sich einen türkischen Namen – Mehemet Emin – zulegte und sich sogar der Mühe unterzog, neben dem Türkischen auch Arabisch und sogar Persisch zu erlernen, gewann er schon bald die besondere Wertschätzung seines Herrn, was sogar soweit führte, daß dieser ihm Zutritt zum quasi Allerheiligsten gewährte. Wie Schnitzer, in einem Brief an seine Mutter, schrieb: »Als ich meine Visite im Hause des Gouverneurs machte und er mich in seinen Harem führte, um mir sein Haus völlig zu zeigen, hatte ich seiner Frau gegenüber ein vollständiges Examen zu bestehen. Woher? Ob ich Schwestern habe? Ob ich verheiratet sei? ... Ob es bei mir zu Hause sehr kalt sei? Und so wechseln hundert Fragen in einem Augenblicke; der Moment, mit dem Fremden zu sprechen, muß ja benutzt werden. Und dann kann man ja ein wenig Koketterie entfalten; und darin sind unsere türkischen Frauen nur den Französinnen vergleichbar – solange sie jung sind ...«

Die Frau des Gouverneurs, wenngleich offensichtlich auch nicht seine einzige, war in der Tat noch jung, während ihr Gemahl bereits betagt war, ein Umstand, der ihm hätte zu denken geben sollen. Denn wenn Eduard Schnitzer alias Mehemet Emin jemals dem Werben des stärkeren Geschlechts erlag, dann war es in diesem Falle, wo es die Frau des Gouverneurs verstand, Emin zu überreden, sie und ihre sechs Kinder mitzunehmen, als der Gouverneur schließlich das Zeitliche segnete und Schnitzer beschloß, in die Heimat zurückzukehren.

Heimischer Boden

Das Aufsehen, das Schnitzer in seinem Heimatort Neusse erregte, als er mit seinem umfänglichen Troß erschien, wird sicher nicht gering gewesen sein. Und wenngleich er wohl auch tapfer und gefaßt eine Zeitlang den braven Ehemann (und Familienvater) gespielt haben mag, so behagte ihm das doch nicht auf die Dauer, und er machte sich buchstäblich aus dem Staube. Diesmal schlug er sich bis nach Khartum, im Sudan, durch, wo er, so wird berichtet, ohne einen Pfennig in der Tasche eintraf. Nachdem ihm die europäische Kolonie in der Stadt unter die Arme gegriffen hatte, ging er schließlich, im Jahre 1876, nach Lado, wo er mit Gordon zusammentraf, der hier seinen Sitz als Gouverneur der Äquator-Provinz errichtet hatte.

Gordon nahm den Deutschen in seine Dienste und betraute ihn mit der Erforschung des südlichen Grenzgebietes der Äquator-Provinz, was Schnitzer endlich die Möglichkeit gab, seinen naturwissenschaftlichen Neigungen, die über die Medizin weit hinausgingen und sich besonders auf die Ornithologie konzentrierten, nachzugehen. Nachdem Gordon den Posten des Generalgouverneurs für den Sudan übernommen hatte, ernannte er Schnitzer an seinerstatt (obwohl zwischenzeitlich ein anderer, der sich jedoch als unfähig erwies, das Amt übernommen hatte) zum Gouverneur der Äquator-Provinz. Gordon verband damit die Hoffnung, daß die Aufbauarbeit, die er – und vor ihm Baker – begonnen hatte, von dem Deutschen fortgeführt werden würde. Emin Bey, wie sich Schnitzer nun nennen durfte, ging denn auch mit bemerkenswertem Eifer an seine neue Aufgabe heran. Schon 1882, vier Jahre, nachdem er sein Amt angetreten hatte, konnte er anläßlich der Rückkehr von einer Reise nach Khartum, wohin ihn dienstliche Verpflichtungen gerufen hatten, schreiben: »Es war nach der langen Abwesenheit wirklich angenehm, sich wieder auf heimischem Boden zu finden, inmitten der Neger, mit denen ein langer Aufenthalt uns alle vertraut gemacht. Hier wurden uns zuerst Nachrichten vom Bahr-el-Ghasal, an dessen Nordgrenze die aufständischen Risegat [ein Araberstamm im südlichen Darfur] und die von den Anhängern des Mahdi erregten Baggara Lupton-Bey, meinem frühern Assistenten und jetzigen Gouverneur des gedachten

Gebiets, genug zu thun gaben. Es scheint somit wirklich, daß gerade die fernste Provinz Aegyptens, die Aequatorialländer, für den Moment der einzige völlig ruhige Theil des Reiches ist.

Station Bor [nördlich von Lado am Weißen Nil] war wie immer höchst sauber gehalten, von großen Gartenanlagen umringt und im besten Einverständniß mit den Tausenden der umwohnenden Neger, welche, seit ich die Danagla aus diesem ihrem Bollwerke ausgetrieben und damit das Sklavenmachen und -verkaufen unmöglich gemacht habe, sich als Menschen fühlen gelernt haben. Daß übrigens das Gouvernement auch materiell dabei gewonnen hat, geht daraus hervor, daß die Abgaben an Getreide, die einzigen, welche wir erheben, sie beinahe verdoppelt haben. Die Leute, welche früher ihre Heimat verließen, um lieber auf den vielen Strominseln ein elendes Leben als Fischer zu führen, als ihre Kinder aufzugeben, sind allgemach wieder heimgekehrt und haben große Strecken früher brachliegenden Landes bebaut. So ist denn die Strecke zwischen Bor und Ladó, soweit man sich am Westufer des Stromes hält, eine beinahe ununterbrochene Reihe von Dörfern und Hütten, und selbst, wo mit dem Schilflande das Gebiet der Dinka dem der Bari Platz macht, sind ganz neue Weiler und Pflanzungen entstanden. Es kommt eben nur darauf an, die Negerbevölkerung zu schützen und die alten Rinder- und Menschenrazzien unerbittlich zu unterdrücken; für seine Ausbreitung und das Anwachsen der Bevölkerung sorgt der Neger selber. Gerade die rinderfrohen Dinka waren früher am schlimmsten heimgesucht und haben sich jetzt doch weithin über ihre Grenzen ausgedehnt.«

Geordnetes Leben

Zweifellos hatte sich die Situation im südlichen Grenzland des Sudan, das zuvor ein bevorzugter Tummelplatz für Sklavenjäger gewesen war, wesentlich verbessert. Und der Preis, den die dortigen Völker für die Rückkehr zu einem geordneten Leben und die Gewährung militärischen Schutzes entrichten mußten, war sicher angemessen. Wenigstens deutet nichts auf eine Unzufriedenheit der lokalen Bevölkerung mit der ägyptischen Regierung, wie sie Emin repräsentierte, hin. Er war ehrlich bemüht, den Menschen, die ihm anvertraut waren, zu helfen. Was er vor allem dadurch bewirkte, daß er die versprengten Eingeborenen, die vor den Sklavenjägern geflüchtet waren, in kompakten Siedlungen zusammenschloß, diese durch Wege miteinander verband und an strategischen Punkten militärische Posten stationierte, die für die Sicherheit der Bevölkerung zu sorgen hatten. Auch führte er neues Saatgut ein und war bemüht, den Viehbestand zu erhöhen. Während im Jahre 1878, als Emin das Amt des Gouverneurs übernahm, die Bilanz der Finanzen negativ war, hatte er 1883, am Vorabend der Ausweitung der Mahdiya auf den Süden, einen Überschuß von einer Viertelmillion Mark erwirtschaftet. Das heißt, die Provinz, der er vorstand, war nicht mehr auf Subventionen seitens der Regierung angewiesen, sondern konnte im Gegenteil Steuern abführen. Was durchaus keine Selbstverständlichkeit war, wenn man bedenkt, daß beispielsweise die *deutschen* Kolonien nie aus den roten Zahlen kamen.

Verhängnisvolles Erbe

Damit soll nicht der Ausübung einer Fremdherrschaft, wie sie auch die Gouverneurstätigkeit Emins darstellt, das Wort geredet werden. Zumal unter seiner Ägide das Territorium der Äquator-Provinz um fast die Hälfte ihrer ursprünglichen Ausdehnung erweitert wurde. Schließlich bedeutete dies den Verlust von Souveränität und Autonomie; was zumindest in dem Fall kein Gewinn war, wo es sich um Gebiete handelte, die – da sie entlegener waren – unter dem Sklavenhandel weniger gelitten hatten. Auch wenn ein Großteil der Äquator-Provinz schließlich vom Sudan getrennt (und der Kolonie Uganda zugeschlagen) wurde, so trug letztlich das Wirken Emins doch auch dazu bei, daß das südliche Grenzgebiet des heutigen Sudan, obwohl es – wie wir gesehen haben – eine völlig andere ethnische Struktur aufweist, dem vom arabischen Element dominierten eigentlichen Sudan verhaftet blieb. Insofern wären die Pläne, die der Schotte Mackinnon oder der Belgier Leopold hegten, unter Umständen – wiewohl sie keineswegs altruistischen Motiven entsprangen – in ihrer Auswirkung segensreicher gewesen. Denn der Krieg, der heute im Sudan tobt, hat seine Wurzeln in der

Abb. 20: Eduard Schnitzer alias Emin Pascha

Ausweitung ägyptischer Herrschaft nach Äquatorialafrika, und das Leid, das dieser Krieg nun schon seit vierzig Jahren über die Völker des Südens gebracht hat, wäre ihnen erspart geblieben.

Wadelai

Aber eine solche Entwicklung war Ende des vorigen Jahrhunderts noch nicht absehbar. Auch wenn die Bewegung, die der Mahdi begründet hatte, einen Schatten vorauswarf. Was diese nun betrifft, so waren ihre Auswirkungen in der Äquator-Provinz erstmals 1883 spürbar, als es dort zu ersten Unruhen kam. Im folgenden Jahr traf die Nachricht über das Fiasko der Hicks-Expedition und schließlich von der Kapitulation Lupton Beys in der Nachbarprovinz Bahr el-Ghasal ein. Auch an Emin erging die Aufforderung der Mahdisten, sich zu ergeben. Doch indem dieser auf Zeit setzte und die Mahdisten einstweilen nicht in der Lage waren, ihren Vormarsch nach Süden fortzusetzen, entging Emin dem Schicksal Luptons und Slatins, die sich der Gewalt der Mahdisten ausliefern mußten. Immerhin zog er es vor, seinen Verwaltungssitz von Lado weiter nach Süden, nach Wadelai, zu verlegen, wo er bis 1888, dem Jahr, da er mit Stanley zusammentraf, ausharrte.

Reale Chance

Inzwischen war es Emin, der noch vor dem Fall von Khartum von jeglicher Verbindung zur Außenwelt abgeschnitten worden war, gelungen, Kontakt zur Küste im Osten herzustellen. So konnte die Nachricht von seinem Schicksal bis nach Europa gelangen, während der Khedive ihm, 1887, die Nachricht zukommen ließ, daß Hilfe aus Ägypten nicht zu erwarten sei und daß es ihm freistehe, seinen Posten aufzugeben und sich zur Küste abzusetzen. Zugleich wurde ihm, sozusagen als Trost, der Titel »Pascha« verliehen, was immerhin dem höchsten Rang eines Offiziers und Beamten im Reich der Osmanen, zu dem ja auch – nominell – noch Ägypten gehörte, entsprach. Erst jetzt durfte sich Emin alias Eduard Schnitzer mit dem Titel (und Namen) schmücken, unter dem er bekannt wurde.

Es ist nie eindeutig geklärt worden, welche Haltung der nunmehrige Emin Pascha wirklich bezüglich der Frage einnahm, ob er seinen Posten nun aufgeben oder doch lieber in Wadelai verharren sollte. Stanley, der ihn deswegen kritisierte, nennt ihn einen »Zauderer«. Doch bezog sich dies zweifellos auch auf die Verlegenheit, in die er den Deutschen versetzte, als er ihm eröffnete, daß sowohl Mackinnon, also die Engländer, als auch Leopold, der König der Belgier, Emin in ihre Pläne miteinzubeziehen gedachten, die darauf hinausliefen, ihre jeweiligen Einflußsphäre auf die Äquator-Provinz auszudehnen. Emin sollte dabei jeweils eine Schlüsselrolle in der Sicherung dieser Provinz zufallen.

Hinzu kam, daß Emin inzwischen auch erfahren hatte, daß auch die Deutschen in Ostafrika Fuß gefaßt hatten. Schließlich empfand er zweifellos Loyalität gegenüber dem Khediven, der ja sein eigentlicher Dienstherr war. Auch wenn das Herrschaftsgebiet, über das Emin Pascha am Ende noch effektiv gebot, auf einen Bruchteil der einstigen Äquator-Provinz zusammengeschrumpft war, so war doch Wadelai einstweilen nicht gefährdet, und solange er hier aushielt, als Repäsentant der ägyptischen Regierung, war deren Anspruch auf die Äquator-Provinz und damit das ihm übertragene Amt nicht erloschen. Es bestand durchaus eine realistische Chance, diesen »Vorposten der Zivilisation«, wie man es nannte, zu halten.

Überschwenglicher Empfang

Andererseits hatte das Erscheinen Stanleys sozusagen das Faß zum Überlaufen gebracht; und zwar insofern, als der beklagenswerte Zustand seiner Expedition das Vertrauen der ägyptischen Soldaten (und Beamten), auf die sich Emin stützte, nicht gerade stärkte. Sie erkannten, daß Emin in der Tat keine Hilfe erwarten konnte, und begannen, seine Autorität in Frage zu stellen. Was sogar soweit ging, daß sie ihn gefangensetzten. Dies fiel allerdings mit einem Vorstoß der Mahdisten zusammen, die auf die Nachricht vom Erscheinen Stanleys jene Expedition aussandten, die zur Errichtung eines Vorpostens der Mahdiya in Rejaf führte. Da die Gefahr eines weiteren Vormarsches der Mahdisten bestand, besannen sich die Meuterer eines Besseren und ließen Emin wieder frei.

Der Gouverneur zog sich nach Tunguru am Albert-See zurück und erwartete dort die Rückkehr Stanleys, der zu seinem Basislager aufgebrochen war. Obwohl der Norden der Äquator-Provinz in den Händen der Mahdisten war und sich Emin nicht mehr auf seine Truppen verlassen konnte, so hatten diese doch – bei einem militärischen Zusammenstoß in Dufilé, auf halbem Wege zwischen Rejaf und Wadelai – den Vormarsch der Mahdisten gestoppt. Es wäre also durchaus im Bereich des Möglichen gewesen, daß sich das Blatt noch einmal hätte wenden können. Doch dann erschien Stanley, mit der Nachhut, und drängte, da ihm die Stellung Emins nicht mehr haltbar erschien und dieser folglich auch für seine weiterreichenden Pläne nicht mehr in Frage kam, zum Abmarsch.

Emin willigte schließlich ein, und so setzte sich Stanleys Expedition, um 600 Ägypter, die die Chance nutzten, erweitert, in Marsch und erreichte im Dezember 1889 die Küste. Diesmal im Osten, in Bagamoyo, wo die Deutschen inzwischen einen Brückenkopf errichtet hatten. Sie ließen denn auch die Gelegenheit, die sich so unverhofft ergab, nicht ungenutzt – und griffen jenen Gedanken auf, den der selige Peters ursprünglich in die Welt gesetzt hatte: Emin Pascha alias Eduard Schnitzer, der in Bagamoyo wie ein Held gefeiert wurde, für den Plan der Ausweitung des Reiches zu gewinnen. Stanley mußte auf seine »Beute«, die immerhin noch einen Triumphwert hatte, verzichten; und wie es schien, hatten ihm am Ende doch die Deutschen den Rang abgelaufen.

Schwarz-weiß-rot

Emin ließ sich überreden, eine neue Expedition anzuführen, die – wie seine Instruktionen lauteten, die ihm von seinen deutschen Landsleuten erteilt wurden – folgendem Zweck dienen sollte: »für Deutschland die Gebiete südlich und entlang des Victoriasees bis zum Albertsee in Besitz zu nehmen« und »die Bevölkerung dort davon in Kenntnis zu setzen, daß sie unter die Hoheit und den Schutz Deutschlands gestellt worden ist«. Darüber hinaus sollte Emin versuchen, den Einfluß der Araber, die auch in diesem Gebiet als Sklavenhändler ihr Unwesen trieben, einzudämmen. Das war das Feigenblatt, mit dem die europäischen Kolonialmächte ihre eigenen wirtschaftlichen (und politischen) Ambitionen zu kaschieren suchten. Für Emin, der es mit einer solchen Forderung durchaus ernstnahm, wirkte sie sich allerdings verhängnisvoll aus.

Zuvor aber hatte er noch eine denkwürdige Begegnung. Wie derjenige schreibt, der wie Stanley auszog, um Emin zu Hilfe zu kommen, und dann doch das Nachsehen hatte: »Und nun zog der letzte Marschtag herauf bis zu unserm Zusammentreffen mit deutschen Landsleuten. In bewegter Stimmung brachen wir auf, um zunächst den Bergpaß vor uns zu erklimmen, von wo aus nach der andern Seite sich das Tal von Mpuapua öffnen sollte. Ich eilte mit einigen Leuten der Kolonne voran.

Der Abstieg war ein bequemer. Der Buschwald verwandelte sich allmählich in Hochwald, und so ging es immer weiter gegen Osten. Mit einem Male begegneten uns Soldaten in Uniform der deutschen Schutztruppe, welche uns begrüßten. Wir mußten also ganz in der Nähe der Station sein. Da – noch eine Biegung, und auf den Zinnen Mpuapuas erblickten wir die schwarzweißrote Flagge.

Höher schlug das Herz bei diesem Anblick, und in freudiger Aufregung folgten wir dem Pfade, welcher jetzt sich an der Nordseite der Station herumwand. Wir mußten inzwischen dort erblickt worden sein, und richtig, da traten einige Herren aus dem Tore.

Bald sprengte einer von ihnen auf einem Esel eilends mir entgegen, er sprang herunter, nahm den Hut ab und begrüßte mich. Es war Herr Janke [ein Kolonialbeamter]. Dahinter eilten zwei Herren zu Fuß heran, es waren der Chef der Station, Herr Leutnant v. Bülow, und Herr Leutnant Langheld. ›Emin Pascha ist auch hier.‹ Da kam ein Herr unter Mittelgröße herangegangen in einfacher blauer Uniform und mit dem Helm bekleidet. Ein schwarzer Vollbart umrahmte ein Gesicht, dessen Furchen von angespannter geistiger Arbeit zeugten. Das war Emin Pascha!«

Helgoland und Sansibar

Peters, der allen Widerständen zum Trotz und unbeirrt seine Reise fortgesetzt hatte, die er zur Rettung Emin Paschas unternommen hatte, befand sich auf dem Rückweg seiner Expedition, als er am 19. April 1890 in Mpuapua, einem Stützpunkt der deutschen Kolonialmacht im heutigen Tansania, mit Emin Pascha zusammentraf. Er hatte allerdings inzwischen nicht nur von der ursprünglichen Zusammenkunft Stanleys und Emins erfahren, sondern schließlich auch vom Abmarsch des letzteren aus Äquatoria, was dem Zweck seiner Expedition nun wirklich jede Grundlage entzogen hatte. Doch Peters war nicht der Mann, sich dadurch entmutigen zu lassen. Kurzerhand hatte er die geplante Route geändert, war nach Westen abgeschwenkt und hatte mit Muanga, dem König von Uganda, nach bewährter Manier einen Vertrag geschlossen, der den König (und sein Land, worauf man es eigentlich abgesehen hatte) unter den Schutz des Reiches stellte.

Doch Peters und nun auch Emin Pascha machten ihre Rechnung ohne den Wirt. Und der hieß Bismarck. Nach wie vor war er kolonialen Bestrebungen, welcher Art auch immer, nicht wohlgesonnen. Und so bedurfte es denn keiner großen Anstrengungen seitens der Engländer, die sich inzwischen – unter einem neuen Premier – auf eine imperialistische Politik verlegt hatten, einen Vertrag mit den Deutschen auszuhandeln, der diesen das Zugeständnis abverlangte, auf eine Ausweitung ihrer Herrschaft auf das Gebiet des heutigen Kenia und Uganda zu verzichten, wofür die Engländer bereit waren, Helgoland an die Deutschen zurückzugeben (sowie ihnen bei territorialen Ansprüchen im Süden Afrikas entgegenzukommen). Dieser sogenannten Helgoland-Sansibar-Vertrag wurde am 1. Juli 1890 geschlossen; also kurze Zeit nach der Begegnung zwischen Peters und Emin Pascha.

Ituri

Während der eine zur Küste weiterzog, wo er am 16. Juli anlangte und nunmehr sogleich erkennen mußte, daß all seine Bemühungen vergeblich gewesen waren, begab sich der andere, Emin Pascha, weiter nach Westen und dann nach Norden, bis er schließlich in den Ituri-Wald gelangte, wo ihn sein Schicksal ereilte. Denn nachdem er nach seiner Begegnung mit Peters seinen Marsch fortgesetzt hatte, hatte Emin – eingedenk seiner zusätzlichen Order wie zweifellos auch auf Grund persönlicher Überzeugung – beim Zusammentreffen mit arabischen Sklavenhändlern ein Exempel statuiert, indem er für die Freilassung der Sklaven und die Auslieferung ihrer Peiniger gesorgt hatte, die er ihnen überließ; was den sicheren Tod der Araber bedeutet hatte. Doch indem er, wie es unter den aufgebrachten Arabern im Hinterland hieß, zum Verräter an seinen »moslemischen Brüdern« geworden war, hatte Emin sich der Gefahr blutiger Vergeltung ausgesetzt. Sie ließ zwar ein Jahr auf sich warten, traf ihn aber dann, am 23. Oktober 1892, mit unverminderter Härte, als er am Lindi-Fluß, am Südrand des Ituri-Waldes, von arabischen Händlern ermordet wurde. Ein unrühmliches Ende für einen Mann, der im Grunde seines Herzens nur einer Leidenschaft verfallen war: der Wissenschaft.

Feinde an den Grenzen

Mit dem Vorstoß der Mahdisten nach Äquatoria, auch wenn sie die Provinz nicht gänzlich eroberten, hatte das Reich des Kalifen seine größte Ausdehnung erreicht. Es umfaßte nun praktisch das gesamte Territorium dessen, was zuvor der ägyptische Sudan gewesen war und was auch heute das Gebiet des Sudan (als Staat) ausmacht. Insofern stellt die Mahdiya, was bereits anklang, einen Übergang dar: von der Grundlegung territorialer Einheit, wie sie unter der ägyptischen Herrschaft erfolgte, zur Konsolidierung dieser Einheit, wie sie das Ziel neuerer Entwicklungen, sowohl unter den Engländern als auch schließlich seitens einer nationalen Regierung, gewesen ist. Die Mahdiya wirkte also als Bindeglied: sie verfolgte die gleiche expansive, kolonialistische und vorgeblich harmonisierende, das heißt, auf »nationale Einheit« ausgerichtete Poltik, wie sie schon die Ägypter betrieben hatten und auch nach dem Niedergang der Mahdiya beibehalten wurde. Die Mahdiya wahrte die Kontinuität des Kolonialismus im Sudan: sie war n i c h t, auch wenn das die »nationale« Geschichtsschreibung (wie auch eine angeblich progressive historische Forschung) behauptet, die »Geburtsstunde eines freien Sudan«. Das mag für den arabischen beziehungswiese arabisierten Teil des Sudan zutreffen, obwohl es auch da zum Teil erhebliche Widerstände gegen den autokratischen Herrschaftsanspruch der Mahdiya gab. Im Süden und im Südwesten des Sudan – und das macht beziehungsweise machte immerhin ein Drittel des Sudan aus – bedeutete die Mahdiya die Rückkehr zu Unterdrückung und Ausbeutung, wie sie die Anfänge der ägyptischen Herrschaft (wenn auch nicht deren letzte Phase) gekennzeichnet hatten. Das Gebiet der Schilluk wurde, wie wir gehört haben, völlig verwüstet; und daß die übrigen Gebiete des Südens vor einem solchen extremen Schicksal bewahrt wurden, verdankten sie nur dem Umstand, daß sie erst relativ spät in den Herrschaftsbereich der Mahdiya miteinbezogen wurden, in entlegenen Gegenden lagen und Übergriffen seitens der Belgier, aus dem Kongo, ausgesetzt waren. Dennoch, Rejaf, tief im Innern der

Äquator-Provinz, blieb ein Vorposten der Mahdiya bis zum Ende.

Auf tönernen Füßen

Letzteres erfolgte zwar erst unmittelbar gegen Ende des Jahrhunderts; doch setzte ein Umschwung, der einen allmählichen Niedergang einleitete, bereits sehr viel früher ein. Dabei trafen mehrere Faktoren, die sich nachteilig für die Mahdiya auswirkten, zusammen: Da war einmal die wirtschaftliche Krise, die 1889 einsetzte; da war zum andern der Umstand, daß in kurzem Abstand die bedeutendsten militärischen Führer, auf die sich die Mahdiya stützen konnte – Abu Anja, Osman Adam und Najumi –, durch Tod ausschieden; und da war schließlich das gestiegene Interesse der Europäer, in Afrika Fuß zu fassen, wobei der Osten des Kontinents – infolge seiner strategischen Bedeutung – in besonderem Maß das Ziel ihrer Unternehmungen wurde. Hinzu kam, daß das Reich des Kalifen im Grunde über das Niveau des Mittelalters, soweit es vor allem seine technische Entwicklung betraf, nicht hinausgelangt war. Schließlich war es kein einheitliches Reich, das sich auf eine homogene Bevölkerung und eine gemeinsame Identität hätte stützen können. Im Grunde war die Mahdiya, so spektakulär ihre anfänglichen Erfolge gewesen waren, ein künstliches Gebilde, das auf tönernen Füßen stand. Es waren eher äußere Umstände gewesen, wie die Unzugänglichkeit des Sudan und die fehlende Aufmerksamkeit der Europäer, denen die Mahdiya ihre ungestörte Entfaltung verdankte. Einmal beziehungsweise erneut in den Blickpunkt der Öffentlichkeit gerückt, die inzwischen ganz unter dem Diktat des Imperialismus stand, hatte die Mahdiya keine Chance. Sie fiel zusammen wie ein Kartenhaus.

Tokar

Der erste Rückschlag – nach der Niederlage von Toski, die der Expansion nach dem Norden einen Riegel vorgeschoben hatte – erfolgte im Osten; und zwar in jenem Gebiet, das dem Emirat Osman Dignas unterstand. Dieser hatte, wie wir uns entsinnen werden, die Küstenregion des Roten Meeres (sowie das angrenzende Hinterland) in die Gewalt der Mahdisten gebracht. Allein Suakin, der Hafen, über den traditionsgemäß der Handel mit Arabien abgewickelt worden war, war in der Hand der Engländer verblieben. Was Osman Digna natürlich ein Dorn im Auge war; denn nicht nur würde die Eroberung Suakins dem Handel im Osten, vor allem mit Sklaven, einen neuen Auftrieb geben, es stand auch zu befürchten, daß die Engländer jederzeit ihren Stützpunkt im Sudan als Sprungbrett benutzen könnten, um militärisch gegen die Mahdiya vorzugehen.

Osman Digna setzte also alles daran, die Engländer aus Suakin zu vertreiben. Die Situation spitzte sich zu, als die Mahdisten im September 1888 mit einer regelrechten Belagerung der Stadt begannen; was die Engländer, die Verstärkung aus Kairo heranführten, schließlich zu einem Ausfall veranlaßte, der zur Aufhebung des Belagerungsrings führte. Doch damit noch nicht genug: sie gingen nun ihrerseits zur Vorwärtsstrategie über und rüsteten ein Expeditionskorps aus, das gegen Tokar, wo Osman Digna seinen Sitz hatte, vorging. Hier kam es, am 19. Februar 1891, zu einer Schlacht, in der sich die Streitmacht der Engländer, die sich auf nur 2000 Mann belief, einer dreifachen Übermacht gegenübersah. Dennoch, da die ägyptischen Truppen, die das Gros der englischen Streitmacht ausmachten, eingedenk der früheren Schlappen, die man hatte hinnehmen müssen, gründlich ausgebildet worden waren, trugen sie einen triumphalen Sieg davon. Während die Mahdisten immerhin ein Zehntel ihrer Streitmacht verloren, hatte man auf englischer Seite nur zehn Gefallene zu beklagen.

Kassala

Schwerwiegender war für Osman Digna freilich der Prestigeverlust. Auch wenn er nicht eigentlich geschlagen war, so mußte er doch Tokar aufgeben und sich zum Atbara, weit im Westen, zurückziehen. Seine militärische Macht war gebrochen und die Küste nun praktisch in englischer Hand. Was bedeutete, daß das Reich des Kalifen im Osten keinen Zugang zu möglichem Nachschub mehr hatte.

Zwei Jahre vergingen. Dann zeichnete sich ein weiterer Konflikt ab. Diesmal ging es um das Gebiet an der Grenze zwischen dem Sudan und Eritrea. Hier hatten sich, nach dem Tode des Negus Johannes, die Italiener festgesetzt, die somit Nachbarn der Mahdisten geworden waren. Worin die Mahdisten eine Herausforderung sahen; wenigstens ließen sie sich zu einem Einfall nach Eritrea verleiten, wo sie bis zu einem Ort namens Agordat vordrangen. Die italienische Garnison, die hier stationiert war, schien kein ernteres Hindernis zu sein; obwohl sie sich in Gräben verschanzt hatte. Die Mahdisten griffen an – und wurden geschlagen. Selbst ihr Anführer, Ahmed wad Ali, kam bei dem Gefecht um.

Die Italiener, die erkannten, wie prekär ihre Lage war, denn Eritrea konnte jederzeit von den Mahdisten im Westen und den Abessiniern im Süden in die Zange genommen werden, nahmen ihren unverhofften Sieg zum Anlaß, nun ihrerseits zum Angriff überzugehen. Ihr Ziel war: Kassala, der bedeutendste Ort im östlichen Sudan. Wehrlos, da alle Truppen im Grenzgebiet für den Vorstoß nach Eritrea abgezogen worden waren, war Kassala eine leichte Beute und fiel denn auch, im Juli 1894, in die Hände der Italiener. Das war die zweite beziehungsweise – wenn man die Niederlage bei Toski mit einbezieht – die dritte Schlappe, die die Mahdisten hinnehmen mußten. Es war zudem die entschieden empfindlichste, denn Kassala war ein Eckpfeiler der Mahdiya gewesen.

Ominöse Entwicklung

Dennoch lehnte es der Kalif hochtrabend ab, ein Friedensangebot Menelik II., der die Nachfolge von Johannes angetreten hatte und sich durch ein Bündnis mit den Mahdisten eine Stärkung gegenüber den Italienern versprach, anzunehmen. Dabei wäre ihm ein solches Bündnis gut zustatten gekommen, denn inzwischen zeichnete sich auch im Süden eine ominöse Entwicklung ab. Hier waren es die Belgier und die Franzosen, die gegen die Grenzen des Reiches des Kalifen vorrückten. Und natürlich die Engländer, nachdem diese – durch den Helgoland-Sansibar-Vertrag – die Deutschen aus dem Rennen verdrängt hatten.

Die Belgier, unter König Leopold, hatten sich im Kongobecken festgesetzt. Die Franzosen, die ihr Augenmerk zwar mehr auf Nord- und Westafrika gerichtet hatten, wollten dennoch auch in Zentralafrika nicht leer ausgehen. So rückten sie von Gabun aus gegen Äquatorialafrika vor. Auch ihnen schwebte eine Achse quer durch Afrika, die den Atlantik mit dem Indischen Ozean verband, vor; denn auch im Osten hatten sie bereits, in Dschibuti, einen Stützpunkt errichtet. Was sie jedoch eigentlich im äquatorialen Afrika bezweckten, das war – im wahrsten Sinne des Wortes –, den Engländern, die in Ägypten saßen, das Wasser abzugraben. So hatte, am 20. Januar 1893, der französische Hydrologe Victor Prompt vor dem Ägyptischen Institut in Paris einen Vortrag gehalten, der zwar den harmlosen Titel »Der nilotische Sudan« trug, in dem er aber eine bemerkenswerte Theorie entwickelte: Er erörterte die Möglichkeit, am Weißen Nil, unterhalb der Mündung des Sobat, das heißt in der Gegend von Faschoda, einen Damm zu bauen. Mit diesem Damm könne das Wasser des oberen Weißen Nil (und seiner Zuflüsse) gespeichert und je nach Belieben eine Dürrekatastrophe oder Überschwemmung in Ägypten verursacht werden.

Falsche Prämisse

Wie sich denken läßt, sorgten die Ausführungen von Monsieur Prompt, die in schriftlicher Form der Regierung zugänglich gemacht wurden, für einiges Aufsehen. Auch wenn, wie wir wissen, die Theorie des französischen Hydrologen auf falschen Prämissen beruhte; denn es ist ja nicht der Weiße, sondern der B l a u e Nil, dem Ägypten seine eigentliche Fruchtbarkeit verdankt. Dennoch, welches Interesse konnte Frankreich daran haben, Ägypten den Garaus zu machen?

Nun, es klang bereits an: Die Engländer hatten 1882 Ägypten besetzt und damit den Franzosen, die immerhin – durch die Expedition Napoleons nach Ägypten und den Bau des Suez-Kanals – die eigentlichen Pioniere kolonialer Bestrebungen im Land am Nil gewesen waren, den Rang abgelaufen. Das hatten die Franzosen, die ja auch in Indien und in Nordamerika das Nachsehen gehabt hatten, nicht verwunden; und sie sannen deshalb darauf, die Engländer aus Ägypten wieder zu vertreiben oder doch zumindest auch Anteil an den Nilländern, zu denen neben Ägypten ja vor allem der Sudan gehört, zu haben. Das würde sie ihrem strategischen Ziel – der Linie Gabun-Dschibuti – näherbringen.

Also wurde der Plan aufgestellt, einen Vorstoß zum Oberlauf des Weißen Nil zu unternehmen. Dabei sollte der Vorstoß aus zwei Richtungen erfolgen: aus dem Westen, wo man sich der Unterstützung König Leopolds versicherte, und aus dem Osten, wo man Verhandlungen mit Menelik aufnahm, um auf diese Weise eine Route durch Abessinien zu sichern. Der eigentliche Vorstoß sollte von Gabun aus erfolgen, während man über den kürzeren Weg im Osten Verstärkung heranzuführen gedachte, um den geplanten Stützpunkt am Nil, für den Faschoda vorgesehen war, zu sichern.

Viertausend Kilometer

Mit der eigentlichen Mission, dem Vorstoß von Westen her, wurde Hauptmann Jean-Baptiste Marchand betraut, der sich bereits bei ähnlichen Unternehmungen, bei denen die Erforschung unbekannter Landstriche und die Verfolgung imperialistischer Ziele Hand in Hand gingen, einen Namen gemacht hatte. Im März 1897 brach er von Brazzaville aus auf, folgte zunächst dem Kongo, dann dem Ubangi, schließlich dem Bomu, der ihn bis zur Wasserscheide zwischen Nil und Kongo brachte, und stieß dann in den Bahr el-Ghasal vor, wo er – entlang des Sue und des Jur – einige Stützpunkte anlegte und – über den Ghasal – schließlich Faschoda erreichte. Alles in allem ein Gewaltmarsch von fast 4000 km, für den Marchand anderthalb Jahre benötigte. Man zog die Trikolore auf, warf einen Trupp Mahdisten, die der Kalif den Franzosen entgegenschickte, zurück und wartete auf die Verstärkung aus dem Osten.

Obwohl die Engländer die weitaus besseren Karten hatten, waren ihnen dennoch die Franzosen zuvorgekommen! Wie war das möglich?

Brückenkopf in Uganda

Zunächst einmal ist festzustellen, daß die Engländer durchaus nicht Kolonien um jeden Preis erwerben wollten. Soweit es die Nilländer betraf, erfolgte die Besetzung Ägyptens eher unfreiwillig, während man – wie wir gesehen haben – am Sudan eigentlich überhaupt nicht interessiert war. Das bisherige Engagement, das man dort eingegangen war, war lediglich eine Folge der Besetzung Ägyptens gewesen, die vor allem deshalb erfolgt war, weil die Engländer durch die politischen Unruhen, die in Ägypten drohten, ihren Verbindungsweg nach Indien, der durch den Suez-Kanal führte, gefährdet sahen. Um diesen Weg abzusichern, der zu ihrer wichtigsten Kolonie – »dem Juwel in der britischen Krone«, wie es hieß – führte, erwarben die Engländer auch Stützpunkte an der Ostküste Afrikas, von Suakin bis Sansibar. Dies waren in erster Linie strategische Interessen, die von der Regierung verfolgt wurden; obwohl dahinter natürlich die eigentlichen, wirtschaftlichen Beweggründe standen. Doch diese spielten zunächst, zumindest in Ostafrika, nur eine untergeordnete Rolle. Selbst als Mackinnon, der übrigens eigentlich Reeder und als solcher maßgeblich an der Gestaltung des Verkehrsweges nach Indien beteiligt war, die Initiative zur Expansion nach Äquatorialafrika ergriff, zog die britische Regierung nur nach, als sie schließlich den Vertrag mit Deutschland, der zum Austausch von Helgoland und Sansibar führte, aushandelte.

Hier aber trat bereits ein zusätzlicher Aspekt in Erscheinung: die Rivalität europäischer Staaten um die Aufteilung Afrikas, des einzigen Kontinents, der noch nennenswerte Flächen aufwies, die noch nicht unter europäische Hoheit beziehungsweise Einflußnahme gelangt waren. Denn viel weitreichender als der Austausch von Helgoland gegen Sansibar war die Festlegung der jeweiligen Einflußphären auf dem afrikanischen Festland, die in dem Vertragswerk enthalten war. So erklärte England auf Grund dieses Vertrages am 12. April 1894 Uganda zum Schutzgebiet Ihrer Majestät; was nicht nur bedeutete, daß schließlich die Engländer erreichten, was Peters bereits zuvor versucht hatte. Sie sicherten sich auch einen Brückenkopf, von dem aus ein Eingreifen möglich sein würde, um einer

Expansion der Belgier und Franzosen in den Süden des Sudan zuvorzukommen.

Klare Verhältnisse

Doch einstweilen fehlten die Verkehrswege, um den nötigen militärischen Nachschub nach Uganda und damit an die Grenze des Sudan zu bringen. Auch schien die Bedrohung, die von Belgien und Frankreich ausging, einstweilen gebannt. Denn England versuchte, ähnlich wie das im Helgoland-Sansibar-Vertrag geschehen war, auch mit den anderen Rivalen auf diplomatischem Wege eine Einigung zu erzielen. So war es bereits 1891, ein Jahr nach dem deutsch-englischen Vertrag, zu einem vergleichbaren Übereinkommen mit Italien gekommen: England erkannte eine italienische Einflußsphäre in Abessinien an, auch wenn diese einstweilen noch eher Fiktion war, während es sich dafür die Gebiete im Westen, also die südlichen Provinzen des Sudan, reservierte, was vorerst genauso hypothetisch war. Aber wobei es bei Vereinbarungen dieser Art ging, war die Absteckung von Grenzen, die zukünftige Ansprüche sichern sollte.

England hatte damit im Osten und Süden einem Vormarsch möglicher europäischer Rivalen einen Riegel vorgeschoben. Im Norden, in Ägypten, war es selbst Souverän. Im Westen bildete – einstweilen noch – die Sahara eine natürliche Grenze. Nur im Südwesten, also im Gebiet der Wasserscheide zwischen Nil und Kongo, drohte noch Gefahr: Von hier aus drangen, seit 1890, die Belgier in den Sudan vor, errichteten Militär- und Handelsposten und waren auf dem besten Wege, ihr Herrschaftsgebiet, das sie im Kongo errichtet hatten, auch auf den Sudan auszuweiten. Ihnen dicht auf dem Fuße folgten die Franzosen, die ihrerseits bestrebt waren, einen Zugang zum oberen Nil zu erlangen. Es wurde also höchste Zeit, auch hier »klare Verhältnisse« zu schaffen. Wobei es – soweit es England betraf – zunächst immer noch um eher theoretische Erwägungen ging: Es war zwar selbst nicht daran interessiert, den Sudan, das Herz Ostafrikas, zu besetzen, wollte dies aber auch keiner anderen europäischen Macht zugestehen. Was spätestens seit dem Bekanntwerden der französischen Überlegungen zum Bau eines Staudammes am Weißen Nil zu einer vorrangigen politischen Maxime geworden war.

Da Frankreich jedoch einstweilen noch keinen Zugang zu den südlichen Provinzen des Sudan besaß, bot es sich an, mit den Belgiern, das heißt ihrem König Leopold, der ja der eigentliche Betreiber (und Nutznießer) der kolonialen Bestrebungen der Belgier in Afrika war, eine weitere Übereinkunft zu treffen, die nicht nur die Grenze zwischen belgischer und britischer Einflußsphäre festlegen, sondern darüber hinaus auch den belgischen Anspruch auf das gesamte Grenzgebiet westlich der Wasserscheide festschreiben würde. König Leopold war mit einer solchen Grenzregelung, zumal ihm darüber hinaus einige territoriale Zugeständnisse im Pachtverhältnis zugestanden wurden, einverstanden; und so kam es denn, am 12. Mai 1894, zu einem weiteren Vertrag, mit dem sich England auch im Südwesten, entlang der Wasserscheide, eine feste Grenze sicherte. Es war damit die kuriose Situation entstanden, daß England de jure Anspruch auf den Sudan, zumindest den südlichen Teil, erhob, obwohl es bislang keinerlei praktische Anstrengungen unternommen hatte, diese neuerworbene britische »Einflußsphäre« auch tatsächlich zu besetzen. Von dem Umstand, daß all diese Verhandlungen über den Kopf des Kalifen hinweg, der von all dem kaum etwas ahnte, geschlossen wurden, einmal ganz abgesehen.

Neue Bestimmungen

Aber auch die Franzosen hatten einstweilen das Nachsehen. Obwohl sie von dem Abkommen zwischen Leopold und den Engländern zunächst noch gar nichts wußten. Sie hegten noch immer die Absicht, zum Weißen Nil vorzustoßen, um – wenn auch nicht wirklich zu radikalen Maßnahmen zu greifen – so doch wenigstens ein Faustpfand in der Hand zu haben, um damit die Engländer, mit denen man generelle koloniale Absprachen treffen wollte, an den Verhandlungstisch zu zwingen. Als dann schließlich die Übereinkunft Leopolds mit den Engländern publik wurde, warnte Paris vor einer Verschlechterung der Beziehungen und übte Druck auf beide Seiten aus. Mit dem Ergebnis, daß Leopold in einem neuen Vertrag, diesmal mit den Franzosen, der die Übereinkunft mit den Engländern ersetzte, auf seine Ansprüche im Süden des Sudan weitgehend verzichtete, während irgendwelche Sonderrechte der Engländer in diesem Gebiet nicht anerkannt wurden. Im übrigen erwirkte Frankreich das Recht, sich Zugang zum Weißen Nil zu verschaffen. Dies war die Voraussetzung, die den Vorstoß Marchands in den Sudan ermöglichte.

Attacke!

»Es kam ein Tag, den ich nicht vergessen werde, und sollte ich so alt werden wie der Erzvater Abraham.

Laut und hell schmetterten die Signalhörner die Reveille über das schlafende Lager und die stille Wüste; der Morgen des 2. September brach an, es war 4 Uhr.

Noch leuchtete der Mond mit geisterhaftem Schein, aber er stand jetzt weit im Westen, und die ringsumher sich erhebenden und reckenden Schläfer warfen lange Schatten. Über dem Nil lagerten milchweiße Nebelschwaden, rötlich glühten in ihnen die Mastlaternen der Dampfer und Segelbarken.

Bald wimmelte es im Lager wie in einem Ameisenhaufen, allerorten wurden die Biwakfeuer angeschürt und waren umdrängt von Offizieren und Mannschaften; denn der Morgen war kühl. Es war dasselbe Bild wie beim Aufbruch an anderen Tagen, aber heute kam etwas anderes hinzu; die Erwartung der kommenden Ereignisse, die Gewißheit, daß man etwas Großes und Schreckliches erleben würde, lag wie ein Druck auf den Gemütern; es war ruhiger wie sonst, man sprach zueinander in unterdrücktem Ton, fast flüsternd.«

Major Adolf von Tiedemann, von dem diese Zeilen stammen, nahm als Beobachter des preußischen Generalstabs an dem Feldzug, über den er berichtet, teil. Es war allerdings nicht das erste Mal, daß er sich auf ein Abenteuer in Afrika einließ. Bereits in den Jahren 1889/90 hatte er an der deutschen Emin-Pascha-Expedition teilgenommen, die der rührige Peters inszeniert hatte. Doch wenngleich es auch damals schon zu kriegerischen Auseinandersetzungen gekommen war, so hatte er sich diesmal auf etwas eingelassen, das in der Tat an Dramatik kaum zu überbieten war. Wie von Tiedemann weiter schreibt: »Überall dampften bald die Kessel über den Feuern; es war ausdrücklich angeordnet worden, daß die Mannschaften heute ganz besonders ausgiebig frühstücken sollten. Auch ich machte eine Ausnahme von meiner gewöhnlichen mageren Diät und hielt mich gehörig an die verschiedenen warmen Konservengerichte, mit denen unser unter freiem Himmel stehender Meßtisch heute opulenter wie sonst besetzt war. Kapitän Friend, unser Meßvorstand, teilte jedem zwei Büchsen mit Ölsardinen und eine Handvoll Zwieback zu als Mundvorrat für den kommenden Tag; das ist das beste Frühstück in der Wüste, es sättigt, ohne den Durst zu reizen. Die Feldflaschen wurden wie gewöhnlich mit dünnem Tee oder mit Kaffee gefüllt.

Gurgelnd und blökend sind unterdessen unsere Bagagekamele herangekommen, sie hocken wiederkäuend auf der Erde und bewegen die langen Hälse hin und her, ihr Gesichtsausdruck hat etwas ungemein Hochmütiges, Wegwerfendes. Schnell sind Teller und Tassen notdürftig gereinigt, in ihre Kisten verpackt und wandern auf den Rücken der Wüstenschiffe, worauf diese sich auf einen Kehllaut ihres Führers in zwei ruckartigen Bewegungen erheben und langsam davonstelzen.

Die Truppen rückten in ihre vom gestrigen Nachmittag bekannte Stellung; um ½ 6 Uhr stand die Armee gefechtsbereit an der Seriba.«

Unter Beschuß

Am 1. September 1898 hatte eine anglo-ägyptische Streitmacht einen kleinen verlassenen Ort namens Egaiga erreicht, zehn Kilometer vor den Toren von Omdurman. Nur ein Hügel, der Jebel Surgham, trennte das Dorf, in dem die Invasoren Stellung bezogen hatten, von der Stadt: »Das Gelände vor der Seriba dehnte sich, nach allen Seiten leicht ansteigend und flach wie ein Teller aus; nach Südwesten, Westen und Nordwesten gab es kaum einen Grashalm, geschweige denn einen Baum, welcher den Ausblick behindern oder dem Gegner hätte Deckung bieten können. In einer Entfernung von 3000 bis 4000 m ragte nach Südwesten ein kegelförmiger, steilabfallender Hügel aus der Ebene hervor, der Gebel Surghâm, nach Nordwesten in etwa gleicher Entfernung eine Anzahl ähnlicher Erhebungen. Zwischen beiden zog sich ein leichtgewellter Erdrücken dahin, die weitere Aussicht behindernd, und von dort her war der Angriff der Derwische zu erwarten.«

Die »Derwische«, das war die Armee des Kalifen. Auch wenn der Plan der Mahdisten, zwischen den beiden Hügeln vorzurücken, kaum Aussicht auf Erfolg versprach, so waren sie doch ein ernstzunehmender Gegner. Wie von Tiedemann weiter berichtet: »Ein solches Vorgehen mußte natürlich als barer Wahnsinn erscheinen, aber man hatte es eben mit religiösen Fanatikern zu tun, deren Wut durch die Beschießung und Zerstörung ihres Heiligtums, des Grabmals des Mahdi …, auf das äußerste gereizt worden war.«

Am Tag zuvor waren Kanonenboote bis auf die Höhe von Omdurman vorgedrungen und hatten die Stadt unter Beschuß genommen. Dabei war auch die »Kubba«, das Grabmal des Mahdi, das zum Symbol der Bewegung, die er begründet hatte, geworden war, beschädigt worden. Ein Ziel hatte die Invasionsarmee bereits erreicht, noch ehe sie die Stadt, die das Bollwerk der Mahdiya bildete, auch nur betreten hatte. Doch – was hatte sie vor die Tore von Omdurman geführt? Und wie war ihr das gelungen?

Kritische Stimmen

Es war nicht eigentlich die tatsächliche oder angebliche Bedrohung, die von den Belgiern und Franzosen ausging, die die Engländer zu einer neuerlichen Intervention im Sudan verleitete. Dieser Bedrohung war man sich zwar durchaus bewußt, weshalb man – wie wir gesehen haben – versucht hatte, ihr auf diplomatischem Wege entgegenzutreten. Aber damit begnügte man sich einstweilen. England verspürte noch immer keinen Drang, sich erneut der Gefahr einer Katastrophe im Sudan auszusetzen. Von den finanziellen Aufwendungen, die dazu notwendig gewesen wären, einmal ganz abgesehen. Noch im November 1895 – zur gleichen Zeit, da die französische Regierung der Mission Marchands grünes Licht erteilte – ließ die britische Regierung ihren Repräsentanten in Ägypten, Lord Cromer, wissen, daß es zum gegenwärtigen Zeitpunkt keine Aussicht gäbe, einer Intervention im Sudan, wie sie von verschiedener Seite gefordert wurde, ihre Zustimmung zu geben. Was Cromer, der stets von einem solchen Engagement abgeraten hatte, nur recht war. Denn er fühlte sich vor allem für die Sanierung des Landes, das ihm anvertraut war, zuständig, und hegte bereits den Plan für den Bau eines Staudammes bei Assuan, mit dem die unregelmäßige Wasserführung des Nil reguliert werden sollte; der also nicht die finsteren Machenschaften verhieß, die die Franzosen ursprünglich am Weißen Nil ins Auge gefaßt hatten.

Stimmen, die für eine Intervention im Sudan plädierten, wurden jedoch immer lauter. Dazu gehörte nicht zuletzt auch die ägyptische Regierung, die – unter der Oberhoheit der Briten – weiterbestand und ihren Anspruch auf den Sudan nie aufgegeben hatte. Auch die Öffentlichkeit, in England, übte Druck auf die Regierung aus. Nicht nur, daß man die schmähliche Niederlage von 1885 und den unrühmlichen Tod Gordons noch nicht verwunden hatte; inzwischen war man auch in allen Einzelheiten über die offenbar chaotischen und inhumanen Zustände im Sudan unterrichtet worden. Was dem Bericht Pater Ohrwalders zu verdanken war, der im Jahre 1892 in englischer Übersetzung erschien. Ohrwalder war es schließlich gelungen, nach zehnjähriger Gefangenschaft, aus den Fängen der Mahdisten zu fliehen. Was wenig später auch seinem Landsmann Slatin glückte, der ja gleichfalls einen Bericht über seine Erlebnisse und die Situation im Sudan verfaßte. Auch dieser Bericht wurde ins Englische übersetzt.

Sowohl Ohrwalder als auch Slatin zeichneten ein düsteres Bild der Verhältnisse im Sudan. Auch wenn sie, verständlicherweise, keine objektiven Beobachter waren, so ist der Vorwurf, der in neuerer Zeit erhoben wurde, daß es sich bei ihren Berichten eigentlich nur um Schmähschriften handelte, die propagandistisch ausgeschlachtet wurden, nicht gerechtfertigt. Das Regime zumindest des Kalifen entbehrte jeglicher demokratischer Prinzipien, mißachtete die elementarsten Grundrechte der Menschen und konnte noch nicht einmal mit einer religiösen Legitimation aufwarten, was immerhin unter dem Mahdi der Fall gewesen war. Im Sudan herrschten Willkür und Unterdrückung, und es ist verständlich (und gerechtfertigt), wenn sich dagegen Stimmen der Kritik erhoben. Die Regierung, in London, konnte darüber nicht so einfach hinwegsehen; zumal sie sich ohnehin die Schuld eingestehen mußte, nicht nur Gordon, sondern auch Ägypten im Stich gelassen zu haben.

Unvorhergesehenes Ereignis

Trotzdem wäre es nicht zu einem so radikalen Kurswechsel der Regierung gekommen, wie er dann im März 1896 erfolgte, wenn nicht ein unvorhergesehenes Ereignis eingetreten wäre, das zu raschem Handeln zwang: Die Italiener, die von ihrem Brückenkopf in Eritrea eine Ausweitung ihrer Macht anstrebten, waren bei Adua, auf abessinischem Gebiet, von Kaiser Menelik geschlagen worden. Da sie gleichzeitig in ihrem Vorposten, den sie den Mahdisten abgerungen hatten, in Kassala, von dem Kalifen bedrängt wurden, stand zu befürchten, daß nicht nur die Stellung der Italiener in Ostafrika geschwächt werden würde (was freilich in London nicht unbedingt mit Bestürzung aufgenommen worden wäre), sondern auch das würde eintreten können, was Menelik bereits einmal den Mahdisten angeboten hatte – ein Zusammengehen der beiden einzigen Reiche in Ostafrika, die bislang dem Kolonialismus (europäischer Prägung) entgangen waren. Die Gefahr, die davon ausging, würde das ganze strategische Gleichgewicht in diesem Teil Afrikas ins Wanken bringen. Dem mußte vorgebeugt werden, und so erhielt denn der *Sirdar*, der Oberkommandierende der ägyptischen Streitkräfte, General Kitchener, am 13. März die telegraphische Mitteilung, daß die Regierung Ihrer Majestät einen Vorstoß in den Sudan genehmigt habe. Was man bezweckte, war ein Ablenkungsmanöver, indem die nördliche Provinz des Sudan, Dongola, besetzt werden sollte. Dadurch würde der Kalif gezwungen werden, so wenigstens stand zu erwarten, daß die Mahdisten von ihren Unternehmungen im Osten, welche Ziele sie auch immer dort verfolgen mochten, Abstand nehmen würden, um sich der Gefahr im Norden zuzuwenden. Und eine Gefahr stellte die ägyptische Armee inzwischen durchaus dar; auch wenn sich die Mahdisten dessen erst bewußt werden sollten, als es eigentlich schon zu spät war.

Denn inzwischen hatte Cromer nicht nur die Finanzen des heruntergewirtschafteten Landes, über das er wachen sollte, saniert; es war auch eine grundsätzliche Neuordnung der ägyptischen Streitkräfte vorangetrieben worden, was nicht zuletzt auch ein Verdienst Kitcheners war, der 1892 zum Sirdar ernannt worden war. Den ersten Test hatte die reorganisierte ägyptische Armee in Tokar bestanden, als Osman Digna, der Emir der Mahdiya im Osten, eine entscheidende Niederlage erlitten hatte. Nicht anders sollte es dem Statthalter des Kalifen im Norden, Mohammed wad Buschara, ergehen.

Günstiger Umstand

Der neuerliche Vorstoß der Ägypter in den Sudan war bereits seit einiger Zeit vorbereitet worden. Dazu gehörte nicht nur die Reorganisation der Streitkräfte und die Verlegung von Truppen an die Grenze; entscheidend war auch die Rolle des militärischen Geheimdienstes, der gleichfalls den Briten unterstand und bemüht war, verläßliche Informationen, die eine realistische Einschätzung der Situation im Sudan ermöglichten, zu erlangen. Dabei erwies sich als günstiger Umstand, daß sozusagen am Vorabend der Invasion des Sudan Slatin die Flucht aus der Gefangenschaft des Kalifen gelang. Slatin, der als einstiger Gouverneur von Darfur auch mit militärischen Belangen konfrontiert gewesen war und folglich einen Blick für derlei Dinge entwickelt hatte, konnte Major Wingate, dem Leiter des militärischen Geheimdienstes in Kairo, einen genauen Bericht über die militärische Lage im Sudan geben. Truppenstärke, Konzentration der Streitkräfte, Bewaffnung, militärische Führung – über all dies gab Slatin, der im übrigen auch an dem neuerlichen Feldzug teilnahm, detailliert Auskunft.

Daraus ergab sich für die Invasionsarmee ein unschätzbarer Vorteil, der um so größer war, als dem Kalifen seinerseits keine vergleichbaren Informationen zur Verfügung standen. Im Gegenteil, es kam wiederholt zu Fehleinschätzungen der Absicht des Gegners, da einerseits kein verläßliches Informationssystem bestand, es andererseits aber auch zu Zwistigkeiten in den eigenen Reihen kam, die die Kommunikation zusätzlich erschwerten.

Es gab aber auch noch einen anderen Aspekt, der dem erneuten Vorstoß in den Sudan eine besondere Bedeutung gab: die Art, wie dieser Vorstoß durchgeführt wurde. Was ein besonderes Verdienst Kitcheners war, der – wie Gordon – ursprünglich eine Pionierausbildung erhalten hatte und den Vorstoß in den Sudan nicht nur unter militärischen Gesichtspunkten sah; für ihn war dieser Feldzug vor allem ein logistisches Unternehmen. Die geographischen Bedingungen im Sudan waren extrem, die traditionellen Verkehrswege unzureichend und die Ressourcen, die das Land bot, mangelhaft. Folglich mußte alles über große Entfernungen herangeschafft werden; wobei man nur zum Teil auf den Nil, der im nördlichen Sudan ja infolge einer Reihe von Katarakten nur begrenzt schiffbar ist, zurückgreifen konnte. Also verlegte man sich auf ein anderes Mittel, für das freilich England – als Geburtsland der Industrie – besonders günstige Voraussetzungen mitbrachte: Es wurde der Bau einer Eisenbahnlinie ins Auge gefaßt; zunächst bis Dongola und dann – in einem zweiten Anlauf – bis Abu Hamad. Das waren die Zielorte, des ersten und des zweiten Vorstoßes in den Sudan; wobei Abu Hamad freilich nur als Ausgangspunkt für die letzte Etappe vorgesehen war, die die Invasionsarmee bis vor die Tore von Omdurman bringen würde.

Ein neues Zeitalter

Kitchener ließ sich Zeit; der Feldzug begann am 18. März 1896, als sich die Invasionsarmee in Marsch setzte, und endete erst drei Jahre später, als eine Regelung mit den Franzosen über eine Begrenzung der jeweiligen Einflußspähren in Zentralafrika getroffen wurde. Dazwischen lag die Niederwerfung der Mahdisten; doch auch sie wurde erst im Herbst 1898 besiegelt, als es zu jener denkwürdigen Schlacht kam, deren Auftakt am Beginn dieses Kapitels bereits angedeutet wurde. Zweieinhalb Jahre vergingen, ehe die letzte Entscheidung fiel. Selbst wenn der Ausgang weniger günstig für die Invasoren gewesen wäre, hätte die Entwicklung, die Kitchener mit seiner großangelegten Invasion eingeleitet hatte, kaum mehr rückgängig gemacht werden können. Ein neues Zeitalter brach über den Sudan herein, zu dem – neben der Eisenbahn – Kanonenboote und Maschinengewehre nur die Vorboten waren.

Markante Züge

Über Kitchener wird gesagt: »Die auffallendste Erscheinung unter dem Offizierskops der Expeditionsarmee war zweifellos der Sirdar, Generalmajor Sir Herbert Kitchener oder, wie er nach den beschriebenen großen Ereignissen heißt, Lord Kitchener of Chartum.

Schon äußerlich hob er sich durch seine große schlanke Gestalt und seine tiefgebräunten, markanten Gesichtszüge hervor. Er stand im Jahre 1898 in seinem 48. Lebensjahr; aber die 17 Jahre, die er ununterbrochen in Ägypten und im Sudan tätig gewesen war, hatten der Elastizität seines hageren athletischen Körpers keinen Abbruch getan ...«

Er entsprach dem traditionellen Bild eines englischen Offiziers; aristokratisch in seiner Erscheinung, kühl und unnahbar in seinem Wesen. Doch dahinter verbarg sich eine Besonderheit, die durchaus nicht selbstverständlich war. Wie von Tiedemann, der bei seinen Beobachtungen dem Sidar besondere Aufmerksamkeit widmete, über Kitchener weiter schreibt: »Land und Leute im Sudan und alle Verhältnisse daselbst waren ihm vertraut, er sprach gut arabisch, und man hätte zur Führung des Feldzuges schwerlich eine geeignetere Persönlichkeit finden können. Er wußte wohl, daß Übereilung irgendeiner Art und jeder Fehler in den Dispositionen sich in einem Lande wie der Sudan furchtbar rächen konnten: El Obeid und Adua standen ihm als drohende Warnungen vor Augen, und er wartete, wie sehr er auch gedrängt wurde, seine Zeit ab, baute in aller Ruhe die Wüstenbahn fertig, legte seine Magazine an, ließ seine Offiziere auf Urlaub gehen und begab sich selbst nach Kairo.«

Ohne Illusionen

Das klingt, als sei es letztlich nur ein Spaziergang, zwar wohlgeplant, doch ohne große Beschwerden, gewesen, was der Sirdar da in Angriff genommen hatte. Doch wenn der Ausgang des Feldzuges wohl auch nie außer Zweifel stand, so wußte Kitchener aus eigener Erfahrung – denn er hatte wiederholt an den vorausgegangenen Feldzügen im Sudan teilgenommen –, was es hieß, einem Gegner gegenüberzutreten, der zwar militärisch unterlegen, dafür aber mit einem Glauben ausgestattet war, der ihn auch noch im Angesicht des Todes Heldentaten vollbringen ließ. Andererseits gaben sich auch die Ansar – zumindest, was die Stimmung bei den Engländern (und Ägyptern) betraf – keinen Illusionen hin. Wie es in einer sudanesischen Quelle heißt, wobei es sich um eine Warnung handelt, die ein Sohn des Kalifen, der sich bei der Schlacht von Omdurman auszeichnen sollte, seinem Vater gegenüber ausspricht: »Du kannst gewiß sein, daß die Engländer auf Rache sinnen, Rache für Hicks und Rache für Gordon und Rache für die Engländer, die du in diesem Land getötet hast. Auch die Ägypter und Türken sind auf Vergeltung aus, um den Verlust ihrer Armeen und der Herrschaft über dieses Land zu rächen. Sie kommen jetzt, um Rache zu nehmen und die Herrschaft wieder an sich zu reißen.«

Erhebliche Schwächen

Der Gefahr war man sich bewußt; doch, wie es scheint, nahm sie der Kalif nicht gebührend ernst. Er zögerte, schlug Allianzen (nicht nur mit den Abessiniern, sondern auch mit den Franzosen, die über Menelik Avancen machten) in den Wind und unterschätzte die Taktik des Gegners. Vor allem beging er den Fehler, den Großteil seiner Streitmacht in Omdurman zusammenzuziehen, um seine Residenz, die freilich auch die Hochburg der Mahdiya war, zu verteidigen; anstatt, wie es zwar versucht, doch nicht mit der nötigen Konsequenz verfolgt wurde, den Vormarsch der Engländer zu stoppen. Indem er ihnen keinen konzentrierten Widerstand entgegensetzte, die Engländer im Gegenteil in aller Ruhe das Land von Norden her aufrollen konnten, verpaßte der Kalif die Chance, seinerseits die Initiative zu ergreifen. Je weiter die Engländer vorrückten, desto mehr geriet der Kalif in die Defensive. Alles auf eine Karte, die Verteidigung von Omdurman, zu setzen, war ein Fehler; denn, wie auch immer eine solche Begegnung ausgehen würde, die Hälfte des Landes war bereits verloren.

Nun klang bereits an, daß die Situation im Sudan zum Zeitpunkt der neuerlichen Invasion aus dem Norden durchaus nicht günstig war. Zwar war die wirtschaftliche Krise, die zu einer akuten Hungersnot geführt hatte, überwunden. Auch der innere Widerstand war weitgehend gebrochen. Doch an den Grenzen, im Osten und im Süden, zeigten sich erhebliche Schwächen, die vor allem darauf zurückzuführen waren, daß es dem Kalifen an erfahrenen Heerführern ermangelte. Auch hatte das Herrschaftsgebiet, über das der Kalif gebot, inzwischen eine solche Ausdehnung erreicht, daß es nicht mehr effektiv verwaltet werden konnte. Zumindest der Süden, obwohl hier wiederholt der Versuch unternommen wurde, den Herrschaftsanspruch des Kalifen durchzusetzen, entglitt den Mahdisten immer wieder. Was um so schwerwiegender war, als – zunächst – im Süden das eigentliche Aufmarschgebiet der Feinde zu sein schien. Aber auch im Osten gingen – wie wir gesehen haben – wichtige Stützpunkte verloren. Das Reich des Kalifen war bereits beträchtlich zusammengeschrumpft, noch ehe der eigentliche Angriff von Norden erfolgte.

Dongola

Zunächst war diese Intervention, wie gesagt, nur als Ablenkungsmanöver geplant. Die Provinz Dongola sollte besetzt werden, um die Italiener in Kassala zu entlasten. Der Plan gelang; und zwar in doppelter Weise: Dongola, der Sitz der Provinzregierung, fiel am 23. September 1896, und Kassala blieb weiter in der Hand der Italiener, bis diese es schließlich – ein Jahr später – an die Engländer abtraten, die von Suakin vorgestoßen waren und damit einen weiteren Stützpunkt an der Ostflanke des Herrschaftsgebietes des Kalifen erworben hatten.

Britische Truppen

Zu diesem Zeitpunkt hatte bereits die zweite Phase der Rückeroberung des Sudan eingesetzt. Obwohl nach erfolgreichem Abschluß der Besetzung Dongolas, in deren Verlauf es nur ein einziges Mal zu einem größeren militärischen Zusammentreffen gekommen war, die Invasionsarmee aufgelöst wurde, während man gleichzeitig eine neue Verwaltung für die Provinz aufbaute, gab Kitchener sich mit diesem Triumph nicht zufrieden. Zu leicht war der Sieg gewesen, als daß man diesen Vorteil nicht auch noch weiter hätte nutzen können. Wozu zudem inzwischen ein neuer Anreiz durchaus gegeben war, denn mittlerweile war die Mission Marchands bekannt geworden, und das bedeutete eine weit ernstere Bedrohung, als sie der Kalif, dessen Ohnmacht offenbar geworden war, noch darstellte. So gelang es denn Kitchener, bei einem Besuch in London, wo er mit der Regierung verhandelte, eine neuerliche Zusicherung zu erhalten, die die Fortsetzung der Rückeroberung des Sudan vorsah. Diesmal wurden sogar britische Truppen für das Unternehmen bereitgestellt.

Abu Hamad

Der Bau der neuen Bahnlinie begann im Januar 1897. Die geplante Verbindung, die nicht mehr entlang des Nil, sondern durch die Nubische Wüste führte, stellte eine wesentliche Abkürzung dar, bedeutete also noch schnelleren Nachschub und somit eine größere Sicherung des weiteren Vormarsches. Allerdings wurde Abu Hamad, der erste Zielpunkt, durch einen Vorstoß, der entlang des Nil erfolgte, genommen. Erst dann konnte der Ort als Stützpunkt ausgebaut werden, ehe er schließlich im November an die neue Bahnlinie angeschlossen werden konnte. Damit war das größte Hindernis, soweit es die topographischen Widrigkeiten betraf, auf dem Weg nach Omdurman genommen.

Nakheila

Die Ansar hatten ihre Streifkräfte im Norden auf den Ort Metemma konzentriert. Hier war es im Juni zu einem Aufstand der Jaalin gekommen, die zu den seßhaften Völkern am Nil gehörten und folglich deren Ressentiment gegenüber den Baggara, die die eigentlichen Träger der Mahdiya waren, teilten. Die Jaalin, unter ihrem Führer Abdullah wad Said, sahen die Chance, sich mit den Engländern zu solidarisieren, doch obwohl sie bereits Kontakt mit diesen aufgenommen und um Waffen und Munition gebeten hatten, kam doch jede Hilfe, die Kitchener ihnen bereitwillig gewährte, zu spät. Der Kalif war schneller gewesen; er hatte eine Streitmacht unter Mahmud Ahmed, einem Neffen des Kalifen, der Gouverneur von Kordofan und Darfur gewesen war, ehe die Truppen dort abgezogen worden waren, nach Metemma entsandt, und dort war es am 1. Juli zu einer blutigen Vergeltung gekommen, im Verlauf derer auch Abdullah getötet worden war. Seitdem diente Metemma als Vorposten der Mahdiya, die den Vormarsch der Invasoren aufhalten sollte.

Doch Mahmud Ahmed, der kaum älter als dreißig Jahre war, war kein erfahrener Feldherr. Zudem ging man allgemein von der Vorstellung aus, daß der Vormarsch der Engländer wiederum durch die Bajuda-Steppe erfolgen würde, wie das auch schon bei der Expedition, die Khartum hatte entsetzen sollen, der Fall gewesen war. Was beweist, wie unbekümmert oder nachlässig doch die Mahdisten waren, wenn sie es versäumten, genauere Erkundungen einzuholen. Jedenfalls setzten sie auf Metemma und ließen es zu, daß schließlich auch Berber, das alte Handelszentrum, in die Hände der Invasoren fiel. Diese drangen sodann weiter bis zur Mündung des Atbara vor, wo sie eine Festung errichteten. Erst jetzt rafften sich die Mahdisten auf, dem neuerlichen Vormarsch der Engländer entgegenzutreten.

Der Kalif erteilte Osman Digna, der im Osten operierte, die Order, mit seinen Truppen die Streitmacht Mahmud Ahmeds zu verstärken und dann gemeinsam mit diesem gegen die Stellung der Engländer am Atbara vorzugehen. Obwohl Osman Digna weit mehr militärische Erfahrung und taktisches Geschick als sein jüngerer Mitstreiter besaß, nützte dies den Mahdisten wenig. Uneinigkeit und Rivalität zwischen den beiden Heerführern schwächten ihre Kampfkraft. Da sie zunächst auch nicht wagten, zum Angriff überzugehen, sondern ihrerseits am Atbara, an einem Ort namens Nakheila, eine befestigte Stellung errichteten, nutzte dies Kitchener, indem er eine Flotille von Kanonenbooten bis nach Schendi schickte, das der Streitmacht der Ansar in Nakheila als Nachschubbasis diente, die Stadt besetzen ließ und somit die Mahdisten am Atbara von ihrer Versorgung abschnitt. Erst dann, als die Streitmacht unter Mahmud und Osman Digna bereits erste Anzeichen der Auflösung erkennen ließ, unternahmen die Engländer einen Überraschungsangriff. Er erfolgte am Morgen des 8. April 1898 und endete mit einer völligen Niederlage der vereinten Streitmacht der Ansar. Dreitausend von ihnen fanden den Tod, darunter vierzig Emire. Mahmud geriet in Gefangenschaft, Osman Digna gelang die Flucht. Auf britischer beziehungsweise ägyptischer Seite fielen etwas mehr als fünfhundert, davon 114 Engländer.

Schuß auf Schuß

Dies war der einzige Versuch, den der Kalif unternahm, den erneuerten Vormarsch der Engländer aufzuhalten. Da auch Schendi gefallen war, stand den Engländern nun der Weg nach Omdurman offen. Doch sie ließen sich wiederum Zeit; denn sie wußten, daß ihnen die eigentliche Schlacht noch bevorstand. Im Grunde waren die beiden kriegerischen Zusammentreffen, die es bisher gegeben hatte, nur Geplänkel gewesen. Die Entscheidung fiel – nicht anders als seinerzeit in Khartum – in Omdurman. So zog Kitchener eine Streitmacht zusammen, die schließlich die stattliche Zahl von 26000 Mann erreichte. Dazu kamen zehn Kanonenboote und fünf Transportschiffe.

Der Kalif ließ die Invasoren bis auf wenige Meilen an seine Residenz herankommen. Erst dann hielt er den Zeitpunkt für gekommen, zum eigentlichen Gegenschlag auszuholen. Und dieser erfolgte an jenem Morgen des 2. September 1898, als das Heer des Kalifen gegen die Stellung, die die anglo-ägyptische Streitmacht in dem kleinen, verlassenen Ort Egaiga bezogen hatte, vorrückte. Wie sich von Tiedemann, dessen Mission ja in der genauen Beobachtung der Ereignisse dieses Feldzuges bestand, weiter erinnert: »Der Sirdar und der Stab hatten hinter dem Zwischenraum der britischen und der ägyptischen Division Stellung genommen; alle Feldgläser waren in gespannter Erwartung nach dem Höhenrücken gerichtet.

Abb. 21: Omdurman: Die Mahdisten greifen an

Zur Linken glänzte der Nil in den Strahlen der aufgehenden Sonne; die Luft war sichtig und rein.

Kurz nach 6 Uhr hörten wir von drüben her merkwürdiges summendes Tönen, das sich anfänglich niemand erklären konnte; bald schwoll es an, dann wieder verhallte es gänzlich – es war der Kriegs- und Sterbegesang von 50 000 Derwischen.

Und dann erschienen sie auf dem Bergrücken; ein Anblick, den niemand vergessen wird, der ihn gehabt. Die breiten und tiefen Schlachthaufen der in weiße Gewänder gehüllten Derwische schimmerten wie helle Bänder auf der Ebene, neue und immer neue Scharen wälzten sich heran, die Sonne gleißte auf einem Meer von Speeren und Schwertern; allen voran und hoch zu Roß erschienen die Emire, einzelne von diesen vom Kopf bis zum Fuß in eiserne Kettenpanzer gehüllt, auf dem Kopf die stählerne, mittelalterliche Sturmhaube mit Nasenbügel und Helmdecken; bei ihnen die großen mit Koransprüchen bedeckten Fahnen. Der Gesang, die Kriegspauken und Tamtams waren bald deutlich zu hören und erfüllten die Luft mit tosendem Lärm; zeitweise vereinigten sich die Stimmen zu einem langgezogenen ›Allahuuu!‹«

Es war zweifellos ein dramatischer Augenblick, als die Eingeschlossenen in ihrer Seriba der schier unbegrenzten Herrscharen der Ansar ansichtig wurden. Auch wenn kaum ein Zweifel bestand, wie das Treffen ausgehen würde. In den Worten von Tiedemanns: »Wenn ich von mir auf andere schließen darf, so hat wohl jeder von uns etwas wie ein Zittern verspürt; nicht der Furcht, denn man wußte sich hinter der Seriba und all den Geschützen und Gewehren so gut wie sicher; aber der Anblick vor uns und der Gedanke, daß dort viele tausend Menschen in dieser merkwürdigen Art ihrem Tod entgegengingen, hatten etwas tief Ergreifendes.«

Mochten die Mahdisten auch in der Überzahl sein (obwohl sie in verschiedenen Abteilungen operierten und nicht in ihrer Gesamtstärke angriffen), so hatten sie doch, als sie nun zum Sturm gegen die Stellung der Invasoren ansetzten, keine Chance. Wie sich von Tiedemann weiter erinnert: »Bumm!!! Huihhh! Vom englischen linken Flügel her fiel der erste Kanonenschuß; die Granate krepierte, wie deutlich sichtbar, hinter der vordersten Linie der Derwische. Ich sah nach der Uhr, es war genau ½7. Gleich darauf schlug das zweite Geschoß mitten in die feindlichen Reihen, und dann folgte in geschützweisem Feuer Schuß auf Schuß bis zum Ende des ersten Angriffs. Die erste Granate wurde auf 3000 m gefeuert, von 2800 m an wurden ausschließlich Schrapnells gebraucht. Wie mir schien, krepierten diese fast immer in richtiger Entfernung – das Feuer der Artillerie war zweifellos gut dirigiert.

Dann begann ein Maschinengewehr seine Tätigkeit mit dem ihm eigenen klopfenden Lärm, ein zweites, ein drittes – zehn, zwanzig fielen ein; bald krachten die … Salven der Infanterie …, und als die Derwische, ohne in dem fürchterlichen Bleihagel auch nur für Augenblicke zu stocken, bis auf 1000 m herangestürmt waren, bildeten das Zentrum und der linke Flügel eine einzige krachende und feuerspeiende Linie.

Man sah, wie die Derwische in ganzen Haufen stürzten, wie die hellen Bänder in Streifen geschlitzt wurden, sich wieder zusammenschlossen und von neuem vorwärts stürmten; ihr Kriegsgesang verhallte unter dem betäubenden Donner der Feuerwaffen.«

Was den Ausschlag gab, waren natürlich die überlegenen Waffen, mit denen die anglo-ägyptische Streitmacht ausgerüstet war. Vor allem das Maschinengewehr – der Name besagt es – war eine Neuerung in der Waffentechnik, der die Ansar nichts entgegenzusetzen vermochten; außer ihrem Mut. Und welchen Mut bewiesen sie! Von Tiedemann erinnert sich: »Der vorderste Tote lag auf etwa 150 m vor der Feuerlinie; es war ein Emir, der eine große weiße Flagge trug und ohne rechts oder links zu blicken vor einem kleinen Derwischhaufen hergeritten war. Er schien ein gefeites Leben zu haben; denn als bereits alle seine Begleiter am Boden lagen, hatte er augenscheinlich noch immer keine Verwundung. Als er sich schließlich ganz alleine sah, machte er Halt, stemmte die Fahne in die Erde und stand so einen Augenblick regungslos. Dann brach sein Schimmel zusammen, Reiter und Fahne rollten zur Erde. Die Gibba, das weiße Gewand des Emirs, war von Blut überströmt, er richtete sich mühsam in kniende Haltung auf, wandte sein Gesicht nach Mekka und brach sterbend zusammen.«

In vollem Galopp

Sie mochten Sklavenhalter sein und ihre Frauen wie Vieh behandeln, doch eines muß man zu ihrer Ehrenrettung sagen – und darin waren sich alle einig, die Zeugen ihres Sterbens wurden: die Ansar gingen wie Helden in den Tod! Wobei nicht ganz klar ist, was sie zu diesem Todesmut befähigte. War es der Glaube, an Allah, den Mahdi, den Kalifen? Die Verheißung, die all denen winkte, die im Jihad, dem »Heiligen Krieg« gegen die Ungläubigen, den Tod fanden, ins Paradies aufgenommen zu werden, wo sie die köstlichsten Freuden erwartete? War es die Kühnheit, das kriegerische Wesen, die den Nomaden angeboren sind? Wahrscheinlich kamen alle diese Faktoren zusammen; jedenfalls waren sich alle Beobachter einig, daß den Sieg zwar die Invasoren errangen, den eigentlichen Ruhm aber die Mahdisten davontrugen. Es gab nur eine Episode bei diesem ungleichen Zusammentreffen, wo die Kräfte annähernd gleich verteilt waren. Dabei handelte es sich um den Vorstoß einer berittenen Abteilung der Invasionsarmee, der sogenannten 21. Lancers, zu denen auch ein junger Offizier namens Winston

Churchill gehörte. Die Lancers hatten die Aufgabe – nachdem der Angriff der Mahdisten erfolgreich abgewehrt worden war –, das Terrain in Richtung Omdurman zu erkunden und etwaige versprengte Gruppen der Mahdisten zu vertreiben. Kitchener hatte beschlossen, Omdurman unverzüglich zu besetzen, bevor Überlebende der Streitmacht des Kalifen in die Stadt zurückkehrten und dort womöglich Widerstand mobilisierten, so daß es sehr wohl noch zu blutigen Straßenkämpfen kommen konnte. Während also das Gros der Invasionsarmee seine Stellung verließ und sich auf den Weg nach Omdurman machte, preschten die 21. Lancers voraus, umrundeten den Jebel Surgham, der den Blick auf Omdurman versperrte, und – gerieten in einen Hinterhalt. Als sie sich einem jener ausgetrockneten Flußbetten, die man im Sudan *khor* nennt, näherten, mußten sie plötzlich feststellen, daß sie geradewegs in ihr Verderben ritten. Wenigstens wäre die Situation für die Lancers ebenso verhängnisvoll gewesen, wie das für die Ansar bei ihrem Angriff auf die Seriba der Fall gewesen war. Doch wenngleich die Mahdisten auch über veraltete Gewehre und ein paar leichte Geschütze verfügten, Maschinenwaffen im eigentlichen Sinne, die in dieser Schlacht den Ausschlag gaben, waren nicht in die Hände der Ansar gelangt. Die meisten kämpften noch immer mit Schwert und Lanze; zwei Zeitalter prallten an jenem 2. September 1898 vor den Toren von Omdurman aufeinander. Nur die Lancers, die gleichfalls mit Schwertern beziehungsweise Säbeln bewaffnet waren, waren diesmal nicht von vornherein im Vorteil. Es war ein »fairer Kampf«, wie Churchill es nennt, der sich da so unerwartet am Khor el-Sunta entspann. Das einzige glorreiche Gefecht in dieser Schlacht, soweit es die Briten (und die anglo-ägyptische Streitmacht insgesamt) betraf. So berichtet denn Churchill, der zugleich auch als Kriegsberichterstatter an diesem Feldzug teilnahm, nicht ohne Stolz: »Der Ritt war schnell und die Entfernung kurz. Doch ehe wir sie zur Hälfte zurückgelegt hatten, nahm alles eine grundlegende Wendung. Eine tiefe Spalte im Boden – ein trockenes Flußbett, ein *khor* – tat sich auf, wo alles scheinbar glatt und eben gewesen war; und daraus kam, mit der Plötzlichkeit einer pantomimischen Geste und einem schrillen Schrei, eine dichtgedrängte Menge weißgekleideter Männer hervor, in einer breiten Front und zwölf Reihen tief. Zwanzig Reiter und ein Dutzend leuchtender

Fahnen tauchten, wie von Zauberhand, aus der Erde auf. Begierige Krieger sprangen nach vorn, um den Zusammenprall abzufangen. Die andern verharrten regungslos und sahen dem Treffen entschlossen entgegen. Die Lancers reagierten auf die Erscheinung lediglich, indem sie die Pferde zu noch schnellerem Galopp antrieben. Jeder war darauf bedacht, genügend Wucht zu entwickeln, um eine so massive Linie zu durchbrechen. Die Reiter an den Flanken schwenkten ein wie die Hörner eines Mondes, damit sie nicht am Feind vorbeiritten. Doch das Ganze war nur eine Sache von Sekunden. Die Schützen, die bis zuletzt tapfer schossen, wurden kopfüber in den *khor* gefegt, und die britischen Schwadronen, die in vollem Galopp und dichtgedrängt ihnen nachsetzten, trafen auf den grimmigen Feind mit einem lauten wilden Schrei. Der Zusammenprall war ungeheuerlich. Fast dreißig Lancers, Reiter und Pferd, und mindestens zweihundert Araber stürzten oder wurden niedergerissen. Der Schock betäubte beide Seiden, und wohl zehn wundersame Sekunden lang achtete keiner auf den anderen. Erschreckte Pferde waren in der Menge eingekeilt; verletzte und erschrockene Männer, die übereinander lagen, versuchten, benommen und verwirrt, auf die Beine zu kommen, rangen nach Luft und blickten um sich. Mehrere Lancers, die gestürzt waren, fanden sogar die Zeit, wieder aufzusitzen. Der Angriff der Kavallerie dauerte mittlerweile an, und die Wucht des Anpralls riß sie mit. Wie ein Reiter durch eine Hecke prescht, so erzwangen sich die Offiziere ihren Weg durch die Menge; und wie ein eiserner Rechen durch einen Haufen Schindeln fegt, so folgte ihnen das Regiment. Sie zerschlugen die Schlachtordnung der Derwische und arbeiteten sich langsam am gegenüberliegenden Hang empor; einige ihrer Kameraden blieben zurück, doch die Wucht des Angriffs riß mehr als tausend Araber mit. Dann, erst dann begann das Töten; und nun sah ein jeder die Welt nur noch über den Schaft seines Speeres, aus seiner Rüstung und durch die Kimme seiner Pistole; und jeder hatte seine eigene, sonderbare Geschichte zu erzählen.«

Außer Gefecht

Das Regiment büßte »in 120 Sekunden«, wie Churchill vermerkt, »fünf Offiziere, 65 Mannschaften und 119 von weniger

Abb. 22: Nach der Schlacht: Gefallene Mahdisten

als 400 Pferden« ein, die entweder getötet oder verwundet wurden. Was bedeutete, daß die Lancers praktisch außer Gefecht gesetzt waren.

Was durchaus nicht unerheblich war, denn entgegen den Erwartungen Kitcheners war der Feind beileibe noch nicht besiegt. Noch zwei weitere Gefechte waren zu bestehen, die durchaus auch einen anderen Verlauf hätten nehmen können, als sie es tatsächlich taten. Denn nicht nur hatten die Mahdisten diesmal den Überraschungseffekt auf ihrer Seite; die Streitmacht der Invasoren hatte sich auch soweit aufgesplittert, daß zumindest eine Abteilung akut gefährdet war und nur deshalb einem ähnlichen Schicksal wie die Lancers entging, weil der Kalif, der immerhin bei der Schlacht zugegen war, wenn er auch nicht selbst in den Kampf eingriff, es versäumte, einen neuerlichen Angriff zwischen den ihm noch verbliebenen Kontingenten zu koordinieren. So wurde auch der dritte und vierte Angriff abgewehrt, und dem Kalifen blieb schließlich nur noch die Flucht, während sich die nun tatsächlich siegreiche Armee der Invasoren ohne weitere Zwischenfälle den Toren von Omdurman näherte.

Last Stand

»Es war, bis der letzte Schuß verhallte, ½ 1 Uhr geworden, und die Sonne brannte mit verzehrender Glut; der Sirdar aber drängte zum Weitermarsch auf Omderman.

Gegen 2 Uhr wurde bei dem Wadi Shamba, einem flachen Wasserlaufe in tiefem Geländeeinschnitt, eine halbe Stunde gerastet, dann ging es weiter. Vor uns lag Omderman mit dem durch das Bombardement halbzerstörten Grabmal des Mahdi, scheinbar umgeben von einem glänzenden See, auf dessen Spiegel Segel dahinglitten und an dessen Ufern sich Palmen im Winde wiegten. Nach all dem Kampflärm und den Schrecknissen der letzten Stunden war diese friedliche Fata Morgana von seltsamer Wirkung; in dem weichen Sande verhallten die Fußtritte der marschierenden Bataillone, man zog dahin wie in einem Traumland.«

Bemerkenswert, daß die Invasoren als Befreier empfangen wurden. Zumindest in den Außenbezirken von Omdurman, wo Stämme angesiedelt waren, die nicht zum engeren Kreis der Anhänger des Kalifen gehörten, war die Freude über das Erscheinen der Sieger offenbar groß. Wie von Tiedemann weiter schreibt: »Aus den Häusern der weit ausgedehnten Vorstädte strömten Tausende und Abertausende von Einwohnern heraus, die den Sirdar mit gellendem Getriller und Jubelgekreisch begrüßten, die meisten von ihnen in erbärmlichem halbverhungertem Zustand.«

Ganz anders die Situation im Innern der Stadt, die Kitchener unverzüglich besetzen ließ: »Der Kern von Omderman ist von einer Mauer umgeben, die aus Ziegeln und Sandsteinen in einer Höhe von 4–5 und einer Dicke von 1–1½ m aufgeführt ist. Diesen inneren Teil bewohnten die Baggara und übrigen Derwische, und hier befanden sich die Vorratshäuser. Während in diesen ungeheure Vorräte aufgehäuft waren, starben die von den Derwischen mißachteten Bewohner der Vorstädte Hungers.«

Der Krieg, der immerhin zweieinhalb Jahre gewährt hatte, war nicht ohne Spuren an dem Land des Kalifen vorübergegangen. Zwar hatte sich die eigentliche militärische Auseinandersetzung auf den nördlichen Teil des Landes beschränkt, doch die Wirtschaft war auch in den anderen Regionen des Sudan in Mitleidenschaft gezogen worden; vor allem durch die Aushebung von Truppen und erneute Umsiedlungsaktionen. Da die Baggara die eigentliche Stütze der Mahdiya darstellten, war für sie zwar genügend vorgesorgt worden. Doch die übrigen Bewohner von Omdurman, wo sich ein Großteil der Bevölkerung des Sudan konzentrierte, ging leer aus. Jedenfalls herrschte bei Ankunft der anglo-ägyptischen Armee offenbar akute Hungersnot. Auch sonst erweckte Omdurman, die Kapitale der Mahdiya, nicht den Eindruck einer blühenden Stadt. Was selbst für den Kern von Omdurman, der den Privilegierten vorbehalten war, zutrifft. Wie dem Bericht von Tiedemanns zu entnehmen ist: »Das Innere der Stadt bot einen grauenhaften Anblick, und für jeden, der ihn gehabt, wird das Wort Omderman mit dem Eindruck des Gräßlichen verbunden sein.

Nirgends ein Baum, nirgends ein Garten oder eine Blume; kein Gebäude, das einem ›Haus‹ geglichen hätte; nichts wie eine endlose Masse von unregelmäßig durcheinander gewürfelten viereckigen Lehmhaufen mit größeren oder kleineren Löchern an Stelle der Türen und Fenster; alles von derselben toten Erdfarbe, alles starrend von Unrat und unendlichem Schmutz. In den winkeligen engen Durchgängen brütete eine erstickende Schwüle, ein pestilenzialischer Gestank erfüllte die Luft; in den Brunnen und Wasserlöchern und überall sonst Kadaver, aufgetrieben oder halbverwest, von Menschen, Eseln, Pferden; bedeckt und überkrochen von Millionen von Fliegen.

Schmutz, Hitze, Gestank, Leichen und Fliegen – das war Omderman.«

Made in Germany

Kein schmeichelhaftes Zeugnis, das ein Augenzeuge hier der Residenz des Kalifen ausstellt. Mag er – wie alle, die mit der

Armee Kitcheners in den Sudan gekommen waren – auch keine besondere Sympathie für den Kalifen wie für die Mahdiya insgesamt gehegt haben; eines wird dennoch deutlich und ist – auf Grund auch anderer Belege – gewiß: Omdurman war nicht Granada; oder auch nur Bagdad oder Kairo. Omdurman war das Spiegelbild eines Mannes, der bar jeder Kultur war; ja, für den selbst die Religion nur ein Vorwand war zur Befriedigung persönlicher Machtgelüste. Die Mahdiya war am Ende nicht nur nicht ein Reich Gottes auf Erden; sie war zu einem unscheinbaren Gebilde verkümmert, das auch nicht im entferntesten an den Ruhm und den Glanz erinnerte, die gerade auch die islamische Kultur an anderen Orten (und zu anderer Zeit) ausgezeichnet hatten!

Omdurman war nicht nur eine Ernüchterung: die Stadt des Kalifen offenbarte mit einem Blick den ganzen Schwindel seines Regimes! Nur das Beit el-Mal, das »Schatzhaus«, ließ die Erinnerung an Tausend-und-eine-Nacht aufkommen; wobei freilich nicht übersehen werden sollte, daß es sich überwiegend um Kriegsbeute oder den Erlös aus dem infamen Sklavengeschäft handelte, was im Schatzamt des Kalifen angehäuft war. Von Tiedemann berichtet: »In den Rüstkammern [des Beit el-Mal] fanden sich zum Teil herrliche Waffen indischer, sarazenischer, mameluckischer Herkunft, jahrhundertealte Helme und Panzerhemden, die sich in dem trockenen Klima wunderbar erhalten hatten, Helme, Kürasse, Flinten und Säbel aus der bonapartischen Zeit, Kanonen der verschiedensten Art und Kaliber und eine Unzahl von Gegenständen der heterogensten Art, vom Elefantenzahn und Rhinozeroshorn bis zum vergoldeten Thron des Negus Johannes von Abessinien, bis zum kreuzsaitigen Piano, der Singerschen Nähmaschine und der buntfarbigen Galakutsche Said Paschas, die die Aufschrift ›made in Germany‹ getragen haben soll.«

Träne im Auge

Mohammed Said Pascha, der einstige Vizekönig von Ägypten, hatte in den Jahren 1856/57 den Sudan besucht. Dabei mag er eine Kutsche, die er vielleicht sogar aus deutschen Landen bezogen hatte, mitgeführt haben; was jedoch bedeutsamer ist, soweit es das Wirken Said Paschas im Sudan betrifft, ist die Tatsache, daß er bemüht war, erste Reformen einzuführen. Wozu auch die Abschaffung der Sklaverei gehört hatte!

Was diese nun betrifft, so ging Cromer, dem Statthalter der Engländer in Ägypten, der auch Kitcheners unmittelbarer Vorgesetzter war, im Zuge der Berichte über den Sieg, den die angloägyptische Expedition im Sudan errungen hatte, auch der Hinweis zu, daß man in Omdurman auf 30 000 »Köchinnen« und Konkubinen gestoßen sei. Kitchener erlaubte sich die Anfrage, was mit ihnen geschehen solle, da er weder für die einen noch für die anderen Verwendung habe. Was für ihn spricht; denn natürlich hätte es hinreichend Verwendung gegeben. Schließlich reiste der Sirdar nicht allein; und die, die ihn begleiteten, taten dies ohne den Troß, wie er gewöhnlich in diesen Gegenden das Los eines Soldaten erträglicher machte.

Kitchener vertrat eine »zivilisierte« Nation; dessen war er sich wohlbewußt. Und so fand denn – statt der großen Plünderung, die die Einwohner von Omdurman, zumindest die Bessergestellten, anfangs befürchtet hatten – am 4. September, zwei Tage nach dem Einmarsch der siegreichen Truppen, in Khartum, auf den Trümmern des einstigen Gouverneurspalastes, eine Gedenkfeier statt. Gefeiert wurde nicht nur der Sieg, in dem man ein Zeichen des »Herrn«, der das Böse, den Anti-Christ, besiegt hatte, sah. Es wurde auch dessen gedacht, der an diesem Ort einen zwar ruhmreichen, doch schmählichen Tod erlitten hatte. In den Worten von Tiedemanns: »Am 4. September, zwei Tage nach der Schlacht, fand in Chartum zu Gordons Andenken ein feierlicher Gottesdienst und die Flaggenhissung statt.

Bei den Trümmern des Hauses, in dem Gordon, größer als Mensch wie Soldat, sein Leben unter den Speeren der stürmenden Derwische ausgehaucht hatte, sammelten sich die zur Feier befohlenen Abordnungen und das gesamte Offizierkorps; es wurde in kurzen ergreifenden Worten Gordons gedacht, die Sackpfeifen der Hochländer spielten zu dumpfgestimmten Trommeln den Coronach, die heimatliche Totenklage von Gor-

Abb. 23: Gedenkgottesdienst zu Ehren Gordons in den Ruinen des Palastes von Khartum

dons Clan; zum Schluß war tiefe Stille, und entblößten Hauptes beteten wir alle das Vaterunser, das uns der weißhaarige Vater Brindle vorsprach.«

Sodann wurden die Flaggen gehißt, der Union Jack und die ägyptische Fahne, Kanonenboote, die am Ufer lagen, feuerten Salutschüsse ab; und schließlich erfolgten je drei Hochrufe, auf die Queen und den Khediven. Selbst Kitchener, der sonst keine Miene verzog und auch durch die blutigste Schlacht nicht aus der Fassung zu bringen war, zeigte sich gerührt. Wie sich von Tiedemann erinnert: »Dicht vor mir stand der Sirdar, und es ergriff mich, in seinem harten Gesicht die Bewegung arbeiten und in seinem Auge eine Träne glänzen zu sehen. Es war für ihn der größte Tag seines Lebens.«

Für zukünftige Verwendung

In der Tat: Kitcheners Armee hatte nicht nur gesiegt, den Mahdi, die Mahdiya niedergerungen; er hatte auch die Schmach, die den Briten, als Volk und Nation, durch den Tod Gordons widerfahren war, gesühnt. Was Wunder, daß er nun in seiner Heimat als Held gefeiert wurde? Noch am gleichen Tag, da die Siegesfeier in Khartum stattfand, erreichte ihn die Nachricht, daß ihm die Würde eines Pair verliehen worden war. Was bedeutete, daß er als Lord Mitglied des Oberhauses wurde und sich mit dem Titel »Kitchener of Khartoum and of Aspall« (wobei letzteres sich auf den Geburtsort seiner Mutter bezog) schmücken durfte. Der Sirdar wurden mit Ehren überhäuft, und die Queen schrieb zufrieden in ihr Tagebuch: »Surely, he is avenged!« Womit sie den meinte, um den auch sie gebangt und der nun Genugtuung erfahren hatte.

Doch – es gab auch Kritik! Man neidete dem Sirdar seinen Erfolg, und da Kitchener – in seiner kurzangebundenen und verschlossenen Art – kein Freund der Presse war, fiel diese über ihn her wie eine Meute hungriger Wölfe. Dies trifft in gewisser Weise auch für Winston Churchill zu, der ja eigentlich Korrespondent einer englischen Zeitung war. Er war damals noch ein junger Rebell, der durchaus noch nicht jene konservative Grundeinstellung erkennen ließ, die er später vertrat. So bezog er bezüglich der Person des Mahdi eine Position, die sich sehr wesentlich von der unterschied, die er beispielsweise gegenüber Ghandi einnahm. Wir werden darauf noch zu sprechen kommen. Was die Kritik an Kitchener anbelangt, von dem er einmal sagte, daß er zwar ein guter Soldat sein möge, doch nie und nimmer ein Gentleman, so schrieb er in seinem Bericht über den siegreichen Sudanfeldzug, der zu einem Klassiker militärischer Geschichtsschreibung wurde: »Vom Hause des Kalifen begab ich mich zum Grab des Mahdi ... Es war stark zerstört durch den Granatbeschuß. Die Spitze des konischen Domes war weggerissen. Eine der kleinen Kuppeln war vollständig zerstört. Der Dom selbst wies ein gewaltiges Loch und mehrere kleinere auf, die hineingerissen worden waren; durch diese Löcher fiel das Sonnenlicht herein und erhellte das Innere. Alles war zerstört. Dennoch war das bemalte Messinggeländer um den eigentlichen Sarkophag zu erkennen sowie der Stein, unter dem vermutlich der Leichnam lag. Dieser Ort war für mehr als zehn Jahre das Heiligste gewesen, das die Bewohner des Sudan kannten. Ihr erbärmliches Leben war vielleicht erhellt, vielleicht sogar irgendwie erhöht worden durch die Betrachtung von etwas, das sie zwar nicht ganz verstanden, doch das ihrem Glauben nach einen schützenden Einfluß ausübte. Es hatte jenen instinktiven Wunsch nach dem Geheimnisvollen befriedigt, den alle menschlichen Wesen besitzen und der vielleicht der gewichtigste Grund ist für das Vertrauen in eine fortschreitende Zukunft und ein höheres Schicksal. Auf Befehl Sir H. Kitcheners ist das Grab entweiht und dem Erdboden gleichgemacht worden. Der Leichnam des Mahdi wurde ausgegraben. Der Kopf wurde vom Körper getrennt und, wie es in der offziziellen Erklärung heißt, ›für zukünftige Verwendung aufbewahrt‹ – eine Formulierung, die in diesem Fall nichts anderes bedeuten kann, als daß er von Hand zu Hand weitergereicht wurde, bis er nach Kairo gelangte.«

Bizarres Gerücht

Churchill, der schon damals über die Gabe zündender Rhetorik verfügte, schließt seine Anklage mit den Worten: »Glieder und Rumpf des Mahdi wurden in den Nil geworfen. So war die Ritterlichkeit der Eroberer!«

Ein solcher Vorwurf, wie er auch von anderen erhoben wurde, erregte natürlich in einem Land wie England, das sich auch als Hort christlicher und gesitteter Zivilisation verstand, erhebliches Aufsehen. Nicht nur die Zeitungen, die schon damals jede Sensation aufbauschten, griffen den vermeintlichen Skandal auf; es kam auch zu Anfragen im Parlament, und selbst die Queen, die den Helden von Khartum gerade ausgezeichnet hatte, ließ verlauten, daß sie »schockiert« sei. Es kamen die bizarrsten Gerüchte auf: etwa, daß der Schädel des Mahdi, von dem gesagt wurde, daß wohlgeformt sei, mit Gold und Silber verziert werden sollte, um als Trophäe zu dienen; Kitchener gedenke, sie als Tintenfaß oder Trinkgefäß zu verwenden. Auch an die Auslage in einem Museum sei gedacht; ähnliches sei auch mit den sterblichen Überresten Napoleons geschehen.

Verständlich, daß Kitchener, für den die Leute von der Presse »Flegel« waren, womit er schon damals eine nicht unzutreffende Bemerkung machte, soweit es die Sensationspresse namentlich in England betrifft, sich in seiner Ehre gekränkt fühlte und bemüht war, den Sachverhalt, der durchaus nicht dem entsprach, was berichtet wurde, richtigzustellen. Wie er, am 7. März 1899, an die Königin, Viktoria, schrieb:

Einige Tage nach der Schlacht [von Omdurman] beriet ich mich mit einigen eingeborenen Offizieren der sudanesischen Truppen und unterhielt mich in der Sache auch mit einigen einflußreichen Leuten aus der Stadt; sie sagten mir, daß, obgleich kein Gebildeter den Mahdi für etwas Anderes hielt als einen Betrüger, der versucht hatte, die mohammedanische Religion zu ändern ... es dennoch einige Soldaten in unseren Reihen gäbe, die noch immer an den Mahdi glaubten; und sie empfahlen die Zerstörung des Grabes, und was die Gebeine beträfe, so solle man sie in den Nil werfen, womit solchem Glauben ein für allemal ein Ende gesetzt sei.

Nichts in der Angelegenheit wurde übereilt unternommen; doch vier Tage nach der Schlacht, ehe ich nach Faschoda aufbrach, gab ich den Befehl, das Grab zu zerstören, in dem Glauben, daß es die sicherste und weiseste Entscheidung sei; und so geschah es während meiner Abwesenheit. Man fand keinen Sarg, und als die Knochen zum Vorschein kamen, schienen die Soldaten nicht wenig überrascht und riefen: ›Bei Gott! Dies war nicht der Mahdi, wie er es verkündet hatte!‹ Sie hatten vorher geglaubt, daß der Mahdi mit seinem Körper in den Himmel eingegangen sei.

Als ich aus Faschoda zurückkam, wurde der Schädel des Mahdi, in einem Kästchen, mir übergeben, und ich wußte nicht, was ich damit machen sollte. Ich dachte daran, ihn an das College of Surgeons [medizinische Hochschule in London] zu schicken, wo, wie ich glaube, solche Dinge aufbewahrt werden. Er ist inzwischen in einem moslemischen Friedhof beigesetzt worden.

Makabres Schicksal

Es war also keineswegs ein Willkürakt, etwa um dem Bedürfnis nach Vergeltung nachzukommen: die Zerstörung des Grabmals – wie auch die Beseitigung der Leiche beziehungsweise des Skeletts – entsprach lediglich dem Kalkül, der Bewegung, die der Mahdi begründet hatte und deren Mittelpunkt er noch immer bildete, auch die letzte Basis zu entziehen. Das war eine politische – oder taktische – Entscheidung, die – gemessen an dem vorgegebenen Ziel, der Ausrottung der Mahdiya – durchaus folgerichtig und insofern gerechtfertigt war. Daß die Zerstörung des Grabmals – und die Exhumierung der sterblichen Überreste des Mahdi – zugleich auch ein Sakrileg war, wie es später die Sudanesen den Engländern vorwarfen, soll nicht in Abrede gestellt werden. Auch in England wurde ja dieser Vorwurf laut. Doch wird man nicht umhin können, Kitchener – und denen, die ihm den entsprechenden Rat erteilten – zuzugestehen, daß die Sicherung des Friedens, der so teuer erkauft worden war, Vorrang vor allem andern hatte. Was dann womöglich unter dem Deckmantel dieses Friedens geschah, steht auf einem anderen Blatt. Wir werden darauf noch zu sprechen kommen.

Bleibt noch die Frage, was es mit dem Schädel des Mahdi auf sich hatte. Wie wir gesehen haben, war der abgeschlagene Kopf eines Feindes die übliche Trophäe im Sudan. Nicht zuletzt auch Gordon war dieses makabre Schicksal widerfahren. Die Soldaten nun, die mit der Exhumierung betraut waren, verfuhren nur nach altem Brauch, als sie den Schädel vom übrigen Skelett trennten, denn viele von ihnen stammten ja ursprünglich aus dem Sudan. Kitchener wurde, wie aus seinem Schreiben hervorgeht, damit überrascht und schickte den Schädel nach Kairo, wo er jedoch nicht weiter nach London expediert wurde, sondern Cromer sich der Sache annahm und dem unfreiwilligen Spuk ein Ende setzte, indem er den Schädel zurück nach Wadi Halfa schickte. Wo er dann auf dem muslimischen Friedhof beigesetzt wurde und somit der Mahdi sozusagen wieder seine Ruhe fand.

Letzte Vision

Was aber geschah mit dem Kalifen? Von Tiedemann berichtet: »Zur Zeit, als der Sirdar vor der Stadt [Omdurman] eintraf, etwa gegen 3 Uhr, war der Kalif noch dort, man hörte die tiefen brüllenden Töne der großen Ombaia, des elfenbeinernen Kriegshorns des Kalifen, mit dem er seine Anhänger um sich versammelte. Er hat also anscheinend die Absicht gehabt, sich in der inneren Stadt oder in seinen eigenen Häusern zu verteidigen, die nochmals von einer hohen Mauer umgeben sind, hat aber schließlich seine Sache verloren gegeben und die Flucht ergriffen. Er ist, ohne bemerkt zu werden, durch die engen und winkeligen Straßen der südlichen Vorstädte entkommen; bei ihm befanden sich nur sein Sohn, seine Lieblingsfrau und etwa 150 Reiter; er selbst ritt einen Muskatesel, ein dem Pferde an Schnelligkeit fast gleichkommendes Tier und es an Ausdauer weit übertreffend.«

Dem Kalifen gelang also die Flucht. Zuvor hatte er vergeblich versucht, einen Widerstand in der Stadt zu organisieren, um die Invasoren in einen Straßenkampf zu verwickeln, der für diese in der Tat sehr verlustreich hätte sein können. Nicht ohne Grund war ja Kitchener bemüht gewesen, Omdurman vor dem Kalifen zu erreichen. Doch die Zeit für eine Reorganisation der dem Kalifen noch verbliebenen Truppen war zu kurz; er sah ein, daß ihm nur die Flucht blieb. Im Grabmal des Mahdi, das freilich bereits arg zerstört war, verrichtete er ein letztes Gebet und verließ dann die Stadt, indem er sich zunächst nach Süden und dann nach Westen wandte, wo er schließlich Obeid erreichte und durch die dortige Garnison Verstärkung erhielt.

Noch war das Spiel nicht endgültig verloren. Der Norden, einschließlich Omdurmans, das freilich zum Symbol der Mahdiya geworden war, war zwar verloren. Doch im Osten, im Süden und im Westen galt einstweilen noch das Wort des Kalifen, und wenn man es recht bedachte, so war im Grunde nur wieder der Zustand erreicht, der bestanden hatte, als der Mahdi zum Sturm gegen Khartum ansetzte. Diesmal würde es nur Omdurman sein, das es zu erobern galt. Jedenfalls war dies das erklärte Ziel, dem auch eine Wiederbelebung jener angeblichen Visionen diente, die einst der Mahdi benutzt hatte, um Anhänger und Vertrauen in seine Bewegung zu gewinnen. So wurde denn die Kunde von einer neuerlichen Vision verbreitet, die diesmal einem der Anhänger des Kalifen widerfuhr. Er begegnete, so hieß es, dem Kalifen und seiner Leibwache an einem geheimen Ort, und als er ihrer ansichtig wurde, fragte er: »Wer ist das?« Worauf ihm bedeutet wurde, daß es sich um den Kalifen und seine Leibwache handele, die sich versammelt hätten, um ihre Kleidung zu empfangen. Was alsbald geschah; wie der vermeintliche Augenzeuge später angeblich berichtete:

Darauf sah ich, wie sie mit Kleidern angetan wurden, die das Universum mit Licht erfüllten. Dann empfing auch das Heer seine Kleider, und ich sah, wie sich das Licht überall hin verbreitete. Nachdem sie ihre Kleider empfangen hatten, sah ich, wie der Kalif des Mahdi (Friede sei mit ihm) sein Gesicht nach Osten kehrte, was auch mit den Bannern und dem Heer geschah, bis er Omdurman betrat, ohne daß er daran im geringsten gehindert wurde. Ich sagte: »Wo sind die Ungläubigen?« Es wurde mir geantwortet: »Die Ungläubigen sind alle tot, und das Land ist frei von ihnen.« Da sah ich alle Ungläubigen als Leichen, tot und besiegt, und ich pries Gott dafür.

Ahmed Fadil

Mit Visionen dieser Art versuchten der Kalif und seine Vertrauten, an die ursprüngliche Tradition der Mahdiya anzuknüpfen. Doch es war nicht leicht, den Ruhm der Mahdiya, eine unbesiegbare Kraft zu sein, wiederherzustellen. Zu groß waren die Verluste gewesen, die der Kalif vor den Toren von Omdurman hatte hinnehmen müssen: Fast 11 000 Ansar waren gefallen und rund 16 000 verwundet worden; die Zahl der Gefangenen betrug 5000. Dagegen waren auf seiten des Feindes – was man im einzelnen natürlich nicht wußte, doch das Mißverhältnis war niemandem verborgen geblieben – nur 48 Gefallene und 382 Verwundete zu beklagen gewesen. Fürwahr ein großer Sieg und eine schmähliche Niederlage! Selbst Visionen würden da nur noch wenig ausrichten.

So gelang es denn dem Kalifen auch nur noch, eine neuerliche Streitmacht von nicht mehr als 5000 Mann aufzustellen; was in etwa einem Zehntel der Truppenstärke entsprach, die er bei der Schlacht von Omdurman hatte ins Feld führen können. Einen zweiten Rückschlag hatte er vor allem im Osten hinnehmen müssen, wo es den Invasoren ohne nennenswerten Widerstand gelang, bis zur abessinischen Grenze vorzudringen und alle Garnisonen zwischen Kassala und Roseires, am Oberlauf des Blauen Nil, zu besetzen. Ahmed Fadil, einer der letzten Heerführer, die dem Kalifen noch verblieben waren, hatte vergeblich versucht, mit einer Streitmacht nach Kordofan zu entkommen. Ursprünglich war er nach der Niederlage am Atbara in das östliche Grenzgebiet entsandt worden, um von dort Verstärkung für die Verteidigung von Omdurman heranzuholen. Doch die Stadt war gefallen, noch ehe Fadil dem bedrängten Kalifen hatte zu Hilfe eilen können. Es gelang ihm schließlich, kaum mehr als sein eigenes Leben zu retten. Doch da er ein Baggara und zudem ein Verwandter des Kalifen war, schloß er sich seinem Herrn wieder an und blieb ihm weiterhin treu bis zum Ende.

In der Nähe von Kosti

Der letzte Akt war gekommen, als der Kalif – bei dem Versuch, gegen Omdurman zu marschieren – im November 1899 bei dem Ort Um Debekeirat, unweit der Insel Aba, wo die Bewegung des Mahdi ihren Anfang genommen hatte, auf eine Streitmacht stieß, die unter dem Kommando von Oberst Wingate stand, der als Leiter des Nachrichtendienstes nicht unwesentlichen Anteil an dem Erfolg des Sudanfeldzuges gehabt hatte. Wingate verfügte über 3700 Mann; die Heere, die am Morgen des 24. Novembers unweit des heutigen Kosti aufeinandertrafen, waren also annähernd gleich stark. Doch was den Ausschlag gab, waren auch diesmal die Maxims, die Maschinengewehre. Wieder war das Verhältnis der Verluste erschreckend: tausend Gefallene auf der Seite der Mahdisten und nur vier Tote, die die anglo-ägyptische Streitmacht zu beklagen hatte!

Doch diesmal war unter den Gefallenen auch der Kalif: umgeben von seinen Getreuen, darunter Ahmed Fadil und Ali wad Hilo, der zweite Kalif, der bis zuletzt zum Nachfolger des Mahdi gehalten hatte, sowie seinen Brüdern und Söhnen, fand man den Kalifen Abdullah auf einem Gebetsteppich, auf dem sie sich im Angesicht des Todes versammelt hatten, dem denn auch keiner von ihnen entging. Lediglich Othman Scheich el-Din, einer der Söhne Abdullahs, der sich bei der Schlacht von Omdurman ausgezeichnet hatte und als Nachfolger des Kalifen vorgesehen war, geriet verwundet in Gefangenschaft. Er starb ein Jahr später. Damit hatte die Mahdiya, die immerhin zwei Jahrzehnte gedauert hatte, ihr Ende gefunden.

Faschoda

Noch ehe der letzte Widerstand im Sudan gebrochen war, war es zu einer neuen Krise gekommen: Es war jener Konflikt offen zutage getreten, der zwar zu befürchten gewesen war, sich am Ende jedoch als dermaßen gefährlich erwies, daß ein regelrechter Krieg auszubrechen drohte. Und zwar diesmal nicht zwischen einem überlegenen europäischen Invasoren und einem einheimischen, schwachen Potentaten; sondern zwischen zwei Großmächten – England und Frankreich.

Wir erinnern uns: Anlaß des neuerlichen Sudanfeldzuges der Engländer (und Ägypter) war eigentlich die Rivalität zwischen den europäischen Staaten bezüglich der Ausweitung ihres kolonialen Besitzes in Afrika gewesen; speziell in O s t afrika und hier im besonderen im Sudan. Italien, England und Deutschland, Belgien und Frankreich: sie alle hatten Ansprüche angemeldet, die jedoch – in gegenseitigem Einvernehmen – auf dem Verhandlungswege geregelt worden waren. Lediglich Frankreich hatte sich – aus britischer Sicht – widerspenstiger als die anderen Rivalen gezeigt: Nicht nur hatte es damit gedroht, Ägypten sozusagen das Wasser abzugraben; die Franzosen hatten schließlich auch eine Expedition auf den Weg gebracht, deren erklärtes Ziel es war, im Sudan Flagge zu zeigen und damit England zu Zugeständnissen bezüglich seines Herrschaftsanspruchs auf Ägypten zu zwingen.

Bereits im August 1898, also noch vor dem eigentlichen Sieg über den Kalifen, hatte Kitchener eine geheime Order vom Foreign Office erhalten. Sie besagte, daß er unverzüglich – nachdem Khartum wieder in der Hand der Engländer wäre – zu einer weiteren Expedition an den Oberlauf des Weißen Nil aufbrechen solle, um dort den Gerüchten nachzugehen, die von französischer Präsenz in diesem Gebiet sprachen, und entsprechende Maßnahmen zu ergreifen. Eine Bestätigung der Gerüchte erfolgte schließlich nur wenige Tage nach der Besetzung von Omdurman, als – am 5. September – ein Dampfer, der den Weißen

Nil herabkam, in Omdurman auftauchte und der Kapitän des Schiffes, das dem Kalifen unterstanden hatte, mit dem Bericht aufwartete, daß in Faschoda Fremde aufgetaucht seien, bei denen es sich nur – so folgerte Kitchener – um jene Franzosen handeln konnte, über deren Vormarsch in den Gerüchten die Rede war.

Kitchener zögerte nun nicht länger, sondern rüstete eine Expedition aus, die aus fünf Kanonenbooten, ägyptischen und britischen Truppen, Artillerie und Maschinengewehren bestand, und brach am 10. September in Richtung Faschoda auf. Knapp eine Woche später, am 15. September, erreichte er Renk, eine Station am Nil, die noch von den Mahdisten besetzt gehalten wurde, so daß es zum Kampf kam, der jedoch für die angloägyptische Streitmacht siegreich ausging. Vier Tage später erreichte die Expedition Faschoda.

Von der Quelle bis zur Mündung

Dort fand Kitchener nun in der Tat untrügliche Zeichen, daß ihm die Franzosen zuvorgekommen waren: Die Trikolore wehte über dem Ort, und Marchand, der die französische Expedition nach Faschoda geführt hatte, verfügte immerhin über ein Kontingent von Soldaten. Im übrigen war er nicht bereit, den Forderungen Kitcheners nachzugeben, den Posten zu räumen.

Es ergab sich eine heikle Situation, die jeden Augenblick in eine offene Konfrontation umschlagen konnte. Zum Glück fügte es sich, daß die beiden Kommandanten sogleich den Wert des anderen erkannten und eine gewisse Sympathie füreinander entwickelten. Man kam überein, nicht die Waffen, sondern die Diplomatie entscheiden zu lassen. Was zweifellos eine kluge Entscheidung war, denn eine militärische Auseinandersetzung, so unbedeutend sie auch letztlich gewesen wäre, hätte unübersehbare Folgen haben können. In Europa sprach man von Krieg, Pläne zur Mobilisierung wurden ausgearbeitet – und alles dies wegen Faschoda? Nun, es war sozusagen der Funke, der überzuspringen und ein Inferno zu entfachen drohte: Frankreich beharrte auf seiner Ehre und England auf der Sicherheit Ägyptens, von dem es ebensowenig abließ wie vom Sudan, der die Existenz Ägyptens garantierte. Gloire und Common Sense standen auf dem Spiel; weniger die Aussicht auf Beute, denn der Sudan bot keine Reichtümer. Es war ein armes Land, durch Krieg und Mißwirtschaft verwüstet und verelendet. Wer es gewann, würde investieren müssen. Der Sudan war eine Herausforderung, keine Belohnung; und es war ein günstiger Umstand für die Sudanesen, daß sie von möglicherweise zwei Übeln mit dem geringeren konfrontiert wurden. Nicht Frankreich, sondern England setzte sich am Ende durch: Auf einen militärischen Konflikt mit England nicht wirklich vorbereitet und zudem durch einen politischen Skandal, die sogenannte Dreyfus-Affäre, geschwächt, lenkte Frankreich schließlich ein und erklärte sich zu einem Übereinkommen bereit, das am 21. März 1899 geschlossen wurde und nun auch verbindlich und endgültig die Grenze zwischen englischer und französischer Interessenssphäre in Zentralafrika festlegte. Soweit es das umstrittene Gebiet im südlichen Sudan betraf, so folgte nun die Grenze im Westen der Wasserscheide zwischen Nil-, Kongo- und Tschadbecken. Damit hatte England seinen Anspruch auch auf das Gebiet des Oberlaufs des Weißen Nil durchgesetzt; es beherrschte nun das »Niltal«, wie man es nannte, von der Quelle des größten Stromes Afrikas bis zur Mündung.

Heilige Pflicht

Doch eigentlich, so paradox es klingt, hatte England das »Land der Schwarzen« gar nicht in Besitz nehmen wollen. Es bot zwar strategische Vorteile, war aber eher »a bread-basket case«, wie man heute sagen würde: ein Land, wie Bangladesch oder Haiti, das am Hungertuch nagt. Zu holen gab es da nichts; zumindest nicht in absehbarer Zeit. Warum sollte sich England mit so etwas belasten? Bestand nicht die Möglichkeit, einfach den ursprünglichen Zustand wiederherzustellen; das heißt, Ägypten in seine alten Rechte einzusetzen und somit dem Khediven die Last des wiedererworbenen Mündels aufzubürden? Schließlich war es Ägypten, das vom Besitz des Sudan am meisten profitierte.

Ägypten, das heißt der Khedive, wäre auf eine solche Lösung nur zu gern eingegangen. Immerhin hatte Ägypten zwei Drittel der Kosten, die für die Rückeroberung des Sudan aufgewendet worden waren, getragen. Es hatte außerdem das Gros der Soldaten gestellt. Zudem war England immer darauf bedacht gewesen, den Anspruch Ä g y p t e n s auf den Sudan in den Vordergrund zu stellen. Was nicht zuletzt in Faschoda deutlich geworden war, wo Kitchener wohlweislich darauf verzichtet hatte, die britische Flagge zu hissen. Er hatte sich damit begnügt, die ägyptische Fahne aufzuziehen, um damit zu dokumentieren, daß er eigentlich nur die Interessen Ägyptens vertrete, die weit älter als der Anspruch Frankreichs und damit allein gerechtfertigt seien.

England hatte, vorgeblich, den Sudan im Namen Ägyptens erobert! Oder richtiger: zurückerobert! Was für Gründe konnte es geben, sich nun auch weiterhin in diesem Land zu engagieren? Bereits 1891 hatte Wingate, in einer detaillierten Studie über den Aufstieg der Mahdiya, den Gedanken geäußert: »Daß sich ein neuer und besserer Sudan aus der Asche Gordons und all jener tapferen Offiziere und Soldaten, die bei der treuen Erfüllung ihrer Pflicht umgekommen sind, erheben möge, ist der innigste Wunsch all jener, die Ägypten Gedeihen und Wohlergehen wünschen.« Auch hier schon, wie selbstverständlich, die Verknüpfung des Schicksals des Sudan mit dem Ägyptens. Aber das ist nicht das Wesentliche. Was gemeint ist, wird deutlicher noch bei Lord Cromer, der treibenden Kraft, die hinter der Forderung nach einem »neuen Sudan« stand. In seinem voluminösen Werk »Modern Egypt«, das ein Rechenschaftsbericht über seine lange Amtszeit in Ägypten ist, schreibt er: »Welcher Meinung man auch immer anhängen mag bezüglich … [der Entscheidung der britischen Regierung, den Sudan zurückzuerobern] oder des Zeitpunkts … [für eine solche Entscheidung], es kann kein Zweifel darüber bestehen, daß die Eroberung Khartums mehr bewirkte, als jene Gefühle der nationalen Ehre zu beschwichtigen, die durch die Ereignisse von 1885 so tief verletzt worden waren. Die Kanonen, die die Horden der Derwische vor den Toren von Omdurman hinwegfegten, machten der Welt deutlich, daß auf England – oder, um genauer zu sein, auf Ägypten unter britischer Führung – die sehr ernste und heilige Pflicht übergegangen war, das Licht der westlichen Zivilisation unter dem heimgesuchten Volk des Sudan zu verbreiten.«

Cromer war zugegebenermaßen ein Vertreter des Imperialismus. Das heißt, er stellte nicht das Prinzipat der Herrschaft Englands über Länder und Völker in Afrika und Asien in Frage. Doch man täte ihm und England Unrecht, wenn man darunter allein zügellose Ausbeutung und die Durchsetzung skrupelloser Machtinteressen verstehen würde. Gerade Cromer war ein Repräsentant Englands, der durchaus nicht nur an die Interessen seines eigenen Volkes dachte. Die Aufbauarbeit, die er in Ägypten leistete, unterschied sich sehr wesentlich von dem, was vorher in diesem Land geherrscht hatte. Zumindest seit dem Niedergang der Pharaonen (und dem Beginn kolonialer Herrschaft, die – nebenbei bemerkt – in Ägypten bereits in der Antike einsetzte). Ähnlich verhielt es sich mit dem Sudan: Sieht man von der frühesten Zeit einmal ab, aus der ja nur spärliche Informationen erhalten sind, dann hatte in diesem Land bislang nur Willkür und Ausbeutung geherrscht. Der Mahdi mag ursprünglich die Absicht gehabt haben, das zu ändern. Tatsache ist, daß unter seinem Nachfolger, der der eigentliche Träger der Mahdiya wurde, das hehre, vorgebliche Ziel nicht erreicht, im Gegenteil schmählich verraten wurde.. Das »Land der Schwarzen« lag, am Ende der Mahdiya, kläglich am Boden, und es bedurfte nichts so sehr als einer ehrlichen und uneigennützigen Aufbauarbeit. Dieser Herausforderung kamen die Engländer in bemerkenswerter Weise nach. Jedenfalls unterschied sich ihre koloniale Herrschaft im Sudan sehr wesentlich – und dies im positiven Sinne – von der ihrer Vorgänger, der Ägypter.

Ungewöhnliche Konstruktion

Dies war auch der Grund, weshalb die Engländer nicht gewillt waren, den Ägyptern die Herrschaft über den Sudan wieder zu überlassen, nachdem die Mahdiya niedergeschlagen war. Sie argumentierten – nicht ganz zu Unrecht –, daß die Mahdiya ihren Ursprung nicht zuletzt in der Mißwirtschaft gehabt hatte, die die ägyptische Kolonialherrschaft im Sudan für lange Zeit gekennzeichnet hatte. Andererseits wollte man sich, in London, nicht gänzlich über die Ansprüche Ägyptens hinwegsetzen, zumal sie eben – gegenüber den europäischen Rivalen – als Vorwand gedient hatten. Also verfiel man auf ein Novum in der Geschichte kolonialer Herrschaft: man entschied sich für die Form einer gemeinsamen, anglo-ägyptischen Herrschaft über den Sudan. Als »Kondominium« bezeichnet, hatte diese duale Herrschaftsform, die in der Tat eine Besonderheit in der Kolonialgeschichte darstellt, fast sechzig Jahre Bestand: von 1899, als – am 19. Januar – ein entsprechendes Übereinkommen zwischen der Regierung Ihrer Majestät, der Königin, und dem Khediven geschlossen wurde, bis zum Jahre 1955, als der Sudan in die Unabhängigkeit entlassen wurde.

Allerdings, wenngleich England mit dieser Form einer Doppelherrschaft den Forderungen der Ägypter auch entgegenkam: in der Praxis erwies sich diese recht ungewöhnliche Konstruktion denn auch als illusorisch. Das Sagen hatten eindeutig die Briten, die ausnahmslos die höchsten zivilen und militärischen Ämter – allen voran das des Generalgouverneurs, der der eigentliche Regierungsausübende war – besetzten. Zum Nachteil für die Sudanesen war dies jedoch nicht; es sei denn, sie selbst fühlten sich – was zunehmend der Fall war – von der Ausübung der Macht ausgeschlossen. Doch traf es andererseits zu, daß die Sudanesen nicht die Voraussetzungen besaßen, einen modernen, freiheitlichen Staat zu führen. So etwas hatte es in ihrer Geschichte noch nie gegeben, und erst die Engländer waren es, die sie mit der Praxis einer demokratischen Regierung vertraut machten. Wenigstens schufen sie dazu die Grundlagen: indem sie eine effiziente, unbestechliche Verwaltung aufbauten; das Prinzip einer unparteiischen Rechtssprechung einführten; und – was im Sudan von besonderer Relevanz war – den Sklavenhandel abschafften. Schon in dem Übereinkommen, das die gemeinsame, anglo-ägyptische Herrschaft über den Sudan festlegte, war ausdrüchlich bekräftigt worden:

Die Einfuhr von Sklaven in den Sudan, ebenso wie ihre Ausfuhr, ist grundsätzlich untersagt. Vorkehrungen in Form von Bekanntmachungen sollen getroffen werden, damit diese Bestimmung eingehalten wird.

Untrügliches Zeichen

Es ist nicht das geringste Verdienst der Briten, den Sklavenhandel im Sudan, der eine Geißel dieses Landes (und mehr noch der Länder, die an den Sudan grenzen) seit undenklichen Zeiten gewesen war, endlich abgeschafft zu haben. Auch wenn dies einige Zeit in Anspruch nahm und die Sklaverei aus der Mentalität der Sudanesen nicht gänzlich verschwand, wie wir noch sehen werden.

Ein anderer Aspekt, der sich positiv auf die Entwickung des Sudan auswirkte, war die Förderung der Wirtschaft, die das Land durch die Engländer erfuhr, und der Ausbau des Verkehrsnetzes. Khartum, das nun wieder den Platz von Omdurman einnahm, wurde an das Eisenbahnnetz angeschlossen und eine Bahnverbindung auch zwischen Nil und Rotem Meer hergestellt, wo zudem ein neuer Hafen, Port Sudan, angelegt wurde, der Suakin ersetzte. Bereits 1909, zehn Jahre nach der endgültigen Niederwerfung der Mahdiya, konnte ein englischer Beamter, der eine Inspektionsreise durch den Sudan unternommen hatte, erklären: »Ich glaube nicht, daß es irgendwo auf der Welt einen Ort gibt, wo die Masse des Volkes weniger unbefriedigte Wünsche hat.« Eigenlob und Understatement zugleich; doch wenn hier auch Subjektivität nicht ausgeklammert werden kann, so bleibt doch eine Tatsache bestehen: Die Bevölkerung, die unter der Herrschaft des Kalifen drastisch zurückgegangen war, nahm wieder zu. Dies ist ein untrügliches Zeichen, daß es mit dem Sudan und seinen Bewohnern in der Tat aufwärts ging.

Seltsame Wendung

Trotzdem konnte nicht ausbleiben, daß mit zunehmendem Bildungsniveau Einheimischer, das sich an westlichen beziehungsweise europäischen Werten orientierte, allmählich die Forderung aufkam, die Regierungsgewalt s e l b s t zu übernehmen. Das heißt, der Nationalismus hielt auch im Sudan Einzug, und obwohl die Engländer dieser Entwicklung zunächst eher skeptisch gegenüberstanden, was dazu führte, daß einer ihrer Gouverneure für den Sudan, Sir Lee Stack, im November 1924 einem Attentat zum Opfer fiel, erkannten sie schließlich doch die Zeichen der Zeit und fügten sich. Allerdings war dies ein Prozeß, auf beiden Seiten, der nur langsam reifte, und was in den dreißiger Jahren als erster konkreterer Ansatz zu politischer Emanzipation begann, führte erst zwanzig Jahre später zum ersehnten Ziel: der Gewährung der Unabhängigkeit, die mit dem Auslaufen des Jahres 1955 erfolgte.

Es entbehrt nicht einer gewissen Ironie, daß am Anfang der entscheidenden Phase, die zur Unabhängigkeit führte, eine Organisation stand, die sich »Graduates' General Congress« nannte und deren Mitglieder Absolventen des Gordon Memorial College waren, dem ersten Institut höherer Bildung im Sudan, das im Andenken an den »Märtyrer von Khartum« gegründet worden war. Es stellt weiterhin eine bemerkenswerte Wendung der Ereignisse dar, wenn der »Kongreß«, der zu einem Sammelbecken für nationalistische Bestrebungen wurde, sich schließlich in zwei Richtungen spaltete, von denen eine, die radikalere Ziele verfolgte, für ein Zusammengehen mit Ägypten plädierte, während die andere, die gemäßigtere Forderungen erhob und bereit war, mit der britischen Regierung zusammenzuarbeiten, unter der Führung eines Mannes, Sayyid Abd al-Rahman, stand, der ein posthum geborener Sohn des Mahdi war. Die Familie des Mahdi war ursprünglich, nach der Niederwerfung der Mahdiya, interniert und die Bewegung, die der Mahdi begründet hatte, verboten worden. Abd al-Rahmam, der nach dem Tode zweier älterer Brüder zum eigentlichen Erben der Mahdiya wurde, da er sich in Omdurman ansiedeln durfte und im Laufe der Zeit eine größere Anhängerschaft um sich scharen konnte, die der Lehre des Mahdi treu geblieben war, verstand es, sich mit den Briten zu arrangieren, indem er sie während des Ersten Weltkrieges gegen die pan-islamischen Bestrebungen, die vom Osmanischen Reich ausgingen, unterstützte. Die Engländer revanchierten sich, indem sie den Mahdi-Nachkommen zu den Siegesfeiern nach London einluden, wo dieser wiederum die Gelegenheit nutzte, König Georg ein Schwert zu überreichen, das angeblich im Besitz des Mahdi gewesen war und mit dessen Überreichung sein Sohn nun seine Treue gegenüber dem britischen König bekunden wollte. Das Verhältnis war schließlich so herzlich, daß der Sohn des Mahdi 1926 geadelt und folglich mit dem Titel eines »Sir« ausgezeichnet wurde. Fürwahr, eine seltsame Wendung, die die Mahdiya genommen hatte!

Eigene Wege

Gemäßigte wie Radikale, die in ihren nationalistischen Bestrebungen aus dem Graduates' Congress hervorgegangen waren, konstituierten sich schließlich zu politischen Parteien, die zu den eigentlichen Trägern der Unabhängigkeitsbewegung wurden. Im Zusammenhang mit der Revolution in Ägypten, die schließlich Nasser an die Macht brachte (und den britischen Einfluß in Ägypten endgültig beseitigte), kamen England und Ägpyten überein, auch den Sudan in die volle Souveränität zu entlassen. Allerdings ging Ägypten davon aus, daß sich der Sudan für einen Zusammenschluß mit Ägypten entscheiden würde. Doch obwohl der radikale Flügel der Nationalisten, der für einen solchen Zusammenschluß eingetreten war, die Parlamentswahlen, die die Grundlage für die Übernahme einer nationalen Regierung bildeten, gewann, entschied sich die siegreiche Partei am Ende doch für einen Alleingang und erklärte am 1. Januar 1956 den Sudan zu einem souveränen und separaten Staat.

Omar el-Baschir

Die Grenzen dieses Staates entsprachen im wesentlichen denen, die sich im Zuge der ursprünglichen ägyptischen Eroberung herausgebildet hatten. Was bedeutete, daß auch der neue Staat durch den Gegensatz zwischen Nord und Süd gekennzeichnet war. Der Norden, das war und ist die Region, die durch den Orient, arabische Einwanderer, arabische Sprache und den Islam, geprägt ist; der Süden hingegen ist ein Teil des eigentlichen, »schwarzen« Afrika, mit einer Vielzahl von Völkern, Sprachen und Religionsformen. Die Engländer hatten die Andersartigkeit dieses Gebietes durchaus erkannt und trugen ihm Rechnung, indem sie den Süden weitgehend sich selbst überließen. Das heißt, sie waren bemüht, eine Wiederholung von Ausbeutung und Versklavung, wie sie seitens des Nordens gegenüber dem Süden seit undenklichen Zeiten betrieben worden waren, zu verhindern; weshalb es den Arabern aus dem Norden untersagt war, sich im Süden anzusiedeln. Stattdessen förderten die Briten die christliche Mission im Süden, die somit – sowohl protestantischer als auch katholischer Prägung – zum eigentlichen Träger der Entwicklung in diesem Teil des Sudan wurde.

Das Ergebnis dieser Politik, die sich letztlich von wohlmeinenden Überlegungen leiten ließ, war dennoch verhängnisvoll: Denn indem der Süden vom Norden abgeschirmt wurde und eine eigene Identität entwickeln konnte, vergrößerte sich die Kluft, zwischen Nord und Süd; eine Entwicklung, die in dem Moment fatale Folgen haben mußte, als die schützende Hand der Engländer wegfiel und der Norden damit begann, den Süden – im Namen der »nationalen Integration« – dem übrigen Teil des Landes anzugliedern. Die politische Macht, die die Engländer aus der Hand gaben, war auf den nördlichen Teil des Sudan entfallen, und dieser forderte nun, daß sich der Süden ihm unterzuordnen habe.

Was im Süden Widerstand hervorrief; der nun schon vierzig Jahre währt. Und ein Ende ist nicht in Sicht; im Gegenteil. Wie es in einem Bericht, der die Situation verdeutlicht, heißt: »In den Augen militanter Muslime ist der Sudan ein großer Erfolg. Mit der Einführung der *Scharia* (des islamischen Gesetzes) sind Verbrechen in der Hauptstadt zu einer Seltenheit geworden. Doch der Preis ist immens: endloser Bürgerkrieg und unvorstellbares Leid. Seit einem Jahrzehnt kämpfen islamische Soldaten der Regierung in Khartum und die christlichen und animistischen Rebellen der SPLA [Befreiungsbewegung im Süden] in einem Krieg, der 600 000 Menschen das Leben gekostet hat, 3,5 Millionen weiterer aus ihrer Heimat vertrieben hat und eine halbe Million mit dem Hungertod bedroht. Der Krieg ist noch blutiger geworden, seit Generalleutnant Omar Hassan al-Baschir 1989 die Macht ergriff und den Sudan in einen islamischen fundamentalistischen Staat verwandelte. Entschlossen, die SPLA zu besiegen und die Scharia dem Süden aufzuzwin-

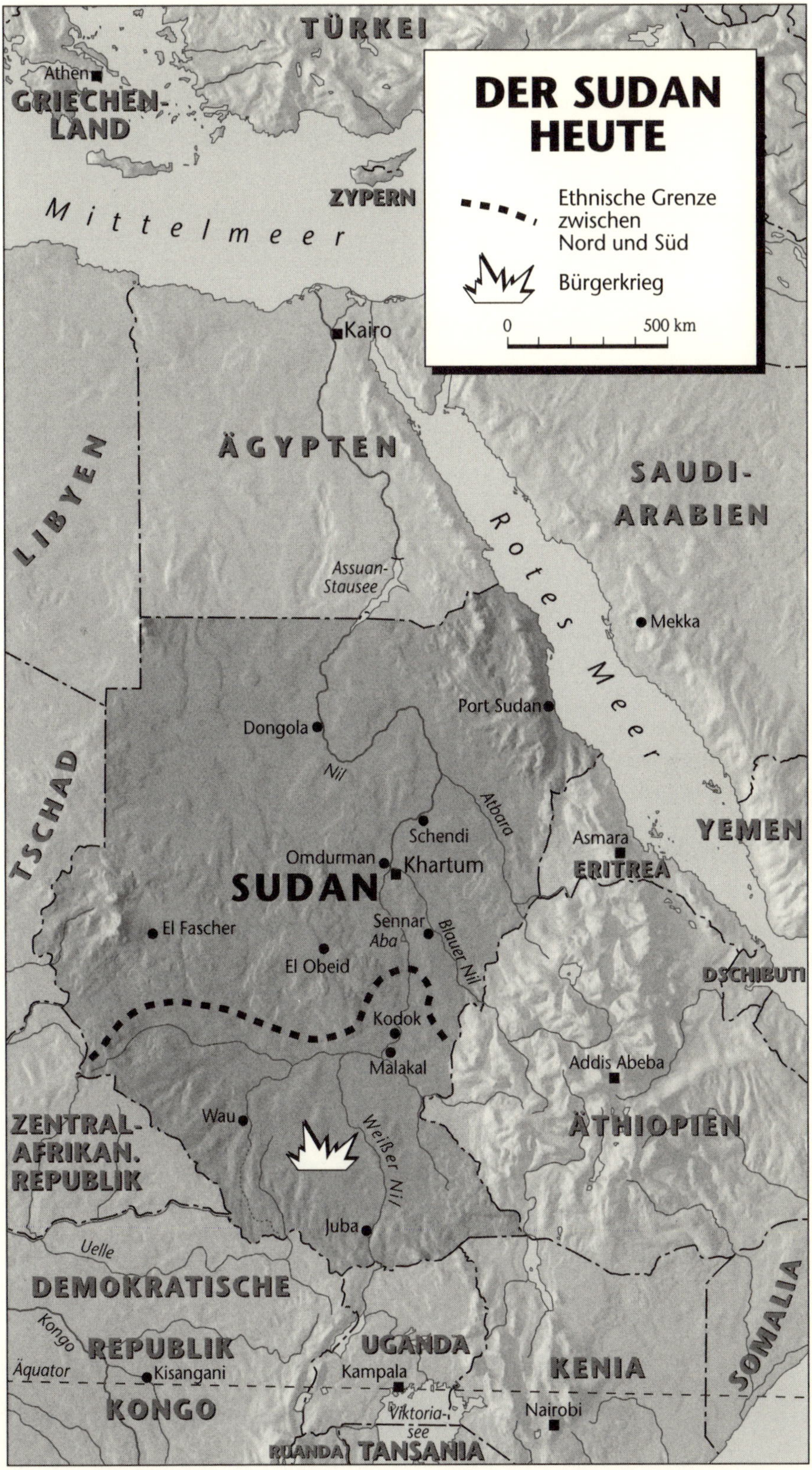
DER SUDAN HEUTE
Ethnische Grenze zwischen Nord und Süd
Bürgerkrieg
0
500 km
TÜRKEI
Athen
GRIECHENLAND
ZYPERN
Mittelmeer
Kairo
ÄGYPTEN
LIBYEN
SAUDI-ARABIEN
Rotes Meer
Assuan-Stausee
Mekka
Port Sudan
Dongola
Nil
Atbara
TSCHAD
Schendi
Asmara
YEMEN
Omdurman
Khartum
ERITREA
SUDAN
El Fascher
Sennar
Aba
Blauer Nil
El Obeid
DSCHIBUTI
Kodok
Malakal
Addis Abeba
Wau
ÄTHIOPIEN
Weißer Nil
ZENTRALAFRIKAN. REPUBLIK
Juba
Uelle
DEMOKRATISCHE REPUBLIK KONGO
Kongo
Äquator
Kisangani
UGANDA
Kampala
KENIA
SOMALIA
Nairobi
Viktoriasee
RUANDA
TANSANIA

gen, hat al-Baschir im vergangen Jahr die Angriffe auf die Rebellen verstärkt, indem er Dörfer bombardierte und Massaker an Zivilisten verübte.«

Nuer und Dinka

Dies ist jedoch nur die zweite Runde des Krieges zwischen Nord und Süd, die 1983 begann, als erste Ansätze einer fundamentalistischen Bewegung im Sudan zur Einführung eines Gesetzeskodex führten, der sich weitgehend an die sogenannte *Scharia*, die durch den Islam vorgeschriebenen Verhaltensnormen, anlehnte. Inzwischen ist dieser Kodex, der sich am Islam orientiert, noch verschärft worden; was er nunmehr bedeutet, geht aus einem Bericht hervor, den die Gefangenenhilfsorganisation Amnesty International veröffentlichte. Darin heißt es: »Im März [1991] setzte der NSRCC [Revolutionsrat] ein neues Strafgesetzbuch in Kraft, das auf seiner eigenen Interpretation der Scharia, des islamischen Rechts, basiert. Mit den neuen Strafvorschriften ... wurden verschiedene Formen grausamer, unmenschlicher oder erniedrigender Strafen wie beispielsweise gerichtlich verhängte Amputations- und Prügelstrafen wiedereingeführt. Außerdem wurde die Vollstreckung von Todesurteilen durch Steinigung oder Erhängen ermöglicht und die anschließende öffentliche Kreuzigung des Hinrichtungsopfers erlaubt. Abfall von islamischem Glauben wurde zum Kapitalverbrechen erklärt ...«

Verständlich, wenn der Süden nicht darauf erpicht ist, diesen Ausflug ins finsterste Mittelalter mitzumachen. Und sich mit allen Mitteln dagegen wehrt. Wobei die Aufständischen im Süden allerdings den Fehler begangen haben, sich selbst noch einmal auseinanderzudividieren. Wie es in dem Bericht über den Bürgerkrieg im Sudan weiter heißt: »Khartums unbarmherzige Verfolgung der SPLA hat auch dazu beigetragen, die Rebellenbewegung zu spalten, was das Leid im südlichen Sudan noch verstärkt hat. Ende 1991 trennte sich eine Splittergruppe von Oberst John Garang, dem Führer der SPLA, der fordert, daß das islamische Regime in Khartum durch eine säkulare Regierung ersetzt wird; die abgespaltene Gruppe, unter der Führung von

Riak Machar, meint, daß ein Sieg über al-Baschir unmöglich ist und tritt für die Unabhängigkeit des südlichen Sudan ein. Der Konflikt entartete in einen Stammeskrieg, der von zwei zusammengewürfelten Rebellenarmeen geführt wird. Garangs Torit-Partei setzt sich vornehmlich aus Dinka zusammen; Machars Nasir-Rebellen rekrutieren sich weitgehend aus dem Volk der Nuer. In dem ›Hunger-Dreieck‹ nordöstlich von Juba, dem Grenzgebiet zwischen den Stämmen, hat jede Seite es auf die zivilen Anhänger des andern abgesehen, wodurch fast alle 450 000 Bewohner dieses Gebietes aus ihren Dörfern vertrieben werden.«

Armageddon

Baschir und seinen Kohorten, die den militanten Fundamentalismus auf ihre Fahnen geschrieben haben, kann der »Bürgerkrieg im Bürgerkrieg«, worauf der Gegensatz im Süden hinausläuft, nur recht sein. Khartum ist der lachende Dritte.

Doch bedeutet dies, daß sich der Sudan allmählich zerfleischt: Nord gegen Süd; und der Süden noch einmal gegen sich selbst. Die Folgen sind Hunger, Flucht – und natürlich die steigende Zahl der Opfer: Eine halbe Million Tote kostete die erste Runde des Bürgerkrieges, der gleich nach der Unabhängigkeit entbrannte und bis 1972, als es zu einem Friedensschluß kam, tobte; 600 000 weitere fielen den neuerlichen Kämpfen zum Opfer, die 1983 wieder einsetzten. Ein Ende ist nicht in Sicht; zumal sich die Fronten verhärtet haben: hier der Islam in seiner radikalsten Form, dort die Tradition des Autochthonen, des eigentlichen Afrika, das darüber hinaus auch noch christlich geprägt ist. Der Bestand des Sudan, als Nationalstaat, ist heute so prekär, wie es das Gebilde, das im Zuge der (ursprünglichen) ägyptischen Eroberung entstand, seit eh und je gewesen war.

Erschwert wird ein Ausgleich durch die Tatsache, daß sich das Prinzip der parlamentarischen Demokratie – auch wenn es einen vielversprechenden Anfang gab – im Sudan wie in so vielen ehemaligen Kolonien nicht durchsetzte. Der Autoritarismus, der das eigentliche, kennzeichnende Merkmal der Geschichte im Sudan gewesen ist, kam immer deutlicher zum Vorschein. Zivilisten wichen Militärs, und Militärs verbündeten sich schließlich mit dem Islam, jenen Fundamentalisten, die – unter dem Vorwand, einen Gottesstaat zu errichten – die Diktatur nicht des Proletariats, sondern der Geistlichkeit einführen. Im Iran, im Sudan und nächstens unter Umständen in Algerien. Dabei ist anzumerken und im Zusammenhang mit dem Thema dieser Arbeit besonders bedeutsam, daß der Fundamentalismus, wie er heute das Regime im Sudan kennzeichnet, nicht seine Wurzeln in der Mahdiya, also der vom Mahdi begründeten Bewegung, hat. Er geht vielmehr auf das Vorbild der sogenannten Moslem-Bruderschaft in Ägypten zurück, die allerdings in ähnlicher Weise wie einst der Mahdi die Hinwendung zur unverfälschten Tradition des Islam propagierte. Wie in Ägypten radikalisierte sich die islamische Bewegung auch im Sudan, wobei hier – mehr noch als in Ägypten – der radikale Einfluß aus dem Iran, das sich zu einem Zentrum islamischen Fundamentalismus entwickelte, zum Tragen kam. Derart, daß der Sudan heute geradezu als Drehscheibe des internationalen Terrorismus, soweit er durch den Islam gekennzeichnet ist, gilt. Wie extrem die Position ist, die heute in Khartum vertreten wird, mag an dem Umstand deutlich werden, daß die sudanesische Regierung (die sich auch mit Saddam Hussein solidarisierte) ihrem Nachbarn Ägypten (der seit Sadat enge Beziehungen zu den USA unterhält) damit drohte, den Assuan-Damm mit Raketenwaffen zu sprengen, als Vergeltung für die Solidarität, die Ägypten im letzten Golfkrieg mit den Amerikanern bekundete.

Hier wirkt der gleiche Geist, mag er auch andere Wurzeln haben, wie er die Mahdiya beflügelte: Auflehnung und Fanatismus, Bigotterie und Intoleranz. Natürlich auch das Bewußtsein, daß der Sudan schon einmal Ägypten (und der Welt) das Fürchten gelehrt hat. Insofern besteht letztlich doch eine Verbindung zwischen dem Fundamentalismus heute und der Mahdiya gestern. Der Unterschied ist nur, daß der Mahdi beziehungsweise der Kalif ihre Kräfte überschätzten. Während der Fundamentalismus heute eine sehr reale Bedrohung ist. Doch das ist eine andere Geschichte.

Epilog

Welches Unglück das Leben Mohammed Ahmeds auch immer hervorgerufen haben mag, er war ein Mann von beträchtlichem Adel des Charakters, ein Geistlicher, ein Soldat und ein Patriot. Er gewann große Schlachten; er erneuerte die Religion und ließ sie wieder aufblühen. Er gründete ein Reich. Bis zu einem gewissen Grade reformierte er das sittliche Verhalten der Menschen. Indirekt, indem er Sklaven in Soldaten verwandelte, verminderte er die Sklaverei. Es ist unmöglich für jemand, der unparteiisch ist, das Zeugnis solcher Männer wie Slatin und Ohrwalder zu lesen, ohne den Eindruck zu gewinnen, daß der einzige besänftigende Einfluß, das einzige menschliche Element in dem strengen mohammedanischen Staat von diesem berühmten Rebellen ausging. Der … [österreichische] Missionar [Ohrwalder] berichtet von ›seinem ruhigen Lächeln, den angenehmen Umgangsformen, der Großmut und dem gleichmütigen Wesen‹. Als die christlichen Geistlichen sich weigerten, den Koran anzuerkennen, und von den Soldaten und der Menge angegriffen und mit dem sofortigen Tode bedroht wurden, war es der Mahdi, der ›als er sie in Gefahr sah, sich umwandte und sie aufforderte, vor seinem Kamel zu gehen, damit er sie so schützen konnte‹ … Vielen seiner Gefangenen gegenüber bewies er Güte, was um so bemerkenswerter ist, wenn man seine Umgebung berücksichtigt und die Behandlung, die ihm widerfahren wäre, wenn ihn das Glück verlassen hätte. Einigen gab er Arbeit, anderen etwas Geld aus dem Beit-al-mal oder etwas zu essen von seinem eigenen Teller. Mit allen sprach er mit Würde und Geduld. So lebte er; und als er starb, im Ruhm unbestrittener Macht, wurde er beklagt von dem Heer, das er zum Sieg geführt hatte, und vom Volk, das er vom Joch der ›Türken‹ befreit hatte.

Winston Spencer Churchill, 1899

Aber Das Volk! Wir konnten kaum etwas von dem Ort [Omdurman] erkennen, so viele Menschen umringten uns. Wir konnten kaum unsere eigenen Stimmen verstehen, so sehr schrien sie und hießen uns willkommen. Wir konnten uns kaum bewegen, so zudringlich wurden sie. Sie purzelten übereinander wie Ameisen von jedem Lehmhügel, jedem Misthaufen, aus jedem Verschlag. Die meisten Männer trugen noch immer ihre Gibbas, wobei sie die Innenseite nach außen gekehrt hatten; man konnte die Schatten der Flicken durch die Sackleinwand sehen. Sie hatten drei Stunden zuvor versucht, uns zu töten. Doch sie grüßten uns mit ihrem ›Salaam‹ nichtsdestotrotz und riefen uns nach: ›Friede sei mit euch!‹ All die vielfältigen Stämme von Arabern, die Abdullahs Furcht oder Mißtrauen in seiner Hauptstadt versammelt hatte, all die Schwarzen, die seine Heerführer in noch offenere Sklaverei getrieben hatten – unterschiedslos, halbnackt, mit dem Lächeln des Speichelleckers auf den Lippen hielten sie die Hand auf und bettelten um ein Bakschisch.

Doch erstaunlicher waren die Frauen. Die Menge der Frauen, die Sinnenlust und Begierde aus jedem Winkel Afrikas entführt und in die Harems der Baggara eingesperrt hatten, kam zum Vorschein, um ihre neuen Herren zu begrüßen. Mindestens drei von ihnen gehörten jeweils einem Mann. Schwarze Frauen aus Äquatoria und fast weiße Frauen aus Ägypten, pflaumenhäutige Araberinnen und ein seltsamer gelber Typus mit eckigen, knochigen Gesichtern und fest geringeltem schwarzen Haar; alte Frauen und kleine Mädchen und Mütter mit Säuglingen an der Brust; Frauen, die kaum gehen konnten, so fest waren sie in gefärbte Baumwolltücher gewickelt und dichte Schleier gehüllt; und Frauen, die nur mit einem Fetzen bekleidet waren, das einzige, was sie von der Nacktheit trennte – die ganze Stadt war ein riesiger Harem, ein Museum afrikanischer Rassen, eine Monstrosität afrikanischer Wollust.

George Warrington Steevens, 1898

Die Meinungen gingen auch damals schon, als die Mahdiya niedergeschlagen wurde, auseinander: ein Heiliger fast und Patriot, der von keinem Geringeren als Churchill gelobt wurde, und ein Sklavenstaat, Ausdruck geradezu tierischer Instinkte, gegen den immerhin auch ein Brite Anklage erhebt. Wem soll man Glauben schenken, welches Urteil, welche Einsicht mit auf den Weg nehmen?

Zunächst einmal ist zu unterscheiden zwischen dem Mahdi und dem Kalifen! Der Mahdi war der Initiator, die eigentliche, bewegende Kraft der Mahdiya; der Kalif nur sein Nachlaßverwalter. Der Mahdi begründete eine Bewegung, die durchaus ideellen Zwecken diente. Als Mohammed Ahmed zu einer Reform der Religion aufrief, konnte er nicht ahnen, was sich daraus entwickeln würde. Daß sich eine ursprünglich religiöse Bewegung in eine politische Kraft verwandelte, war eine Folge von Umständen, die anfangs nicht vorauszusehen waren. Dennoch zielte die Forderung des Mahdi, zu den Ursprüngen des Islam zurückzukehren, letztlich auch auf eine Neugestaltung der Gesellschaft und damit auch der politischen Verhältnisse ab. Insofern stellte die Umwandlung der Mahdiya von einer lokal begrenzten Sekte in eine Bewegung, die den ganzen Sudan erfaßte, eine logische Konsequenz dar, die sich aus den Grundsätzen der Lehre, die der Mahdi begründete, ergab. Dennoch wäre vermutlich diese Lehre nur eine von vielen jener religiösen Bewegungen geblieben, wie sie seit eh und je ein besonderes Kennzeichen des Islam im Sudan gewesen waren, wenn nicht das Entstehen dieser Lehre mit einer politischen Krise zusammengefallen wäre, die aus dem Umstand einer Fremdherrschaft und der Tatsache erwuchs, daß diese Herrschaft infolge der britischen Okkupation Ägyptens erschüttert worden war. Es bestand also der Anreiz, ja, quasi die Notwendigkeit, sich diese Krise zunutze zu machen. Auf diese Weise ergab sich eine Schwerpunktverlagerung, vom Religiösen zum Politischen, was seinen sichtbarsten Ausdruck in jenen militärischen Auseinandersetzungen fand, die die Mahdiya mit den Ägyptern austrug.

Daß sie, die Mahdiya, den Sieg davontrug, war ebensosehr eine Folge der Wirkung und Anziehungskraft der religiösen Lehre des Mahdi wie der Schwäche des Gegners, der nicht nur der nötigen Ressourcen entbehrte, sondern auch – und das war entscheidender – über keine vergleichbare ideologische Kraft verfügte, die sich als eigentlicher Motor des Kampfes, der zur Freiheit führte, erwies. Doch diese Freiheit, die der Mahdi angeblich für den Sudan erkämpfte, ist zu relativieren. In zweierlei Hinsicht: erstens gab es d e n Sudan, als ein Land mit einer einheitlichen Bevölkerung, noch gar nicht; und die, die vorgeblich für die Freiheit kämpften, taten dies auch im Namen derer, die sich daran gar nicht beteiligten und – wenn sie gewußt hätten, was mit dem Sieg der Mahdiya auf sie zukommen würde – dazu auch niemals bereit gewesen wären. Denn – das ist hinlänglich deutlich geworden und wird in dem Zitat von Steevens noch einmal besonders hervorgehoben – die Mahdiya bedeutete auch die Unterdrückung und Versklavung der Völker, die weder arabischen Ursprungs noch dem Islam verhaftet waren und folglich keinerlei Sympathie für die neuen Herren aufbrachten, die zwar die alten vertrieben hatten, sich aber am Ende als noch repressiver als diese erwiesen. Erinnert sei in diesem Zusammenhang an die Reformen, die besonders unter Gordon eingeführt worden waren und vor allem die Unterdrückung der Sklaverei betrafen. Nicht nur der Süden, auch der Westen widersetzte sich der Mahdiya, und es bedurfte blutiger Kriege, die Eroberungszügen gleichkamen, daß Gebiete wie die der Nuba, der Schilluk und der Fur dem Reich des Mahdi beziehungsweise des Kalifen einverleibt wurden.

Das war jedoch nur eine Seite der Medaille. Die zweite, die freilich von der ersten nicht zu trennen ist, betraf die Stellung der Frau, die schon im allgemeinen entwürdigend war, was aber den Sklavenhandel anbelangt, in besonderem Maße der Beweggrund dieses Handels war. Das heißt, der Sklavenhandel wurde nicht nur von der Mahdiya wiedereingeführt, er wurde vor allem auch deshalb forciert, weil er einen ständigen Vorrat an Frauen, die als Konkubinen dienten, bereitstellte. Wie es Steevens, der es mit eigenen Augen sah, formulierte: auf jeden Mann kamen drei Frauen.

Nun könnte der Eindruck entstehen, daß wir – mit unserem möglicherweise christlichen Ballast – den muslimischen Männern nicht ihre drei, vier Frauen gönnen, die ihnen – laut Koran – zustehen. Doch das ist nicht das Thema: hier geht es nicht um legitime Frauen, wie auch immer diese an einen einzelnen Mann geraten sein mögen. Worum es uns geht, das ist die Tatsache, daß Frauen gegen ihren Willen in ein Konkubinatsverhältnis gezwungen wurden und daß dies durch die Lehre des Mahdi sanktioniert wurde. Was immer man sonst über diese Lehre sagen kann: wenn sie der Hälfte der Bevölkerung generell mindere Rechte zuerkennt und Sklavinnen im besonderen den Status nicht nur von Unfreien, sondern von Tieren zuteilt, dann ist eine solche Lehre ein Hohn auf die Würde des Menschen. Allein schon deshalb – und die Tolerierung der Sklaverei insgesamt und die Unterdrückung ganzer Völker kommen noch hinzu – kann man die Mahdiya nur als Heuchelei bezeichnen.

Das ist ein harsches Urteil, das vielleicht doch allzusehr einen »westlichen« Standpunkt verrät. Doch – Menschenrechte sind unteilbar, und das muß ganz deutlich gesagt werden. Im übrigen sei noch einmal auf Mahatma Gandhi verwiesen, jenen anderen Reformer der sogenannten »Dritten Welt«, der sich von der Religion inspirieren ließ. Er ging einen konsequenten Weg: blieb seinen Prinzipien treu und setzte sich vor allem für die Schwachen ein. Daß er auch die Freiheit für Indien erwirkte, war nicht zuletzt darauf zurückzuführen, daß er glaubwürdig war und dadurch selbst bei denen – trotz Churchills abfälliger Äußerung – Achtung erweckte, die eigentlich seine Feinde waren. Der Mahdi beziehungsweise der Kalif wurde vor allem deshalb, in Europa, geschmäht, weil er eine tyrannische Herrschaft ausübte und die elementarsten Rechte des Menschen mit Füßen trat. Gandhi dagegen, als er England besuchte, wurde als Held empfangen!

Es ist nur eine Theorie, doch es bietet sich an, sie hier anzudeuten: Die indische Tradition unterscheidet sich sehr wesentlich von der orientalischen. Indische Religiosität ist durch Disziplin und Entsagung gekennzeichnet, der Islam ist – ähnlich wie das Christentum – eine gewalttätige Religion, in der das Recht des Stärkeren gilt und der eigene Vorteil im Vordergrund steht. Unrecht wird auch in Indien durch die Religion sanktioniert; man denke an das Kastensystem. Doch Reformer wie Buddha, Mahawira oder Gandhi schöpften ihre Kraft aus einer Weisheit, die tiefer liegt. Es ist eher eine philosophische Sicht der Welt, die die Bedeutungslosigkeit des einzelnen erkennt und ihn deshalb im Kontext des gesamten Universums sieht. Zu einer solchen Sicht ist jemand, der aus der Tradition des Islam oder des Christentums kommt, nicht fähig. Gehorsam und Unterordnung, nicht Einsicht und wirkliche Befreiung kennzeichnen die beiden westlichen, prophetischen Religionen.

Nun klang bereits an, daß der Mahdi nicht mit dem Kalifen, der sein Nachfolger wurde, gleichzusetzen ist. Die Exzesse der

Mahdiya, die ja erst in späterer Zeit deutlich wurden, gehen ja nicht eigentlich auf das Konto des Mahdi; wozu insbesondere die Degradierung der Religion zu einem bloßen Mittel zum Zweck gehört. Wie es ein englischer Forscher, der sich mit der Gestalt des Mahdi befaßte, ausdrückte: Der Mahdi starb zur rechten Zeit; so blieb sein Heiligenschein gewahrt. Doch auch dieser Beobachter merkt an, daß der Mahdi am Ende seines Lebens bereits jenen Versuchungen erlegen war, die er am Anfang so sehr angeprangert hatte.

Es bleibt Spekulation, was geschehen wäre, wenn der Mahdi selbst das Schicksal der Mahdiya hätte weiter bestimmen können. Möglich, daß die Mahdiya einen anderen Verlauf genommen hätte. Wahrscheinlich ist dies jedoch nicht. Die Korrumpierung einer Lehre, die durchaus erstrebenswerte Ziele verfolgte, hatte bereits zu Lebzeiten des Mahdi eingesetzt. Was hätte ihre weitere Zersetzung verhindern können, wenn der Mahdi selbst nicht mehr die Kraft aufbrachte, »mit gutem Beispiel voranzugehen«? Er wäre vermutlich am Ende als »fraud«, wie der Engländer sagt – als Betrüger und Schwindler –, entlarvt worden. So blieb sein Ruf gewahrt, und er ging als einer der Helden, die für die Freiheit der farbigen Völker kämpften, in die Geschichte ein.

Als solcher wird der Mahdi heute im Sudan verehrt. Man nennt ihn *Abu l'Istiklal*, »Vater der Unabhängigkeit«, und sein vormaliges Grab, das inzwischen wieder zu einem imposanten Denkmal aufgebaut worden ist, dient heute wieder als Pilgerschrein; ganz so, wie es zu Zeiten des Kalifen gewesen ist. Auch die Bewegung, die der Mahdi gründete, hat sich – trotz wiederholter Verfolgung – bis in die Gegenwart hinübergerettet. Etwa drei Millionen Anhänger zählt die Sekte, die auf den Mahdi zurückgeht, heute im Sudan. Ihr Zentrum ist die Insel Aba, im Weißen Nil; also jener Ort, wo die Lehre des Mahdi ihren Ursprung hat.

Doch obwohl die Mahdisten, wie man die Anhänger der Lehre des Mahdi auch heute noch nennt, wiederholt versuchten, Einfluß auf die Politik des Landes zu nehmen, haben sie dies zuweilen teuer bezahlt. So wurde 1970 die Insel Aba bombardiert, weil die Mahdisten, die zuvor maßgeblich an der Regierung beteiligt gewesen waren, gegen ein neues Regime protestierten, das durch einen Putsch an die Macht gelangt war; mehrere Hundert Mahdisten fanden dabei den Tod.

Inzwischen ist, wie wir gesehen haben, das Erbe des Mahdi von einer radikaleren Form des Fundamentalismus überschattet worden. Ähnlich wie im Iran wird nun das Volk im Namen der Religion geknebelt, und daß dabei so ehrwürdige Traditionen wie die Sklaverei und die Diskriminierung der Frau wieder fröhliche Auferstehung feiern, läßt den wahren Charakter des gegenwärtigen Regimes im Sudan erkennen. Wie die *Washington Post* zu berichten weiß: »Sklaverei ist noch immer lebendig im Sudan. Das amerikanische Außenministerium wie auch internationale Organisationen einschließlich der britischen Anti-Slavery Society, der Internationalen Arbeitsorganisation und Africa Watch haben den Beweis erbracht, daß Araber die afrikanischen Völker im Süden des Landes, besonders in den Nuba-Bergen, versklavt haben. Während diese abscheulichen Vorgänge ein Volk auslöschen, schaut die Weltgemeinschaft gleichgültig zu.« Wie in dem Bericht weiter ausgeführt wird, hat sich die Sklaverei im Sudan nicht nur erhalten, sie »nimmt zu«. Ein typtisches Beispiel, wie heute Sklavenjagden im Sudan betrieben werden, ereignete sich 1993 in der Provinz Bahr el-Ghasal. Wie es in dem Bericht der *Post* heißt: »Nach ... [einem] Bericht der amerikanischen Botschaft [in Khartum] entsandte die sudanesische Regierung ... [unlängst] sechstausend Soldaten in das Gebiet. Die Truppen durchkämmten die Gegend zwischen den beiden Orten Manwal Station und Aweil und brannten dabei Häuser, Äcker und Getreidespeicher nieder und stahlen Vieh und andere Güter. Die fünftägige Operation führte zum Tod von tausend afrikanischen Zivilisten und zur Versklavung von dreihundert Frauen und Kindern.« Jährlich werden etwa zehntausend Menschen im Sudan versklavt. Sklavenhalter ist angeblich auch Omar el-Baschir, der das fundamentalistische Regime in Khartum anführt; von ihm wird berichtet, daß er »eine Anzahl von Dinka- und Nuer-Sklaven in seinem eigenen Haus« hält. Und was die Frauen betrifft, die nicht nur – wieder oder noch immer – bevorzugt versklavt, sondern auch generell mißhandelt und unterdrückt werden, so heißt es in dem Bericht von Amnesty, aus dem wir bereits zitierten: »In Khartum und

Wad Medani wurden … Frauen öffentlich ausgepeitscht, nachdem Gerichte ihre Kleidung als ›unschicklich‹ beanstandet hatten.«

Gemeint ist westliche Kleidung, über die man vielleicht geteilter Meinung sein kann. Was aber noch niemandem das Recht gibt, jemanden deswegen zu verprügeln.

Der Mahdi hätte an all dem nichts auszusetzen gehabt; wie er es ja auch nachweislich nicht tat, da er sowohl die Sklaverei als auch die Diskriminierung der Frau tolerierte. Allein dies diskreditiert ihn und wirft einen Schatten auf seine Lehre. Mag sie vom Standpunkt des Islam und der Muslime auch eine Bereicherung der Religion und ein bemerkenswertes Experiment gewesen sein: absolut gesehen, aus der Perspektive eines um Objektivität bemühten Betrachters, mutet sie eher als eine Farce, eine verpaßte Chance und eine große Enttäuschung an. Bei einer religiösen Bewegung legt man einen strengeren Maßstab an, als wenn es sich nur um ein politisches Programm handelt.

Anhang

Nachweis der Zitate und Anmerkungen

Die Zitate in der *Einführung* wurden entnommen aus: Carl Peters, Gesammelte Schriften, Bd. II, München u. Berlin 1943, S. 9f.; Time (Magazin), Nr. 27, Amsterdam 1993, S. 24; Alan Moorehead, The White Nile, Harmondsworth 1973, S. 283. Der Roman »The Four Feathers«, von A. E. Mason, erschien in einer neueren Ausgabe 1978 in Glasgow; Karl Mays »Im Lande des Mahdi« wurde zuletzt 1992 in Stuttgart veröffentlicht. Das Ergebnis der angeführten Umfrage wurde zitiert in: ZEIT-Punkte, Nr. 1, Hamburg 1993, S. 5.

Die Zitate im *Ersten Teil* stammen aus: Rudolph Slatin Pascha, Feuer und Schwert im Sudan, Leipzig 1896, S. 123ff. (Bericht des späteren Kalifen Abdullah); P. M. Holt, The Mahdist State in the Sudan, Oxford 1958, S. 44 (Brief Abdullahs an Zobeir Rahman); Slatin, S. 130ff. (die ersten Kämpfe) u. S. 134 (Abdullahs Bericht über Auszug in die Nuba-Berge); Alfred Edmund Brehm, Reiseskizzen aus Nord-Ost-Afrika, 3 Bde., Jena 1855: Bd. I, S. 303ff. (Beschreibung von El Obeid); Slatin S. 166ff. (Schlacht um El Obeid) u. S. 220 (Hinrichtung der Verbannten); Brehm, Bd. I, S. 104f. (Wüste); Georg Schweinfurth, Im Herzen von Afrika, 2 Bde., Leipzig 1874: Bd. I, S. 111 f. (Sudd); Brehm, Bd. III: S. 102, 114f., 168f., 227f. (Urwald und Großwild); The Geography of Strabo, hrsg. u. übers. v. H. L. Jones, Bd. VIII, London u. Cambridge/USA 1967, S. 137ff. (Rom u. Meroe); Rudolf Fischer, Die schwarzen Pharaonen, Herrsching 1986: S. 106 (Nubier); John H. Taylor, Egypt and Nubia, London 1991, S. 48 (Königinnen); H. A. MacMichael, A History of the Arabs in the Sudan, Bd. II, London 1967, S. 244f. (Hassan ibn Hassuna); P. M. Holt, A. Modern History of the Sudan, London 1961, S. 33 (Aufforderung Mohammed Alis); Johann Ludwig Burckhardt, Reisen in Nubien, Weimar 1820: S. 421f., 442, 446, 448f., 458ff. (Sklavenhandel); Holt, History, S. 33 (Firman Abd al-Majids); Herodot, Historien, hrsg. v. H. W. Haussig, Stuttgart 1971: S. 107, 110f., 112 (Nil); Brehm, Bd. I, S. 229ff. (Europäer); Theodor von Heuglin, Reise in das Gebiet des Weissen Nil, Leipzig u. Heidelberg 1869: S. 7, 64f. (Krankheiten; Tinnesche Expedition); Ders., Berichte in Petermanns »Geographische Mittheilungen«, Ergänzungsband II, Gotha 1863: S. 142, 156 (Tinnesche Expedition); Auszug aus einem Brief P. F. Tinnes, in: Paul Hamilton, Sahara, o. O., o. J., S. 179 (Tuareg); T. v. Heuglin, Die Tinne'sche Expedition im Westlichen Nil-Quellgebiet ..., Gotha 1865, S. 4 (Bahr el-Ghasal); Brehm, Bd. I, S. 157ff. (Sudanesen); Ders., Bd. III, S. 37ff. (Nubierin); Ders., Bd. I, S. 169 (Beschneidung); Bernhard Streck, Sudan, Köln 1989, S. 27 (Beschneidung); Brehm, Bd. I: S. 163, 167f. (islamische Glaubenspraktiken); Heuglin, Reise, S. 13ff. (Handel am Abiad); Ders., Tinne'sche Expedition, S. 3 (Seriben); Schweinfurth, Bd. II, S. 430ff. (Sklavenhandel); Slatin, S. 3f. (Steuerwesen).

Zweiter Teil: Josef Ohrwalder, Aufstand und Reich des Mahdi im Sudan, Innsbruck 1892, S. 54f. (Aufbruch des Mahdi); P. M. Holt, The Mahdist State in the

Sudan, Oxford 1958, S. 64 (Aufruf des Mahdi v. 21. Oktober 1883); Auszug aus dem Tagebuch des Majors Hertl, zit. in: Ohrwalder, S. 62; Rudolph Slatin Pascha, Feuer und Schwert im Sudan, Leipzig 1896, S. 228 (Schlacht); Ders., S. 230 (Rückkehr des Mahdi nach Obeid); Ohrwalder, S. 64 f. (Triumphzug des Mahdi); Ders., S. 44 ff. (Anfänge der Herrschaft des Mahdi); Slatin, S. 220 f. (Lebensstil des Mahdi); Ders., S. 201 f., 206 f., 241 f. (Regierung in Darfur; Kapitulation); Auszug aus einem Firman des Khediven, in: The Journals of Major-Gen. C. G. Gordon, C. B., at Kartoum, hrsg. v. A. E. Hake, London 1885, S. XXIX; Briefe und Tagebücher des Generals Charles Gordon of Khartum, hrsg. u. übers. v. Max Goos, Hamburg 1908: S. 233 f., 241 ff. (aus den Jahren 1864 bis 1867); J. H. Speke, zit. in: Equatoria Under Egyptian Rule, hrsg. v. M. F. Shukry, Kairo 1953, S. 18; Dekret, ebd., S. 143; Briefe und Tagebücher des Generals Charles Gordon ...: S. 273 f., 282, 289, 294 f., 318 f., 330 f., 337 (aus den Jahren 1874 bis 1877); Brief des Mahdi, in: F. R. Wingate, Mahdiism and the Egyptian Sudan, London 1968 (Neuausg.), S. 111 ff.; Antwort Gordons, ebd., S. 115; Frank Power, Letters from Khartoum, London 1885: S. 92 f., 97, 106 ff., 111 f. (Khartum); Auszug aus einem Bericht Bordeini Beys, in: Wingate, S. 169 (Gordon); Bordeini Bey, ebd., S. 171 (Gordons Tod); Charles Wilson, From Korti to Khartum, London 1886, S. 147 (Entsatzexpedition); volkstümliches Lied, in: Julian Symons, England's Pride, London u. a. 1974, S. V.

Dritter Teil: Rudolph Slatin Pascha, Feuer und Schwert im Sudan, Leipzig 1896: S. 320 f., 325 (Gordon); The Journals of Major-Gen. C. G. Gordon, C. B., at Kartoum, London 1885, S. 307 (Tagebuchauszug); Bordeini Bey, zit. in: F. R. Wingate, Mahdiism and the Egyptian Sudan, London 1968, S. 172 (Gordon); Slatin; S. 325, 327 f. (Plünderung Khartums); The Earl of Cromer, Modern Egypt, Bd. II, London 1908, S. 15 (England); Lord Wolseley, zit. in: Cromer, Bd. II, S. 20; Cromer, Bd. II: S. 54, 57 f. (Horn von Afrika); Slatin, S. 272 ff. (Mahdi); aus dem Werk Naum Bey Shuqairs (Tarikh al-Sudan, 1903), auszugsw. übers. in: E. L. Dietrich, Der Mahdi Mohammed Ahmed vom Sudan nach arabischen Quellen, Der Islam, Bd. XIV, Berlin u. Leipzig 1925, S. 237 f. (Treuegelöbnis); Scheich el-Medawi Abd al-Rahman, in: Shuqair/Dietrich, S. 242 f. (Zeugnis über den Mahdi); Shuqair/Dietrich, S. 269 (Frauen des Mahdi); Slatin, S. 344 f. (Mahdi); Josef Ohrwalder, Aufstand und Reich des Mahdi im Sudan, Innsbruck 1892, S. 111 f. (Lebensstil des Mahdi); Slatin, S. 345 (Erkrankung des Mahdi); Ders., S. 347 (Treueschwur des Volkes); Auszug aus den Aufzeichnungen Abd al-Rahman al-Nujumis, zit. in: P. M. Holt, The Mahdist State in the Sudan, Oxford 1958, S. 121 f. (Vision des Mahdi); Ohrwalder, S. 110 (Aufgabe Khartums); Slatin, S. 441 ff. (Verschwörung der Aschraf); Ohrwalder: S. 210 ff., 215 (Kalif Abdullah); Ders., S. 224 (Steuersystem); Slatin, S. 514 ff. (Sklavenmacht in Omdurman); Ohrwalder, S. 274 f. (Sklaverei); Slatin, S. 418 (Hungersnot); Ders., S. 504 (Religion); Auszüge aus dem Schreiben Osman Adams, in: Wingate, S. 456 f.; Ohrwalder: S. 166, 178 (Krieg gegen Abessinien); Auszug aus einem Schreiben Zaki Tamals an den Kalifen, in: Wingate, S. 441 f., Ohrwalder, S. 180 (Warnung des Kalifen); Auszug aus einem Brief des Kalifen an Königin Viktoria, in: Wingate, S. 308; Auszug aus einem Brief des Kalifen an die Dinka, in: Sudan Arabic Texts, übers. u. hrsg. v. S. Hillelson, Cambridge 1935, S. 121; Slatin, S. 433 f. (Unterwerfung der Schilluk).

Vierter Teil: Carl Peters, Gesammelte Schriften, Bd. II, München u. Berlin 1943, S. 9 (Auszüge aus dem Aufruf v. 17. September 1888); Auszug aus einem Schreiben des Khediven Taufik an Emin Pascha, in: F. R. Wingate, Mahdiism and the Egyptian Sudan, London 1968, S. 328; H. M. Stanley, Im dunkelsten Afrika, Bd. I, Leipzig 1890, S. 368 f. (Begegnung mit Emin Pascha); ebd. S. 369 (Emin Pascha); Auszug aus einem Brief Eduard Schnitzers, in: Georg Schweitzer, Von Khartum zum Kongo, Berlin o. J., S. 29; Emin Pascha, Eine Sammlung von Reisebriefen und Berichten, hrsg. v. G. Schweinfurth u. F. Ratzel, Leipzig 1888, S. 437 f. (Station Bor); Peters, Bd. II, S. 444 (Zusammentreffen mit Emin Pascha); Adolf von Tiedemann, Mit Lord Kitchener gegen den Mahdi, Berlin 1906, S. 145 ff. (vor den Toren von Omdurman); Ders.: S. 199, 203 f. (Kitchener); Auszug aus den Erinnerungen Jussuf Mikhails, zit. in: P. M. Holt, The Mahdist State in the Sudan, Oxford 1958, S. 205 (Warnung an den Kalifen); von Tiedemann: S. 150 ff., 162 f. (Schlacht von Omdurman, erster Angriff); Winston Spencer Churchill, The River War, Bd. II, London 1899, S. 135 ff. (Angriff der 21. Lancers); von Tiedemann, S. 173 f. (Einmarsch in Omdurman); Ders.: S. 174, 177, 190 (Erscheinungsbild der Stadt); Ders., S. 191 f. (Siegesfeier); Churchill, Bd. II, S. 211 f. (Anklage); Auszug aus einem Schreiben Kitcheners an die Queen, zit. in: Philip Magnus, Kitchener, London 1958, S. 134 f. (Rechenschaft); von Tiedemann, S. 174 f. (Flucht des Kalifen); Auszug aus einem Bericht über eine späte Vision, zit. in: Holt, S. 222 f.; The Earl of Cromer, Modern Egypt, Bd. II, London 1908, S. 110 (zivilisatorische Mission); Artikel XI der anglo-ägyptischen Übereinkunft v. 19. Januar 1899, in: Mekki Shibeika, British Policy in the Sudan ..., London 1952, S. 424 (Verbot des Sklavenhandels); Newsweek, Nr. 29, New York 1993, S. 12 (Bürgerkrieg); Amnesty International, Jahresbericht 1992, Frankfurt/Main 1992, S. 445 (Scharia; Hervorhebung durch den Autor).

Die Zitate im *Epilog* stammen aus: W. S. Churchill, The River War, Bd. II, London 1899, S. 212 f.; G. W. Steevens, With Kitchener to Khartum, New York 1898, S. 300 f.; The Guardian Weekly, 31. Oktober 1993, London (Sklaverei; Abdruck eines Artikels der Washington Post); Anmesty International, Jahresbericht 1992, Frankfurt/Main 1992, S. 448.

Ergänzende Literatur (eine Auswahl)

Die im Nachweis der Zitate genannten Werke werden hier nicht noch einmal aufgeführt. Auch mußte, aus Platzmangel, auf Aufsätze verzichtet werden.

Bei der Beschaffung der Literatur waren mir mit großem Entgegenkommen die Mitarbeiter der Universitätsbibliothek Bonn behilflich; ihnen gebührt ein besonderer Dank!

ABBAS, MEKKI, The Sudan Question. London 1952
ADAMS, W. Y., Nubia: Corridor to Africa. London 1977
ALBINO, OLIVER, The Sudan: A Southern Viewpoint. London 1970
ALFORD, H. S. L., u. SWORD, W. D., The Egyptian Soudan: Its Loss and Recovery. London 1898
ALLEN, B. M., Gordon and the Sudan. London 1931
ARKELL, A. J., A History of the Sudan to 1821. London 1955
BAKER, S. W., Ismailia. London 1874
BARBOUR, K. M., The Republic of the Sudan: A Regional Geography. London 1961
BESHIR, M. O., Revolution and Nationalism in the Sudan. London 1974
DU BISSON, RAOUL, Les femmes, les eunuques et les guerriers du Soudan. Paris 1868
BONN, GISELA, Das doppelte Gesicht des Sudan. Wiesbaden 1961
BREHM, A. E., Reisen im Sudan. Hrsg. v. Helmut Arndt, München u. Zürich 1981
BRUCE, JAMES, Travels to Discover the Source of the Nile. 5 Bde., London 1790
BUCHTA, RICHARD, Der Sudan unter ägyptischer Herrschaft. Leipzig 1888
BUDGE, E. A. T. W., The Egyptian Sudan: Its History and Monuments. 2. Bde., London 1907
BURCKHARDT, J. L., Entdeckungen in Nubien: 1813–1814. Hrsg. v. Helmut Arndt, Tübingen 1981
BURLEIGH, W. B., The Reconquest of the Sudan. London 1898
CASTELLANI, CHARLES, Vers le Nil Français avec la Mission Marchand. Paris 1898
COLLINS, R. O., The Southern Sudan: 1883–1898. New Haven 1962
–, King Leopold, England and the Upper Nile. New Haven u. London 1968
–, Land Beyond the Rivers: The Southern Sudan, 1898–1918. New Haven u. London 1971
CRABITÈS, PIERRE, Gordon, the Sudan and Slavery. London 1933
CRAWFORD, O. G. S., The Fung Kingdom of Sennar. Gloucester 1951
CUNNISON, J. G., Baggara Arabs. Oxford 1966
DALY, M. W., u. SIKAINGA, A. A. (Hrsg.); Civil War in the Sudan. London 1993
DEHÉRAIN, HENRI, Le Soudan Egyptien sous Mehemt Ali. Kairo 1898
DENG, F. M., The Dinka of the Sudan. New York 1972

–, The Dynamics of Identification: A Basis for National Integration in the Sudan. Khartum 1973
DOUIN, GEORGES, Histoire du règne du Khedive Ismail. 3. Bde., Kairo 1933–1941
DUJARRIC, GASTON, L'État mahdiste du Soudan. Paris 1901
DUNCAN, J. S. R., The Sudan's Path to Independance. Edinburgh 1957
EMERY, W. B., Egypt in Nubia. London 1965
ÉMILY, J. M. A., Mission Marchand. Paris 1913
EMIN PASCHA, Gefahrvolle Entdeckungsreisen in Zentralafrika: 1876–1892. Hrsg. v. H. Schiffers u. P. Simons, Stuttgart 1983
ENGLISH, G. B., A Narrative of the Expedition to Dongola and Sennaar. London 1822
EVANS-PRITCHARD, E. E., Witchcraft, Oracles and Magic Among the Azande. Oxford 1937
–, The Divine Kingship of the Shilluk of the Nilotic Sudan. Cambridge 1940
–, The Azande: History and Political Institutions. Oxford 1971
–, The Nuer. Oxford 1974
FAIRSERVIS, W. A., The Ancient Kingdoms of the Nile. New York 1962
FARWELL, BYRON, Prisoners of the Mahdi. London 1967
FUCHS, PETER, Sudan: Landschaften, Menschen, Kulturen zwischen Niger und Nil. Wien u. München 1977
GESSI, ROMOLO, Seven Years in the Sudan. London 1892
GLADSTONE, PENELOPE, Travels of Alexine. London 1970
GRAY, RICHARD, A History of the Southern Sudan: 1839–1889. London 1961
HASAN, Y. F., The Arabs and the Sudan. Edinburgh 1967
HALL, RICHARD, Lovers on the Nile, London u. a. 1981
HILL, G. B., Colonel Gordon in Central Africa: 1874–1879. London 1881
HILL, R. L., A Bibliographiy of the Anglo-Egyptian Sudan from the Earliest Times to 1937. London 1939
–, A Biographical Dictionary of the Anglo-Egyptian Sudan. Oxford 1951
–, Egypt in the Sudan: 1820–1881. London u. a. 1959
HÖLLLRIEGEL, ARNOLD, Die Derwischtrommel. Berlin 1931
ITEN, OSWALD, Fungor: Ein Nuba-Dorf wird ruiniert. Frankfurt/M. u. a. 1983
JACKSON, H. C., Black Ivory. London 1913
–, Osman Digna. London 1926
JOHNSTON, H. H., The Nile Quest. London 1903
LIGHTFOOT-KLEIN, HANNY, Das grausame Ritual. Frankfurt/M. 1992
MACMICHAEL, H. A., The Tribes of Northern and Central Kordofan. Cambridge 1912
–, The Sudan. London 1954
MANNING, OLIVIA, The Remarkable Expedition: The Story of Stanley's Rescue of Emin Pasha. London 1947
MOUNTENEY-JEPHSON, A. J., Emin Pasha and the Rebellion an the Equator. London 1890
MURRAY, T. D., u. WHITE, A. S., Sir Samuel Baker: A Memoir. London 1895
NADEL, S. F., The Nuba. London 1947
NEUFELD, KARL, In Ketten des Kalifen. Berlin u. Stuttgart o. J.
NUTTING, ANTHONY, Gordon: Martyr and Misfit. London 1966
ODUHO, JOSEPH, u. DENG, WILLIAM, The Problem of the Southern Sudan. London 1963

O'FAHEY, R. S., u. SPAULDING, J. L., Kingdoms of the Sudan. London 1974
PAUL, ANDREW, A History of the Beja Tribes of the Sudan. Cambridge 1954
PETHERICK, JOHN, Egypt, the Sudan and Central Africa. Edinburgh 1861
PLETICHA, HEINRICH (Hrsg.), Der Mahdiaufstand in Augenzeugenberichten. Düssendorf 1967
RIEFENSTAHL, LENI, Die Nuba. München 1973
SANDERSON, G. N., England, Europe and the Upper Nile: 1882–1899. Edinburgh 1965
SANTI, PAUL, u. HILL, RICHARD (Hrsg.), The Europeans in the Sudan: 1834–1878. Oxford 1980
SCHWEITZER, GEORG, Emin Pascha, Berlin 1898
SHINNIE, P. L., Meroe: A Civilization of Sudan. London 1967
SHOUCAIR, NAUM, Tarikh el-Sudan. Kairo 1903
SHUKRY, M. F., The Khedive Ismail and Slavery in the Sudan: 1863–1879. Kairo 1938
SMITH, J. R., The Emin Pascha Relief Expediton, 1886–1890. Oxford 1972
STUHLMANN, FRANZ (Hrsg.), Die Tagebücher von Dr. Emin Pascha. 4 Bde., Braunschweig 1916–1927
THEOBALD, A. B., The Mahdiya: A History of the Anglo-Egyptian Sudan, 1881–1899. London 1951
TRAILL, H. D., England, Egypt and the Sudan. London 1900
TRIMINGHAM, J. S., Islam in the Sudan. London u. a. 1949
WAI, D. M., The African-Arab Conflict in the Sudan. New York 1981
WARBURG, GABRIEL, The Sudan Under Wingate. London 1971
WELLS, WILLIAM, The Heroine of the White Nile. New York 1871
WESTERMANN, DIEDRICH, The Shilluk People. Berlin 1912
WINGATTE, RONALD, Wingate of the Sudan. London 1955
WOODWARD, PETER, Sudan 1898–1989; The Unstable State. London 1992
ZAGHI, CARLO, Gordon, Gessi e la Riconquista del Sudan: 1874–81. Florenz 1947
ZIEGLER, PHILIP, Omdurman. London 1973

Vergleichende Zeittafel

Ist kein Datum angegeben, so besteht eine zeitliche Kongruenz.

Sudan	
6000 v. Chr. erste Keramikerzeugnisse in Nubien	
Nubien ägyptische Kolonie	1550–1070 Neues Reich in Ägypten
712–657 Herrschaft der Nubier über Ägypten	
ca. 300 v. Chr. Blüte des Reiches bis 4. Jh. n. Chr. von Kusch (Meroe)	
	537 Schließung der heidnischen Tempel in Philae
6. bis 16. Jh. christliche Reiche in Nubien (Makuria, Alwa)	
	ca. 610 Gründung des Islam durch Mohammed
	641 Ägypten durch Araber erobert
652 Vertrag mit Arabern sichert Eigenständigkeit Nubiens	
14. Jh. Einfall arabischer Stämme in Nubien; Beginn der Islamisierung des Sudan	
	1517–1914 Ägypten Provinz des Osmanischen Reiches
16. bis 19. Jh. Reich der Fung	
18. Jh. Einwanderung der Azande in das südwestliche Grenzgebiet	
	1798–1801 französische Expedition unter Napoleon nach Ägypten
	1805–1849 Herrschaft Mohammed Alis in Ägypten
1813/14 Reisen Burckhardts in Nubien	
1820 Beginn der Eroberung des Sudan durch Ägypten	
1821 Unterwerfung Kordofans	
1822/23 Aufstand in Schendi	
	1823 Gründung der Anti-Slavery Society

1830 Khartum wird Sitz der ägyptischen Kolonialverwaltung	
1839/40 erste Erkundungen am Oberlauf des Weißen Nil	
1843/44 archäologische Forschungen in Nubien durch Lepsius	
	1849–1854 Abbas I., Vizekönig von Ägypten
1850 Erlaß zur Unterbindung der pharaonischen Beschneidung	1850–1864 Taiping-Aufstand in China
1851 Aufhebung des staatlichen Handelsmonopols	
1854 Vizekönig untersagt Sklavenhandel	1854–1863 Mohammed Said Pascha, Vizekönig von Ägypten
	1855–1868 Theodoros II., Kaiser von Äthiopien
1862–1865 Baker erkundet Oberlauf des Weißen Nil	
1863/64 Tinnesche Expedition zur Erforschung des Bahr el-Ghasal	1863–1879 Ismail, Vizekönig von Ägypten
	1865–1909 Leopold II., König der Belgier
	1867 Einführung des Khediventitels in Ägypten
1869–1871 Reise Schweinfurths im Sudan	1869 Eröffnung des Suez-Kanals
1869–1873 Baker Gouverneur der Äquator-Provinz	
1871 Annexion der Äquator-Provinz	1871–1890 Bismarck deutscher Reichskanzler
	1872–1889 Johannes IV., Kaiser von Äthiopien
1873 Annexion des Bahr el-Ghasal	
1874 Eroberung von Darfur	
1874–1876 Gordon Gouverneur der Äquator-Provinz	
1877 anglo-ägyptischer Vertrag zur Unterbindung des Sklavenhandels im Sudan	
1877–1879 Gordon Generalgouverneur des Sudan	
1878–1889 Emin Pascha Gouverneur der Äquator-Provinz	
1879 Gessi erringt Sieg über die Sklavenjäger im Bahr el-Ghasal	1879–1892 Taufik Khedive
	1880–1885 Gladstone (liberaler) britischer Premier

1881–1898 Mahdiya

1881 Verkündung der Mission des Mahdi; erste militärische Auseinandersetzungen	
1881–1883 Slatin Gouverneur von Darfur	
1882 Hauptquartier des Mahdi in Gedir	militärische Intervention Englands in Ägypten
1883 Obeid von Mahdisten besetzt; Sieg über Hicks	1883–1907 Cromer Generalkonsul in Ägypten
1884 El Fascher fällt, desgl. der Bahr el-Ghasal; Belagerung von Khartum	Frankreich und Großbritannien erwerben Besitzungen im Somaliland; Beginn deutscher Erwerbungen in Ostafrika
	1884/85 Kongo-Konferenz in Berlin
1885 Fall Khartums, Tod Gordons; Omdurman wird neue Hauptstadt; Tod des Mahdi; Kapitulation Kassalas und Sennars; Sieg der Engländer bei Ginnis; Emin Pascha verlegt Regierungssitz nach Wadelai	Gründung des Kongo-Staates; Italien besetzt Massaua
1886 Aufgabe Khartums	
1887–1889 Krieg gegen Abessinien	Emin-Pascha-Expedition Stanleys
1888/89 Aufstand der Massalit in Darfur	
1889 Umsiedlung der Baggara nach Omdurman; Sieg der Engländer bei Toski	
1889–1892 Hungerkatastrophe, wirtschaftliche Krise	1889/90 deutsche Emin-Pascha-Expedition
	1889–1913 Menelik II., Kaiser von Äthiopien
	1890 Helgoland-Sansibar-Vertrag
1891 Sieg der Engländer über Osman Digna bei Tokar; Mahdisten besetzen Faschoda; Flucht Ohrwalders	anglo-italienisches Übereinkommen zur Festlegung jeweiliger Einflußsphären
1891/92 Unterwerfung der Schilluk	
	1892 Tod Emins; Ohrwalders Bericht erscheint in England
1894 Kassala fällt an Italiener	Uganda wird britisches Schutzgebiet
1895 Flucht Slatins	1895–1902 Salisbury (konservativer) britscher Premier

1896–1898 Sudanfeldzug unter Kitchener	1896 Slatins Bericht erscheint in England
1897 Aufstand der Jaalin in Metemma	1897/98 Vorstoß der Franzosen nach Faschoda
1898 Sieg der Engländer bei Nakheila; Entscheidungsschlacht bei Egaiga und Besetzung Omdurmans; Flucht des Kalifen; Kitchener erreicht Faschoda	
1899 Sudan wird anglo-ägyptisches Kondominium; Verbot des Sklavenhandels; letzte Schlacht und Tod des Kalifen	anglo-französisches Übereinkommen zur Regelung von Einflußsphären in Zentralafrika
1899–1916 Wingate Generalgouverneur	
1900 Gefangennahme Osman Dignas	
1910 Belgien tritt Lado-Enklave ab	
	1914–1922 Ägypten britisches Protektorat
1926 posthumer Sohn des Mahdi, Abd al-Rahman, von Briten geadelt	
1946 Gesetz zur Abschaffung der pharaonischen Beschneidung	
	1952 Revolution in Ägypten
1955–1972 erste Phase des Bürgerkrieges zwischen nördlichem und südlichem Sudan	
1956 Erlangung der Unabhängigkeit	
1970 Aufstand der Mahdisten gegen linke Militärregierung	
	1979 Revolution im Iran
1983 Einführung der Scharia in Gesetzgebung; Wiederbeginn des Bürgerkrieges	
1985 islamischer Reformer Mahmud Taha hingerichtet	
1986–1989 Mahdi-Nachfahre und Führer der Ansar Sadiq al-Mahdi Premier	
1988 Hungerkatastrophe im Süden (300 000 Tote)	
1989 Staatstreich bringt el-Baschir an die Macht; Beginn radikalen islam. Fundamentalismus	
1991 Strafgesetzbuch in weiterer Anlehnung an Scharia verschärft; Spaltung der Aufstandsbewegung SPLA	Golfkrieg (gegen den Irak)

Glossar

Bei der Schreibung der zumeist arabischen Eigennamen und Ortsbezeichnungen sowie besonderer gleichfalls vorwiegend dem Arabischen entlehnter Begriffe wurde grundsätzlich die in der Fachliteratur übliche Form gewählt, sofern sich nicht eine davon abweichende eingedeutschte Schreibweise eingebürgert hat. Auf diakritische Zeichen wurde verzichtet. Die Schreibweise in den Zitaten wurde – unabhängig von dieser generellen Handhabe – unverändert beibehalten.

Die Auswahl der im folgenden erläuterten Begriffe beschränkt sich auf solche, die häufiger im Text vorkommen und gewöhnlich nicht in einem Lexikon nachzuschlagen sind.

Abessinien – bis 1941 übliche Bezeichnung für Äthiopien
Ansar – Anhänger des Mahdi, Mahdisten (s. a. Fogara)
Aschraf – Verwandte des Mahdi
Baggara – arabische Nomadenstämme im Westen des Sudan, aus denen sich insbesondere die militärische Gefolgschaft des Mahdi und seines Nachfolgers rekrutierte
Beit el-Mal – Schatzamt, zentrale Finanzbehörde im Reich des Mahdi
Bey – höhere Rangbezeichnung sowohl ziviler als auch militärischer Art im Osmanischen Reich
Dschibba – die charakteristische, einfache Tracht des Mahdi und seiner Anhänger
Emir – Provinzgouverneur, Heerführer
faki – muslimischer Heiliger, Verkünder des Islam (vgl. *ulema*)
firman – Erlaß
Fogara – Anhänger des Mahdi, Mahdisten; allmählich durch → Ansar ersetzt
Fundamentalismus – religiöser Extremismus; hier: in seiner islamischen Erscheinungsform
Gezira – Insel; hier: die Halbinsel, die durch den Zusammenfluß von Weißem und Blauem Nil gebildet wird
Imam – in der Nachfolge der Kalifen Oberhaupt der Muslime; heute zumeist nur noch Bezeichnung für den Vorbeter in einer Moschee
Jebel – Berg, Gebirge
Jihad – »Heiliger Krieg«, Gebot des Islam
Kalif – eigentlich Bezeichnung für die Nachfolger des Propheten Mohammed als geistliches und weltliches Oberhaupt der Muslime; hier: der Nachfolger des Mahdi, Abdullah ibn el-Sayyid Mohammed
Khedive – seit 1867 offizielle Bezeichnung der Vizekönige in Ägypten
khor – Wadi, trockenes Flußbett
kubba – charakteristisches, kuppelförmiges Grabmal muslimischer Heiliger
Mahdiya – die Bewegung des Mahdi und seines Nachfolgers beziehungsweise die Periode, die dadurch gekennzeichnet war

Mulazimiya – Leibwache und Elitetruppe Abdullahs, des Nachfolgers des Mahdi

Negus – eigentlich »Negusa Nagast«: Titel der einstigen obersten Herrscher Äthiopiens

Pascha – höchster Titel für einen Offizier oder Beamten im Osmanischen Reich

Piaster – Münzeinheit im Osmanischen Reich

Scharia – islamischer Gesetzeskodex

Scheich – Stammesführer; religiöser Würdenträger

Seriba – Einfriedung, Schutzverhau; auch Handelsstation

Sirdar – Oberkommandierender, hier: der ägyptischen Streitkräfte zur Zeit der Mahdiya

Sudd – die Sumpfwildnis am Oberlauf des Weißen Nil und seiner Nebenflüsse

ulema – muslimische Geistliche, orthodoxer Ausrichtung; im Gegensatz zu volkstümlichen Heiligen (s. *faki*)

Bildnachweis

Thomas Archer, The War in Egypt and the Soudan, London 1885–87 – Abb. 1, 9, 11, 13, 14, 18

Theodor von Heuglin, Reise in das Gebiet des Weissen Nil, Leipzig und Heidelberg 1869 – Abb. 10

The Illustrated London News, 17. Januar 1885, 14. Februar 1885, 24. September 1898 u. 1. Oktober 1898 – Abb. 12, 15, 16, 17, 21, 22, 23

David Roberts, Egypt and Nubia, London 1846–49 – Abb. 2, 3, 4, 5

Georg Schweinfurth, Im Herzen von Afrika, Leipzig 1874 – Abb. 6 u. 7

Henry Morton Stanley, Im dunkelsten Afrika, Leipzig 1890 – Abb. 8, 19, 20

KARTEN: Nach Vorlagen des Autors

Personen- und Sachregister

In Ergänzung zu der Vorbemerkung des Glossars sei hier auf die Besonderheit arabischer Eigennamen hingewiesen, die traditionellerweise nicht in Vor- und Zunamen unterschieden werden. Auch sind Namen häufig nur ungenau überliefert. Es wurde zur Aufnahme in das Register jeweils die Form als maßgeblich gewählt, unter der die betreffende Person bekannt geworden ist. Der Artikel al- beziehungsweise el-, über dessen Verwendung im übrigen keine Einigkeit herrscht, weshalb wir in dieser Arbeit die jeweils geläufige Form übernommen haben, wurde dabei nicht berücksichtigt.

Kursiv gesetzte Zahlen beziehen sich auf Abbildungen. Verwiesen sei außerdem auf die Karten, die Zeittafel und das Glossar, die bei der Erstellung des Registers keine Berücksichtigung fanden.

Aba (Insel) 21, 22, 23, 30, 396
Abd al-Majid (Sultan) 94
Abd al-Rahman, Sayyid 384f.
Abd al-Rauf 302
Abd el-Kader, Mahmud 257
Abd el-Kader Pascha 39
Abdullah ibn el-Sayyid Mohammed (der »Kalif«) 11, 18, 19ff., 30, 32, 34, 44f., 166, 232, 246, 252, 253ff., 260ff., 266ff., 272ff., 279, 282f., 292, 296ff., 301, 302, 304, 352, 362f., 372ff., 375, 395
Abessinien, Abessinier (s.a. Äthiopien) 28, 48, 87ff., *88*, 107, 111, 135, 236f., 270, 290ff., 299, 314, 341, 407
Abolitionismus 104, 117, 185
Abu Amuri, Ali 115f.
Abu Anja 291, 293
Abu Bakr (Kalif des Propheten) 255
Abu Hamad (Ort) 350, 354
Abu Jummaisa, Ahmed 284, 286f., 289f.
Abu Kairat 284, 286, 290
Abu Karja, Mohammed Othman 215f.
Abu Saud 29ff.
Abu Simbel 85, 301
Adua 236, 348
African Association 84, 103, 104
Afrika (s.a. Ostafrika, Schwarzafrika u. Zentralafrika) 8, 12, 47, 56, 58, 60, 98, 102, 104, 129, 185, 233, 238, 309, 314, 335, 340, 377
Agordat 337
Ägypten, Ägypter (s.a. Altägypten) 10, 11, 34, 36, 39, 41, 48, 64, 70, 71, 72, 80, 81, 87, 91, 92ff., 96, 98, 100f., 105, 116, 134, 143, 145f., 149f., 186, 188, 193, 207, 233, 234, 236, 296f., 299ff., 311, 315, 338f., 347, 349, 379ff., 385, 390, 393
Ägyptischer Sudan (s.a. Äquator-Provinz u. Khartum) 28, 35f., 38, 39, 84ff., 92, 94–99, 104f., 134–146, 178, 186–193, 237, 334, 381f., 406ff.
Aksum 68, 69
Albert-See 317f.
Alexandria 71
Allah 32, 51, 244
Altägypten 64, *65*, 66, 67f., 70f., 122, 127, 131, 406
Alwa 71f., 76
Amharen 87
Amnesty International 388, 397
Anglo-Ägyptischer Sudan 379–385
Ansar 35

Anti-Slavery Society 185, 191, 397
Äquator-Provinz 8, 109, 138, 143, 174, 186ff., 235, 270, 304, 309, 310, 311, 315, 316, 321f., 324ff.
Araber (s.a. Baggara) 18, 19, 65f., 72, 81, 87, 92, 102, 118, 119, 120, 124, 245, 283, 317, 332f., 397
Arabien 26, 87, 174f.
Archäologie 108, 109
Aruwimi (Ituri) 317
Aschraf 232, 253, 254, 255, 257ff., 261ff.
Assuan 300
Atbara 55
Äthiopiden 88
Äthiopien, Äthiopier (s.a. Abessinien) 68, 70, 76, 102, 132
Azande (Niam-Niam) 115, *121*, *122*, 123

Baggara 120, 166f., 169, 253, 260f., 264, 266, 269, 272, 283, 293
Bahr el-Ghasal (Fluß) 54, 109, 111ff., 117, 135, 137f.
Bahr el-Ghasal (Provinz) 18, 99, 113, 144, 173, 188, 235, 260, 269, 270, 302, 397
Bajuda-Steppe 218, *218*
Baker, Samuel 99, 105, 117, 143f., 184
Bari 123, 325
el-Baschir, Omar Hassan 386, 388
baya 244
Beduinen s. Nomaden
Beit el-Mal 158, 163f., 272, 304, 366
Beja 175f., 205
Belgien (s.a. Leopold) 12, 309, 334, 337f., 341
Berber (Ort) 205, 211, 214, 258, 355
Berlin 314
Beschneidung, weibliche 90, 129ff.
Bey 36
Bilad es-Sudan 18
Bismarck, Otto von 312f., 332
Blauer Nil 54f., 102
Bogos 236
Bordeini Bey, Ibrahim 219, 221, 229
Borgo 287
Bornu 287, 288
Brehm, Alfred Edmund 40, 50f., 56f., 59, 106, 124, 127f., 129
Britisch-Somaliland 238
Bruce, James 102
Burckhardt, Johann Ludwig 84ff., 129

caput Nili 102
Cholera 110
Christentum (s.a. Mission) 69, 71f., 76, 88f., 131f., 142, 201, 273, 298, 395
Churchill, Winston Spencer 360, 369f., 391, 392, 395
Cromer, Earl of (Evelyn Baring) 233, 238, 346f., 349, 367, 372, 380f.
Cyrenaica 168

Daim Zobeir 173, 207
Danagla 22, 261f., 264, 325
Dara (Ort) 170, 172, 191
dar al-harb 80, 282
dar al-Islam 282
Darfur 18, 20, 41, 45, 74, 76, 86, 87, 99, 119, 120, 137f., 144, 169, 172, 191, 198f., 235, 258, 270, 284, 290
Debra Sin 291f.
Deutschland, Deutsches Reich, Deutsche (s.a. Emin Pascha) 8, 12, 14, 106, 108, 309f., 311f., 330, 332
Deutsch-Ostafrika 8, 236, 304, 312, 330
Dilling 149
Dinka 121, 122f., 173, 302f., 325, 389, 397
al-Din Pascha, Ala 152, 156
Dongola (Ort) 22, 350, 353
Dongola (Provinz) 270, 272, 296, 348, 353f.
Dschibba 158f.
Duem 148, 152
Dufilé 186, 329

Egaiga 345, 356
Eisenbahn 350, 354, 383
El Fascher 172, 287
Elfenbein 41, 135f., 137, 185, 186f.
El Obeid 27, 38ff., 148, 156, 157f., 257, 373
El Teb *177*

Emin Pascha (Eduard Schnitzer) 7f., 109, 123, 169, 174, 235f., 304, 308f., 312f., 315, 316, 318ff., *319*, 321ff., *327*, 332f.
Emin-Pascha-Expedition 7f., 331, 344
England, Engländer (s.a. Gordon) 8, 11, 12, 14, 84, 97f., 103f., 106, 146, 149, 175ff., 178f., 185f., 193, 202, 205, 206, 216f., 218, 232ff., 236, 237f., 257, 290, 296, 300, 309, 310f., 316, 332, 336, 338f., 340ff., 346ff., 370, 377, 379ff., 385f.
Eritrea 236, 238, 295, 337, 348
Ethnographie s. Völkerkunde
Eunuchen 90, 266
Europa, Europäer (s.a. Belgien, Deutschland, England, Frankreich u. Italien) 12, 98, 106ff., 116, 142f., 201, 238, 247, 305, 309, 335, 377, 378
Europide 119

fakis 82, 139ff., 167, 299
Faras 70, 72
Faschoda (Ort) 138, 303f., 339, 378, 380
Faschoda (Provinz) 34f.
Fellachen 92, 154, 209
Ferlini, Giuseppe 108
fitr 271
Fogora (s.a. Ansar) 164
Forschungreisende (s.a. Brehm, Burckhardt, Herodot, Heuglin, Schweinfurth, Stanley u. Tinne sowie African Association u. Royal Geographical Society) 97, 102, 115, 117
Frankreich 12, 93, 107, 237f., 309f., 337ff., 341ff., 377, 378f.
Französisch-Somaliland 238, 338
Frau, Stellung der (s.a. Beschneidung, Harem u. Sklaven) 45, 64, 68f., 77f., 131, 163, 249f., 251, 262, 277, 278, 304f., 392, 394, 397f.
Fundamentalismus, islamischer 9ff., 12, 14, 64, 83, 131, 386, 388ff., 397
Fung 73, 75ff.
Fur 120, 284, 394

Gabun 338, 339
Galla 87
Gallabat 291, 293f., 295
Gandhi, Mohandas Karamchand 395
Garang, John 388
Gedir 33, 166
Gessi, Romolo 99, 173, 192
Gezira 23, 36, 52, 119, 150, 264, 270
Giegler Pascha 36, 39
Ginnis 257, 296
Gladstone, William Ewart 149f., 234
Gold 41, 64, 86, 108
Gondar (Ort) 291f.
Gondokoro 105
Gordon, Charles George 11, 99, 143ff., 169f., 179ff., 186ff., 200ff., *203*, 204f., 206ff., 213, 216, 221f., 223f., 226, 228f., 247, 311, 324, 348, 367, 384, 394
Gordon Relief Expedition 217ff., *217*, *218*, 223, 232ff.
Graduates' General Congress 384, 385
Graham, Gerald 205
Grenfell, Francis 300
Großbritannien s. England

Handel (s.a. Kolonialismus u. Sklavenhandel) 7, 8, 75, 137f., 174, 186f., 310, 311, 312, 315, 316, 336
Harar (Provinz) 236
Harem 78, 90, 107, 158, 164, 266, 272, 273f., 292
Hassan ibn Hassuna 82
Hedschra 32
»Heiliger Krieg« s. *Jihad*
Helgoland-Sansibar-Vertrag 332, 340
Herodot 100ff.
Hertl, Arthur 155
Heuglin, Theodor von 109ff., 115, 135, 138
Hicks, William 148ff., 167
Hohe Pforte (s.a. Türkei) 160
Horn von Afrika 238

Imam 26
Imperialismus 104, 201, 233, 309, 335, 381
Indien 146, 176, 235, 236, 340, 395
Infibulation (s.a. Beschneidung) 130f.
Iran 390
Isis 70

Islam (s.a. Fundamentalismus) 9, 11, 19, 22f., 26, 31f., 45, 52f., 65, 66f., 69, 71, 73, 74f., 78, 79ff., 82, 83, 91, 118, 119, 131ff., 140, 142, 201, 245f., 248, 272, 273, 277, 282, 388, 390, 393, 395
Ismail (Khedive) 97ff., 116, 143, 144, 146, 150, 171, 185f., 189, 191, 193
Ismail Pascha 95f.
Italien 237f., 295, 309, 337, 341, 348, 353

Jaalin 299, 354
Jebel Barkal 68
Jebel Gedir 33f.
Jebel Marra 52, 284, 290
Jesus 291
Jihad (»Heiliger Krieg«) 31f., *35*, 38, 71, 80, 148, 244f., 282f., 290, 296f., 359
jihadiya 257
Johannes IV. (Kaiser von Äthiopien) 236f., 290f., 292ff.
Junker, Wilhelm 109
Jussuf Ibrahim 284

»Kalif« s. Abdullah ibn el-Sayyid Mohammed
Kalifen (Stellvertreter des Mahdi; s.a. Wad Hilo u. Mohammed al-Scharif) 34, 166ff., 256
Kalifat 160f.
Kandake (Herrschertitel) 62f., 69, 108
Kassala 236f., 337, 348, 353
Kenia 332
khalifa 167f.
Khalifat al-Mahdi (s.a. Abdullah ibn el-Sayyid Mohammed) 254
khalwa 23
Khartum 23, 28, 39, 105ff., 110, 124, 139, 177, *190*, 210ff., *212*, 219, 220ff., 230ff., 258f., 324, 367, *368*, 383, 397
Khedive (s.a. Ismail u. Taufik) 11, 97
Kitchener, Horatio Herbert 348f., 350f., 380
Kolonialismus (s.a. Imperialismus) 8, 10, 67, 137, 201, 309, 311, 312, 314, 334, 340, 348, 377, 381, 382
Kongo (Fluß) 314, 317
Kongobecken 193, 206, 313, 315, 338
Kongo-Staat 314
Koran 132, 161, 394
Kordofan 27, 38, 41, 43, 74, 87, 96, 119, 120, 144, 148, 150, 169, 257, 270, 284
el-Koreschi (Scheich) 18, 20, 23, 256
Korti 88, 218
Kosti 375
Krokodil 22, *59*, 59f.
Krump, Theodor 77f.
kubba 21
Kufra-Oasen 286
Kusch 68, 70, 101

Lado 186, 207, 324
Leopold II. (König der Belgier) 193, 206, 313, 314, 315, 328, 339, 342f.
Lepsius, Carl Richard 108, 109
Libyen 168f.
Libysche Wüste 50
Lotuka 123
Löwe 57f.
Lupton, Francis Miller 173f., 324

Machar, Riak 389
Mackinnon, William 312, 315, 328, 340
»Mahdi« 10, 20, 26, 33, 286
Mahdi (Mohammed Ahmed; s.a. Reich des Mahdi) 7, 10ff., 14, 18, 20f., 22ff., 29ff., 42, 43ff., 74f., 81, 86, 98, 120, 134, 139f., 148, 156, 157, 163ff., 178, 194ff., 215, 220, 229ff., 234, 239ff., *243*, 244ff., 256, 267f., 280f., 282, 297, 369f., 384, 391, 392f., 395f., 398
al-Mahdi, Sayyid Mohammed 168
Mahdiya (s.a. Reich des Mahdi) 83, 244, 248, 254, 265, 268, 274, 277ff., 280f., 282f., 301, 305, 334, 335, 347, 366, 375f., 380, 381, 384, 390, 392ff., 396
Mahmud Ahmed 355f.
Makuria 70ff., 74
Malakal 54
Malaria 60, 109
Mamelucken 72, 74, 86, 87, 93
Marchand, Jean-Baptiste 339, 343, 354, 378

Marokko 33
Massalamiya 18, 21, 213
Massalit 286
Massaua 87, 207, 295
May, Karl 14
el-Medawi (Scheich) 248f.
Medina 35
Mekka 19, 32, 174, 286f.
Menelik II. (Kaier von Äthiopien) 337, 339, 348
Menschenrechte (s.a. Abolitionismus, Amnesty International u. Sklaverei) 277, 395
Meroe 68f., 101, 108
Meschra El-Req 112, 114
Metemma 218, 220, 354f.
Mission, Missionare (s.a. Ohrwalder) 104, 106, 149, 386
Mohammed (Prophet) 22, 32, 35, 160, 195, 246, 273, 279
Mohammed Ahmed s. Mahdi
Mohammed Ali (Vizekönig) 84, 85f., 92ff., *93*, 95, 97, 135, 142
Mohammed al-Scharif 167, 254, 261, 264, 265
Mohammed Bey 96
Mohammed Khalid 258, 259, 284
Mohammed Scharif Nur el-Deim 23, 28
Moslem-Bruderschaft 390
Mulazimiya 264, 304
Muslime 32, 45, 90, 141

Nakheila 355f.
Napata 63, 68
Napoleon Bonaparte 93, 338
Nationalismus 383, 384, 385
Naturreligionen 123f., 301
Nebi Isa 291
Negride 119, 120
Nero (römischer Kaiser) 100
Niam-Niam s. Azande
Nil (s.a. Blauer N. u. Weißer N. sowie Nilquellen) 48ff., 52ff., 100ff., 174, 177, 350, 379
Niloten (s.a. Ostniloten u. Westniloten) 118, 121
Nilotide 121
Nilquellen 102f., 104f., 117, 143, 185, 312
Nimr Mohammed Nimr 95f.
Noba 70
Nobaden 70f.
Nomaden (s.a. Baggara) 70, 120, 123, 175
Nuba 87, 120, 149, 302, 394
Nuba-Berge 32f., 35f., 52, 79, 149, 397
Nubar Pascha 184
Nubien 50, *59*, 63ff., *65*, 85, *88*, 93, 101, 108, 109, 122, 130, 217, 218
Nubier 22, 118f., 127ff.
Nubische Wüste 50, 354
Nuer 121, 122f., 389, 397

Ohrwalder, Joseph 149, 157(f)f., 163, 248, 250, 259, 267, 347, 391
Omdurman 173, 219, 223, 229, 232, 250, 259f., 261, 270f., 274, 278, 280, 292, 304f., 346, 352, 364ff., 367, 391f.
Osman Adam 284, 287, 289
Osman Digna (Othman Abu Bakr Dikna) 174ff., 237, 260, 270, 335f., 355f.
Osmanisches Reich s. Türkei
Ostafrika (s.a. Deutsch-Ostafrika) 97, 103, 236, 311, 315, 332, 335, 340, 348
Ostniloten 121, 123

Paez, Pedro 102
Pascha 36
Peters, Carl 8, 14, 174, 308, 312f., 315, 330ff., 340
»pharaonische Beschneidung« s. Beschneidung
Philae 70
Plinius 69
Port Sudan 383
Power, Frank 152, 208, 209, 211f.
Preußen 108
Prompt, Victor 338

Ras Adar 291f.
Raschid Bey 34f.
Ratib 162, 280

Rauf Pascha, Mohammed 28, 30, 35f., 173
Reich des Mahdi (s.a. Mahdi u. Mahdiya sowie Abdullah ibn el-Sayyid Mohammed) 157–169, 173, 270–276, 280, 283, 290, 304, 334, 335, 353, 394
Rejaf 303f., 329, 334
Renk 378
Römisches Reich, Römer 64, 100, 101
Rotes Meer 176
Royal Geographical Society 103

Sahara (s.a. Wüste) 48ff., 114
Sahel 56
Said Pascha, Mohammed (Gouverneur) 39f., 42, 44
Said Pascha, Mohammed (Vizekönig) 366f.
sakrales Königtum 122
Sansibar 316f., 340
el-Schallali Pascha, Jusuf 36f.
Scharia 161, 386, 388
Scheich 19, 23
Scheich el-Din, Othman 33, 264, 376
Schendi 84, 85, 87, 91f., 95f., 355
Schiiten 26
Schilluk 111, 121f., 303ff., 334, 394
Schlafkrankheit 60
Schnitzer, Eduard s. Emin Pascha
Schwarzafrika 68, 119, 283
Schweinfurth, Georg 52f., 109, 139f., 141f.
Sennar 75, 77, 78, 87, 102, 236f.
Senussi 168f., 286
Seriben 37, 136ff.
Seuchen (s.a. Cholera u. Malaria) 60f., 138, 287
Shuqair, Naum Bey 249, 251
Sirdar 348
Sklaven 72, 79, 82, *88*, 94, 116, 136ff., 158, 191f., 210, 272, 273f., 275f., 305, 394, 397
Sklavenhandel 10, 20, 41, 73, 78, 85ff., 95, 98f., 104, 107f., 121, 134ff., 176f., 185, 187, 254, 273f., 310, 316, 325, 382f., 394f.
Sklavenhändler (s.a. Tippu Tib u. Zobeir Rahman) 90ff., 115f., 139, 144, 173, 175, 191, 273, 275, 316, 330, 332
Sklavenjagd 120, 136f., 191, 302, 315, 325f., 397
Sklavenkarawanen 90, *192*
»Sklavenstaat« 79
Sklaverei 7, 41, 78, 85ff., 107, 138, 140ff., 162f., 277, 278, 367, 383, 392, 394f., 397f.
Slatin, Rudolph (Slatin Pascha) 29, 34, 37, 42, 44f., 144f., 164, 169ff., 198, 227f., 240f., 244, 251, 279, 347, 349, 391
Sobat 54, 136
Speke, John Hanning 102, 104f., 185, 187
SPLA (Sudanesische Volksbefreiungsfront) 386, 388
Stack, Lee 384
Stanley, Henry Morton 7, 309, 313ff., *319*, 321f., 328, 329f.
Stewart, J. Donald H. 208, 211, 214
Strabo 63, 64
Suakin 87, 174, *175*, 177, 205, 336, 340, 383
Sudan (geographischer Begriff) 18f., 46f., 56, 75
Sudan (territoriale Einheit; s.a. Äquator-Provinz, Bahr el-Ghasal, Darfur, Kordofan u. Nubien) 7, 9ff., 12, 18f., 46f., 118f., 278, 310, 326, 334, 340, 341f., 350, 377, 379, 385f., *387*, 388ff., 393, 396ff.
- Bevölkerung (s.a. Araber, Azande, Baggara, Bejar, Dinka, Nuba, Nubier, Nuer u. Schilluk) 47, 74, 94, 105, 118f., 120, 279, 301, 383
- Bürgerkrieg 9, 10, 387ff.
- Erforschung (s.a. Forschungsreisende) 104f., 108ff.
- Geographie 46–61, 284
- Geschichte (s.a. Ägyptischer Sudan u. Anglo-Ägyptischer S. sowie Reich des Mahdi) 62–83, 390, 406ff.
- Kultur (s.a. Islam) 64, 118, 124–127, 129–133
- Unabhängigkeit 382, 385, 396
Sudan-Neger (s.a. Azande u. Niloten) 120
Sudd 52ff., 111, 135

Sufismus 80, 81, 82, 133, 245, 284

Tana-See 102
tarik sudan 75
Taufik (Khedive) 150, *151*, 178f., 202, 315
»The Four Feathers« (Roman) 13
Tiedemann, Adolf von 344, 351
Tinne, Alexandrine Petronella Francisca 110ff.
Tippu Tib (Mohammed ibn Sayed) 316f.
Tokar 336, 349
Toski 300
Transhumanz 120
Tuareg 114
Tunguru 329
Türkei 10, 11, 36, 39, 87, 92, 93, 94f., 238, 245, 296f., 384
al-Turkiya (s.a. Ägyptischer Sudan) 94

Uganda 186, 326, 332, 340f.
ulema 28, 161
Um Debekeirat 375

Viktoria (Königin von England) 233, 297f., 369, 370
Viktoria-See 103
Völkerkunde (s.a. Scheinfurth) 109, 117f.

Wad al-Najumi 299ff.
Wadelai 328, 329
Wad Hilo, Ali 167, 254, 264, 375
Wadi Halfa 207, 218, 239, 296, 297, 372
Wad Said, Abdullah 354f.
Wad Soliman, Ahmed 164, 262, 264
Wahhabiten 26, 84
Weißer Nil 52ff., 102f., 104f., 110f., 117, 135f., 137, 144, 338f., 379
Westniloten (s.a. Dinka, Nuer u. Schilluk) 118, 121
Wilson, Charles William 219, 220, 223
Wingate, Francis Reginald 349, 375, 380
Wolseley, Garnet Joseph 234
woqelah 137f.
Wüste 50f.

zakah 271, 303
Zaki Tamal 293ff., 303f.
Zentralafrika (s.a. Äquator-Provinz) 102, 186, 309, 314, 338, 350, 379
Zirkumzision 129
el-Zobeir, Soleiman woled 99, 192f.
Zobeir Rahman 18, 20, 99, 173, 204, 206